"十三五"职业教育国家规划教材

经济学基础

（第七版）
JINGJIXUE JICHU

主　编　李　达　　史忠健　　孙　涛
副主编　潘华南　　刘晓辉　　李玉亭
　　　　徐彤彤　　周　洋　　黄慧敏

本书另配：教　　案
　　　　　教学课件
　　　　　习题答案

中国教育出版传媒集团
高等教育出版社·北京

内容提要

本书是"十三五"职业教育国家规划教材。

本书在上一版的基础上优化了编排结构，内容更加清晰、简明；增加了微课视频；更新了数据、案例和习题。全书各章从案例开始导入，穿插设有微课、提示、专栏和问题讨论等栏目，最后设有案例分析、简答题、实训项目，易学、宜用。

本书主要内容包括：走进经济学，需求、供给与均衡价格，消费者行为分析，生产者行为分析，成本与收益分析，市场与结构分析，生产要素市场与收入分配，国民收入核算，国民收入决定理论，经济周期与经济增长，通货膨胀与失业，宏观经济政策和开放条件下的宏观经济。为了利教便学，部分学习资源以二维码形式提供在相关内容旁，可扫码获取。此外，本书另配教案、教学课件、习题答案等资源，供教师教学使用。

本书适合作为高等职业本科院校、高等职业专科院校财经大类相关课程教材，也可作为社会相关人员用书。

图书在版编目(CIP)数据

经济学基础 / 李达，史忠健，孙涛主编. --7 版. --北京：高等教育出版社，2024.7
ISBN 978-7-04-062259-1

Ⅰ.①经… Ⅱ.①李… ②史… ③孙… Ⅲ.①经济学-高等职业教育-教材 Ⅳ.①F0

中国国家版本馆 CIP 数据核字(2024)第 110505 号

| 策划编辑 | 钱力颖 宋 浩 | 责任编辑 | 宋 浩 | 封面设计 | 张文豪 | 责任印制 | 高忠富 |

出版发行	高等教育出版社	网 址	http://www.hep.edu.cn
社 址	北京市西城区德外大街 4 号		http://www.hep.com.cn
邮政编码	100120	网上订购	http://www.hepmall.com.cn
印 刷	上海新艺印刷有限公司		http://www.hepmall.com
开 本	787mm×1092mm 1/16		http://www.hepmall.cn
印 张	18.25		
字 数	433 千字	版 次	2003 年 7 月第 1 版
			2024 年 7 月第 7 版
购书热线	010-58581118	印 次	2024 年 7 月第 1 次印刷
咨询电话	400-810-0598	定 价	45.00 元

本书如有缺页、倒页、脱页等质量问题，请到所购图书销售部门联系调换

版权所有 侵权必究
物 料 号 62259-00

第七版前言

本书是"十三五"职业教育国家规划教材,历届版本分别是"十三五"职业教育国家规划教材、"十二五"职业教育国家规划教材。本书第一版自2003年出版以来,经过二十余年的使用,得到了许多高职院校师生的肯定。

习近平总书记在党的二十大报告中指出:"从现在起,中国共产党的中心任务就是团结带领全国各族人民全面建成社会主义现代化强国、实现第二个百年奋斗目标,以中国式现代化全面推进中华民族伟大复兴。"习近平总书记指出"高质量发展,就是能够很好满足人民日益增长的美好生活需要的发展"。人民日益增长的美好生活需要和不平衡不充分的发展之间的矛盾是我国当前面临的主要矛盾。经济学作为解决经济矛盾的一种方法,一致被人们推崇和探索。

本书适应新时代经济发展的学习需求,根据高等职业院校培养高素质高技能应用型人才的目标进行编写,其特色如下:

1. **课程思政,协同育人**。注重反映新时代中国的伟大成就,体现习近平新时代中国特色社会主义思想进课程教材的要求;通过展现建党百年筚路蓝缕、披荆斩棘的奋斗历程和辉煌成就,增强对党的领导和中国特色社会主义的政治认同、思想认同、理论认同、情感认同;弘扬社会主义核心价值观,传播爱党、爱国、积极向上的正能量。实现知识传授与思政课程价值引领相融合。

2. **立德树人,五育并举**。培养德智体美劳全面发展的社会主义建设者和接班人,注重学生世界观、人生观和价值观的塑造,使其认识到中国发展对世界经济贡献的意义,加强爱国主义教育,树立中国自信。

3. **理论够用,注重实用**。按照职业导向和能力为本的教学思路设计教学内容,力求理论够用,注重实用。融"教、学、练"为一体,培养学生的职业素养、工匠精神、创新意识和解决问题的能力。

4. **案例丰富,寓教于乐**。将抽象的经济学理论融入现实企业的真实事件中,生成适宜教学的典型案例,深入浅出、图文并茂地展示教学内容。兼顾我国经济发展的新趋势和经济体制改革的新思路,使学生能够理解国家的经济政策,突出理论教学、职业能力和担当意识的融合培养。

5. 资源丰富,利教便学。 为方便教师授课和学生学习,部分学习资源(如微课视频)以二维码形式提供在相关内容旁,可扫描体验立体化阅读,实现专业学习向课堂外延伸,满足不同层次读者多维度、多层次的个性化学习需求。此外,本书另配有教案、教学课件、习题参考答案等教学资源,供教师教学使用。

本书由青岛酒店管理职业技术学院李达、青岛职业技术学院史忠健、青岛酒店管理职业技术学院孙涛担任主编,青岛酒店管理职业技术学院潘华南、刘晓辉、李玉亭、徐彤彤、周洋,梧州职业学院黄慧敏担任副主编。此次修订由李达主持,本书具体编写分工如下:第一章、第十二章由李达执笔;第二章由史忠健执笔;第三章由徐彤彤执笔;第四章由周洋执笔;第五章、第六章由潘华南执笔;第七章、第八章由孙涛执笔;第九章、第十章由刘晓辉执笔;第十一章由李玉亭执笔;第十三章由黄慧敏执笔。最后,全书由李达、潘华南总纂定稿。

在本书的编写过程中,我们得到了山东省商业集团有限公司、京东物流山东省分公司、中教畅想北京科技公司等行业企业专家的指导和支持,在此一并表示感谢。

鉴于编者水平有限,书中疏漏在所难免,敬请广大师生批评指正。

编　者
2024 年 6 月

目录

第一章　走进经济学　　1

学习目标　　1
引导案例　免费的往往是昂贵的　　1
第一节　经济学及其研究对象　　3
第二节　经济学的主要内容　　11
第三节　经济学的基本分析方法　　15
本章小结/思考与讨论　　17

第二章　需求、供给与均衡价格　　23

学习目标　　23
引导案例　超市里的商品价格　　23
第一节　需求　　23
第二节　供给　　29
第三节　均衡价格　　33
第四节　弹性理论　　38
本章小结/思考与讨论　　46

第三章　消费者行为分析　　48

学习目标　　48
引导案例　世界上什么东西最好吃　　48
第一节　基数效用论　　49
第二节　序数效用论　　56
本章小结/思考与讨论　　61

第四章　生产者行为分析　　64

学习目标　　64
引导案例　坚持农业绿色发展　化肥不是越多越好　　64
第一节　生产要素与生产函数　　64
第二节　一种可变生产要素投入的合理区间　　71
第三节　生产要素的最优组合　　76
第四节　规模收益及其影响因素　　84
本章小结／思考与讨论　　88

第五章　成本与收益分析　　91

学习目标　　91
引导案例　门庭冷落的保龄球场为什么不停业　　91
第一节　成本及其分类　　92
第二节　短期成本与长期成本分析　　97
第三节　收益与利润最大化　　105
本章小结／思考与讨论　　109

第六章　市场结构分析　　111

学习目标　　111
引导案例　价格听证制度　　111
第一节　完全竞争市场分析　　112
第二节　完全垄断市场分析　　117
第三节　垄断竞争市场分析　　124
第四节　寡头垄断市场分析　　126
第五节　竞争与垄断　　130
本章小结／思考与讨论　　132

第七章　生产要素市场与收入分配　　134

学习目标　　134

引导案例	要素市场机制与收入分配	**134**
第一节	生产要素的需求	**135**
第二节	生产要素的供给	**138**
第三节	生产要素价格的决定	**140**
第四节	工资、利息和地租	**142**
本章小结/思考与讨论		**152**

第八章　国民收入核算　　**154**

学习目标		**154**
引导案例	GDP 十年翻番　我国经济实力实现历史性跃升	**154**
第一节	国民收入的基本概念	**155**
第二节	国民收入的核算	**165**
本章小结/思考与讨论		**171**

第九章　国民收入决定理论　　**173**

学习目标		**173**
引导案例	"三驾马车"稳中求进促发展　商务运行数据跑出"加速度"	**173**
第一节	国民收入的循环模型	**174**
第二节	国民收入的决定	**179**
第三节	影响国民收入的因素分析	**190**
本章小结/思考与讨论		**195**

第十章　经济周期与经济增长　　**198**

学习目标		**198**
引导案例	中国经济能够保持长期较快增长的"三个大逻辑"	**198**
第一节	经济周期及其成因	**199**
第二节	经济增长及其决定因素	**205**
第三节	主要国家经济增长分析	**209**
本章小结/思考与讨论		**214**

第十一章 通货膨胀与失业　216

学习目标　216
引导案例　2024年,全球通货膨胀能恢复正常吗　216
第一节　通货膨胀　216
第二节　失业　222
第三节　失业与通货膨胀的关系　227
本章小结/思考与讨论　229

第十二章 宏观经济政策　231

学习目标　231
引导案例　财政政策提质增效　货币政策精准有力　231
第一节　市场失灵与政府干预　232
第二节　宏观经济政策目标　235
第三节　财政政策　238
第四节　货币政策　241
第五节　财政政策与货币政策的综合应用　247
本章小结/思考与讨论　252

第十三章 开放条件下的宏观经济　256

学习目标　256
引导案例　稳慎扎实推进人民币国际化　助力金融强国建设　256
第一节　国际贸易、汇率与汇率政策　257
第二节　国际产业转移与国际分工　263
第三节　跨国经营与跨国公司　268
第四节　国际金融危机　274
本章小结/思考与讨论　278

主要参考文献　280

资源导航

思政课堂：善用时间资源	3
微课：看不见的手	11
微课：有形的手	13
微课：实证分析法与规范分析法	16
微课：需求量的变动和需求的变动	26
微课：替代品和互补品	26
思政课堂：2023年中央经济工作会议	29
微课：供给量的变动和供给的变动	32
微课：粮食最低收购价	37
微课：需求价格弹性与消费品类别	40
微课：边际效用递减规律	50
微课：消费者剩余	54
微课：无差异曲线为什么不能相交？	57
微课：消费者均衡	59
微课：收入效应和替代效应	59
微课：厂商的利润追求和社会责任	65
微课：生产要素	65
微课：生产函数	69
微课：固定投入与变动投入	70
微课：边际收益递减规律	72
思政课堂：激励企业创新结构性减税政策登场	87
微课：短期生产函数和长期生产函数	96
微课：短期成本分析	99
微课：收支相抵点与停止营业点	101
微课：长期成本分析	102
微课：利润最大化原则	108
微课：市场结构	112
微课：完全竞争条件下厂商的短期均衡	114

微课：完全竞争条件下厂商的长期均衡	*115*
微课：完全垄断条件下厂商的短期均衡	*119*
微课：完全垄断条件下厂商的长期均衡	*120*
微课：囚徒困境	*129*
微课：生产要素的需求	*135*
微课：收入效应	*143*
微课：劳动的供给曲线	*143*
微课：GNP 与 GDP 的区别	*157*
思政课堂：让"双碳"目标成为经济转型助推器	*163*
微课：支出法核算 GDP	*165*
微课：两部门国民经济循环模型	*174*
微课：总需求曲线向下方倾斜的原因	*180*
微课：从投资乘数学习乘数原理	*191*
微课：经济周期	*200*
微课：经济增长的决定因素	*207*
微课：需求拉动的通货膨胀	*219*
思政课堂：树立什么样的劳动观念？	*223*
微课：失业率	*223*
微课：菲利普斯曲线	*227*
微课：市场失灵	*232*
思政课堂：中国经济具有强大韧性	*235*
微课：发达国家宏观调控政策目标的历史演变	*237*
微课：财政政策的内在稳定器作用	*240*
微课：常用的货币政策工具	*242*
微课：财政政策和货币政策的综合效果	*250*
微课：贸易差额	*258*
思政课堂：坚持开放合作，共同建设开放型世界经济，促进世界共同发展	*263*
微课：国际分工的相关理论	*263*
微课：国际金融危机的成因	*275*

第一章 走进经济学

学习目标

1. 掌握稀缺性的含义并在此基础上理解经济学的概念。
2. 理解经济学的基本假设。
3. 理解市场与市场经济的含义。
4. 掌握宏观经济学与微观经济学之间的区别与联系。
5. 掌握实证分析方法与规范分析方法的区别。
6. 理解机会成本的含义,并能利用它来作出经济选择。

引导案例

免费的往往是昂贵的

美国著名经济学家米尔顿·弗里德曼说:"世界上没有免费的午餐。"充3 000元话费,免费送价值3 000元的手机——如此大的优惠,让人难抵诱惑。我们可能会想,充进去的话费虽然数额较大,但终归是自己使用,肥水不流外人田;再者,白白拿到价值不菲的手机,何乐而不为呢? 仔细想来,其实我们忽略了其中的限制条件。比如,至少连续2年,甚至3年不得随意更改套餐,或者有月度最低消费限制等。

免费的东西往往并非真正免费,它只是换了一种收费形式,还可能隐藏着未知的风险。比如,超市里扫码免费领鸡蛋,面临着个人信息泄露的风险;理发师培训机构,以"免费理发"为噱头,实则给学员找练手机会;口腔医院免费洗牙,可能是拓展业务的诱饵……"羊毛出在羊身上""买的没有卖的精",这些都揭示了免费与付费的辩证关系。

对于企业来说,免费既是商业模式也是营销手段。按照需求价格曲线,价格的细微变动会引起需求量变化。一家互联网公司老总曾感慨,如果用1 000万元打广告,可能连个响儿也没有,不如花1 000万元做一款互联网产品,给几千万用户免费使用,从而建立用户对品牌的认知、忠诚、信任,效果比广告更有效。其实,大家心里都清楚,商业免费不等于公益行为,早期免费无非是为了圈用户、引流量。

某些电商平台的"砍一刀"也是如此,为了免费或低价拿到某样商品发动身边人帮着砍价,结果总是"仅差一点点,就可以砍价成功",让人觉得这是一只快要到嘴的鸭子,不舍得让它就这么飞走了。最后赢的其实是商家,以极小的成本,实现了最大化的传播。这些表面上的"免费"背后,我们都付出了"沉没成本"。

正如诺贝尔经济学奖得主斯蒂格利茨说,如果一项开支已经付出并且不管作出何种选择都不能收回,一个理性的人就会忽略它。他举例说,假设你花7美元买了张电影票,看了半小时后,发现看这部电影简直是场灾难,就应立刻起身离开电影院,忽视这7美元的沉没成本。

日常生活中,沉没成本影响人们决策的例子随处可见。当公交车左等不来、右等也不来,这时你心里肯定会嘀咕,继续等吧,不知道车到底啥时候来;不等吧,之前那么久岂不是白等了,万一下一刻车真的来了呢?还有很多人在健身房办了卡后,也会咬牙坚持去锻炼,这就是沉没成本效应在左右着消费者的行为。连锁会员制的山姆、开市客(Costco)生意火爆,每年需要交几百元的会员费,消费者会想着多去几次,寻找价廉物美的商品,想方设法把会员费通过差价给"找补"回来。"沉没成本不是成本""沉没成本不参与重大决策",道理都懂,可现实世界中人们很难像经济学假设的那样理性,在做决策的时候,不纠结过往的付出,这就是人们常说的"止损"。当然,谁也不希望有损失。所幸今天的互联网平台极大地减少了信息壁垒,也减少了人们的决策失误。

为什么说没有免费的物品呢?哪些所谓的"免费"背后,我们都付出了哪些成本?让我们在本章内容里寻找答案吧!

在大多数人的意识里经济学是公式和晦涩难懂的文字集合,其实经济学与每个人的生活息息相关,是一门帮助人们洞察世事、学习人与人相处之道的有趣学问。

生活中,比较和选择无处不在。理性的比较,不仅要考虑看得见的东西,也要考量看不见的东西。经济学认为,成本是放弃了的最大代价。不少人在做选择的时候,往往只盯着金钱成本。然而实际上,金钱成本并不是所有成本。时间成本、机会成本、沉没成本、边际成本、交易成本……相较于金钱成本,这些成本隐蔽性大,常常难以量化又不好把握。贪图免费,付出的代价往往更加昂贵。

"不是贵的东西买不起,而是更加看重性价比"。时下的这句流行语揭示了一个简单道理,人们总是追求物美价廉的商品。这本身无可厚非,但是低价在很大程度上影响着消费者购买动机的形成和最终的购买决定,从而作出非理性购买决策。

随着社会的快速发展,越来越多的人不再只贪图免费,而愿意为有价值的东西付费。比如,知识付费已经成为人们普遍接受的学习方式。中研产业研究院数据显示,我国知识付费用户已超5亿人,市场规模超千亿元。正如哈佛大学前校长德里克·博克所说:"如果你认为教育成本太高,试试看无知的代价。"世界上最有价值的投资,就是自我投资。其实,只要懂得了"免费的往往是昂贵的"背后的道理,就会综合分析免费和低价背后的逻辑,就能避免落入"贪小便宜而吃大亏"的境地。

无论是分析个人选择,还是预测中国经济,都可以尝试通过学习经济学,拨开迷雾看本质,从而更好地理解中国经济政策以人为本的目标指向和价值依归,理解中国经济运行的内在逻辑,弄明白为什么政府可以是"必要之善",为什么有的高铁亏本也要建,为什么要乡村振兴,为什么顶着巨大压力也要推进"双碳"政策,为什么"绿水青山就是金山银山",为什么"一带一路"倡议如此受欢迎……

第一节 经济学及其研究对象

一、资源的稀缺性、配置和利用

(一)资源的稀缺性

经济学认为,相对于人们无限的欲望而言,社会所提供的各种物品——或者说生产这些物品所需要的资源总是不足的。从经济社会的发展现实我们可以观察到,人类追求物质产品(以及其他物品)的欲望确实是没有穷尽的。回顾一下您或者您的家庭的生活经历,相信不难发现存在这样的体验:虽然我们的收入和生活水平一直在提高,但总是感觉还不满足,希望有更高的收入和物质享受。一方面,人的欲望即由此产生的对社会产品的需求是无穷无尽的;另一方面,人类的消费欲望也是随着产品和服务的不断发展而发展的,因此用来满足人类欲望的各种物品总是有限的。

思政课堂:善用时间资源

可以说,经济学的产生是源于资源的稀缺性及由此引起的选择的需要。如果资源是无限的,取之不尽、用之不竭,那么对经济的研究就没有多大的意义,经济学也不会发展成为一门重要的学科。现实生活中,资源往往是有限的,因此西方经济学家们把满足人类欲望的资源分为"自由取用物品"与"经济物品"。前者是无限的、现成的,且取用时几乎不需要花费什么成本或经济代价,如阳光;后者是有限的,人类必须付出一定的经济代价才能得到,如劳动力、各种生活资料等。由于自由取用物品在满足人类消费欲望过程中所占的比例非常低,而且随着社会的发展,原来是自由取用的物品现在或将来也可能会变成经济物品,因此满足人类消费欲望的主要是经济物品。

提示:如何协调稀缺的资源和人类无限的欲望之间的矛盾,正是经济学研究的出发点。

资源的稀缺性,不是指物品或资源相对数量的多少,而是相对于人类欲望的无限性而言,再多的物品和资源也是不足的,因此稀缺性是相对的。但从社会资源存量和人类需求欲望发展的角度来说,稀缺性的存在又是绝对的,它存在于人类社会的任何时期和任何地方,是人类社会面临的永恒问题。

稀缺性,是经济物品的显著特征之一,它使得人们不得不认真去思考经济资源的配置(或者是获取)、经济物品的生产以及这些物品的分配(或者是交换)等问题。当然,经济物品(经济资源)是稀缺的,这并不意味着它是难以得到的,而是意味着,它是不能自由取用的,要得到一种经济物品,必须自己生产或用其他经济品来交换。所以说,经济学产生于稀缺性的存在——因为资源稀缺,才需要研究如何最有效地配置资源,使人类的福利达到最大化。

(二)资源的配置

由于同一种物品或资源拥有多种不同的用途,人类的欲望满足也有轻重缓急之分,因此,在用有限的物品与资源去满足人类的不同欲望时,就必须作出选择。也就是说,如何

3

利用现有的、有限的资源去生产"经济物品",来更好地满足人类的欲望,这实际上是一个资源配置的问题。

资源是指社会经济活动中人力、物力和财力的总和,是社会经济发展的基本物质条件。劳动力、生产资料、技术、信息等要素被称为资源,人们为了满足自身的需求会对这些资源的使用作出安排,这个过程被称为资源配置。

具体来说,资源配置就是要解决以下三个问题:

第一,生产什么物品和生产多少。也就是说,在可供选择的物品和劳动中,生产什么和生产多少;鞋还是上衣;多生产鞋少生产上衣,还是恰恰相反。

第二,如何生产物品。也就是说,由哪些人、采取什么组织形式、使用何种资源、应用何种技术来生产物品。是用蒸汽,还是水力,或原子能发电。

图 1-1 为谁生产物品

第三,为谁生产物品。即谁来享用所生产的物品和劳务。换句话说,社会产品的总量将如何分配给不同的个人、家庭或社会组织。漫画"为谁生产物品",如图1-1所示。

经济学正是为了确定解决以上这些问题的原则而产生的。资源的稀缺性,决定了在一定的时期内,可供人们选择的生产要素资源是一个定量。人们用于生产某种产品的数量增加,生产另一种产品的数量必然减少。经济学是要说明,如何通过成本与收益的比较,合理安排资源,把资源用于最有效的用途,也就是使有限的资源最大限度地满足人们的需求,即实现资源优化配置。

(三)资源的利用

在现实中,人类社会往往面临这样一种矛盾:一方面资源是稀缺的,另一方面稀缺的资源又没有得到充分的利用,如劳动者失业、生产设备和自然资源经常处于闲置状态等。资源的稀缺性又引出了另一个需要研究的问题,即资源利用。

资源利用,是指人类社会如何更好地利用现有的稀缺资源,使之生产更多的物品。这就是说,因为资源是稀缺的,所以人们在从事经济活动时,不仅要合理配置资源,而且还应考虑这样几个相关的问题:在资源既定的情况下,如何使稀缺的资源得到充分利用,使产量达到最大,实现充分就业;一国的商品与劳务产量如何能始终处于最大量,而不是时高时低,发生周期性波动;其总量如何能不断增长,即实现经济增长。

资源的高效利用,不仅使这种资源本身的效益得到充分的发挥,还要考虑资源在运用过程中与其他资源的协调配合,从而生产更有效用的社会产品。

二、市场与市场经济

(一)市场

人们从事经济活动或研究各种经济行为,都离不开市场,市场既是有形的地点,如商品交换的场所,更重要的,它也是商品需求和供给及其相互作用所实现的商品流通的总和,是一种机制。保罗·萨缪尔森在谈到市场时指出,市场是买者和卖者相互作用并共同决定商品或劳务的价格和交易数量的机制。市场是社会分工和商品经济发展到一定程度的产物。

在经济生活中,人们对市场的划分是多种多样的。若按商品流通的地域不同,可将市场分为地方市场、国内市场、国际市场;按交易的标的物不同,可将市场分为现货市场(标的物是实际货物)和期货市场(标的物是商品交易所制定的标准期货合同);按商品属性的不同,可将市场分为一般商品市场(其中包括消费资料市场和生产资料市场,也可将其对应称为产品市场和生产要素市场)和特殊商品市场(如劳动力市场、房地产市场、技术信息市场、金融市场等)。经济学着重研究一般意义上的市场,即产品市场与生产要素市场。

专栏 1-1 知识链接

跳蚤市场

跳蚤市场是西方一些国家对地摊市场的别称。这种市场由一个个摊位组成,市场规模一般不大,出售商品也多是旧货、人们多余的物品及未曾用过但已过时的物品等,小到衣服上的小装饰物,大到完整的旧汽车、录像机、电视机、洗衣机等。跳蚤市场上的物品价格低廉,往往仅为新货价格的10%~30%。

据说跳蚤市场起源于19世纪末期,当时巴黎市政府为了保持市容整洁,立法禁止沿街乱倒垃圾,并责令3万名靠捡破烂为生的贫民把市区堆积的垃圾搬运到郊区圣旺一个废弃的练兵场上。贫民们在此挑拣出那些尚可一用的东西,并就地随手出售。后来圣旺这个地方居然形成了一个固定的集市,因为在这里出售的旧物上常带有跳蚤,人们就给它起了个名字叫作"跳蚤市场"。

21世纪初,跳蚤市场也曾经在中国香港地区流行,当时中国香港地区的经济不景气,不少人希望能在跳蚤市场售卖货品获利,但最终成功者寥寥可数,跳蚤市场亦逐渐式微。曾经开办跳蚤市场的地方包括前启德机场、新界石岗等地。

目前,国内也沿袭国外的叫法,把旧货交易市场和便宜商品集散市场称为"跳蚤市场",大学校园里也时有学生练摊为主的跳蚤市场。随着网络的发展,还出现了网上跳蚤市场。

作为商品交换的场所,在市场上都有谁参与经济活动呢?在不考虑国际贸易前提下,市场上除了消费者和生产者以外,还存在另外一支重要的经济力量,就是宏观指导经济活动的政府。政府不仅仅是宏观经济调节的主体,而且也是一种经济单位。这三个经济主体,参与市场活动都是为了达到特定的经济目标。

消费者用自己的收入在市场上购买商品和劳务是为了获得最大化的满足和享受,这用经济术语来表述就是为了实现效用最大化;生产者通过投入各种生产要素生产出社会需要的产品,并不是为了自身消费这些商品,而是为了赚更多的钱,获得最大化利润;政府机构参与经济活动的目的不同于消费者和生产者,它的经济目标是通过提供公共物品和公共服务,取得最大限度的社会福利。

经济学主要研究产品市场与生产要素市场上的经济活动,而同时又主要研究以上三类市场参与者的活动,那么这三类市场参与者是如何与这两种市场发生关系的呢？市场参与者在各自经济目标的驱使下，在产品市场和要素市场上进行不同的市场活动。

从消费者方面来看，他要获得最大化的效用，就需要在商品市场上购买能满足自己消费的各种产品和劳务，但是购买必须要支付货币，货币收入从何而来？货币收入是消费者将自己所拥有的生产要素(如劳动、企业家才能)提供给生产要素市场而获得的。

从生产者方面来看，想要获得利润，就必须向产品市场提供产品或劳务，并努力使产品适销对路，使服务更好地满足消费者的需要，而想要提供产品或服务，就必须首先在要素市场上购买生产要素，并进行相应的生产活动。

从政府角度来看，为了获取最大化的社会福利(公共福利)，它也必须参与市场活动。一方面政府从生产要素市场购买所需的生产要素，如劳动、办公用品等；另一方面政府也向产品市场提供产品和劳务，如修建学校、高速公路、医疗福利等。虽然消费者不能直接购买政府提供的产品和劳务，但他们仍能够通过纳税进行间接购买，从而实现这些公共产品的消费。

(二) 市场经济

市场作为一种交易活动或交换的场所，早已存在。但作为以市场为主来配置社会资源的市场经济的形成则不过几百年。

亚当·斯密在《国富论》中提到，一般来说，每个人并不打算去促进公共的利益，也不知道他能促进多少公共利益，他追求的仅仅是他自己的利益，但在这么做时，有"一只看不见的手"指引他去达到一个意想不到的目标。由于追求自己的利益，他实际上促进了社会的利益，这种效果甚至比他专门去增进社会利益时产生的效果还要大。

市场经济，又称为自由市场经济或自由企业经济，是一种经济体系，在这种体系下产品和服务的生产及销售完全由自由市场的自由价格机制所引导，而不是像计划经济一般由政府所引导。也就是说，市场经济是指市场对资源配置起基础性调节作用的经济，即以市场机制的作用为基础配置经济资源的方式。

市场经济的发展大体经历了两个不同的发展阶段，即自由市场经济与现代市场经济。

自由市场经济，是完全由市场力量来自发调节的市场经济。一般指20世纪以前的市场经济。它建立在工业革命以及相应的生产技术基础上，以机器生产为主体。这一阶段采取的是一种国家不干预经济生活的自由放任政策，整个经济在亚当·斯密所描述的"一只看不见的手"的支配下自由运作，社会经济运行呈现出一种无组织、无计划的自然运行状态。然而，自由市场经济在带来异常可观的经济效益的同时，也出现了一种令人忧虑的状况，这便是生产过剩、经济萧条，这种经济危机以周期的形式经常发生。为了弥补这种自由市场竞争的失灵，西方市场经济国家普遍实行了政府干预。这样，自由市场经济就发展为现代市场经济。

现代市场经济萌芽于20世纪初，形成于两次世界大战之间。它是建立在更加发达的生产力水平基础之上，实行国家宏观调控的市场经济。相对于自由市场经济，现代市场经济及其运行更趋完善，表现为市场机制的健全，法律的完备，保障制度的社会化、规范化、宏观调控手段的完善以及调控机制的健全等。较之自由市场经济，更加注重宏观经济效益和社会效应，注重对效率与公平的协调。现代市场经济是市场经济发展到一个更加高级的阶段。伴随市场经济的发展过程会出现许多理论和实践上需要解决的新情况、新问题,从而推动了经济理论的发展。世界市场经济的理论与实践发展已经表明,现代市场经济既是建立在市场机制基础上运行的,同时又离不开国家的宏观调节。

市场经济不是一种特定的社会制度,只是社会资源配置的手段和经济运行方式。它可以存在于不同的社会制度下。市场经济体制的一般特征主要有:第一,一切经济活动都直接或间接地处于市场关系之中,市场机制是推动生产要素流动和促进资源优化配置的基本运行机制;第二,所有企业都具有进行商品生产经营所应拥有的全部权力,自觉地面向市场;第三,政府部门不直接干预企业生产和经营的具体事务,而是通过各项经济政策、法规等调节和规范企业的经营活动;第四,所有生产、经营活动都按照完整的法规体系来进行,整个经济运行有一个比较健全的法制基础。

<u>而社会主义市场经济体制,是在社会主义国家宏观调控下使市场在资源配置中发挥决定性作用的经济体制。</u>它与社会主义基本制度紧密结合在一起,因而除具有市场经济体制共性之外,还具有自己的特征。其主要表现是:在所有制结构上,以公有制为主体,多种所有经济共同发展,不同所有制经济的企业可以自愿实行多种形式的联合经营;在分配制度上,以按劳分配为主体,多种分配方式并存,把按劳分配和按生产要素分配结合起来,兼顾效率与公平;在宏观调控上,社会主义国家能够把人民当前利益与长远利益、局部利益与整体利益结合起来,更好地发挥计划和市场两种手段的长处。中国共产党第十八届中央委员会第三次会议关于全面深化改革若干重大问题的决定指出:要紧紧围绕使市场在资源配置中起决定性作用深化经济体制改革,坚持和完善基本经济制度,加快完善现代市场体系、宏观调控体系、开放型经济体系,加快转变经济发展方式,加快建设创新型国家,推动经济更有效率、更加公平、更可持续发展。

三、经济学的定义、假设与发展

经济一词,在西方,源于希腊文,原意是家计管理或"管理一个家庭";在中华传统文化中是"经世济民""经国济世"的意思。我们都知道,经济是社会的基础,政治、法律等是社会的上层建筑;经济活动是其他一切活动的物质基础;经济关系也是其他一切社会关系的物质基础。经济学是随着资本主义的兴起而逐渐发展成为一门学科的。

(一) 经济学的定义

对于经济学的定义,迄今为止,西方经济学界并不存在一个被所有的经济学家都一致接受的说法。但不同的定义中都隐含着经济学的两个核心思想,即物品和资源是稀缺的;社会必须有效地加以利用。这里我们引用保罗·萨缪尔森给出的经济学的定义:<u>经济学研究的是一个社会如何利用稀缺的资源以生产有价值的物品和劳务,并使它们在不同的人之间进行分配。</u>

理解经济学含义可以重点从以下三点考虑:第一,资源的稀缺性是经济学分析的前提。资源的稀缺性是相对于人们无穷无尽的欲望而言的。第二,选择行为是经济学分析的对象。带约束条件的选择行为是经济学研究的中心。第三,资源的有效配置是经济学分析的中心目标。经济学考核是否有效的标准是看收益是否大于机会成本。

(二) 经济学的假设

为了简化问题,经济学的研究是在一定的假设条件下展开的,其基本假设有三点。

1. 经济人假设

经济人是指人是理性的,而这种理性体现为人的利己动机,即总是尽可能地追求自身利益的最大化。经济学中的经济人假设是指参与经济活动的居民和厂商都是以利己为目的的,他们自觉地按利益最大化的原则行事,他们既能把最大化作为目标,又知道如何实现最大化。这就是说,作为理性的经济人,其行为动力是自己的利益,其行为目标是利益最大化,他们总是企图以最小的代价来换取最大的利益。只有在这一假设之下,价格调节实现资源配置最优化才是可能的。

专栏 1-2 知识链接

社会人假设与复杂人假设

"社会人"又称"社交人"。"社会人"假设建立在人性是善良的基础之上,认为人不只为经济利益而生存,人们工作的动机不仅在于物质利益,更在于工作中的社会关系。

美国哈佛大学教授埃尔顿·梅奥是"社会人"假设的代表人物。20世纪二三十年代,梅奥等人在芝加哥的西方电气公司霍桑工厂进行了一系列人际关系方面的试验研究。后来梅奥在《工业文明中人的问题》一书中阐述了"社会人"假设。

美国科学家埃德加·沙因首先提出了"复杂人"人性假设。该理论认为,人不是单纯的"经济人",也不是完全的"社会人",而应该是因时、因地、因各种情况采取适当反应的"复杂人"。

2. 完全信息假设

完全信息是指消费者和厂商可以免费而迅速地获取各种市场信息。信息是完全的、灵通的,并且参加市场活动的各个经济单位能据此作出理性的决策。例如,每一个消费者都能充分地了解每一种商品的性能和特点,准确地判断一定商品量给自己带来的消费满足程度,掌握商品价格在不同时期的变化,从而能够确定最优的商品购买量。犹如每一个生产者都能准确地掌握产量和生产要素投入量之间的技术数量的关系,了解商品价格和生产要素价格的变化,以及在每一个商品价格水平上消费者对产品的需求量,从而能够作出最优的生产决策。

3. 市场出清假设

它与前两个基本假设具有明确的因果关系,是前两者的逻辑推论。市场出清假设是指,无论劳动市场上的工资还是产品市场上的价格都具有充分的灵活性,可以根据供求情况迅速进行调整,资源流动没有障碍。有了这种灵活性,产品市场和劳动市场都不会存在超额供给。因为一旦产品市场出现超额供给,价格就会下降,直至商品价格降到使买者愿意购买为止。如果劳动市场出现超额供给,工资就会下降,直至工资降到使雇主愿意为所有想工作的失业者提供工作为止。因此,每一个市场都处于或趋向于供求相等的一般均衡状态。

(三) 经济学的发展

随着市场经济的深入发展和社会分工的不断深化,人类经济活动的内容愈来愈复杂、丰富,专业化程度愈来愈细密;同时,各种经济活动之间、经济活动与其他社会活动之间相互依存、相互渗透的联系,也愈来愈紧密。适应这种情况,经济学的研究范围也愈来愈扩展。一方面,从带有高度概括性的理论经济学中不断分化出带有应用性的和独立性的部门经济学、专业经济学等分支学科;另一方面,也出现了经济学科内部各个分支相互交叉的学科以及经济学科与其他社会学科以至自然科学学科之间彼此联结的边缘学科。

专栏1-3 知识链接

曼昆的"经济学十大原理"

关于经济学的基本原理,就像经济学的定义一样,众说纷纭,接下来我们简要看看格里高利·曼昆在其代表作《经济学原理》中阐述的十大经济学原理,这本经济学入门教科书至今已经出版至第六版。

原理一:人们面临权衡取舍(people face trade offs)。

认识到生活中的权衡取舍是重要的,因为人们只有了解了他们面临的选择,才能作出良好的决策。

原理二:某种东西的成本是为了得到它所放弃的东西(the cost of something is what you give up to get it)。

一种东西的机会成本是为了得到这种东西所放弃的东西。决策者应该认识到伴随着每一种可能的行动而来的机会成本。

原理三:理性人考虑边际量(rational people think at the margin)。

经济学家用边际变量(marginal change)这个术语来描述对现有行动计划的微小增量调整,边际变量是围绕你所做的事的边缘的调整。只有一种行动的边际利益大于边际成本,一个理性决策者才会采取这项行动。

原理四:人们会对激励作出反应(people respond to incentives)。

由于人们通过比较成本与利益作出决策,所以,当成本或利益变动时,人们的行为也会改变。在分析任何一种政策时,我们不仅应该考虑直接影响,而且还应该考虑通过激励发生的间接影响。

原理五:贸易能使每个人状况更好(trade can make everyone better off)。

原理六:市场通常是组织经济活动的一种好方法(markets are usually a good way to organize economicactivity)。

原理七:政府有时可以改善市场结果(governments can sometimes improve market outcomes)。

为什么我们需要政府呢?一种回答是,看不见的手需要政府来保护它。只有产权得到保障,市场才能运行。另一种回答是,政府干预经济的原因有两类:促进效率和促进平等。

原理八:一国的生活水平取决于它生产物品与劳务的能力(a country's standard of living depends on its ability to produce goods and services)。

几乎所有生活水平的变动都可以归因于各国生产率(productivity)的差别。在考虑任何一项政策如何影响生活水平时,关键问题是这项政策如何影响我们生产物品与劳务的能力。

原理九:当政府发行了过多货币时,物价上升(prices rise when the government prints too much money)。

在大多数严重或持续的通货膨胀情况下,罪魁祸首总是相同的——货币量的增长。当一个政府创造了大量本国货币时,货币的价值下降了。

原理十:社会面临通货膨胀与失业之间的短期权衡取舍(society faces a short-run trade off between inflation and unemployment)。

当政府增加经济中的货币量时,一个结果是通货膨胀,另一个结果是至少在短期内降低失业水平。这就简单地意味着,在一两年的时期中,许多经济政策在相反的方向推动通货膨胀与失业。

四、经济学的研究对象

由于经济思想和学说受社会、历史、阶级等因素的影响,因此经济学的研究对象也必然随着历史时代的更迭而发生变化。在西方经济学史上,经济学研究对象概括起来主要包括以下几种。

(一) 财富说

财富说是一种年代最早、历史最长、持有人数最多的经济学对象理论。古典经济学家们的研究对象多为财富说,从研究家庭财富及其增长,到研究如何增加国家财富。英国古典经济学家威廉·配第提出了"土地为财富之母,而劳动则为财富之父"的著名论断。大卫·李嘉图遵循了亚当·斯密的财富对象理论,但他特别重视财富的分配问题。詹姆士·穆勒在《政治经济学纲要》中,继承和丰富了萨伊的三分法对象论,在财富的"生产""分配""消费"研究的基础上,增加了"财富交换",提出了四分法对象论。

(二) 人的欲望及其满足说

主观经济学派的先驱者马斯夏在《经济和谐》中明确指出,政治经济学的对象是人,并解释说,欲望、努力、满足,这就是经济观点中的人。

(三) 人与财富整合说

英国著名经济学家马歇尔在《经济学原理》一书中指出,经济学一方面是一种研究财富的科学,另一方面也是更重要的方面,是研究人的学科的一部分。

(四) 人类选择行为说

1932年,罗宾斯总结许多经济学家关于经济学概念的共同实质,在《论经济科学的性质与意义》中提出了,经济学是一门研究目的与具有可供选择的用途的稀少手段之间关系的人类行为科学。这就说明了,经济学的产生就在于人类无尽的欲望与物品稀少性的矛盾。

(五) 宏观经济行为说

以英国著名经济学家凯恩斯为代表。他在经济学的研究对象上,从微观经济行为分析转向宏观经济行为分析,强调国民收入、总就业、总需求、总供给等总量研究,着重强调的是整个经济体系。

(六) 微观经济行为与宏观研究合流说

为弥补凯恩斯经济学只着重宏观经济分析,忽视微观经济分析的缺陷,当代一些经济学家把凯恩斯宏观经济理论与新古典微观经济理论结合起来。当代不少经济学者主张建立混合经济体制。在这种体制中,既有市场机制发挥作用的自由市场经济,又有国家对经济生活进行干预和宏观控制的经济。他们认为,经济学应该是研究在一定经济体制下,稀缺资源配置和利用的科学。该定义涉及四点:稀缺资源,是经济学产生的基础和研究的出发点;资源配置,属微观经济学的研究对象;资源利用,属宏观经济学的研究对象;经济体制,则不论微观、宏观经济学都有涉及。

第二节　经济学的主要内容

经济学的内容相当广泛,从经济学研究对象的范围大小进行划分,现代经济学总体上可分为微观经济学与宏观经济学两部分,它们既相互联系又相互区别。

一、微观经济学

(一) 微观经济学的定义

微观经济学(microeconomics),又称个体经济学,小经济学,是宏观经济学的对称。它是现代经济学的一个分支,主要以单个经济单位(单个生产者、单个消费者、单个市场经济活动)作为研究对象分析的一门学科。微观经济学是研究社会中单个经济单位的经济行为,以及相应的经济变量的单项数值如何决定的经济学说。

微观经济学的定义包含了以下几个方面的内容:

1. 研究的对象是单个经济单位的经济行为

微观经济学主要以单个经济单位(单个的生产者、单个的消费者、单个市场的经济活动)作为研究对象,分析单个生产者如何将有限的资源分配在各种商品的生产上以取得最大的利润;单个消费者如何将有限的收入分配在各种商品的消费上以获得最大的满足(即效用)。同时,微观经济学还分析单个生产者的产量、成本、使用的生产要素数量和利润如何确定;生产要素供应者的收入如何决定;单个商品的效用、供给量、需求量和价格如何确定等。

2. 解决的问题是资源配置

资源配置就是要解决生产什么、如何生产和为谁生产的问题。资源的最优配置会给社会带来最大的经济福利。微观经济学从研究单个经济单位的最大化入手,解决社会资源的最优配置问题。因为若每个经济单位都实现了最大化,那么整个社会的资源配置也就实现了最优化。

3. 核心理论是价格理论

在市场经济中,引导和支配居民户与厂商行为的是价格。生产什么、如何生产和为谁生产都由价格决定。价格像"一只看不见的手",调节着整个社会的经济活动。微观经济学就是要说明价格如何使资源配置达到最优化,因此,价格理论是微观经济学的核心,其

微课:看不见的手

他内容是围绕这一核心问题展开的。

4. 研究方法是个量分析

个量分析是研究经济变量的单项数值怎样决定。个量分析就是考察个量的决定、变动及其相互间的关系。例如,对某种产品的产量、价格决定的分析就属于个量分析。

(二) 微观经济学的基本内容

1. 均衡价格理论

均衡价格理论也称价格理论。它研究商品的价格如何决定,以及价格如何调节整个经济的运行。它是微观经济学的核心内容,其他内容都是围绕这一核心而展开的。

2. 消费者行为理论

研究消费者如何把有限的收入分配于各种商品的消费上,以实现满足程度的最大化或效用的最大化。

3. 生产者行为理论

研究生产者如何把有限的资源用于各种商品的生产上,从而实现利润的最大化。这一部分包括生产理论、成本理论和市场均衡理论。

4. 成本理论

成本理论是生产理论的延伸。它是研究在厂商生产条件既定的条件下,生产成本与产量之间的关系。成本是厂商经营决策的主要基础,厂商通过使总收益与总成本之差达到最大,实现利润最大化。

5. 市场理论

市场理论是研究市场、市场结构和市场类型,不同市场类型条件下的生产者的供给和短期均衡与长期均衡问题。

6. 分配理论

分配理论主要研究生产要素市场,研究生产要素(劳动、资本、土地、企业家才能)的价格和使用量与生产要素所有者收入(工资、利息、地租和利润)的关系。

7. 市场失灵与政府干预

按微观经济学的理论,市场机制能使社会资源得到有效配置。但实际上,市场机制的作用并不是万能的,这就需要政府的干预,以弥补市场机制的不足。

专栏1-4 知识链接

信息经济学

经济社会中,每个人都是根据他所掌握的信息作出决策。但非对称信息环境是常态。所谓非对称信息环境,指的是一些人具有他人不掌握的信息。信息经济学研究的就是非对称信息下行为个体的最优决策,主要研究两方面问题:一是不完全信息下的经济分析,核心是"信息成本"和最优信息搜寻;二是非对称信息下的经济分析。

信息经济学所讨论的信息是指影响双方利益的信息,而不是讲各种可能的信息。不对称信息按内容可以分为两类:第一类是双方知识的不对称,指一方不知道另一方诸如能力、身体健康状况等信息,这是外生的、先定的,不是双方当事人行为造成的。对于这类信息不对称,信息经济学称为隐藏知识、隐藏信息。第二类是指在签订合同时双方拥有的信息是对称的,但签订合同后,一方对另一方的行为无法管理、约束,这是内生的,取决于另一方的行为。对于这类信息不对称,信息经济学称为隐藏行动。比如在签订合同后,雇员是努力工作还是偷懒,雇主不能自由控制。要解决这个问题,就要实行一种激励机制,使雇员采取正确的行动。比如用什么样的工资制度或福利制度,使雇员努力工作。

在具体工作中,会在两种情况下遇到不对称信息的问题。按不对称信息发生的时间,在事前发生的信息不对称会引起逆向选择问题,而事后发生的信息不对称会引起道德风险问题。

逆向选择和道德风险是信息经济学两大基本研究课题。比如,选择一个企业经理,如果事先董事会不清楚经理的能力,而经理自己清楚,会出现逆向选择问题;如果事先双方都知道经理的能力,但签约后不清楚经理的努力程度,则出现道德风险问题"隐藏行动";或者事先都不知道经理的能力,但签约后经理发现了自己的能力,而董事会不清楚,则也是道德风险问题"隐藏信息",因为经理离任有可能带走客户。

在非对称信息情况下,逆向选择和道德风险是随时可能发生的,信息经济学认为,减免的办法就是建立起激励机制和信号传递机制。

二、宏观经济学

(一) 宏观经济学的定义

宏观经济学(macroeconomics),是以整个国民经济为研究对象,通过研究经济中有关总量的决定及其变化,来说明资源怎样才能得到充分利用的一个经济学领域。宏观经济学是相对于古典的微观经济学而言的,它是约翰·梅纳德·凯恩斯的《就业、利息和货币通论》发表以来快速发展起来的一个经济学分支。因为宏观经济学是以国民经济总过程的活动为研究对象,主要考察就业总水平、国民总收入等经济总量,所以,宏观经济学有时也被称作就业理论或收入理论。

宏观经济学的定义包含以下几个方面的内容。

1. 研究对象是整个经济

宏观经济学不研究经济中的各个单位,而研究由各个单位构成的整体。

2. 解决的问题是资源利用

宏观经济学把资源配置作为既定的前提,研究现有资源为什么没能得到充分的利用,怎样才能得到充分的利用,以及经济如何增长的问题。

3. 核心理论是国民收入决定理论

宏观经济学把国民收入作为最基本的总量,以国民收入决定为中心来研究资源利用问题,来分析整个国民经济的运行。国民收入决定理论被称为宏观经济学的核心。宏观经济学的其他理论都是围绕这一核心而展开的。

微课:有形的手

4. 研究方法是总量分析

总量是指能反映整个经济运行情况的经济变量。这种总量有两大类：一类是个量的总和。例如，国民收入是构成整个经济的各个单位的收入总和。总消费是指参与经济活动的各单位消费的总和。另一类是平均量，例如，价格水平是各种商品与劳务的平均价格。总量分析就是分析社会经济活动中总量的决定、变动及其相互关系，并通过这种分析说明经济的运行情况，决定经济政策。因此，宏观经济学也被称为"总量经济学"。

（二）宏观经济学的主要内容

1. 国民收入决定理论

国民收入是衡量一国经济资源利用情况和整个国民经济状况的基本指标。国民收入决定理论就是要从总需求和总供给的角度出发，分析国民收入决定及其变动的规律。这是宏观经济学的核心。

2. 失业与通货膨胀理论

失业与通货膨胀是困扰世界各国最主要的问题。宏观经济学把失业与通货膨胀和国民收入联系起来，分析其产生的原因及其相互联系，以寻求解决这两个问题的途径。

3. 经济周期与经济增长理论

经济周期是分析国民收入的短期波动，经济增长是分析国民收入的长期增长趋势。这一理论要分析国民收入短期波动的原因、长期增长的源泉等问题，以促进经济长期稳定的发展。

4. 宏观经济政策

宏观经济学是为国家干预服务的，宏观经济理论要为这一干预提供理论依据，而宏观经济政策则是要为这种干预提供具体的措施。需要指出的是，由于不同的经济学家对经济运行的分析与认识不同，他们提出的政策主张也就不同，从而形成了不同的宏观经济学流派，如新古典综合派、货币主义与理性预期学派、供给学派等。

5. 开放经济理论

现实的经济都是开放型的经济。开放经济理论要分析一国国民收入的变动怎样影响别国，以及怎样受到别国的影响，同时也要分析开放经济下一国经济的调节问题。

三、微观经济学与宏观经济学的关系

微观经济学与宏观经济学虽然在研究对象、解决的问题、基本假设、中心理论、研究方法上都有所不同，但它们之间又存在密切的联系。

（一）微观经济学与宏观经济学的研究目的是一致的

经济学的目的是通过对人们的经济活动提供正确的指导来实现资源优化配置，从而实现整个社会经济福利的最大化。

（二）微观经济学与宏观经济学的研究内容是互补的

微观经济学是在假定资源以实现充分利用的前提下，分析怎样才能达到资源的最优配置的问题；而宏观经济学是在假定资源已实现最优配置的前提下，分析怎样才能使资源充分利用的问题。它们从不同的角度分析社会经济问题。因此，微观经济学与宏观经济学就其内容来说，是互相联系、互相补充的。只有把它们紧密地结合起来，才能构成经济学完整的理论体系。

（三）微观经济学是宏观经济学的基础

整体经济是单个经济的总和，微观经济学应该成为宏观经济学的基础。然而这两个领域曾一度界限分明，不过近来这两个学科已逐渐融合起来，因为经济学家们已经运用微观经济学的工具来分析诸如失业和通货膨胀这类属于宏观经济学领域的问题。

另外，微观经济学与宏观经济学都是从不同角度对经济现象进行分析，采用的都是实证分析方法，即都是把社会经济制度作为既定的，不涉及制度因素对经济的影响。

第三节 经济学的基本分析方法

经济学的分析方法有两种：实证分析和规范分析。

一、实证分析方法

实证分析（empirical analysis），是社会科学研究方法之一，它着眼于当前社会或学科现实，通过事例和经验等从理论上推理说明。

该方法研究的是经济本身的内在规律，并根据这些规律分析和预测人的经济行为的效果。它排斥一切价值判断，主要回答"是什么"的问题，它所研究的问题具有客观性，它的结论正确与否可以通过经验事实来进行检验。

实证分析主要采用归纳法进行研究。它要运用一系列的分析工具，诸如个量分析与总量分析、均衡分析与非均衡分析、静态分析与动态分析、定性分析与定量分析、逻辑演绎与经验归纳、经济模型等。我们这里简要介绍以下实证分析工具：

（一）均衡分析与非均衡分析

均衡（equilibrium）是从物理学中引进的概念。在物理学中，均衡是表示，同一物体同时受到几个方向不同的外力作用而合力为零时，该物体所处的静止或匀速运动的状态。英国经济学家马歇尔把这一概念引入经济学中，主要指经济中各种对立的、变动着的力量处于一种力量相当、相对静止、不再变动的境界。

均衡分析偏重数量分析，非均衡分析则认为经济现象及其变化的原因是多方面的、复杂的，不能单纯用有关变量之间的均衡与不均衡来加以解释，而主张以历史的、制度的、社会的因素作为分析的基本方法。即使是数量的分析，非均衡分析也不是强调各种力量相等时的均衡状态，而是强调各种力量不相等时的非均衡状态。

（二）静态分析与动态分析

静态分析（static analysis）与动态分析（dynamic analysis）的区别在于：前者不考虑时间因素，而后者考虑时间因素。

（三）静态均衡分析、比较静态均衡分析、动态均衡分析

把均衡分析与静态分析、动态分析结合在一起，就产生了三种分析工具：静态均衡分析、比较静态均衡分析与动态均衡分析。

静态均衡分析是要说明各种经济变量达到均衡的条件；比较静态均衡分析

(comparative static equilibrium analysis)是要说明从一种均衡状态变动到另一种均衡状态的过程,即原有的条件变动时均衡状态发生了什么相应的变化,并把新旧均衡状态进行比较;动态均衡分析则是要在引进时间因素的基础上说明均衡的实际变化过程,说明在某一时点上经济变量的变动如何影响下一时点上该经济变量的变动,以及这种变动对整个均衡状态变动的影响。

(四)定性分析与定量分析

定性分析方法(qualitative analysis method)是说明经济现象的性质及其内在规定性与规律性;定量分析方法(quantitative analysis method)则是分析经济现象之间量的关系。

(五)经济模型

经济模型(economic model)是指用来描述所研究的经济现象与有关的经济变量之间依存关系的理论结构。简单地说,把经济理论用变量的函数关系来表示就是建立经济模型。一个经济模型就是论述某一经济问题的一个理论,它可用文字说明(叙述法),也可用数学方程式表达(代数法),还可用几何图形式表达(几何法、画图法)。

由于任何经济现象,不仅错综复杂,而且变化多端,如果在研究中把所有的变量都考虑进去,就会使得实际研究成为不可能。所以建立经济模型,必须运用科学的抽象法,舍弃一些影响较小的因素或变量,把可以计量的复杂现象简化和抽象为为数不多的主要变量,然后按照一定函数关系把这些变量编成单一方程或联立方程组,构成模型。由于建立模型中,选取变量的不同,及其对变量的特点假定不同,因此,即使对于同一个问题也会建立起多个不同的模型。

二、规范分析方法

规范分析(normative analysis)是在20世纪60年代后期,由美国管理心理学家皮尔尼克提出的一种方法,作为优化群体行为、形成良好组织风气的工具。

该方法提出某些标准作为分析处理经济问题的标准,并研究如何才能符合这些标准。它以一定的价值判断为基础,主要回答"应该是什么"的问题,带有强烈的主观色彩,并无法证明其命题的真伪。

三、实证分析方法与规范分析方法的关系

(一)实证分析方法与规范分析方法的区别

1. 判断的依据不同

是否以一定的价值判断为依据,是两种方法的重要区别之一。价值判断是指对经济现象的社会价值作出判断,分析是好是坏,是对是错。实证分析要避开价值判断,而规范分析要以一定的价值判断为基础。

2. 解决的问题不同

实证分析要解决"是什么"的问题,即要确认事实本身,研究经济本身的客观规律与内在逻辑,分析经济变量之间的关系,并用于进行分析与预测。规范分析要解决"应该是什么"的问题,即要说明事物本身是好是坏,或者对社会有什么意义。

微课:实证分析法与规范分析法

3. 分析内容的属性不同

实证分析的内容具有客观性,所得出的结论可以根据事实来进行检验,不以人的意志为转移。规范分析的内容具有主观性,所得出的结论要受到不同价值观的影响,不同的人对同一事物的好坏会作出相反的评价,谁是谁非没有什么绝对标准,从而也就无法进行检验。

我们可以举例说明实证分析与规范分析之间的区别。例如,若政府公布了一项最低工资法令,这项法令实施后,是否会增加失业？哪些人受益？哪些人受损？失业率会上升多少？在职工人的工资上升多少？这些方面的问题是政府颁布法令后所实际面临的,具有客观性,而且这些问题的答案都可以从实践中得到,并以此来判断他人的回答正确与否。这种分析就属于实证分析。如果要分析新法令是利大于弊还是得不偿失时,因为最低工资法令一方面使一些不熟练工人丢掉了工作,另一方面又使大部分保住工作的人工资待遇显著提高,那么,来自不同社会团体的人对此法令的反应截然不同是毫不奇怪的,该问题带有一定的主观色彩,无法证明其命题的真伪,这种分析就属于规范分析。

也可以这样简单化地理解：实证,就是讲是什么,比较客观,就是我不做任何评价,只给你一个客观道理,客观描述事物现在存在的一个状态。规范,就是作评价,有自己的主观观点,描述事物应该是一个什么样的状态。

 问题讨论

"效率比平等更重要",人们得出这个结论是运用了何种分析方法,是实证分析,还是规范分析？

(二) 实证分析方法与规范分析方法的联系

实证分析与规范分析尽管有上述区别,但它们也并不是绝对互相排斥的。

规范分析要以实证分析为基础,而实证分析也离不开规范分析的指导。一般来说,越是具体的问题,实证的成分越多；越是高层次、带有决策性的问题,越具有规范性。

本 章 小 结

1. 稀缺性是经济物品的显著特征之一。经济学的产生是源于资源的稀缺性及由此引起的选择的需要。
2. 经济学的定义。经济学是研究一个社会如何利用稀缺的资源以生产有价值的物品和劳务,并使它们在不同的人之间进行分配。
3. 经济学的三大基本假设。经济人假设、完全信息假设、市场出清假设。
4. 微观经济学与宏观经济学研究对象的联系与区别。
5. 实证分析方法与规范分析方法的区别与联系。

思考与讨论

一、案例分析

1. 全球产业分工助力世界共同发展——客观辩证看待产能问题之一

以科技创新催生新产业、新模式、新动能，在全球市场竞争中快速发展，中国出口的电动汽车、锂电池、光伏产品"新三样"展现创新优势，彰显过硬品质。2023年，"新三样"产品出口首次突破万亿元大关，同比增长29.9%。这不仅丰富了全球供给，缓解了全球通胀压力，也赢得了国际社会对中国大力推动绿色发展的肯定。

然而，美方一些人将中国正蓬勃发展的"新三样"称为"过剩产能"，持续炒作所谓"产能过剩"话题，令人惊诧。当年，美国就曾把中国向世界出口大量物美价廉产品称为"产能过剩"，现在又给中国向世界出口新能源产品贴上这一标签。其实，所谓"中国产能过剩论"不过是陈词滥调，指责中国"产能过剩"对其他国家构成威胁完全是一个伪命题，是单边主义、保护主义的具体体现，实质是逆全球化思潮作祟。但要警惕的是，美方一些人煞有其事炒作"中国产能过剩论"，充满了欺骗性，妄图混淆是非、干扰认知，必须擦亮眼睛，客观、辩证看待产能问题。这要求我们坚持全球视野。

在经济全球化背景下，供给和需求都具有全球性，不同国家的产能高低是由各自比较优势决定的，不能简单认定谁的产能过剩了。从供给看，一个国家的生产既可以满足本国需求，也可以出口优势产品和服务参与全球市场竞争，这比封闭条件下各自生产全部产品能够创造更大规模的总体福利。倘若将产能问题与国际贸易挂钩，认为出口商品多了就是产能过剩了，完全站不住脚。如果这个逻辑成立，那么美国芯片特别是高端芯片有80%用于出口，肉类和农产品也大量出口，也完全可以适用所谓"产能过剩论"。事实上，中国新能源汽车2023年出口占生产的比重仅为$\frac{1}{8}$，根本谈不上"过剩"向海外倾销。

早在200年前，大卫·李嘉图就提出比较优势理论，认为每个国家都可以从国际分工和自由贸易中受益，国家间的贸易行为可以实现彼此互惠。当前联合国2030年可持续发展议程和气候变化《巴黎协定》加快落实，全球绿色低碳产品的需求旺盛。通过自由贸易促进优质商品和服务的全球配置，有助于各国消费者分享技术进步红利、得到更高水平的满足。中国始终支持自由贸易，向各国优质商品和服务敞开大门。中国新能源产品质优价廉，凭借技术优势获得各国消费者青睐，这并不是所谓冲击，而是全球贸易的共赢。

经济全球化促进了全球产业分工和合作，促进了商品和资本流动、科技和文明进步。中国新能源汽车产业蓬勃发展，顺应经济全球化的历史大势，是深度参与全球产业分工和合作的结果。在中国运营的最大两家新能源汽车企业比亚迪、特斯拉，一家是民营企业，另一家是美资企业。通过在中国设立工厂，特斯拉更多引入中国零部件供应商，有效降低了生产成本，打开了市场发展空间。美国的芯片产品，零部件从几百个到几万个不等，也是来自全球不同国家的供应商。事实证明，经济全球化时代，各国利益深度交融，产业链供应链你中有我、我中有你。只要加强合作，发挥好各自比较优势，就能实现互利共赢，推动经济全球化朝着更加开放、包容、普惠、均衡的方向发展。

当前,全球产业体系和产业链供应链呈现多元化布局、区域化合作、绿色化转型、数字化加速的态势。筑"小院高墙"、搞"脱钩断链",以"产能过剩"为借口采取贸易保护措施,不仅不能解决自己的问题,反而会损害全球产业链供应链稳定,拖累全球经济绿色转型和新兴产业发展。只有更加积极地参与国际分工,更加有效地融入全球产业链、供应链、价值链,更加主动地扩大对外交流合作,才能共享经济全球化红利。

要求:结合比较优势原理解释为什么分工与合作会给人们带来更大财富。此外,现代社会的分工和合作已经达到非常精细的程度,为什么世界上还有些国家和地区依然贫穷落后?

(资料来源:人民日报)

2. 低空经济加速"升空"

2024年4月7日,全球首张无人驾驶载人航空器生产许可证颁发;4月18日,广州推出全国首个低空经济应用示范岛,启动飞行汽车基础设施建设;4月23日,"空中快递"首次入选交通运输部智能交通先导应用试点项目……

2023年12月15日,中央经济工作会议召开,总书记发表重要讲话再次强调:"要以科技创新推动产业创新,特别是以颠覆性技术和前沿技术催生新产业、新模式、新动能,发展新质生产力。新质生产力已经在实践中形成并展示出对高质量发展的强劲推动力、支撑力。发展低空经济不仅要依靠新质生产力,也要使低空经济成为提升新质生产力的关键领域。"

从2023年12月中央经济工作会议上被列为国家战略性新兴产业,到2024年两会首次被写入政府工作报告,低空经济正逐渐走到聚光灯下,迎来快速发展。

低空经济作为新质生产力的代表,已经成为培育发展新动能的重要方向,逐渐走入我们生活。低空经济涉及物流运输、城市交通、农林植保、应急救援、体育休闲、文化旅游等领域,同时也涉及高端制造、人工智能等行业,是前景广阔的战略性新兴产业,也是新质生产力的典型代表。

抢占制高点,从中央到地方,政策规划密集推出。

2024年3月27日,工信部、科技部、财政部、民航局印发《通用航空装备创新应用实施方案(2024—2030年)》,提出到2030年,推动低空经济形成万亿元级市场规模。

"当前,我国发展低空经济已经具备较好基础。"在2024年4月17日的国新办发布会上,国家发展改革委相关负责人表示。

2024年4月18日,苏州召开低空经济发展推进大会,集中签约49个低空经济项目;同时,发布了低空经济发展体系与愿景、实施方案、若干措施等一系列政策规划。

同日,广州宣布打造全国首个低空经济应用示范岛,并启动飞行汽车基础设施建设,未来将服务于"低空+通勤""低空+旅游""低空+应急"等应用示范。

2023年12月以来,苏州、广州、深圳、合肥、沈阳等多个城市先后发布政策举措,抢抓低空经济产业新机遇。在深圳盐田,低空经济领域企业落户最高可获500万元补贴;沈阳计划打造10个以上低空经济应用示范场景;合肥提出建成具有国际影响力的"低空之城"目标……

随着政策规划有序推进、技术应用逐渐成熟、市场规模不断壮大,低空经济产业正在站上新风口。在电力巡检、农业植保、外卖配送、观光旅游等生产消费场景,低空经济正在加速渗透。

2024年4月7日,民航局向亿航智能颁发了全球电动垂直起降飞行器(eVTOL)行业内首张生产许可证。

亿航智能副总裁表示:"低空经济要想发挥最核心的价值,一定要辐射到城市的日常通勤和交通出行。"据透露,该企业计划在广州、深圳、珠海、合肥等城市打造低空经济"样板城市",率先推出空中出租车。

数据显示,截至2023年底,在传统通用航空方面,我国注册通航企业达690家,运营航空器达2 900架,月均飞行11.4万小时;在无人机新业态方面,截至2023年底,国内注册无人机126.7万架,同比增长32.2%,运营无人机的企业达1.9万家。

民航局相关负责人表示,目前我国无人驾驶航空飞行活动呈现良好发展态势。民用无人机已在农林牧渔和娱乐航拍领域率先实现行业普及,城市场景和物流应用的管理模式与技术标准已初具推广基础。

业内分析,随着顶层设计定调,低空经济万亿蓝海市场发展提速。eVTOL作为低空经济的重要载体,商业化有望提速。以eVTOL为代表的低空经济产业化已经从"0到1"迈入"1到N"的新阶段。

要求:低空经济有哪些应用场景,结合案例分析生产要素如何提升生产力。

(资料来源:人民网)

二、简答题

1. 资源的稀缺性对于研究经济学有何意义?
2. 微观经济学与宏观经济学研究的基本问题是什么?
3. 规范分析与实证分析的区别在哪里?
4. 机会成本对于经济选择的价值何在?

三、实训项目

1. 找出你身边存在的资源稀缺性的现实。
2. 分析图书馆学习和享受电视剧之间的机会成本。

专栏1-5 经济学家小传

亚当·斯密

亚当·斯密(1723—1790),英国苏格兰哲学家和经济学家,是经济学的主要创立者。

自1750年起斯密在格拉斯哥大学担任过逻辑学和道德哲学教授,还兼负责学校行政事务。这时期,亚当·斯密于1759年出版的《道德情操论》获得学术界极高评价。而后于1768年开始着手著述《国民财富的性质和原因的研究》(以下简称《国富论》)。1773年,《国富论》已基本完成,但斯密多花三年时间润色此书,1776

年3月此书出版后引起大众广泛的讨论,世人尊称亚当·斯密为"现代经济学之父"和"自由企业的守护神"。他所著的《国富论》成了第一本试图阐述欧洲产业和商业发展历史的著作。这本书发展出了现代的经济学学科,也提供了现代自由贸易、资本主义和自由意志主义的理论基础。1787年斯密被选为格拉斯哥大学荣誉校长,也被任命为苏格兰的海关和盐税专员。1784年斯密出席格拉斯哥大学校长任命仪式,后因其母于1784年5月去世迟未上任,直到1787年才担任校长职位至1789年。亚当·斯密并不是经济学说的最早开拓者,他最著名的思想中有许多也并非新颖独特,但是他首次提出了全面系统的经济学说,为该领域的发展打下了良好的基础。因此,完全可以说《国富论》是现代政治经济学研究的起点。

亚当·斯密的经济思想体系结构严密,论证有力。其接班人如托马斯·马尔萨斯和大卫·李嘉图这些著名的经济学家对他的体系进行了精心的充实和修正(没有改变基本纲要),今天被称为经典经济学体系。虽然现代经济学说又增加了新的概念和方法,但这些大体说来是经典经济学的自然产物。

保罗·萨缪尔森

保罗·萨缪尔森(1915—2009),美国著名经济学家,1935年毕业于芝加哥大学,随后获得哈佛大学的硕士学位和博士学位,并一直在麻省理工学院任经济学教授。他发展了数理和动态经济理论,将经济科学提高到新的水平。萨缪尔森曾因将数学分析应用于经济学领域的巨大贡献,而在1970年成为第一个获得诺贝尔经济学奖的美国人。

萨缪尔森一生从事经济学的研究,有许多论文和著作,其中1948年出版的《经济学》是他的代表作和成名作,先后再版12次,以40多种语言在全球销售超过400万册,是全世界最畅销的经济学教科书,影响了几代经济学人。

萨缪尔森是凯恩斯的忠实追随者,自命为凯恩斯的嫡传弟子,为此,其经济学又被称为"后凯恩斯主义流派"。萨缪尔森在经济学领域中可以说是无处不在,被称为经济学界的最后一个通才。他的研究范围横跨经济学、统计学和数学多个领域,对经济学的三大组成部分——政治经济学、部门经济学和技术经济学,都有独到的见解;他把凯恩斯主义和传统的微观经济学结合起来,形成"新古典综合学派"的理论体系;他还一直热衷把数学工具运用于静态均衡和动态过程的分析,以物理学和数学论证推理方式研究经济,为数理经济学的现代化作出了贡献。萨缪尔森的理论维护和传播了传统西方经济学说,促进了经济理论数学化的发展,成为西方世界久负盛名的经济学巨子,在世界各国享有很高的声誉。

卡尔·马克思

卡尔·海因里希·马克思(1818—1883),是犹太裔德国人,马克思主义的创始人之一。马克思是众所周知的哲学家、社会活动家、革命社会主义者,他与恩格斯共同创立的科学社会主义理论成为全世界社会主义和共产主义运动的指南。与此同时,一部《资本论》即足以使马克思跻身伟大的经济学家之列,他说:"本书的最终目的就是揭示现代社会的经济运动规律。"马克思对经济发展规律中的重要发现为经济学研究作出了重大贡献。

马克思主义政治经济学的基本观点主要包括在马克思的代表性著作《资本论》中,他还著有《政治经济学批判》《经济学哲学手稿》等。《资本论》在开卷序言中指出,"我要在本书研究的,是资本主义的生产方式,以及和它相适应的生产关系和交换关系"。马克思在研究资本主义经济学的理论和英国经济统计历史资料的基础上,对资本主义经济学理论进行了分析和批判。他提出了著名的剩余价值理论,认为劳动的付出没有得到同样的回报,剩余价值被没有付出劳动的"资本"(资产阶级)所剥削。生产资料的私人占有和产品的社会化必然会导致周期性经济危机的产生,而解决的办法只能是实行计划经济。

　　在西方国家,马克思的经济学说也日益引起经济学家的重视,西方学术界甚至还有一批所谓的"西方马克思主义经济学派"学者,他们把马克思主义经济学与马克思主义的意识形态区别开来,将其作为新古典主义经济学之外的一种体系(或分支)进行研究。欧美许多国家如美国、英国、德国、荷兰等国的大学,都开设了马克思主义经济学的课程。

第二章　需求、供给与均衡价格

学习目标

1. 理解影响需求和供给的各种因素。
2. 理解市场价格是怎样形成的。
3. 理解市场价格机制的作用。
4. 理解价格弹性对收益的影响。
5. 掌握如何利用价格原理制定营销策略。

引导案例

超市里的商品价格

在超市,我们发现:当某种商品降价销售时有很好的促销效果,许多人争相购买,但一般情况下,商家不会同时对所有商品降价促销。通过观察你还会发现:最常见的降价商品是服装而不是食盐;食品打折销售的时间是傍晚;日用消费品让利销售时有限量购买的规定;商品的价格在不同的季节是会变动的;对于不同商品的价格变动,消费者的反应是不同的。

那么,超市为什么会对不同的商品使用不同的价格策略呢?

类似这样的经济现象,我们每天都能看到,但能否真正理解它的奥妙,则在于你对相关经济学原理的掌握。对于每个消费者来说,在收入既定的前提下,价格影响我们的生活水平;对于每个商家来说,在成本既定的前提下,价格影响他们的收益。本章从介绍均衡价格入手,帮助读者理解市场价格机制。

第一节　需　求

一、需求及影响需求的因素

(一) 需求

需求(demand)是指消费者(或购买者)在一定时间和不同价格水平下,愿意并且能够购买的商品(包括劳务)的数量。

从字面上看来"需求"就是"需要、要求",那么,需求和需要是一回事吗?想想你身边的实例：晓玉需要在青岛市区内配置一套120平方米的房子，每平方米价格为30 000元。由于她每月收入只有10 000元，她既没有足够的首付款，又无力偿还每月的银行贷款，只好选择租房或购置小户型房。她的需要因为当前没有足够的货币而没有转化为需求。

通过上述实例不难看出，需求涵盖了三个方面的内容：第一，是消费者"愿意买"；第二，消费者不仅愿意而且要有钱买，是"能够买"；第三，需求是特定时间内的需求，随着时间的推移会发生变化。

需求还有个别需求和市场需求之分。对某商品的需求可从个别消费者的角度和全体消费者的角度分别考虑，前者称为个别需求，后者称为市场需求。个别需求的总和就是该商品（或劳务）的市场需求，影响和决定市场价格的不是个别需求，而是市场需求。

> 提示：我们所讲的需求，是有实际支付能力的需要，是被支付能力约束了的需要。

（二）影响需求的因素

在现实生活中，消费者对某种商品需求数量的多少，取决于多种因素。这些因素包括：商品的价格、相关商品的价格、消费者收入、消费者偏好（消费者偏好，是指消费者主观上对某种商品的偏爱心理）、消费者对未来的预期以及一些其他因素。以上因素如何引起需求量或需求的变动，我们会通过需求定理和需求变动分析加以说明。

二、需求函数和需求曲线

（一）需求函数

需求函数（demand function）是用公式表示的某一特定时期内消费者对商品的需求与决定需求量的各种因素之间的关系。

如果我们用Q_d来代表某种商品的需求量，f表示函数关系，$a, b, c, \cdots, n$代表影响需求的n个因素，则需求函数可以表达为：

$$Q_d = f(a, b, c, \cdots, n) \tag{2-1}$$

在影响需求的众多因素中，有些是我们能够量化的因素，有些是不能量化的因素。在经济分析中，不可能同时对所有影响需求的因素进行研究，为简化起见，我们常假定影响需求的其他因素不变，只考察影响需求量的最重要的因素——某种商品本身的价格，则需求函数公式变为$Q_d = f(P)$，有时也习惯表示成$D = f(P)$。

需求函数的作用在于为厂商决定生产什么、生产多少提供依据。这也是市场预测的理论基础。此外，在竞争中各种厂商所实行的商品营销战略、开发新产品战略以及其他一些竞争性的战略，无不依据需求函数。

（二）需求曲线

消费者对一种商品的需求可以由需求表（demand schedule）和需求曲线（demand curve）加以表示。商品的需求表是表示某个或所有消费者在一系列价格水平上愿意购买的商品数量的数字序列表。需求表根据观察描述对象的不同，可分为个别需求表（反映一个消费者或一户居民对某商品在一定时期内各种价格水平上的需求量）和市场需求表（反映所有个别需求表的量的总和），商品需求表的结构比较简单，一般由商品的价格和对应价格水平的需求量构成，如表2-1所示。

表 2-1 某饮料的需求表

某饮料的价格/ （元/瓶）	消费者 A 的 需求数量/瓶	消费者 B 的 需求数量/瓶	其他消费者的 需求数量/瓶	合计/瓶
1	20	18	262	300
2	18	14	238	270
3	15	10	205	230
4	12	6	182	200
5	8	4	158	170
6	4	2	124	130

根据需求表描点绘图，用横轴表示需求量，纵轴表示价格，就得到了对应的个别需求曲线或市场需求曲线，如图 2-1 所示。

图 2-1 中，横轴 OQ 表示需求量，纵轴 OP 表示价格。D 为需求曲线，它是一条由左上方向右下方倾斜的曲线，表示需求量与价格反方向变动。

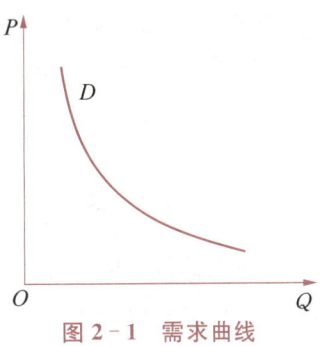

图 2-1 需求曲线

（三）需求定理

在其他条件不变的情况下，某商品的需求量与价格之间呈反方向变动，即需求量随着商品本身价格的上升而减少，随着商品本身价格的下降而增加。

为了更好地理解需求定理，我们作以下三项说明：第一，其他条件不变主要是指消费者收入不变，消费者偏好不变，相关商品的价格不变，消费者预期不变。第二，需求定理是建立在常识和经济理论基础之上的，并且经过了经验材料的检验和证明，几乎适用于一切商品。但有两种情况例外：一是炫耀性商品，它是用以显示人的社会身份的商品，如珠宝首饰、豪华轿车。这种商品只有在高价时才有显示人的社会身份的作用，因此价格下降时，需求反而减少；二是吉芬商品，人们把那些贫困地区中生活所必需的低档商品称为吉芬商品。吉芬商品的需求量和价格也与需求定理的描述不一致。第三，任何一条市场需求曲线，仅仅适用于某一个特定时期。

专栏 2-1 原理探析

貌似不符合供求关系的价量反向变化

某个国家托儿所育幼的时间为早上七时半至下午四时，虽然大部分的父母都准时接走子女，可是也总有少数父母迟到。有两位学者针对十家托儿所进行了一项实验：凡是迟到十分钟以上的父母，要缴罚金十元——在该国，闯红灯罚 8 500 元。

根据需求法则，价格上升，需求量将下降。因此有了罚金后，迟到的父母应该减少才是。可是，事实恰恰相反，更精确一些的说法是，迟到的父母几乎变成原来的两倍。

对于这种"异常"现象，两位学者提出好几种可能的解释。其中比较有说服力的，是从"规范"的角度分析——迟到不罚钱时，老师们照顾孩子是额外负担，因此父母于情于理尽可能避免；可是，一旦有罚金，等于是把逾时照顾变成一种商品。既然是有价商品，当然可视个人情况，按价购买。因此迟到的父母增加，其实是价格机能发挥作用。

　　而且，从需求法则的角度着眼，价量反向变动的关系仍然成立。没有罚金时，老师们对于逾时未领的孩子，事实上没有法律责任，因此孩子们的安危，迟到的父母必须自负其责；有罚金后，老师们等于是对逾时托婴收费，因此孩子们安危的责任，转到老师们身上。

　　也就是说，没有罚金时，迟到的父母对子女安危要负责任的代价高；有罚金时，迟到的父母要负责的代价低。代价高时，就少买一些"迟到"；代价低时，就多买一些"迟到"——追根究底，还是价量反向变动。

三、需求量的变动和需求的变动

需求曲线反映的是某一个特定时期商品的需求量情况，它不是恒定的，它会受到诸多因素的影响，因此需求曲线也会发生改变。

（一）需求量的变动

微课：需求量的变动和需求的变动

在其他条件不变的情况下，由于价格变动引起某种商品消费量的增加或减少，我们称为需求量的变动。例如，白萝卜的价格升高使一部分人减少购买数量，使白萝卜的需求量发生了变动。它反映的是需求定理所描述的某种商品的需求量与该种商品价格之间的反方向变动关系，这时需求曲线不会发生移动。通常情况下，当某一时点上的需求量大于供给量时，会出现价格上涨，价格上涨引起需求量下降；当某一时点上的需求量小于供给量时，会出现价格下跌，价格下跌又会引起需求量上升。在这里，价格的升降既是供求不平衡的结果，同时又是需求量变动的原因。

（二）需求的变动

假定价格不变，其他因素发生变动引起某种商品消费量的增加或减少，我们称为需求的变动。这种变动会引起需求曲线的移动。例如，因有网络传言称"双黄连口服液可以治疗肺炎"，导致众多居民争相购买，全网的双黄连口服液几乎一夜脱销。这种情况就是双黄连口服液的需求发生了变动。

以下几种因素的变动会引起需求曲线的移动：

第一，相关商品的价格。对某些商品来说，即使它本身的价格不变，但由于其他相关商品的价格发生变化，也会使需求量产生变动。

微课：替代品和互补品

此处的相关商品，主要是指某种商品的替代品（alternatives）和互补品（complements）。替代品，是指那些可以相互替代来满足人们同种需要的商品，如大米与白面、牛肉与猪肉；互补品，则是指某些物品的效用必须相互补充才能实现满足人们某种需要的商品，如汽油与汽车、家用电器与电。

当一种商品的替代品价格上涨时,该产品需求量变大。例如,大米价格上涨,消费者对白面的需求量增加;当一种产品的互补品价格上涨,则该产品需求量反而下降,例如,汽油价格上升会抑制汽车的需求量。也就是说,某种商品的需求量与其替代品价格同向变动,与其互补品价格反向变动。

第二,消费者收入。一般情况下,收入增加,消费者对一定价格条件下的某种商品的需求就会同方向增加。但是,由于各种商品的性质不同,对收入变化的反应也不尽相同。一般来说,生活必需品对收入变化的反应不大,一些耐用消费品和奢侈品对收入变化的反应较大。

第三,消费者偏好。在实际生活中,消费者的偏好可能受传统、宗教等社会文化因素的影响。比如回民不吃猪肉;美国崇尚牛肉,但食用牛肉在印度却在禁忌之列。偏好也会受到广告、时尚、对其他消费者的观察、原来购买这种商品的经历、对健康的考虑等诸多因素的影响。由于这些影响,人们可能形成了对某种商品的偏爱心理,因此,即使商品的价格未曾改变,消费者偏好的增强和减弱也会影响到这种商品的需求量。

第四,消费者对未来的预期。消费者的预期包括很多方面内容:

(1) 对未来收入的预期。消费者预期到收入上升,就会增加当前消费,商品的需求量增大。例如,国家鼓励发展"夜间经济""地摊经济",地方政府还发放"消费券"等消费补贴,以鼓励消费启动内需,发展经济内循环,但居民储蓄数却逐月增加。之所以出现这种情况,其中一个很重要的原因是消费者存在较强的持币待购心理,也就是说消费者认为全球经济增速放缓,未来具有很大的不确定性,例如,"我会不会失业?""收入会不会减少?""需不需要买房?""怎样养老?""子女教育怎么办?"这些问题的存在,或者说未来收入的不确定性,使很多的消费者,尤其是中低等收入的消费者不敢贸然进行高额消费。

(2) 对商品本身价格的预期。我国民间向来就有"买涨不买跌"的说法,当预期某种商品的价格会下降时,消费者会减少当前的购买量,期待降价以后更便宜的结果;如果预期某种商品的价格会上升,消费者则会增加当前的购买量,为的是减少涨价后的购买量,以期减少今后的相关支出。

(3) 对相关商品价格的预期。消费者预期到某种商品的替代品价格将下降,就可能会减少对该商品的需求;预期到互补品价格下降,则会增加对该商品的需求。需求量与替代品的预期价格同向变动,与互补品的预期价格反向变动。

第五,其他因素。在现实经济条件下,还存在其他影响因素,在此主要介绍两点:一是人口数量和结构的变动,人口数量的增减会使需求发生同方向变动,人口结构的变动主要影响需求的构成,从而影响某些商品的需求,如人口老龄化就会增加对保健品、老年消费品的需求;二是政府的消费政策,如住房信贷政策就起到了鼓励消费的作用,大幅度提高利率就会促使消费者减少消费、增加储蓄。

专栏2-2 问题探索

人口老龄化对需求的影响

2020年第七次人口普查显示,全国人口中60岁及以上人口为2.64亿人,占18.70%(其中,65岁及以上人口为1.91万人,占13.50%),与2010年第六次全国人口普查相比,60岁及以上人口的比重上升5.44个百分点,65岁及以上人口的比重上升4.63个百分点,人口老龄化程度进一步加深,未来一段时期将持续面临人口长期均衡发展的压力。人口老龄化的快速发展和尚不发达的经济社会现状相互交织,使我国整体呈现出"未富先老"的特点,这将对经济、社会发展产生重大影响。

讨论:中国社会的人口老龄化对需求有什么影响?

(三) 需求量变动与需求变动的比较

提示:需求量变动体现为点的移动,需求变动体现为线的移动。

由于影响商品需求的因素是多方面的,所以需求曲线的变动就分为:在需求曲线上的移动和整条需求曲线的位移两种情况,即需求量变动和需求变动。前者是沿着需求曲线的运动,反映的是假定人们的收入、偏好等因素不变的情况下,由于价格的变化,而使需求量发生变化的情形。后者是需求曲线本身的位移,是由于人们的偏好和收入等因素的变化引起的,此时我们常假定价格不变进行分析。

需求曲线两种不同变化的比较如图2-2所示。图2-2(a)为需求量变动图,图2-2(b)为需求变动图。

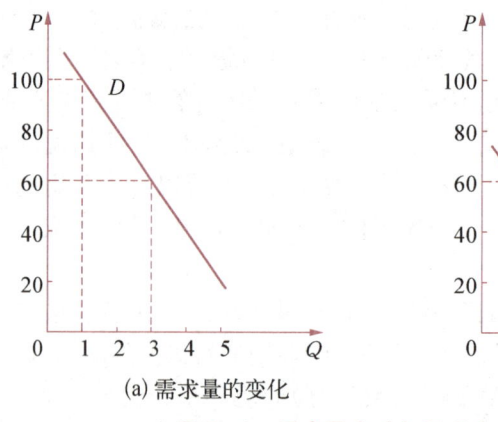
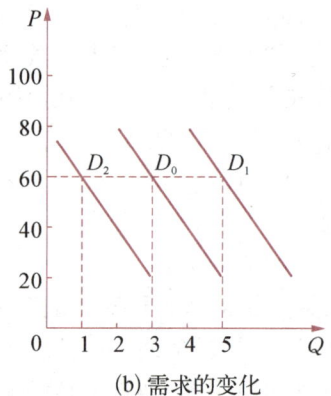

(a) 需求量的变化　　(b) 需求的变化

图2-2　需求量变动与需求变动的比较

一般而言,需求量的变动不一定会引起需求的变动,但需求变动一定会引起需求量的变动。

专栏2-3　案例分析

节日促销

节日期间是企业、商家开展促销攻势、宣传企业形象的黄金时间。利群集团大型超市在五一劳动节、国庆节、元旦都会推出一种限时免费活动。具体操作方法如下:根据消费者的付款时间,每小时抽出2分钟付款时段。在此付款时段内付款的消费者享受不超过5 000元的消费现金返还(个人负担所得税)。这种博彩式促销每次活动都为利群集团带来营业额的大幅度增长,综合促销成效显著。

市场上买卖双方的信息通常是不对称的,卖方比买方拥有更多的产品信息,企业、商家通过产品展示、赠品发放、营业推广、广告宣传等促销方式发送信号来吸引消费者。而节日期间往往是消费者的购物高峰,因此成为企业、商家进行产品宣传、刺激购买的绝好时间,这时会收到事半功倍的效果,因此,节日促销受到越来越多的企业、商家的重视,并展开了激烈的促销战。

第二节　供　给

一、供给及影响供给的因素

(一) 供给

供给是指厂商(生产者)在某一特定时期内,在每一价格水平上愿意而且能够供应的商品量。供给也要强调三点:一是生产者愿意供给;二是有供给能力;三是特定时间内的供给。在生产者的供给中,既包括新生产的产品,也包括过去的存货。

理解供给概念同样也要区分个别供给和市场供给,区分供给与供给量的概念。

思政课堂:
2023 年中央经济工作会议

(二) 影响供给的因素

在市场上,生产者愿意并且可以提供的商品数量受多种因素的影响。这些因素包括:商品本身的价格、厂商的目标、生产成本、相关商品的价格、厂商对未来行情预期以及其他因素。以上因素如何对供给量或供给产生影响,我们将通过供给定理和供给变动分析加以说明。

二、供给函数和供给曲线

(一) 供给函数

如果把某种商品的供给量作为因变量,把影响供给的各种因素作为自变量,那么就可以得出供给函数。供给函数是用公式表示的某一特定时期内商品的供给量与决定这一供给量的各种因素之间的关系。与需求函数一样,我们不可能同时对各种影响供给的变量都进行分析,人们通常假设其他因素既定,就商品自身价格与供给量之间的关系进行局部均衡的分析。这样,供给函数就可以简化为:

$$Q_s = f(P) \text{ 或 } S = f(P) \tag{2-2}$$

式中,P 表示商品自身价格,Q_s 和 S 表示某种商品的供给量,f 表示函数关系。

(二) 供给曲线

如上所述,影响供给的因素很多,但最主要的因素是商品的价格。我们可以用供给表和供给曲线来表示价格与供给量之间的关系。和需求表、需求曲线类似,供给表是关于商品的价格与其供给量关系的一种表格,如表2-2所示;供给曲线是用来表示商品的供给量与价格关系的曲线。

表 2-2　某饮料的供给表

某饮料的价格/ (元/瓶)	生产者A的 供给数量/万瓶	生产者B的 供给数量/万瓶	其他生产者的 供给数量/万瓶	合计/万瓶
1	4	2	114	120
2	8	6	136	150
3	12	8	160	180
4	15	10	195	220
5	18	14	238	270
6	20	18	282	320

根据供给表描点绘图,用横轴表示供给量,纵轴表示价格,就得到了对应的个别厂商的供给曲线或市场供给曲线,如图2-3所示。

图2-3中横轴OQ表示供给量,纵轴OP表示价格。S为供给曲线,由左下方向右上方倾斜,表示供给量与价格同方向变动,供给量随着价格的上涨而增加,随着价格的下跌而减少。

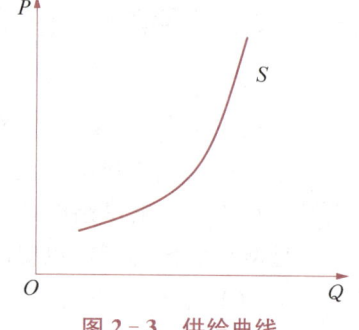

图 2-3　供给曲线

(三) 供给定理

在其他条件不变的情况下,商品的供给量与价格之间同方向变动,即供给量随着商品本身价格的上涨而增加,随着商品本身价格的下跌而减少。

同样对供给定理也存在三点说明:第一,供给定理适用于大多数商品,但有一些特殊商品并不完全适用,如土地的供给、劳动力的供给、有价证券的供给等;第二,任何一条曲线只反映某一时期某种商品的供给状况;第三,供给曲线向右上方倾斜一方面反映了厂商对最大利润的追求,另一方面也说明随着产量的增加,成本会相应地提高。

厂商在一定时间内愿意并且能够提供什么样的产品以及能够提供和愿意提供的数量,要受到各种因素的影响和制约。当这些因素发生变动时,供给曲线也会发生变动。

专栏 2-4　专题阅读

天价粽子重回自然风　"内涵"与小清新大热

又是一年粽飘香,尽管距端午节还有半个月时间,但各大超市已飘出了浓浓的粽香。连日来,记者走访发现,粽子市场出现了新的行情:天价的高大上奢华礼盒在市场上销声匿迹,销量最旺的是50~100元的家常粽。

与此同时,粽子的馅料也逐渐回归传统,鲍鱼海参等贵价食材不再受宠,小麦、糯米、花生等"内涵养生粽"出现在五星级酒店的展台。此外,除了传统的甜粽、鲜肉粽之外,"中式外表西式内心"的水晶粽、巧克力粽、冰粽等"小清新"范儿的粽子开始捕获年轻顾客的心。

价:成本虽增 价格仍持平

速冻鲜肉粽子750克16.9元、蜜枣粽200克7.5元、蛋黄粽每袋9.5元、八宝粽16.9元、香菇肉粽每个6.5元……在中山八路的一家超市里,记者看到,"端午粽子上市"的招牌随处可见,各种粽子摆放在熟食的最中央位置,引来不少消费者驻足。

记者了解到,粽子价格基本与去年持平。"实际上成本是上涨的。"广州某知名食品企业的负责人表示,虽然包粽子的两大主要原料糯米、粽叶的价格普遍与上年持平,但由于端午粽均为人工制作,人工成本上涨10%左右,再加上运输成本的提高,端午粽成本普遍增加。

但面对激烈的竞争,多数企业表示他们销售的粽子价格将不会有大幅度的上涨,广州酒家相关负责人告诉记者,该酒家推出的端午粽产品整体价格与上年基本持平,仅三四款热销品种其价格较上年有5%~10%幅度的上涨。

馅:回归质朴 粗粮挤走海参鲍鱼

往年端午节,总有那么几个天价豪华粽子礼盒"亮瞎"市民的眼睛,然而记者巡街发现,现今的粽子无论是从包装、价格,还是到里面的馅料,都回归到质朴简单的风格。

以前上海市场上出现过3 398元的端午神农礼盒,内有鲍鱼、海参、瑶柱、名酒、金蛋等高大上的奢华礼品;同年,南京市场上出现过1 988元的粽子礼盒,内有8只粽子,4只鸭蛋,2瓶XO酱,2瓶燕窝,1只盐水鸭再加1瓶红酒。

而现今,上述土豪粽子礼盒基本上绝迹,取而代之的是中低价位粽子。广州市内一位经销商告诉记者,对比前几年的天价粽子,现今粽子价格多集中在50~100元/盒,价格属中低水平,200元以上的产品都较少。

除了包装"瘦身"之外,粽子的食材也悄然回归传统。广州某餐饮集团相关负责人吴小姐说,他们调整了产品的品种,取消398元的粽子礼盒,加推一款58元的低价礼盒,降低身段吸引普通市民消费。

过往以鲍鱼等贵价食材做馅的五星级酒店,现在也开始"接地气"。流花路某五星级宾馆表示,这个端午的粽子以"粗粮"做主角,采用小麦、黑糯米、眉豆、花生、芝麻等市场常见的食材,炮制出多款"养生粽"。酒店相关负责人说:"现在走大众化路线,没有涨价。"该宾馆最贵的一款粽子礼盒售价188元,价格比许多酒楼都要低。

销:新派冰粽 手机应用(APP)下单还享优惠

传统的粽子黏腻肥厚,年轻人不大感冒。为了打开年轻人市场,记者发现,粽子家族出现了不少新面孔。

在环市中路的某咖啡馆,老板告诉记者,该店推出四款"中式外表西式内心"的水晶粽,表层是柔韧的水晶皮,里面是花生、红豆、抹茶和紫芋等馅料,看起来五颜六色分外开胃。而在另一家传统中餐馆，馅料更加西化，巧克力、西杏仁都被包进水晶皮里。

此外，在"低头族"盛行的手机时代，食肆自然不会漏掉习惯在 APP 购物的年轻人。广州某餐饮集团推出优惠举措，客人在 APP 购买 50 元的粽子现金券，可享八三折优惠，同时还有减免 10 元的补贴。"这是我们针对庞大的年轻客户群体特别作出的优惠举措。"该集团相关负责人吴小姐说。

三、供给量的变动和供给的变动

（一）供给量的变动

微课：供给量的变动和供给的变动

在其他条件不变的情况下，由于价格变动引起某种商品供给量的增加或减少，我们称为供给量的变动。它反映的是供给定理所描述的某商品的供给量与价格之间的同方向变动关系，这时供给曲线不发生移动。通常情况下，当某一时点上的供给量大于需求量时，会出现价格下跌，价格下跌引起供给量下降；当某一时点上的供给量小于需求量时，会出现价格上涨，价格上涨又会引起供给量增加。在这里，价格的升降既是供求不平衡的结果，同时又是供给量变动的原因。

（二）供给的变动

假定价格不变，其他因素发生变动引起某种商品供给的增加或减少我们称为供给的变动。这种变动是供给曲线的移动引起的。

以下几种因素的变动会引起供给曲线的移动：

第一，厂商的目标。厂商的目标不同，产品供给量也不同。厂商生产是单纯追求尽可能多的利润，还是要迅速提高市场占有率，或者是强调远期效益、追求声望和信誉，不同的目标导致不同的企业行为，即使在相同的市场条件下，厂商的供给量也会有较大的差异。

第二，生产成本。在既定价格下，生产成本的高低直接会影响到厂商利润的大小，从而影响厂商的供给。导致生产成本变动的原因主要有：

（1）投入品的价格变动（即生产要素的价格变动）。例如，工资、原材料、房租、利息或其他任何投入品的价格上涨，生产成本就会增加。当生产要素价格下降时，厂商愿意多投资生产，增加这种商品的供给；而当生产要素价格上涨时，厂商会因生产成本的提高而削减投资与供给。

（2）生产技术的进步。生产技术的进步可以从根本上改变生产成本。生产技术越进步，厂商一般就越愿意并能够提供更多的商品。

（3）企业组织的变化。许多企业可以通过重新组织生产实现成本节约。

（4）政府政策的变化。例如，政府补贴可以降低成本，而税收提高则会增加成本。

第三，相关商品的价格。与消费领域的商品有互替作用一样，生产领域内的商品也有互替作用。在很多情况下，使用既定资源的生产者既可以生产某种商品，也可以生产其替代品。例如，农场可以种植粮食也可以种植蔬菜。如果供给的替代产品的价格提高，生产替代品更有利可图，生产者可能会从原商品的生产转为生产替代产品，使原来商品的供给下降。

有时生产一种商品的同时也会生产出其他产品,例如,在加工原油精炼出汽油的同时会生产柴油和石蜡等产品,如果由于需求和价格上升,汽油产量增加,那么其他油类的供给也会增加。

第四,厂商对产品未来行情的预期。如果产品的预期价格会上升,生产者会暂时减少出售产品的数量,将产品储存起来,在价格上涨时再卖出去。同时,他们会通过安装新机器、招收新工人来扩大产品的生产,这样在价格上涨时可以增加供给数量。如果此种产品的行情看跌,也有两种可能的选择:厂商会把现有的存货尽快抛售出去,从而增加现在的供给;或者降低产量,减少供给。

第五,其他因素。例如,气候的影响(农作物供给方面体现得最为明显),雨季和旱季的水电供给量就不大相同;新供给资源的开发或原有资源的耗竭等,都会给供给带来巨大影响。此外,战争会影响进口原料的供给,厂房、设备的毁损;行业摩擦、地震、洪水、火灾等也会影响到某种产品的供给数量。

(三)供给量变动与供给变动的比较

供给曲线上点的移动是供给数量的变化,供给曲线的移动则是供给的变化。曲线上点的移动反映的是价格变化对供给的影响,而曲线本身的向左或向右的位移表明,在任何既定的价格水平上厂商提供较少或较多的产品。供给量变动与供给变动的比较如图2-4所示。

> 提示:供给量变动体现为点的移动,供给变动体现为线的移动。

供给曲线两种不同变化的比较如图2-4所示,价格从60元提高到100元,供给量从3万件增加到5万件,这是沿一条供给曲线的运动。图2-4(b)则表明,在同一价格100元上,可以有不同的供给量,这表现为供给曲线自身的位移。向左移动,表示缩减了供给量,向右移动则表示增加了供给量。

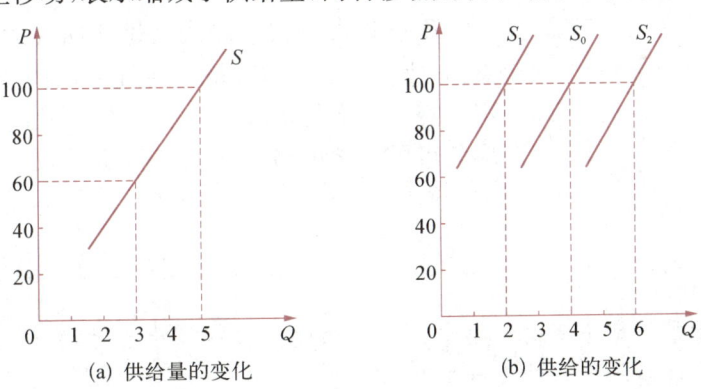

图2-4 供给量变动与供给变动的比较

第三节　均　衡　价　格

一、均衡价格的决定

均衡价格是指一种商品的需求价格与供给价格相一致时的价格。在市场上,需求和供给两种力量同时存在,任何价格要能成为供求双方达成交易的价格,就必须是为需求和供给双方同时接受的价格。需求曲线反映的是在不同价格水平下消费者相应的需求量水平;供给曲线反映的是在不同价格水平下生产者相应的供给量水平。现在我们将两者结合在一起来分析均衡价格。

均衡价格是在完全自由竞争的条件下,通过市场供求的自发调节决定的。 当市场上某种商品的价格过高时,高价会刺激生产者增加商品的供给量,但会减少消费者的需求量,这样就导致该商品的需求量少于供给量,造成供过于求。供过于求会形成一种迫使市场价格下降的压力,促使生产者减少该商品的生产或供给,使供给趋向于均衡点。当市场上某种商品的价格过低时,低价会刺激消费者增加消费量,但供给量会减少,这样就导致该商品的需求量大于供给量,造成供不应求。供不应求会形成价格上升的拉力,从而抑制需求刺激供给,使供求趋向于均衡。

提示:均衡是市场的必然趋势。

市场均衡价格的决定过程表明,均衡是市场的必然趋势,也是市场的正常状态,脱离均衡点的价格,必然造成供过于求或供不应求的失衡状态。在市场失衡的情况下,有一种市场力量能够使市场重新恢复均衡。这种能够使失衡的市场重新恢复均衡的市场力量就是价格机制,也叫市场机制,亚当·斯密称其为"看不见的手"。

微观经济学强调的**市场均衡**(market equilibrium)是一种商品(或生产要素)的市场需求与市场供给平衡时的状态,也就是市场需求曲线与市场供给曲线相交时的情况。从这一概念表述中我们可以进一步引申出均衡价格和均衡数量的概念,如图 2-5 所示。

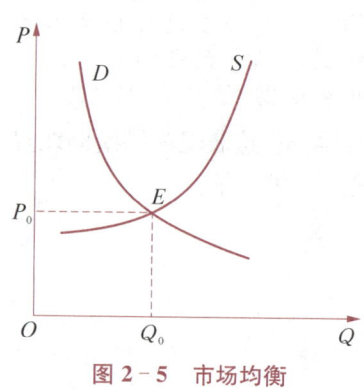

图 2-5 市场均衡

E 点为市场需求曲线与供给曲线的交点,称为均衡点,它所对应的价格就是均衡价格,通常用 P_0 来表示,即市场需求价格与市场供给价格相一致时的价格,此时对应的市场需求量与市场供给量也一致,这个交易量被称为均衡数量,通常用 Q_0 来表示。

 思考一下

均衡价格就是稳定不变的价格吗?当市场处于"均衡"状态时,相同商品的价格都是一样的吗?怎样理解均衡与均衡价格?

二、均衡价格的变动

均衡价格是由市场上供给和需求共同决定的,但是市场的需求和供给并不是永久不变的,因此,当商品的供给或需求曲线发生变化时,该商品的均衡价格和数量就会相应发生变化,形成新的均衡。

(一)需求变动对均衡的影响

在供给不变的条件下,如果价格以外的某一决定需求的因素发生变化,例如,人们的收入水平提高,整个需求曲线就会发生移动,反映在图 2-6 中,需求曲线从原来 D_0 的位

置移动到 D_1 的位置,需求曲线和供给曲线的交点也从 E_0 点移动到 E_1 点。此时,均衡价格由 P_0 上升到 P_1,均衡产量也由 Q_0 增加到 Q_1。如果某一特定时期内,其他条件都不变,但是人们的收入水平下降,这时需求曲线就会由 D_0 的位置移动到 D_2 的位置,需求曲线和供给曲线的交点对应由 E_0 点移动到 E_2 点,均衡价格和均衡产量也分别降为 P_2 和 Q_2。

(二)供给变动对均衡的影响

与需求的变化类似,在需求不变的条件下,影响供给的某一因素(价格以外的因素)发生变化,整个供给曲线会发生移动,原均衡点会沿着需求曲线移动到新的均衡点,从而决定新的均衡价格和均衡数量。

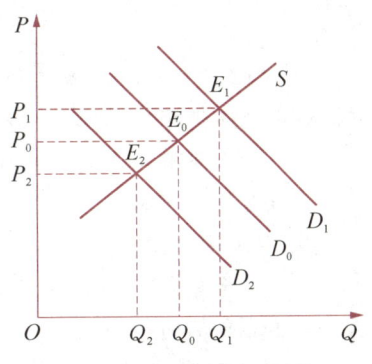

图 2-6　需求变动对均衡价格的影响

供给增加,均衡价格下降,均衡数量增加;供给减少,均衡价格上升,均衡数量减少。图形及其推导过程在此略去,请尝试自行加以说明。

以上概括的需求或供给的变动对均衡价格和均衡数量的影响通常被称为供求定理。供求定理的核心是需求曲线或供给曲线的移动会形成新的均衡点,从而引起均衡价格和均衡数量的变化。实际上,影响需求或供给的很多因素都会发生变化,这就会引起两条曲线同时移动,这时均衡点也会从两条曲线原有的交叉点移动到新的交叉点,从而导致均衡价格和均衡数量发生相应的变动,只是变化的情形更为复杂而已。

专栏 2-5　原理探析

粜米——文学作品中的经济学

万盛米行的河埠头,横七竖八停泊着乡村里出来的敞口船。船里装载的是新米,把船身压得很低……

那些戴旧毡帽的大清早摇船出来,到了埠头,气也不透一口,便来到柜台前面占卜他们的命运。"糙米五块,谷三块,"米行里的先生有气没力地回答他们。

"什么!"旧毡帽朋友几乎不相信自己的耳朵。美满的希望突然一沉,一会儿大家都呆了。"在六月里,你们不是卖十三块么?"

"十五块也卖过,不要说十三块。"

"哪里有跌得这样厉害的!"

"现在是什么时候,你们不知道么?各处的米像潮水一般涌来,过几天还要跌呢!"

刚才出力摇船犹如赛龙船似的一股劲儿,现在在每个人的身体里松懈下来了。今年天照应,雨水调匀,小虫子也不来作梗,一亩田多收这么三五斗,谁都以为该得透一透气了。

哪里知道临到最后的占卜,却得到比往年更坏的征兆!

"还是不要粜的好,我们摇回去放在家里吧!"从简单的心里喷出了这样的愤激的话。

"嗤,"先生冷笑着,"你们不粜,人家就饿死了么?各处地方多的是洋米、洋面,头几批还没吃完,外洋大轮船又有几批运来了。"

怎么能够不粜呢?田主方面的租是要缴的,为了雇帮工,买肥料,吃饱肚皮,借下的债是要还的。"我们摇到范墓去粜吧,"在范墓,或许有比较好的命运等候着他们,有人这么想。

先生又来了一个"嗤",捻着微稀的短须说道:"不要说范墓,就是摇到城里去也一样。我们同行公议,这两天的价钱是糙米五块,谷三块。"

"到范墓去粜没有好处,"同伴间也提出了驳议。"这里到范墓要过两个局子,知道他们捐我们多少钱……"

"先生,能不能抬高一点?"差不多是哀求的声气。

"抬高一点,说说倒是很容易的一句话。我们这米行是拿本钱来开的,你们要知道,抬高一点,就是说替你们白当差,这样的傻事谁肯干?"

"你们嫌价钱低,不要粜好了。是你们自己来的,并没有请你们来。只管多啰嗦做什么!我们有的是洋钱,不买你们的,有别人的好买。你们看,船埠头又有两只船停在那里了。"

(资料来源:叶圣陶《多收了三五斗》)

从这篇描述农民粜米过程的文学作品中,你能体会到经济学的一些基本原理吗?

三、均衡价格理论的应用

均衡价格理论,在一定意义上,就是在完全自由竞争条件下的市场机制理论。"市场机制"中的"机制"一词,字面上理解就是机理、体制,经济学上讲的机制,多指功能、关系、方式方法。在"机制"面前冠以"市场"两个字,是讲市场在资源配置中的基础性作用。因此,市场机制通常是指市场调节经济运行的功能和方式,又称价格机制或市场的自动稳定器。市场机制一方面通过价格的波动调节商品供求,使之趋于均衡,实现均衡数量;另一方面它又通过供求关系的变化自动调节价格,使之趋于稳定的均衡价格。

在市场经济理论中,自由竞争的市场是实现资源配置的基本方式。但是在现实生活中,市场机制借以实现的完全自由竞争条件不存在或并不完全存在,必然会出现失灵。市场失灵表现为三个方面的内容:市场机制运行的条件不能具备;市场运行的结果不能令人满意;市场行为不符合道德和意识形态的要求。

正是由于市场机制的不完善,存在市场失灵,因此,在经济运行过程中需要政府干预。政府运用均衡价格理论干预经济有两种非常重要的政策:一个是支持价格,另一个是限制价格。

(一)支持价格

支持价格又称价格支持或最低限价,是指政府为了支持某一行业的生产而规定该行业的产品高于市场均衡价格的最低价格。

支持价格的效应可以用图2-7来进行说明。

假设市场上对某种商品自发形成的均衡价格为P_0，均衡产量为Q_0，政府为了支持该行业的生产而制定的支持价格为P_1，$P_1 > P_0$。根据需求曲线与供给曲线的含义，可以观察到在P_1价格水平上，消费者愿意购买Q_1数量产品，而厂商愿意提供Q_2数量产品，$(Q_2 - Q_1)$为生产过剩数量。

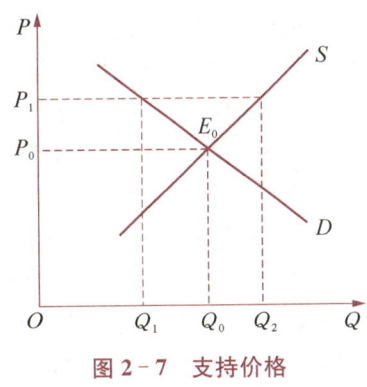

图2-7 支持价格

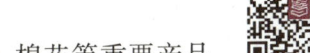

微课：粮食最低收购价

为了维持支持价格，政府就要收购过剩产品，用于储备或其他方面用途。

政府一般运用支持价格扶植农产品生产，因为农产品，特别是粮食、棉花等重要产品，其社会需求量比较稳定，但其产量往往受气候等自然条件的影响变动较大。为了社会的稳定，政府往往要采取一些有力的措施，确保每年的农产品供给略大于需求。如果农产品的价格完全由市场竞争来决定的话，那么丰收年份，产量增加，价格就会跌到低点，农场主和农民的收入反而不能增加，最终导致第二年减少播种面积，这样就可能导致第二年农产品的供给小于需求，价格上涨，社会动荡。为了稳定农场主和农民的收入，许多国家的政府都对农产品实行价格支持，强行规定主要农产品的最低限价。例如，美国政府自20世纪30年代开始实行支持价格政策，强行规定小麦、玉米、棉花等农产品的最低价，农场主按此价格或高于此价格向市场出售，剩余部分由政府按最低限价收购。

同时，有些国家采用间接的价格支持政策，即在目标产量的范围内实施目标价格，当市场价格低于目标价格时政府按目标价格与市场价格之间的差额给予农场主补贴，而不收购其剩余产品，但消费者则可以按较低的价格在市场中购买。

（二）限制价格

限制价格也称冻结价格或最高限价，是指政府为了限制某种商品价格过度上涨损害消费者利益或为了抑制某些商品的生产而规定的该种商品的最高价格。它低于该种商品在市场上自发形成的均衡价格。

限制价格对市场供求的影响可以用图2-8来加以说明。

假定某种商品的均衡价格为P_0，均衡数量为Q_0，政府为了限制该商品价格上涨，把商品限制在P_2水平上，$P_2 < P_0$。根据需求曲线与供给曲线的含义，在P_2价格水平上，消费者愿意购买Q_2数量商品，而价格下降，供给量下降，厂商只愿意供给Q_1数量商品，$(Q_2 - Q_1)$为商品短缺数量。

图2-8 限制价格

一旦出现严重的短缺，政府的政策必然是实行配给制，如在战争、自然灾害时期。与配给制并存的是黑市交易，同时还会导致排队、走后门、贿赂以及"搭配次品"等问题出现。

在大多数市场经济中，无论有无正式的配给制，对能源等物品的价格管制都是不受欢迎的。今天，价格管制重要的应用领域是医疗保健。历史表明，随着时间的推移，价格管制会被合法或非法地规避,无论价格管制最初对消费者如何有利,最终都会被效率损失所抵消。特别是当管制物品有很多替代品(即供给或需求弹性高)时,价格管制机制会带来昂贵的成本,也会难以实施管理。

有时,政府为了抑制某种产品的产量,往往运用税收杠杆,人为压低价格,达到限产目的。例如,吸烟对社会(大众)健康不利,可通过提高卷烟生产赋税来限制产量。

另外,在社会经济生活中,除了政府对供求的干预,还存在垄断对供求的干预。因为在一个或少数几个生产者对某一行业实行垄断的情况下,垄断者具有支配价格的权力,他们可以通过制定较高的垄断价格,从而使商品价格大大超过竞争所决定的价格,获得额外利润。西方经济学家对垄断干预一般都持否定态度。

第四节　弹性理论

一、弹性

为了将供求曲线转化为真正有用的工具,我们需要知道供给和需求在多大程度上对价格的变动作出反应。一些物品对于价格的变动十分敏感,如为假期旅游进行的购买;而另一些物品,如食品、电力等必需品则对价格变动几乎无动于衷。这些问题可以运用弹性这一关键概念加以分析,弹性是对供求相对于价格变动的反应程度进行定量分析的方法。

弹性的概念来自物理学,在经济学中得到广泛的应用。弹性也可称为伸缩性,在经济学中是指当经济变量之间存在函数关系时,一变量对另一变量变化的反应程度。

弹性的大小通常用弹性系数来表示,其一般公式为:

$$\text{弹性系数} = \frac{\text{因变量的相对变化}}{\text{自变量的相对变化}} = \frac{\Delta Y/Y}{\Delta X/X} \tag{2-3}$$

现代经济学的弹性理论是在需求供给规律及均衡价格的决定的定性分析基础上,从量的规定性上进一步说明哪些因素会在多大程度上引起需求和供给的变动。弹性概念有需求价格弹性、需求收入弹性、需求交叉弹性和供给价格弹性。前三者统称为需求弹性,后者简称供给弹性。

无论对需求函数还是供给函数,弹性的概念都同样适用,而且分析方法也大致相同,下面以需求价格弹性为重点,依次研究与供求函数有关的几种常用弹性。

二、需求弹性

> 提示:需求价格弹性是需求量对其价格变动的反应程度。

需求弹性是指需求量对影响需求因素的变量变化的反应程度。它研究的是消费需求对影响需求的因素变动时反应的灵敏程度。

从狭义角度而言,需求价格弹性(price elasticity of demand)时常被称为需求弹性。

从广义角度而言,需求弹性包括需求价格弹性、需求收入弹性和需求交叉弹性。

(一) 需求价格弹性

(1) 需求价格弹性的定义。需求价格弹性是指某种商品的需求量对其价格变化的反应程度,即需求量变化的百分比与价格变化的百分比之比。其计算公式为:

$$E_d = \frac{\Delta Q/Q}{\Delta P/P} = \frac{\Delta Q}{\Delta P} \cdot \frac{P}{Q} \qquad (2-4)$$

式中,E_d 表示需求价格弹性系数,Q 表示需求量,ΔQ 表示需求量的变化量,P 表示价格,ΔP 表示价格的变化量。

实际操作时,计算弹性有一定难度,在此强调三个关键点:第一,我们将所有的百分比变动视为正数,从而去掉数值中的负号。这意味着尽管根据需求定理,需求量与价格反方向变动,但所有需求弹性均大于零。第二,注意弹性定义使用的相对变化的百分比,而非实际变化量。这意味着衡量单位的变化不会影响弹性的大小,无论以美元还是人民币衡量商品价格,商品弹性保持不变。第三,计算公式中的"价格"和"需求量"为避免模棱两可,通常采用平均值作为计算基础,即

$$E_d = \frac{\Delta Q/Q}{\Delta P/P} = \frac{\Delta Q/[(Q_1+Q_2)/2]}{\Delta P/[(P_1+P_2)/2]} \qquad (2-5)$$

(2) 需求价格弹性的分类。根据弹性系数的大小,需求价格弹性可分为以下五种情况,如图2-9至图2-13所示。

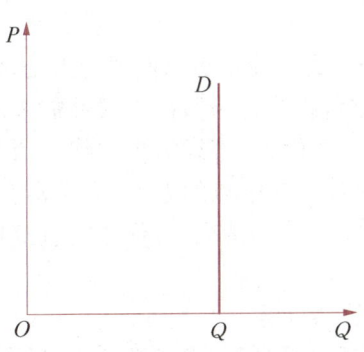

图2-9 需求完全无弹性

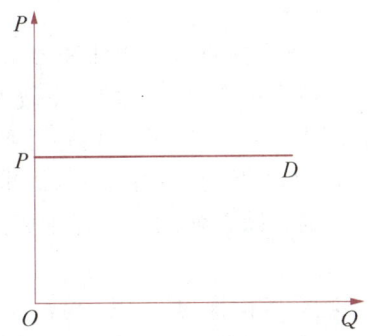

图2-10 需求完全有弹性

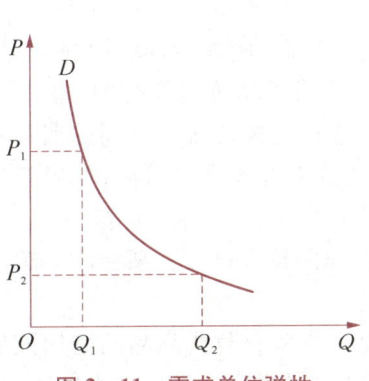

图2-11 需求单位弹性

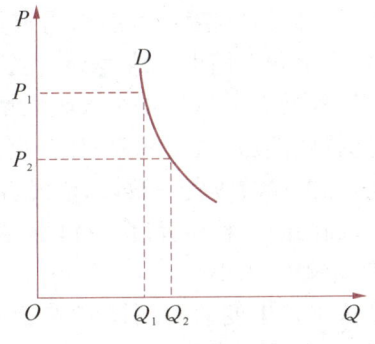

图2-12 需求缺乏弹性

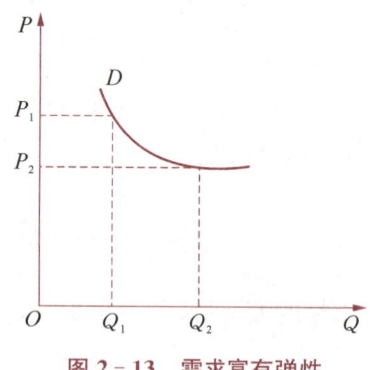

图 2-13 需求富有弹性

微课：需求价格弹性与消费品类别

第一种，如图 2-9 所示：需求完全无弹性，即 $E_d=0$。它表示无论价格如何变化，需求总量是一定的。此时价格变动对需求量无影响，需求曲线是一条垂直于横轴的线。

第二种，如图 2-10 所示：需求完全有弹性，也可称为需求有无限弹性，即 $E_d \to \infty$。它表示价格的任何变化都会引起需求量的无限变化。此时价格既定，需求量是无限的，需求曲线是一条与横轴平行的线，价格的微小变动会导致需求量发生无穷大的变化。

第三种，如图 2-11 所示：需求单位弹性，即 $E_d=1$。它表示需求量变动的百分比与价格变动的百分比相等，此时需求曲线是一条正双曲线。接近于生活必需品的商品属于此类。

第四种，如图 2-12 所示：需求缺乏弹性，即 $0<E_d<1$，需求量变动的百分比小于价格变动的百分比，需求曲线是一条较为陡峭倾斜的线。生活必需品多属于此类。

第五种，如图 2-13 所示：需求富有弹性，即 $E_d>1$，需求量变动的百分比大于价格变动的百分比，需求曲线是一条较为平坦的线。奢侈品多属于此类。

上述完全无弹性或完全有弹性的情况是极为罕见的，大多数商品的需求价格弹性是介于完全无弹性和完全有弹性之间的。

在图形中考察一条需求曲线时，一般来说较陡的斜率并不意味着缺乏弹性，而较缓的斜率也不意味着富有弹性。斜率不等于弹性。这是因为，斜率取决于价格和数量的变化，而弹性取决于它们变化的百分比。唯一的例外是完全有弹性和完全无弹性的极端情况。

实际上沿着一条直线需求曲线，E_d 能够从 0 变动到 ∞ 线性需求曲线起点处，价格高而需求量低，价格变动会对需求量产生较大影响，需求价格弹性系数高。线性需求曲线终点处，价格低而需求量高，需求价格弹性系数很低。一般而言，直线需求曲线上所有的点都具有相同的斜率。但是，在中点处，需求具有单位弹性；在中点的上方，需求富有弹性；在中点的下方，需求缺乏弹性。只有在垂直或水平需求曲线的情况下，你才能直接根据斜率推出 E_d 值。

（3）影响需求价格弹性的因素。主要有以下六个方面：

第一，消费者对某种商品的需求程度。越是生活必需品，需求弹性越小；反之奢侈品、高档消费品的需求弹性较大。

当生活必需品价格发生变化，需求量变动的幅度较小，例如，食品、饮料、药品等必需品，即使价格上升人们也很难舍弃。当奢侈品或高档消费品价格变化时，需求量变动很大，如旅游，消费者可以根据个人收入情况、时间等进行具体安排。不同的消费者偏好不同，可以选择欧洲旅游、新马泰旅游、京沪游、曲阜游或者在本地一日游，如果新马泰旅游价格大跌，与曲阜游收费一致，恐怕报名参团的人会挤破头。

第二，商品的可替代程度。替代商品越多，需求弹性越大；反之，某种商品越是缺乏替代品，其需求弹性越小。

商品价格发生变动，会引起消费者选购替代商品或舍弃替代商品而增加该种商品消费，替代品越多，一旦价格发生变化，人们对该商品的需求量也会发生较大波动。

即使明天所有的食品或鞋子的价格上涨100%,仍然无法想象人们会不吃饭或光脚走路。如果疯牛病使英国牛肉价格上升的话,人们可以转而食用他国牛肉或其他肉类来满足需要。

第三,商品在家庭支出中的比例。商品在家庭支出中所占比例越大,弹性越大;比例越小,弹性越小。例如,口香糖的需求价格弹性比电视机要小。又如,盐的需求价格弹性很小,部分原因是没有近似的替代物,同时购买盐的支出在收入中的比例很小也是一个重要原因,即使盐的价格大幅度上涨,人们买盐也没有太大困难。

相对而言,影响家庭主要支出的商品价格上升时,商品需求量会发生较大变化。例如,若抵押贷款利率上升(买房时的借款价格),人们将不得不在相当程度上减少对房子的需求,被迫买二手房、更小面积的户型,或者干脆停止购房而租住他人房屋。

第四,商品的耐用程度。越是耐用商品,弹性越大;反之弹性越小。例如,家电产品的需求价格弹性就较大。

第五,商品本身用途的广泛性。商品用途越多,弹性越大;反之,用途越少,弹性越小。木材在家庭装修中可作地板、家具或墙壁装饰材料,房屋主偏爱木材,在木材价格适中或相对便宜时可多使用木材,而当木材价格大幅度上升时,就可以在各项用途之间调整,如只购买木制家具,用石料装饰文化墙等。

商品用途越多,消费者的需求量在这些用途间调整的余地就越大,需求对价格的反应程度也就越大。

第六,价格变动后留给消费者调整的时间长短。价格变动之后,消费者会调整商品消费的类型,寻找替代商品,这种调整所需时间越长,商品的弹性越大;调整时间越短,商品的弹性越小。汽油价格突然上涨,在短期内,例如,正驾车横穿国土,人们一般不会丢掉汽车放弃旅行,此时的汽油是必需的,缺乏弹性;而在长期中,人们可以购买小型节能汽车,骑自行车或乘坐公交车,搬到离工作较近地方居住或与他人共用汽车,此时的汽油又是富有弹性的。

(4) 需求价格弹性理论的应用。需求的价格弹性最重要的应用是讨论消费者用于一种商品的支出总量与弹性值之间的关系。消费者用于一种商品的总支出(TE)和该商品的生产商得到的总收益(TR)相等,因而需求的价格弹性与厂商总消费收入之间存在相应的关系。

总收益(total revenue)也可称为总收入,指厂商出售一定量商品所得到的全部收入,即价格与销售量的乘积。

$$TR = P \cdot Q = TE \tag{2-6}$$

价格变化对消费者的支出产生的影响依赖于需求的价格弹性,因而需求价格弹性对于销售者具有重要的意义。销售者可以根据某种商品需求价格弹性的大小,来确定适当的销售价格。根据需求价格弹性系数的不同,我们简单分三种情况来考察厂商的销售价格变动问题。

第一种情况,需求富有弹性,即 $E_d > 1$ 时,降低价格,总收益增加;反之,提高价格,总收益减少。其分析过程参照图 2-14。

商品价格由 P_1 下降至 P_2,对应需求量由 Q_1 增加至 Q_2,根据 $TR = P \cdot Q$,得

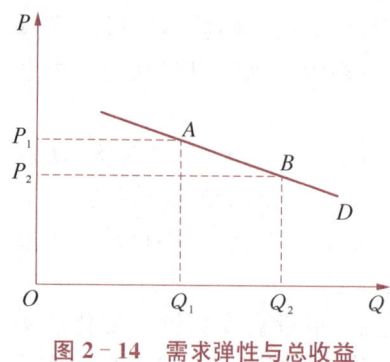

图 2-14 需求弹性与总收益

厂商原有总收益 $= P_1 \cdot Q_1 = S_{P_1OQ_1A}$，

厂商降价格后的总收益 $= P_2 \cdot Q_2 = S_{P_2OQ_2B}$，

明显 $S_{P_2OQ_2B} > S_{P_1OQ_1A}$。

因此，当 $E_d > 1$ 时，降价可以增加厂商总收益。反之，运用相同的推导过程可知，提高价格，厂商总收益反而降低。

第二种情况，需求缺乏弹性，即 $0 < E_d < 1$ 时，降低价格，总收益减少；反之，提高价格，总收益增加。

其图形分析基本思路和过程同上，只是由于曲线位置不同得出与上述相反的结论。

第三种情况，需求单位弹性，即 $E_d = 1$ 时，价格变化不会引起总收益的任何变化。

通过以上分析可以看出，对于富有弹性的商品，不宜轻易提高价格，因为提高价格会导致销量以比价格提高的幅度还要大的幅度下降，会降低销售收入。对于缺乏弹性的商品，为了增加销售收入，可以适当地提高价格，因为价格提高虽然会使销量有一定程度的下降，但下降的幅度却没有价格提高的幅度大，销售者仍会从提高价格中得到好处。对于单位弹性商品，价格变化不会对厂商收入产生特别的影响，应考虑采取非价格竞争策略。

专栏 2-6 专题阅读

价格指数与消费者物价指数

价格指数是指在给定的时段里，一组商品的平均价格如何变化的一种指数。在计算平均数时，不同商品的价格一般要根据其经济重要性作加权处理（例如在计算消费者价格指数时，加权的依据就是每种商品在总消费支出中所占的份额）。

价格指数反映不同时期商品价格水平的变化方向、趋势和程度的经济指标，是经济指数的一种，通常以报告期和基期相对比的相对数来表示。价格指数是研究价格动态变化的一种工具，它为制定、调整和检查各项经济政策，特别是价格政策提供依据。

消费者物价指数（Consumer Price Index, CPI），亦称居民消费价格指数，是反映与居民生活有关的商品及劳务价格统计出来的物价变动指标，通常作为观察通货膨胀水平的重要指标。

一般说来当 CPI>3% 的增幅时我们称为"通货膨胀"；而当 CPI>5% 的增幅时，我们把它称为"严重的通货膨胀"。

中国大陆的 CPI 的构成包含食品、烟酒及用品、衣着、家庭设备、医疗保健、交通通信、娱乐教育文化、居住八大类产品价格，在八大类产品中 CPI 权重最高的是食品，其权重为 32.7%，因此食品价格上涨将推动整个 CPI 上涨。

（二）需求收入弹性

需求收入弹性简称为收入弹性，它用来衡量商品和劳务的需求量对消费者收入水平变化的反应程度。用公式表示为：

$$E_y = \frac{\Delta Q/Q}{\Delta Y/Y} \quad (2-7)$$

式中，E_y 表示收入弹性系数，Y 表示收入，ΔY 表示收入的变化量，Q 表示需求量，ΔQ 表示需求量的变化量。有时收入弹性系数也用 E_m 表示。

对大多数商品和劳务来说，消费者收入提高，需求量会随之增加，收入下降，则需求量减少，此时收入弹性为正值，这些商品被称为正常商品（包括必需品和奢侈品）。但也有一些例外的情形，收入提高时，某商品的需求量随之下降，该种商品被称为低档商品（包括一般低档商品和吉芬商品，一般低档商品如人造奶油、低档香皂等）。

需求收入弹性对于企业在考虑产品未来市场大小时具有重要意义。若需求收入弹性系数很高，国内收入上升时，销售量可能迅速增加，但经济衰退则会有显著的下降。

（三）需求交叉弹性

需求交叉价格弹性，经常被简称为需求的交叉弹性或交叉弹性，它反映的是一种商品（X）的需求量对另一种相关商品（Y）的价格变动作出的反应程度。需求的交叉价格弹性就是商品 X 的需求变动百分比与商品 Y 的价格变动百分比之商。可以用以下公式表示：

$$E_{XY} = \frac{\Delta Q_X/Q_X}{\Delta P_Y/P_Y} \quad (2-8)$$

当代经济学所指的交义关系主要是商品之间替代和互补的关系。当一些商品互为替代品时，相关商品的价格提高，会使该商品需求量增加，反之减少，$E_{XY}>0$。当商品间是互补关系时，相关商品价格提高，会使该商品需求量下降，$E_{XY}<0$。当 $E_{XY}=0$ 时，这两种商品既不是替代品也不是互补品。

需求的交叉弹性对商品经营者来说是一个重要的概念。在一个替代性较强的商品市场，一方一旦提高自身商品的价格，那么就必然会失去较大的市场份额。例如，牛肉和猪肉是两种替代性较强的商品，如果经营牛肉者提高牛肉价格，势必会导致牛肉的需求大幅度减少，猪肉的需求大幅度增加。相反，在一个替代性较差的商品市场，例如，男鞋和女鞋市场中，生产男鞋的厂商提高男鞋的价格，一般不会导致女鞋需求量的变动。因此，在一个替代性较强的商品市场，商品经营者要扩大其市场份额，可采取在降低成本的基础上，降低商品的价格这一方法来实现；也可采用新技术，生产出功能、质量、外观胜人一等的产品，使其他商品无法替代，来扩大其销售量。

需求交叉弹性也经常应用于国际贸易和收支平衡分析。

思考一下

1. 食盐适合降价促销吗？
2. 苹果涨价你是否少吃苹果多吃橘子？
3. 相同面料的西服价格高于夹克衫，某人执意买西服，可能的原因是什么？

三、供给弹性

供给弹性是指供给量对影响供给因素的变量变化所作出的反应程度。实际上经济学家根据影响因素的不同,也将供给弹性分为价格弹性、收入弹性和交叉弹性。一般情况下,人们所说的供给弹性就是供给价格弹性。本书只简要介绍供给价格弹性的相关内容。

供给价格弹性通常也直接称为供给弹性,是指某一商品的供给量对其价格变化的反应程度,即供给量变化的百分比与价格变化的百分比之比。用公式表示为:

$$E_s = \frac{\Delta Q/Q}{\Delta P/P} \quad (2-9)$$

式中,E_s 表示供给弹性系数,Q 表示供给量,ΔQ 表示供给量的变化量,P 表示价格,ΔP 表示价格的变化量。

根据弹性系数的大小,供给价格弹性也可对应分为五种情况:

第一种,$E_s=0$,供给完全无弹性。价格变动对供给量没有影响,供给曲线 S 是一条垂直与横轴的直线。一定条件下,土地、劳动力商品、文物等的供给均属此类。

第二种,$E_s \to \infty$,供给完全有弹性,表示在一定价格水平上,厂商可以无限量地供应商品,供给曲线是一条平行于横轴的直线。

第三种,$E_s=1$,供给单位弹性,表示供给的相对变化与价格的相对变化相等,曲线是过原点的直线。

第四种,$E_s>1$,供给富有弹性,表示供给的相对变化大于价格的相对变化,供给曲线是一条由左向右平缓向上倾斜的曲线。

第五种,$E_s<1$,供给缺乏弹性,表示供给的相对变化小于价格的相对变化,供给曲线是一条由左向右陡峭向上倾斜的曲线。

供给弹性同样也受到许多因素的影响,这些因素主要包括以下几方面:

第一,行业中调整生产的困难程度。如果所有的投入品很容易在现行市场价格下购得,例如,在纺织行业,价格的微小上涨就会导致产出大幅度上升,供给富有弹性;如果生产能力受到严厉限制,例如,在南非开采金矿,即使黄金价格急剧上升,南非的黄金产量也只能增加少许,这就是供给缺乏弹性。一般来说,易于调整产量的产品,供给弹性大;难以调整产量的产品,供给弹性小。

第二,产量增加引起的成本增加量。若产量上升,生产者需增加的成本很少,那么价格上升后,会有更多企业进行生产,从而供给量增多,供给富有弹性;反之则供给缺乏弹性。

如果生产者能满足所有这些条件:有大量备用生产能力,容易得到更多原材料的供给,容易从其他产品的生产转产,能避免超时工作而引起的高工资,那么厂家的成本就越不容易受到产量影响,供给相对来说就越有弹性;越不能满足这些条件,供给的弹性就越小。

第三,时间因素。在瞬时市场上,供给来自现有存货,无法改变产量,因而供给完全无弹性;短期内,生产者虽然可以增加产量,但不能增加生产规模,供给缺乏弹性;长期内,生产者可以通过调整生产规模改变产量,供给富有弹性。

供给弹性作为一种衡量和考查供给量与价格变动之间的数量关系的工具,在充分发挥市场调节作用的情况下,有一定的参考价值。其实际用处是,通过它可以分析生产的实际情况,断定哪种生产最为有利,以决定生产什么、生产多少和如何生产的问题。

四、弹性理论的应用——蛛网理论

蛛网理论是由20世纪30年代美国、意大利和荷兰的经济学家各自提出的,最后由英国经济学家定名。之所以定名为"蛛网理论",主要是由于研究价格和产量周期波动的图形像蜘蛛网。

蛛网理论运用的是动态均衡分析。所谓动态均衡分析,简言之,是研究一种均衡向另一种均衡的变动过程,在这个变动过程中引入时间因素,对均衡状态加以分析。与动态均衡分析相对应的是静态均衡分析,在分析中并不引入时间因素。通过学习我们知道均衡价格和数量是由供给和需求共同决定的,在分析供求时涉及价格的变动,但这个变动是一种连续的变动;而动态均衡分析的蛛网理论,作为弹性理论的应用,它研究的是本周期价格波动对下一周期产量的影响,以及由此产生的波动,它主要用于分析不连续生产的商品价格与产量的波动。

西方经济学家在研究蛛网理论时,提出了如下假设:第一,从开始生产到生产出产品需要一定时间,而且在这段时间内生产规模无法改变;第二,本期产量决定本期价格;第三,本期价格决定下期产量。

根据"蛛网"运动形态的不同,经济学家将其分为三种类型:收敛型蛛网、发散型蛛网和封闭型蛛网。

(1) 收敛型蛛网(供给弹性<需求弹性)。当市场由于受到干扰偏离原有的均衡状态以后,实际价格和实际产量会围绕均衡水平上下波动,但波动的幅度越来越小,最后会恢复到原来的均衡点。

假定,在第一期由于某种外在原因的干扰,如恶劣的气候条件,实际产量由均衡水平减少到 Q_1。根据需求定理,消费者愿意支付 P_1 的价格购买全部的 Q_1 产量产品,于是,实际价格上升为 P_1。根据第一期较高的价格水平 P_1,按照供给曲线,生产者将第二期的产量增加为 Q_2。

在第二期,生产者为了出售全部的 Q_2 数量产品,接受消费者所愿意支付的价格 P_2,于是,实际价格下降为 P_2。根据第二期较低的价格水平 P_2,生产者将第三期的产量减少为 Q_3。

在第三期,消费者愿意支付 P_3 价格购买全部的 Q_3 数量产品,于是,实际价格又上升为 P_3。根据第三期较高的价格水平 P_3,生产者又将第四期的产量增加为 Q_4。

如此循环下去,如图2-15所示,实际产量和实际价格的波动幅度越来越小,最后恢复到均衡点所代表的水平。由此可见,均衡点所代表的均衡状态是稳定的。也就是说,由于外在的原因,当价格和产量偏离均衡数值(P_0 和 Q_0)后,经济制度中存在自发的因素,能使价格和产量自动地恢复均衡状态。

(2) 发散型蛛网(供给弹性>需求弹性)。
(3) 封闭型蛛网(供给弹性=需求弹性)。

由于需求和供给曲线具体位置的不同,分别形成

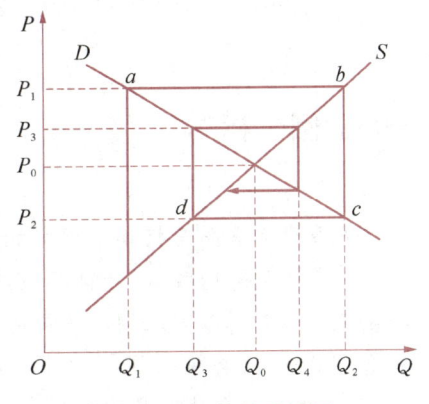

图2-15 收敛型蛛网

了以上三种蛛网，其推论思路及形成发展过程是一致的，请自行画图分析。

蛛网理论借助于弹性理论说明在市场机制的自发调节下，市场上不连续生产的商品，其价格与产量必然发生蛛网型周期波动，从而影响厂商的生产和收入。

该理论多用于分析粮食、水果、肉类等农产品的价格与产量波动。一般而言，农产品的需求较为稳定，缺乏弹性；而农产品的供给对价格变动的反应较大，供给时间比较长，供给弹性较大，即农产品的供给弹性大于需求弹性，因此，农产品价格与产量的波动应属于蛛网理论的第二种类型——发散型蛛网，这也充分体现了农业生产的不稳定性。

本章小结

1. 需求曲线反映需求量随价格的变动情况。根据需求定理，商品的需求量与其价格呈反方向变动。

2. 影响需求的因素有消费者收入、消费者偏好、相关商品的价格等，这些因素导致了需求的变动，表现为需求曲线的移动。需求的变动不等于需求量的变动。

3. 供给曲线反映供给量随价格的变动情况。根据供给定理，商品的供给量与其价格呈同方向变动。

4. 影响供给的因素有生产成本、生产者对未来的预期、技术等，这些因素导致了供给的变动，表现为供给曲线的移动。供给的变动不等于供给量的变动。

5. 市场的需求和供给共同作用决定市场均衡价格和均衡数量。随着需求和供给的变化，市场会相应形成新的均衡。

6. 弹性是反映不同影响因素引起需求量或供给量变动程度的指标。其中需求弹性主要包括需求价格弹性、需求收入弹性和需求交叉弹性；供给弹性主要包括供给价格弹性、供给交叉弹性。

思考与讨论

一、案例分析

虚高的药品价格

药品价格虚高是指政府规定的药品最高零售限价或企业自主制定的药品零售价格远远高于其社会平均成本，使药品最终以远远高于社会平均成本的价格出售。目前，我国药品售价基本达到以下比例：中成药出厂价格一般为零售价格的20%~25%，化学药品为10%~20%，极个别在10%以下。也就是说，药品的零售价格一般是出厂价格的4~10倍，甚至更多。虽然药品价格虚高，但虚高的药价是有销路的。因为药品是一种特殊的商品,患者不仅缺乏医疗方面的专业知识,也不了解药品的成本以及不同药品的替代关系。这使得患者面对价格弹性很小的药品形成刚性需求,于是就有了利益机制驱动下的药价虚高,价格虚高的药品销路还很通畅的怪圈。

二、简答题

1. 在 X 商品与 Y 商品是互补商品或互替商品时,其需求交叉价格弹性有何不同?
2. 如果考虑到提高生产者的收入,对高档电视机、录像机一类消费品应该提价还是降价?
3. 小麦丰收会增加农民的收入吗?
4. 为什么政府要对农产品实行保护价格?

三、计算题

1. 某君对消费品 X 的需求函数为 $P=100-Q^{1/2}$,分别计算价格 $P=60$ 和 $P=40$ 时的价格弹性系数。
2. 某商品的需求价格为 $P=100-4Q$,供给价格为 $P=40+2Q$,求均衡价格与均衡产量各为多少?
3. 假设某厂商生产商品的需求函数为 $Q=500-2P$,请问:① 该厂商如果每天要销售 200 个商品,价格应定为多少? ② 若把价格定为 180 元,每天能销售多少商品? ③ 如果价格为 130 元,这时点价格弹性是多少?
4. 甲生产者提供的猪肉每千克 5 美元,每天的销售量为 50 千克。现乙生产者为了增加其提供的牛肉销售量,把原来每千克 5 美元的价格降为 4 美元,从而使甲生产者的猪肉销售量下降到每天 45 千克。试问:在这样的情况下,这两个生产者的猪肉和牛肉的交叉价格弹性是多少?
5. 设 X 与 Y 两种商品的需求曲线都为直线,并在 $P=8$ 的那一点相交,在这一交点上,X 商品的需求弹性的绝对值只有 Y 商品的需求弹性的绝对值的 $\frac{1}{2}$。现已知 X 商品的需求函数为 $Q=40-0.5P$,请根据上述条件推导出 Y 商品的需求函数。

四、实训项目

1. 指出发生下列几种情况时某种食品需求曲线的移动方向,并说明原因。
(1) 卫生组织发布一份报告,称该种食品含有致癌物。
(2) 另一种相似食品的价格上涨了。
(3) 消费者的收入增加了。
(4) 生产该食品的原料价格上涨了。
2. 丰收的大白菜会不会烂在地里,为什么?
3. 试分析"谷贱伤农"的原因。

第三章　消费者行为分析

学习目标

1. 理解边际效用递减规律及其在经济分析中的重要性。
2. 掌握效用最大化的等边际原则。
3. 理解无差异曲线和预算约束线如何决定消费者均衡。
4. 理解替代效应和收入效应。

引导案例

世界上什么东西最好吃

兔子和猫无意间争论起一个问题：世界上什么东西最好吃。

兔子抢先说："世界上最好吃的东西就是萝卜，那股清香味儿，特别是秋天的萝卜，吃起来还甜滋滋的。我一说就流口水。"猫不同意这个意见，他说："我认为世界上没有比鱼更好吃的东西了。你想想，那鲜嫩的肉、柔软的皮，嚼起来又酥又松。只有最幸福的动物，才懂得鱼是世界上独一无二的好东西。"

他们两个都坚持自己的意见，争论了好久，还是得不到解决。最后只好去找猴子来评理。猴子听了他们的意见，都不同意。他说："你们都是十足的傻瓜，连世界上最好吃的东西都不知道。我告诉你们吧，世界上最好吃的东西是桃子！"

兔子和猫听了直摇头，说："我以为你要说别的什么，没想到你会说桃子，那玩意儿毛茸茸的，有什么好吃的？"

兔子、猫和猴子对"最好吃的东西"的认知差异巨大，自己认为最好吃的东西，反而令其他动物觉得毫无美味可言。为什么会产生这样的差别？也许经济学中的效用理论可以帮我们进行解释。

本章探讨的消费者行为理论，就隐藏在你我所熟悉的消费行为中。作为消费者，你和你的家人、你的朋友以及你在超市里碰到的不相识的顾客，都只能把有限的收入花费在你们需要的或想要得到的商品与服务上，你将如何选择商品的种类和数量？哪些因素左右着我们的消费行为？为了说明消费者的消费决策过程，经济学家们使用了边际效用和无差异曲线两种分析方法。

第一节　基数效用论

当人们能够在许多种不同的商品和服务中进行自由选择时,消费者个人的兴趣或偏好无疑是决定消费行为的最重要的因素之一。毕竟,有人喜欢饮酒,有人却滴酒不沾;一些人喜爱古典音乐,而另一些人则喜爱摇滚乐。正是这些偏好上的差异,导致各个消费者在购买什么商品上作出不同的决定。为了更加准确地描述消费者偏好,我们引入效用的概念,用以衡量消费者偏好的程度。

一、边际效用递减规律

(一) 效用、总效用和边际效用

效用(utility)是消费者从商品或劳务的消费中所感受到的满足程度。一种商品或劳务对消费者是否有效用,不仅取决于物品本身所具有的满足人们某种欲望的能力,还依存于消费者的主观感受。同一种物品对于不同的人效用是不同的,即使对于同一个人,效用也会随着时间而变化,有些东西你孩童时期喜欢并不说明你现在也喜欢。因此,我们也可以把效用理解为消费者对商品满足自己欲望的能力的一种主观体验和评价。这里值得一提的是:效用本身并不具有伦理学的意义,一种商品是否具有效用要看它是否能满足人的欲望或需要,而不涉及这一欲望或需要的好坏。

既然效用是用来表示消费者在消费商品时所感受到的满足程度的,于是,就产生了对这种"满足程度"(即效用)的度量问题。在这一问题上,经济学家先后提出了基数效用和序数效用的概念,并在此基础上,形成了分析消费者行为的两种方法,即边际效用分析方法和无差异曲线分析方法。

在19世纪70年代至20世纪初期,经济学家普遍使用基数效用的概念。基数效用论者认为:效用如同长度、重量等概念一样,其大小可以用基数来具体衡量并加总求和,具体的效用量之间可以进行比较。这样,效用的数值便有了重要的意义,它直接度量了消费者的偏好。计量效用大小的单位叫作效用单位——尤特尔(Utils)。比如,消费者感觉到一袋爆米花给自己带来的满足程度是1尤特尔,一场球赛给自己带来的满足程度是25尤特尔,那么一场球赛的效用就是一袋爆米花的25倍,两者的效用之和是26尤特尔。

在运用效用来分析消费者行为时,我们要了解和区分两个重要的概念:总效用和边际效用。总效用(Total Utility,TU)是指消费者从一定数量的商品或劳务的消费中所得到的效用量的总和。边际效用(Marginal Utility,MU)是指消费者每增加一单位商品或劳务的消费所得到的效用量的增量,换句话说,是额外的消费带来的额外满足。现在以小明消费爆米花为例来分析总效用与边际效用之间的关系,如表3-1所示。

表3-1　小明消费爆米花得到的总效用和边际效用

爆米花的消费量/份	总效用/尤特尔	边际效用/尤特尔
0	0	
1	5	5

续表

爆米花的消费量/份	总效用/尤特尔	边际效用/尤特尔
2	9	4
3	12	3
4	14	2
5	15	1
6	15	0
7	14	−1

如表 3-1 所示，小明消费 3 份爆米花得到的总效用是 12 尤特尔，它是小明从 3 份爆米花的消费中得到的满足总量。相反，与这一总效用对应的边际效用是小明从第三份爆米花的消费中得到的额外效用，它等于 3 份爆米花带给小明的总效用减去前 2 份爆米花带来的总效用(12 尤特尔−9 尤特尔＝3 尤特尔)。类似地，消费 5 份爆米花，小明将得到 15 尤特尔，第五份爆米花只带给他 1 尤特尔的效用。

(二)边际效用递减规律

仔细观察表 3-1，我们还可以得到更多的信息，当小明消费较多的爆米花时，他的总效用趋向于增加。然而，当他消费得越来越多时，他得到的总效用却会以越来越慢的速度增加。总效用增加减缓，是因为小明从消费爆米花中得到的边际效用随着爆米花消费量的增加而减少。英国经济学家阿菲里德·马歇尔把"人类本性的这一平凡而基本的倾向"称作"边际效用递减规律"。边际效用递减规律指出：随着个人消费越来越多的某种物品，他从中得到的新增或边际效用量是下降的，如图 3-1 所示。

图 3-1 边际效用递减示例

生活中有许多例子可以对这一规律加以说明印证。让我们想象一下，如果你就是那个在沙漠中徒步前行而极度干渴的人，一杯清凉的水会带给你怎样的愉悦？当你的口渴稍有缓解，第二杯、第三杯水给你带来的满足程度与第一杯水相比呢？当你口渴已完全消除，不想再喝水时，水的边际效用即为零。假设有这么一个奇怪的人，他强迫你继续喝水，水就会给你带来生理上的不适，造成某种痛苦，此时，水的边际效用就表现为负效用(disutility)。

根据表 3-1 作出图 3-2、图 3-3，可以进一步说明总效用与边际效用的关系。

横轴表示爆米花的消费量，纵轴表示效用量，TU 曲线和 MU 曲线分别为总效用曲线和边际效用曲线。在图 3-3 中边际效用曲线 MU 向右下方倾斜，表明边际效用是递减的，同时在图 3-2 中总效用曲线 TU 以递减的速度先上升后下降。当边际效用为正值时，总效用呈上升趋势；当边际效用递减为零时，总效用曲线到达最高点；当边际效用继续递减为负值时，总效用呈下降趋势。我们一般只研究总效用达到最高点以前的情况。

微课：边际效用递减规律

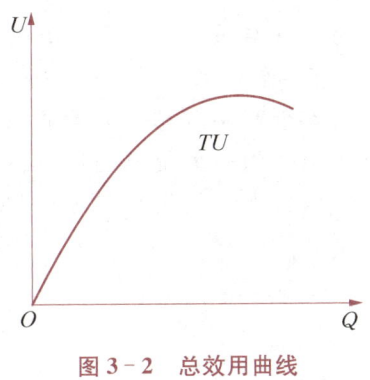
图3-2 总效用曲线

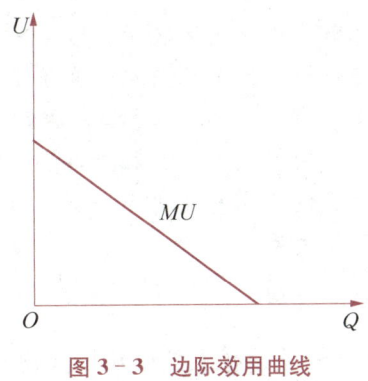
图3-3 边际效用曲线

思考一下

边际效用递减规律对于消费爆米花这类物品时体现得较为明显,当你新买了一台电脑时,存在这种现象吗?应如何解释?

二、效用最大化原则

在解释人们面对不同的可能性应如何进行选择的过程时,根据经济人假设,理性的行为主体具有在给定的约束条件下会最大限度实现其目标的选择倾向。分析消费者行为时,这一假设便体现为理性的消费者总是倾向于选择在他们看来具有最高价值的物品或服务,即努力实现效用最大化。

经济学家用"消费者均衡"一词,来描述消费者达到效用最大化的一种均衡状态。它表明在商品的价格和消费者的收入都既定不变的条件下,只有在均衡点消费者才能获得最大满足。除非商品的价格与消费者的收入发生变化,否则消费者达到均衡状态后就不愿意变动其购买选择。

> **专栏3-1 知识链接**
>
> ### 关于"均衡"
>
> 在西方经济学中,均衡是一个被广泛运用的概念。均衡一般是指经济事物中有关的变量在一定条件的相互作用下所达到的相对静止的状态。在微观经济分析中,市场均衡可以分为局部均衡和一般均衡。局部均衡是对单个市场或部分市场的供求和价格之间的关系和均衡状态进行分析。一般均衡是对一个经济社会中所有市场的供求和价格之间的关系和均衡状态进行分析。一般均衡假设的各种商品的供求和价格都是相互影响的,一个市场的均衡只有在其他所有市场都达到均衡的情况下才能实现。
>
> 英国经济学家马歇尔和法国经济学家瓦尔拉斯是均衡概念的较早引入者和均衡分析方法的创立者。马歇尔运用均衡概念和均衡分析研究价格,建立了均衡价格论。他主要考察了单个市场上某一种商品的供给和需求,以及由供求所决定的商

品的均衡价格和均衡数量,或单个市场的均衡的建立与破坏。这种分析称为局部均衡分析。瓦尔拉斯在研究价格时,考察了所有各个商品市场的供给和需求,注重各个商品市场之间、各个要素市场之间以及各个商品市场和要素市场间价格和数量的相互影响和相互联系,或所有各个市场的均衡的建立与破坏。这种分析方法被称为一般均衡分析。在现代经济学中,均衡和均衡分析方法得到广泛运用和发展。

(一) 单一商品消费的效用最大化

连续消费一种商品时的效用分析是相对简单的。由于存在边际效用递减的现象,随着个人消费某种物品的数量不断增加,他从中得到的边际效用(也就是新增的效用)是下降的。所以我们不难推断出,当边际效用为零的时候,总效用会达到什么状态?

(二) 多种商品消费的效用最大化

若消费者同时消费几种商品或服务时,等边际准则(equimarginal principle)是其效用最大化的基本条件。等边际准则是指,在消费者的收入固定和他面临的各种物品的市场价格既定的条件下,当花费在任何一种物品上的最后一单位货币所得到的边际效用正好等于花费在其他任何一种物品上的最后一单位货币所得到的边际效用的时候,该消费者就得到最大的满足和效用。

现在,我们假定消费者用既定的收入购买 n 种商品,$P_1,P_2,P_3,\cdots,P_n$ 分别为 n 种商品的价格,$Q_1,Q_2,Q_3,\cdots,Q_n$ 分别表示 n 种商品的消费量,$MU_1,MU_2,MU_3,\cdots,MU_n$ 分别表示第 n 种商品的边际效用,I 表示消费者的收入,则上述消费者效用最大化的均衡条件可以用公式表示为:

$$P_1Q_1 + P_2Q_2 + P_3Q_3 + \cdots + P_nQ_n = I \tag{3-1}$$

$$\frac{MU_1}{P_1} = \frac{MU_2}{P_2} = \frac{MU_3}{P_3} = \cdots = \frac{MU_n}{P_n} \tag{3-2}$$

其中公式(3-1)是限制条件,用来说明收入是固定的,公式(3-2)中 $\frac{MU_n}{P_n}$ 表示花费在第 n 种商品上的最后一个单位货币所得到的边际效用。

为什么必须符合这一条件呢? 如果 $\frac{MU_x}{P_x} < \frac{MU_y}{P_y}$,对消费者来说,同样的一单位货币,用于购买商品 X 所得到的边际效用小于购买商品 Y 所得到的边际效用。理性的消费者必然会调整这两种商品的购买数量,减少对商品 X 的购买,增加对商品 Y 的购买。在这样的调整过程中,消费者的总效用是增加的。同时,在边际效用递减规律的作用下,商品 X 的边际效用会随其购买量的不断减少而递增,商品 Y 的边际效用会随其购买量的不断增加而减少。当消费者一旦将其购买组合调整到同样一单位货币,购买这两种商品所得到的边际效用完全相等时$\left(即达到 \frac{MU_x}{P_x} = \frac{MU_y}{P_y}\right)$,他便得到了由减少商品 X 的购买和增加商品 Y 的购买所带来的全部好处,即消费者此时获得了最大的总效用。

我们用表3-2对这一原则作进一步说明。

表3-2 消费者消费不同数量的商品 X 和商品 Y 的边际效用　　　　单位：尤特尔

消费量	$\dfrac{MU_x}{P_x}$	$\dfrac{MU_y}{P_y}$
1	9	4
2	7	3
3	4	2
4	3	1
5	2	0

如果消费者的收入是4元，他将购买多少种商品？显然，消费者支付的第1元将购买商品 X，因为它将带给他9个单位的边际效用。他的第2元也将用于商品 X，因为第2元的商品 X 将带来7个单位的边际效用（从2元的商品 X 中得到的总效用＝9＋7＝16）。如果第3元他继续用于商品 X，边际效用是4个单位，用于商品 Y 也是4个单位边际效用。假设他选择了更多的商品 X（从3元支出中得到的总效用＝9＋7＋4＝20），最后1元怎么用呢？如果还是购买商品 X，边际效用是3个单位，而如果购买商品 Y 边际效用是4个单位，这样他将把它花在商品 Y 上（从所有的4元支出得到的总效用＝9＋7＋4＋4＝24）。

显然，理性的消费者将用其收入的3元购买商品 X，1元购买商品 Y。这是均衡的商品组合，此商品组合可以实现最大化的消费者满足。如表3-2所示。购买商品 X 的最后1元和购买商品 Y 的最后1元带来的边际效用相等 $\left(\dfrac{MU_x}{P_x}=\dfrac{MU_y}{P_y}=4\right)$。

专栏3-2　专题阅读

甜粽子？咸粽子？

作为端午美食界的"扛把子"，粽子几乎每年都会卷入"甜咸之争"。近日，"粽子吃甜还是吃咸"的话题又一次在网络平台引发网友热议。其中，尤以"南方代表队"广东咸粽和"北方代表队"山东甜粽的特色鲜明令人惊叹。

山东的粽子以其独特的甜味闻名，主要使用黍米，搭配红枣或豆沙，形成黏稠的口感，常见形状为三角或四角，为食客带来甜品般的享受。而广东粽子则呈现出另一种风味，以糯米为底，融合五花肉和咸蛋黄，口感软糯，主打咸鲜口味。

其实，"粽子吃甜还是吃咸"并不重要，饮食文化的差异也应被尊重与保护，来自不同地区、不同民族的人们在食物的原料选择、烹饪方式、饮食习惯等方面不同是十分正常的。

（资料来源：新华网）

三、消费者剩余

边际效用递减规律指出,随着消费者越来越多地消费某种物品,对该物品的评价将逐渐下降,如果用货币表示,这一规律则体现为,消费者愿意为该物品支付的货币量将逐渐减少。换句话说,对应于不同的消费量,人们愿意为新增一单位的消费而支付不同的价格。但事实上,对于我们所购买的不同数量的同一商品,我们支付的是相同的价格——市场价格。消费者剩余(consumer surplus)就是用来表示人们愿意为给定数量的商品支付的费用与他们按市场价格的实际支付之间的差额。

微课:消费者剩余

消费者剩余是消费者自己感觉到的收益,表明我们的所得大于付出。举例来说,如果你准备购买的商品是苹果,在你一点苹果也没有的情况下,为得到一个苹果你愿意支付的价格是 3.00 元,当你得到一个苹果后,为得到第二个苹果你愿意支付的价格是 2.50 元,对于第三个苹果你愿意支付的价格为 2.00 元。如果市场上的价格是苹果每个 2.00 元,那么,你为第一个苹果付出的代价只是苹果的市场价格,从而获得了 1.00(3.00-2.00)元的消费者剩余,从第二个苹果的购买中获得 0.50(2.50-2.00)元的消费者剩余,从第三个苹果的购买中获得的消费者剩余为 0。我们可以借助表 3-3 来进一步说明。

表 3-3 消费者剩余　　　　　　　　　　　　　　单位:元

苹果消费	市场价格	消费者愿意支付的价格	消费者剩余
第 1 个	2.00	3.00	1.00
第 2 个	2.00	2.50	0.50
第 3 个	2.00	2.00	0.00
第 4 个	2.00	1.50	-0.50
第 5 个	2.00	1.00	-1.00
第 6 个	2.00	0.50	-0.50

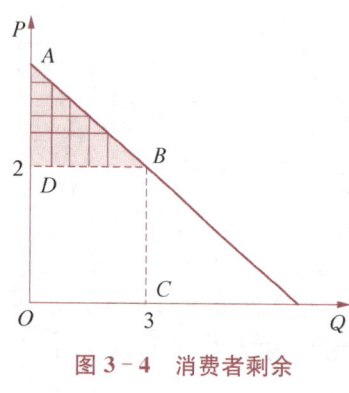

图 3-4 消费者剩余

表 3-3 中,消费者愿意支付的价格代表消费者对所购商品的支付意愿,当苹果的市场价格高于消费者对苹果的支付意愿,消费者将不会继续购买。因而,苹果的市场价格为 2.00 元的情况下,消费者的最优购买量为 3 个,此时,消费者对苹果的支付意愿与市场价格相等,消费者获得的消费者剩余总量最大,为 1.5(1+0.50+0)元。将表 3-3 描绘在图 3-4 中,横轴表示苹果的消费量,纵轴表示苹果的价格,需求曲线衡量了消费者对商品的支付意愿,阴影部分(区域 DAB)则是消费者从苹果购买中获得的消费者剩余,等于消费者愿意支付的数量(区域 $OABC$)减去他实际支付的数量(区域 $ODBC$)。

消费者剩余是表示人们从消费中获得福利的重要概念,它常常用来衡量政策对社会福利的影响。如果你是决策者,在制订计划时,应当考虑你的决策是否有助于增加消费者剩余。需要注意的是,消费者剩余并不是实际收入的增加,只是一种心理感觉。生活必需品的消费者剩余大,因为消费者对此类物品的效用评价高,愿意付出的价格也高,但此类物品的市场价格一般并不高。

> **专栏 3-3　知识链接**
>
> ### 边际革命
>
> 　　19世纪70年代"边际效用学派"的出现被认为是经济学中爆发了一场全面革命的标志。这场革命被称为"边际革命"。它使经济学从古典经济学强调的生产、供给和成本,转向现代经济学关注的消费、需求和效用。边际革命从19世纪70年代初开始持续到20世纪初,其代表人物是英国经济学家杰文斯,洛桑学派的法国经济学家瓦尔拉和奥地利学派的门格尔。他们在19世纪70年代初先后出版了各自的代表作,并不约而同地讨论了同一个问题——价值由什么决定。
>
> 　　边际革命包含着两项重要内容,即边际效用价值论和边际分析方法的广泛运用。
>
> 　　在杰文斯看来,价值由"最后效用"决定,门格尔认为价值由"最小重要的用途"决定,瓦尔拉指出价值由"最后欲望满足的程度"决定,这也就是说在他们的代表作中虽然没有使用"边际效用"这一概念,但他们都认为价值是由物品的最终效用决定的。以物的最终效用去衡量价值的"边际效用价值论",这种理论强调物对人的满足程度,而满足程度完全是主观的感觉,因而"边际效用价值论"是主观主义的价值学说。从这一点上说,它是不科学的。但必须指出,"边际效用价值论"的提出使经济学的研究进入了一个新的领域即消费领域,因为物的效用只有进入消费领域后才能评价。
>
> 　　英国著名的经济思想史专家埃里克·罗尔指出:"边际效用的概念不仅被看作是经济'工具箱'的一种补充,并且还被看作是经济科学研究方法上的一项极其重要的革新。"
>
> 　　边际分析的方法实际上是一种数学分析方法,也就是运用数学中的微积分去分析经济问题。这一方法开始还不为更多的人所接受,但随着时间的推移和经济研究的实践,特别是经济资源"稀缺性"的提出,使越来越多的人接受这一方法,运用边际分析的方法去观察经济问题。"稀缺论"认为,财富的增长,人类福利的增进不是经济增长的自由展现,而是经济资源的最优配置;不是一切增量投入都是可取的,只有把增量投入与增量产出联系起来分析才是可取的。在这种理论的影响下,在以后的经济研究中,经济学家提出了边际生产力、边际成本、边际收益、边际替代率、边际消费倾向等范畴,极大地丰富了经济学研究的内容。因此,边际分析的广泛使用是经济学研究的重大变革。

第二节　序数效用论

> 提示：效用很难用统一的标准和具体的工具或器械来测算。

基数效用论受到了序数效用论的质疑。序数效用论者认为，基数效用论的假设条件过于严苛。由于效用涉及人的主观感受，现实中情况是，效用很难用具体的工具和器械来测算衡量。例如，你可以有把握地说周末更喜欢去海边发呆，而不是参加宴会，但你可能说不出前者比后者多带给你多少好处。由于"尤特尔测量仪"之类能准确度量效用的工具尚未被发明制造出来，基数效用论面临着难以克服的技术困难，为此，序数效用论提出效用之间的比较，只能通过顺序或等级来表示。即并不要求具体衡量效用的多少，只要求消费者根据自己的偏好给不同的商品或商品组合的效用排列出一个顺序即可。这就把我们从基数效用的假设中解放出来，因此现代经济学家通常采用序数效用的分析框架，无差异曲线是其强有力的分析工具。

一、无差异曲线与预算约束线

序数效用论者对消费者偏好的性质作了以下假设：

第一，假设消费者对任意的商品组合，能够明确地说出自己的偏好程度。例如，A商品组合包括一张电影票和一袋爆米花，B商品组合包括一张唱片和一块巧克力，消费者应能够决定自己是喜欢A商品组合，还是B商品组合，或者A、B两种商品组合对他是毫无差别的。

第二，假设消费者偏好是可传递的。如果对于A、B商品组合，消费者更倾向于选择A商品组合；对于B、C商品组合，消费者更喜欢B商品组合，那么，A商品组合与C商品组合相比，消费者将更偏好A商品组合。与此相类似，如果A和B商品组合对消费者是无差别的，B和C商品对他也是无差别的，那么A和C商品组合对他也一定是没有差别的。

第三，假设消费者总是喜欢更多的商品而不是较少的。如果A商品组合包括2件新衣，B商品组合包括3件新衣，消费者将更青睐B组合，即MIB(More is Better)。

专栏3-4　知识链接

消费者"偏好"

消费者偏好是指消费者按照自己的需求意愿对可供选择的商品组合进行的排列。偏好实际上是潜藏在人们内心的一种情感和倾向，它是非直观的，引起偏好的感性因素多于理性因素。

偏好是一种主观上的表现，有明显的个体差异，例如，南方人多食大米，而北方人多吃面食；有人认为榴莲是自己的"至爱"，而有人则掩鼻快步离去；还有一些近乎极端的例子，如有人好食玻璃。

偏好是相对的概念。同时偏好也是可以转移的，呈现出一定的群体特征，个人容易受到所在群体的影响和外界因素的影响。

(一) 无差异曲线

无差异曲线(indifference curve)表示给消费者带来相同效用水平的不同的商品组合，是消费者主观偏好的几何表现。它意味着如果你是消费者，各种组合对你是通用可取的，如表3-4所示的，即你并不在乎选择组合A(1个X商品和7个Y商品)，还是组合B(2个X商品和4个Y商品)，或是组合D(4个X商品和2.5个Y商品)，得到它们之间的任何一种对你来说获得的满足程度是相同的。

表3-4 无差异的商品组合

商品组合	X商品	Y商品
A	1	7
B	2	4
C	3	3
D	4	2.5

将表3-4每个商品组合的点画在图3-5(a)上。横轴表示X商品的数量，纵轴表示Y商品的数量。用平滑的曲线连接起来就得到无差异曲线，消费者沿着一条无差异曲线移动，从消费的变化中得到的满足程度既不上升，也不下降。

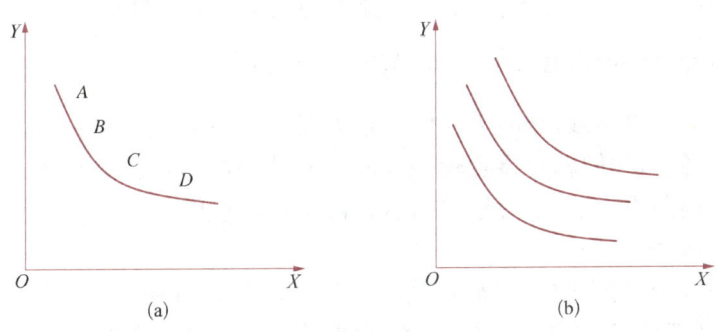

图3-5 无差异曲线

对于消费者来说，可以有很多的无差异曲线，如图3-5(b)所示，每一条都代表不同的满足程度，理论上可以假设一个消费者对于两种商品可有无数条无差异曲线存在，离原点越远的无差异曲线所表示的满足水平或效用越高(因为它包括了更多的商品数量)。

无差异曲线通常具有下列特点：

第一，无差异曲线向右下方倾斜，斜率为负。这是因为在无差异曲线上任何一个组合点都提供同等水平的满足，消费者要增加X商品的消费数量，就必须牺牲一定数量的Y商品；或者说，消费者放弃一定数量的X商品所遭受的损失，必须通过增加Y商品来弥补。两种商品不能同时增加或减少，这样，无差异曲线的斜率必然是负值。

第二，任意两条无差异曲线不能相交。为了证明这个结论，让我们先假设两条无差异曲线相交。如图3-6所示，两条无差异曲线 I_1 和 I_2 相交于 A 点。这说明无差异曲线 I_1 上 C 点的效用水平等于 A 点的效用水平，I_2 上 B 点的效用水平也等于 A 点的效用水平，这样可以得出 B、C 两点的效用水平相等，即消费者认为 B 点和 C 点是无差异的。但是，由于 C 点的商品组合所代表的两种商品的数量都大于 B 点，根据我们前面的假设，消费

微课：无差异曲线为什么不能相交?

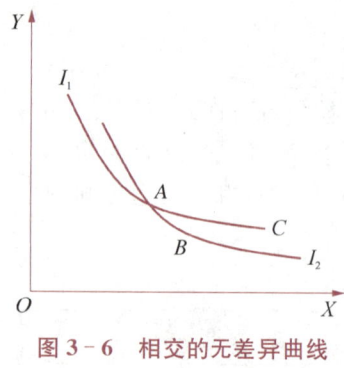

图 3-6　相交的无差异曲线与假设矛盾

者对 C 点的偏好必定大于 B 点的偏好,看来我们合乎逻辑的推导过程,结论却是矛盾的,所以在同一坐标平面上,两条无差异曲线是不能相交的。

第三,**无差异曲线是凸向原点的**。将曲线描述成这种形状是为了说明边际替代率递减规律。边际替代率(Marginal Rate of Substitution, MRS)是指在保持固定的满足程度情况下,消费者接受额外的一单位商品 X,所必须放弃的商品 Y 的数量,即

$$MRS_{XY} = -\frac{\Delta Y}{\Delta X} \quad (3-3)$$

公式(3-3)中有一个负号,这是因为 ΔX 和 ΔY 的符号总是相反的,加了负号便可以使边际替代率取正值,便于比较。

边际替代率递减规律说明,在维持效用水平不变的前提下,随着一种商品消费数量的连续增加,消费者为了得到每一单位的这种商品而放弃的另一种商品的消费数量是递减的。因此,在图 3-5(a)中从 A 移动到 B,就意味着消费者愿意用 7 单位的 Y 商品中的 3 个单位来换取额外的 1 单位 X 商品,但是,从 B 移动到 C,消费者只需放弃剩下 Y 商品中的 1 个单位得到第 3 个单位的 X 商品,即 1 比 1 的交换。为了得到第 4 单位的 X 商品,消费者仅仅愿意放弃已经逐步减少的 Y 商品的 $\frac{1}{2}$ 个单位。

边际替代率之所以递减,是因为人们的偏好具有一种普遍倾向:当人们对某一种商品的拥有量越是稀少,他们就越愿意较多地减少其他商品来增加这种商品。而当人们对该商品的拥有量逐渐增加后,就会越来越不愿意放弃其他商品来进一步增加这种商品。

(二)预算约束线

直到现在,我们所讨论的一切都是建立在消费者偏好基础上的,然而分析消费者行为,不仅仅要考虑其偏好,各种商品的价格、消费者的收入水平都必须考虑到,因为这些因素都限制了消费者所能购买的商品组合的内容和规模,消费者只能选择负担得起的最佳商品组合。因此就有必要讨论消费者的预算约束线。

预算约束线(budget constraint line)简称预算线,是一条表示在消费者收入和商品价格既定的条件下,消费者的全部收入所能购买两种商品的不同数量组合的曲线。如果以 I 表示收入,以 P_X 和 P_Y 表示 X 商品和 Y 商品的价格,以 Q_X 和 Q_Y 表示 X 商品和 Y 商品的数量,则预算线的方程为:

$$P_X Q_X + P_Y Q_Y = I \quad (3-4)$$

如图 3-7 所示,纵轴截点 A 表示消费者的收入全部用于购置商品 Y,横轴截点 B 表示全部收入用于购置商品 X,这是两种极端的情况。连接 A、B 两点的直线,即预算线上每一点都表示消费者的收入可能买到的商品 X 和

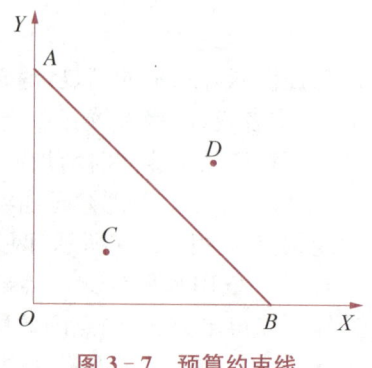

图 3-7　预算约束线

商品 Y 的各种组合。在 AB 线的下面(如 C 点),表示消费者未花费其全部收入,在 AB 线以上(如 D 点),则是消费者目前条件下全部收入不可能达到的购买量。AB 斜率的绝对值为 P_Y/P_X,即 Y 商品价格和 X 商品的价格之比。

二、消费者均衡

从无差异曲线的特征来看,消费者总想通过购买,把心目中的无差异曲线推离原点越远越好,以便获得更大的满足。但是,并非所有的商品组合都可以得到,预算约束线表示消费者能够得到的商品组合。我们要做的工作就是把主观愿望和客观限制结合起来,以求得在收入和价格既定条件下,使消费者得到最大满足。如图 3-8 所示,将无差异曲线和预算约束线结合起来,我们就可以分析消费者选择行为的一般规律了。

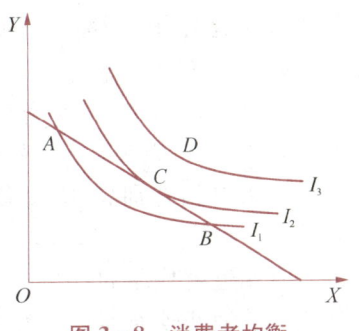

图 3-8 消费者均衡

消费者可以购买预算约束线上的任何一个商品组合,如 A、B、C,但得不到像 I_3 那样的预算约束线上方的商品组合。当然,他也不会选择 A 和 B 点,因为 I_1 是位置低于 I_2 的无差异曲线,即 I_1 的满足水平低于 I_2,这样的购买不能给消费者带来最大满足。一个理性的消费者必然会选择 C 点,在 C 点预算约束线和无差异曲线正好相切,表示消费者选择的商品组合既在预算约束线上,又在一条尽可能高的无差异曲线上,该切点为消费者最大满足点或消费者均衡点。

在消费者均衡点上,预算约束线的斜率(两种商品价格之比)正好等于无差异曲线的斜率(两种商品的边际替代率),因此,消费者均衡的条件是:

$$MRS_{XY}=\frac{\Delta Y}{\Delta X}=\frac{P_X}{P_Y} \tag{3-5}$$

 问题思考

我们分析的消费者均衡,是以消费者的货币收入不变为条件的。而实际上消费者的收入是一个变化的因素,收入的增加或减少都会直接影响到消费者对商品和劳务的购买量。

假设消费者偏好和商品价格不变,而消费者收入发生变化,借助图形,分析一下,均衡点将发生怎样的变化呢?若我们再次假设,消费者的偏好和货币收入不变,当某一种商品的价格发生变化时,均衡分析图又会相应发生怎样的变化呢?

三、收入效应与替代效应

一种商品价格的变化会引起该商品需求量的变化,这种变化可以被分解为收入效应(income effect)和替代效应(substitution effect)两个部分。

总效应=收入效应+替代效应

在名义收入不变的条件下,因一种商品价格变化,导致消费者实际收入变化,进而导

致消费者所购商品总量变化,称为收入效应。也就是说,价格变化通过对消费者实际收入的影响,进而影响物品的需求量。更高的价格意味着用一定数量的钱只能买到更少数量的商品。同样是 100 元的收入,在一杯奶茶的价格为 10 元时要比价格为 30 元时显得更多。

因而,当消费者的货币收入(名义收入)固定不变时,商品价格的上升将导致消费者实际收入或购买力的下降,从而减少对物品的消费。

因商品价格变化而导致的消费者所购买的商品组合中,该商品与其他商品之间的替代,称为替代效应。即当某一商品的价格上升时,消费者倾向于用其他商品来代替变得较为昂贵的该种商品。关于这一选择倾向,我们不难理解。例如,由于收成原因,今年的苹果价格特别高,消费者将减少对苹果的消费,转而消费更多的其他水果,如橘子、香蕉。

有相近替代品的物品往往需求弹性较大,因为消费者从该种物品的消费转向其他替代物品的消费较为容易。例如,黄油和人造黄油很容易互相替代。假设人造黄油的价格不变,黄油价格上升,就会引起黄油销售量减少。与此相比,由于鸡蛋的替代品很少,因而鸡蛋的需求弹性要小于黄油。

由于收入效应和替代效应的共同作用,我们得到的需求曲线的形状是向右下方倾斜的,反映了商品的价格和需求数量的变动是反方向的。

但情况是否总是如此?是否只要商品的价格上升,对这种商品的需求就会减少?在特殊情况下,这个问题的答案是否定的。价格上升导致需求上升,这一例外情形最早由 19 世纪英国经济学家吉芬(1837—1910 年)提出,他在研究爱尔兰的土豆销售情况时发现,当土豆价格上涨时,人们对它的需求量也增加了。他还发现,贫民在面包涨价时反而购买更多的面包。这些现象显然与我们得出的需求规律相矛盾,人们称为"吉芬之谜",并把具有这种性质的商品称为"吉芬商品"。

吉芬商品的需求量与价格呈同方向变化关系,对这种反常现象的解释是:19 世纪购买土豆的费用构成爱尔兰人生活支出中很大部分,土豆价格上涨,使得人们的处境变得如此之坏,以致人们为了满足基本生活需要,不得不减少其他食品(如肉类)的支出以增加土豆消费来代替,所以对土豆的需求量反而上升了。

需要强调的是,吉芬商品只是一种特例,在现实生活中,绝大部分商品并不是吉芬商品,因而需求曲线的斜率为负是普遍的情况。

专栏 3-5 知识链接

"其他商品"

(1) 替代品。如果两种商品可以互相代替来满足消费者的同一种欲望,这两种商品就是对方的替代品。

(2) 互补品。互补品是与替代品相互对立的概念。互补品是指两种商品之间存在某种消费依存关系,即一种商品的消费必须与另一种商品的消费相配套,如手机和电池。

（3）条件品。它是指一种产品的购买以另一种产品的前期购买为条件。在这种情况下，只有那些曾购买过某种产品的购买者才会成为另一种相关产品的潜在购买者。例如，一个人要想购买计算机软件，他必须在先前购买硬件。在这里，两种产品之间存在单向的因果关系。

（4）独立品。与条件品相对应，独立品是指一种产品的销售状况不受其他产品销售变化的影响。它是需求相对独立的物品。更精确地说，其他条件相同时，如果物品 A 的价格变化对物品 B 的需求没有影响，我们则称 A、B 是独立品。

本 章 小 结

1. 效用表示消费者从商品或劳务消费中所感受到的满足程度，当消费者达到效用最大化时称为消费者均衡。
2. 基数效用论认为效用的大小可以测度。由于存在边际效用递减规律，当边际效用为零时，总效用达到最大值。
3. 序数效用论主张对效用的高低进行排序。在无差异曲线和预算约束线的切点上，实现了消费者均衡。
4. 消费者剩余指消费者愿意为既定数量的商品支付的费用与按市场价格实际支付费用之间的差额。
5. 收入效应指的是由于商品价格变化引起消费者实际收入的变化，从而导致商品需求量的改变。
6. 替代效应指的是由于一种商品价格变化引起商品间相对价格的变化，从而导致商品需求量的改变。

思 考 与 讨 论

一、案例分析

价格疯涨的珍珠

曾经被视为"妈妈款"的珍珠这两年却开始被年轻群体追捧，价格一路疯涨的背景下，"抢珍珠"继"黄金热"后成为新浪潮。

海水、淡水珍珠价格齐涨一倍

据中国珠宝玉石首饰行业协会统计，2022 年中国珠宝玉石首饰产业市场规模约 7 190

亿元,与上一年基本持平。其中,珍珠市场实现两位数增长。

一名消费者告诉记者,海水珍珠价格早在年初已开始大涨。随着海水珍珠价格水涨船高,近期淡水珍珠价格也应声齐涨。"因为海水珍珠价格涨了 1~1.5 倍,不少人选择买淡水珍珠替代,结果淡水珍珠价格也开始疯涨,现在高品质品种的价格涨得比海水珍珠还多。"消费者说。

除高品质珍珠价格大涨外,低端珍珠的价格也乘上了"火箭"。

消费者为何愈涨愈买?

从事珠宝直播的赵某认为,珍珠整体涨价是受多重因素影响的。其中,国内珍珠养殖规模缩减是淡水珍珠价格暴涨的主要原因。浙江省珍珠行业协会数据显示,2019 年全中国珍珠产量为 120 万千克,到 2020 年下降到 100 万千克,2021 年为 80 万千克。

与之形成对比的是,消费者对珍珠的需求逐年上升。

"近年来,明星屡屡戴珍珠出镜,不少人开始争相购买明星同款。以前大众觉得上了年纪的人才佩戴珍珠,但现在发现珍珠尤其是巴洛克珍珠(异形珍珠)也可以戴出时尚感。"赵某说。

另一方面,日本核污染水排海也进一步激发了人们对珍珠的购买欲。不少消费者担心海水珍珠品质会受到影响,开始提前自己购买珍珠的计划。而在海水珍珠价格大涨后,寻求"平替"的消费者最终也助推了淡水珍珠走热。

(资料来源:央视网)

要求:请认真阅读以上案例,结合本章所学内容,分析其背后的经济学知识。

二、简答题

1. 假设某一年夏季天气特别热,人们想吃更多的冰激凌,则冰激凌市场的消费者剩余会有什么变动?

2. 基数效用论和序数效用论各自是怎样解释消费者均衡的,两者有何区别和联系?

3. 利用消费者均衡条件的公式,请进一步分析需求曲线的形成情况,并解释为什么需求曲线向右下方倾斜?

4. 结合实例说明,消费者在消费一种商品或接受一种服务时,遵循何种原则可以实现总效用最大呢?

三、计算题

1. 小李每月为购买第一件饰品愿付 10 元,第二件愿付 9 元,以此类推,第十件要付 1 元,第十件就不愿付钱了。假如每件饰品须付 3 元,她将购买多少件装饰品?她的消费者剩余是多少?

2. 一位大学生即将参加三门功课的期中考试,他能够用来复习功课的时间只有 6 小时。又设每门功课占用的复习时间和相应会有的成绩如表 3-5 所示。

表 3-5 复习时间和相应的成绩

复习时间	0	1	2	3	4	5	6
经济学成绩	30	44	65	75	83	88	90

续 表

英语成绩	40	52	62	70	77	83	88
管理学成绩	70	80	88	90	91	92	93

为使这三门课的成绩总分最高,他应该怎样分配复习时间?并说明理由。

四、实训项目

1. "钻石与水悖论"

众所周知,钻石对于人类维持生存没有任何价值,然而其市场价值非常高。相反,水是人类生存的必需品,其市场价值却非常低。这种现象被称为"钻石与水悖论"。试用边际效用来解释这一悖论。

2. 有空位时的机票价格

一家民航公司开辟从甲地飞往乙地的新航线,每运载一位旅客的全部成本是260元,那么,当每次飞机有空位时,它能不能以每张130元的票价卖给学生呢?请说明理由。

第四章　生产者行为分析

 学习目标

1. 理解几种常见的生产函数。
2. 在理解边际收益递减规律的基础上，掌握总产量、平均产量、边际产量之间的关系，并掌握一种可变要素投入的合理区间。
3. 理解边际技术替代率的含义，掌握两种可变要素投入下的生产经济区域以及最优投入组合的实现条件、生产扩张线及其类型。
4. 理解规模收益的三种类型。
5. 理解内部规模经济与外部规模经济。

引导案例

坚持农业绿色发展 化肥不是越多越好

化肥是农业生产必要的生产资料之一，对土壤养分的补充起到关键作用。然而，过量施肥却会对土壤造成损害，导致土壤酸化、盐碱化和板结。数据显示，我国化肥投入的边际效益明显下降。以氮肥为例，从1998年到2013年，我国小麦的氮肥施用量增长接近200%，但单产水平却只提升了50%。

为此，农业农村部自2015年开始组织实施"化肥使用量零增长行动"，推动农作物化肥用量持续下降、利用率不断提高。2022年印发《到2025年化肥减量化行动方案》，明确进一步减少农用化肥施用总量目标任务，到2025年，氮、磷、钾和中微量元素等养分结构更加合理，全国农用化肥施用量实现稳中有降。

想一想，为什么过量施肥反而不利于粮食增收呢？

生产要素是企业组织生产的必要条件，在市场经济条件下，要素的价格与获取、产品的价格与销售基本上取决于市场。从生产者内部管理的角度来看，对生产要素的优化与组织是经营管理的关键问题，其直接的成效表现在降低成本、提高市场竞争力、实现利润最大化目标。

第一节　生产要素与生产函数

经济社会的高速发展，人类对生活水平的高度追求，越发推动了多姿多彩的生产活动;纺织厂将自然纤维和人造纤维原料加工成各种纱、丝、线、绳、织物;各式各样的令人眼花缭乱的男女时装、童装、老年装、礼服来自不同的服装制造商;聪明的电器制造商生产出越来越多的功能日益齐全、款式日益新颖的手机、电脑、冰箱、彩电等;汽车制造商生产并供应越来越时尚、个性化的家庭轿车……在经济学里,他们都被称为厂商,他们的活动被称为生产活动。

一、厂商

厂商(firm)是指能够独立作出生产决策的经济单位,是生产的组织者。厂商以营利为目的,从而进行知识创造开发、各类模型设计、经营方案策划、产品制造经营,为社会提供产品和服务。厂商可以是生产产品的企业,也可以是提供服务的企业,因此工厂、农场、银行都是厂商。厂商也可称为企业,传统的企业大多是劳动密集型,现代的高科技企业大多是知识密集型,中国企业正在向知识密集型转型。

在微观经济学中,一般总是假设厂商的目标是追求利润最大化。厂商目标关系到股东、政府、员工、相关机构(如债权银行)等。股东要追求最大利润,但是政府通过价格管理、税收、环保、就业等政策,来约束企业行为,并作宏观调控,双方会有利益冲突。同样的,员工希望有好的工资福利待遇,而厂商也需要控制成本。厂商在追求利益的同时要承担社会责任,统筹兼顾三方面的利益:厂商利润、消费者需要的满足和社会利益。要避免出现"三鹿奶粉"这样残害幼儿、儿童健康的事件。如今厂商的社会责任得到更大的强化。企业的经营者需要重视保护环境和有效利用人力资源等问题,要求企业履行经济责任、道德责任和法律责任。

微课:厂商的利润追求和社会责任

 思考一下

1. 为什么企业要追求利润最大化,企业不追求这个目标会出现什么情况?
2. 什么是厂商,厂商的组织形式有哪些?
3. 厂商应该承担哪些社会责任?

二、生产要素

生产要素(factors of production)是指进行社会生产经营活动时所需要的各种社会资源,其具体内容随着时代的发展也在不断发展变化。按不同要素在生产中的作用,生产要素可分为以下几种:

(1)劳动(labour),指生产中一切体力和智力的消耗,包括体力劳动和脑力劳动、熟练劳动和非熟练劳动。劳动是最基本的生产要素,劳动改变了其他物质要素的形态,使某种物质产生适合人们需要的效用。

(2)土地(land),经济学中的土地是一个广义的概念,包括土地以及地上的各种自然资源,即不仅包括土地,还包括山川、河流、森林、矿藏等一切自然资源,土地可以给生产提供场所、原料和动力。

(3)资本(capital),就全社会而言是指资本品,也就是生产过程中使用的各种生产设备、厂房等,而不是指货币。

微课:生产要素

（4）企业家才能（entrepreneurship），指企业家经营企业的组织能力、管理能力与创新能力。微观经济学认为，在生产相同数量的产品时，可以多用资本少用劳动，也可以多用劳动少用资本。但是，劳动、土地和资本三要素必须予以合理组织，才能充分发挥生产效率，因此，为了进行生产，还要有企业家将这三种生产要素组织起来，企业家才能和前三个要素的关系不是互相替代的关系，而是互相补充的关系。

人类已进入知识经济时代，知识，指通过实践、研究、联系或调查获得的关于事物的事实和状态的认识，是对科学、艺术或技术的理解，是人类获得的关于真理和原理认识的总和。知识经济是经济增长直接依赖于知识和信息的生产、传播和使用，以高技术产业为第一支柱产业，以智力资源为首要依托，是可持续发展的经济。按照世界经济合作及发展组织的说法，知识经济就是以现代科学技术为核心的，建立在知识和信息的生产、存储、使用和消费之上的经济。

专栏 4-1 专题阅读

知识经济的标志和特征

1. 资源利用智慧化

从资源配置来划分，人类社会经济的发展可以分为劳力资源经济、自然资源经济、智力资源经济。知识经济是以人才和知识等智力资源为资源配置第一要素的经济，节约并更合理地利用已开发的现有自然资源，通过智力资源去开发富有的、尚待利用的自然资源。

2. 资产投入无形化

知识经济是以知识、信息等智力成果为基础构成的无形资产投入为主的经济，无形资产成为发展经济的主要资本，企业资产中无形资产所占的比例超过50%。无形资产的核心是知识产权。

3. 知识利用产业化

知识形成产业化经济，即所谓技术创造了新经济。现在美国的信息产业已占国内总产值的十分之一，超过了汽车、建筑等重要传统产业的产值。比尔·盖茨任总裁的微软公司曾一度以每周4亿美元的幅度增加其资产，并连续多年位居世界富豪榜首，它的年产值已超过美国三大汽车公司之和。

4. 高科技产业支柱化

高科技产业成为经济的支柱产业，但并不意味着传统产业彻底消失。

5. 经济发展可持续化

知识经济重视经济发展的环境效益和生态效益，因此采取的是可持续化的、从长远看来有利于人类的发展战略。

6. 世界经济全球化

高新技术的发展，缩小了空间、时间的距离，为世界经济全球化创造了物质条件。全球经济的概念不仅指有形商品、资本的流通，更重要的是知识、信息的流通。以知识产权转让、许可为主要形式的无形商品贸易大大发展。各国综合国力的竞争在很大程度上转化为人才、知识、信息的竞争,集中表现为知识产权的竞争。全球化的经济与知识产权保护密切相关。

7. 企业发展虚拟化

知识经济时代,企业发展主要是靠关键技术、品牌和销售渠道,通过许可、转让方式,把生产委托给关联企业或合作企业,充分利用已有的厂房、设备职工来实现的。

8. 人均收入差距扩大化

对发达国家与发展中国家、发达地区与落后地区之间而言,这是知识经济带来的负面效应之一。这也是在知识经济时代,必须掌握第一流知识和信息,占领经济制高点的重要性、紧迫性所在之处。

三、生产函数

从经济学角度来讲,生产的含义十分广泛,它不仅仅意味着制造了一台机器或生产出一些钢材等,它还包含了各种各样的经济活动,如律师为他人打官司、商场的经营、医生为病人看病。这些活动都涉及某个人或经济实体提供产品或服务。因此,简单地讲,任何创造价值的活动都是生产。

社会生产过程总是在一定形式下进行的,而采取什么样的生产组织形式则取决于当时的生产力水平。在不同的历史时期,由于生产力发展水平不同,生产组织形式也不同。不同的产品或服务,其投入和产出的关系是不一样的,同一种产品或服务,不同的历史时期,其投入和产出的关系也是不一样的。这种投入和产出之间的关系,可以用生产函数来表示。

(一) 生产函数的定义

生产函数(production function)是指在一定时期内,在技术水平不变的情况下,生产中所使用的各种生产要素的数量与所能生产的最大产量之间的关系。

它可以用一个数理模型、图表或图形来表示。换句话说,就是一定技术条件下投入与产出之间的关系。在处理实际的经济问题时,生产函数不仅是表示投入与产出之间关系的对应,更是一种生产技术的制约。例如,在考虑成本最小化问题时,必须要考虑到技术制约,而这个制约正是由生产函数给出的。

生产函数表示每个时期各种投入要素的使用量,与利用这些投入所能生产某种商品的最大数量之间的关系。生产函数表明了厂商所受到的技术约束。生产函数可用如下公式表达:

$$Q = f(L, K, N, E) \tag{4-1}$$

公式中,Q 表示产量,L 表示投入的劳动,K 表示资本,N 表示土地,E 表示企业家才能。

其中 N 是固定的,E 难以估算,所以在经济学分析中,通常只使用劳动(L)和资本(K)这两种生产要素,所以生产函数一般简化为:

$$Q = f(L, K)$$

例如，$Q = K^{1/2} L^{1/2}$ 是一个生产函数，在这里，Q 为产量，K 为资本量，L 为劳动量。假定在生产中投入的资本量 $K = 25$，劳动量 $L = 9$，那么根据这一生产函数，其最大产量为 $25^{1/2} \times 9^{1/2} = 15$。

如果用多种投入生产多种产品，即联产品的生产，那么生产函数可以表示为：

$$\Phi(q_1, q_2, \cdots, q_n) = f(X_1, X_2, \cdots, X_n) \tag{4-2}$$

公式(4-2)中，$\Phi(q_1, q_2, \cdots, q_n)$ 是包括 n 种产品的联产品产出。

知识通过提高劳动者的素质，从而提高劳动者的生产率来改变生产函数，我们可以采用"劳动增长型生产函数"来反映知识因素通过劳动者对经济增长的作用。

资本包括有形资本和无形资本，无形资本多数是知识性资本。在建立测定知识经济在一国的发展程度的数学模型时，既需要考虑有形资本，又必须把无形资本作为重要的资本要素加以考虑。

知识本身对经济增长的直接作用是通过研究开发和技术创新及其扩散实现的。其中研究开发是知识的生产过程，技术创新及其扩散是知识的应用过程。这些知识包括两类：一类是可计量的知识，如无形资产，公众传媒中对经济增长有用的知识，通过教育、贸易得到的对经济增长有用的知识；另一类是可计量知识之外的无法计量的对经济增长有用的知识，如各种实践经验、技术、诀窍。

为了简化分析，我们只讨论单一产品生产的情况，而且假定投入资本(K)与劳动(L)两种要素。经济学中通常讨论的生产函数是齐次生产函数(homogeneous production function)。我们对 r 次齐次生产函数(homogeneous production of degree r)定义如下：设生产函数的一般形式为：

$$Q = f(K, L) \tag{4-3}$$

若函数式(4-3)满足：

$$f(\lambda K, \lambda L) = \lambda^r f(K, L) \tag{4-4}$$

则式(4-4)的生产函数是 r 次齐次生产函数。其中，r 为常数。λ 为任意实正数。如果 $r = 1$，则称函数为一次齐次生产函数(homogeneous production function of degree one)。一次生产函数也被称为线性齐次生产函数(linearly homogenous production function)。线性齐次生产函数从经济学上讲是指规模收益不变，表示产出与投入以相同的倍数变化。

需要说明的是，我们根据生产函数计算出的最大产出量是存在一个前提的，这就是所有的投入要素都得到充分有效的使用。这是一种理想的投入产出状态。在实际生产中，并不是所有的生产要素都可以得到充分利用。例如，在棉花被制成棉纱的过程中，投入的原材料棉花可能有 15% 的飞花，并不能全部被纺成棉纱。工人在制造零件时，也许还会出现一些废品。机器设备也不一定能达到 100% 的运转。

一个生产体系的投入产出关系取决于该生产体系中设备、原材料和劳动力等诸要素和技术水平。所以,技术的任何改进,都会导致产生新的投入产出关系,从而产生新的生产函数。不同的生产函数代表不同的技术水平。

思考一下

1. 相同行业的不同企业,在同一时期生产函数是否相同,为什么?
2. 不同行业的企业在同一时期,生产函数是否相同,为什么?
3. 同一企业生产函数在不同时期是否相同,为什么?

(二) 几种常见的生产函数

不同的企业,在不同的技术水平下,都有自己的生产函数。生产函数可以用统计方法根据经验数据来估计。假如投入要素只有劳动和资本两种,生产函数应该是如下三次方程的形式:

$$Q = aLK + bL^2K + cLK^2 - dL^3K - eLK^3 \qquad (4-5)$$

公式(4-5)中,Q 表示产量,L 表示劳动数量,K 表示资本数量。

在实践中要对这样的三次方程进行经验估计,难度较大。常见的生产函数有:

(1) 线性生产函数,其形式为:

$$Q = aL + bK \qquad (4-6)$$

(2) 柯布-道格拉斯生产函数。柯布-道格拉斯生产函数是以美国两位经济学家柯布(Cobb)与道格拉斯(Douglas)的名字命名的。其形式为:

$$Q = AK^{\alpha}L^{\beta} \qquad (4-7)$$

20世纪20年代后期,柯布和道格拉斯对幂函数形式的生产函数做了大量研究,用经验估计法得出美国在1899—1922年的生产函数为 $Q = 1.01L^{0.75}K^{0.25}$,这表示在美国的国民收入分配中,劳动与资本的报酬为3∶1。

在考虑知识作用的情况下,柯布-道格拉斯生产函数可表述为:

$$Q = AK^{\alpha}L^{\beta}N^{\delta} \qquad (4-8)$$

(三) 技术系数与生产函数的类型

我们研究多种投入要素生产一种产品时,必然涉及各种投入要素的比例配置问题。为生产一定量的产品所需要的各种生产要素的配合比例称为技术系数。例如,在手表生产的装配车间,有一条自动传送带,为使传送带上的手表零件全部能被准时地组装成手表,每个传送带前需要配置合适比例的工人才能使资本与劳动发挥最大的效用。在不同行业的生产中,各种生产要素的配合比例即技术系数是不同的。我们把技术系数分为固定技术系数和可变技术系数。如果生产某种产品所需要的各种生产要素的配合比例是不能改变的,这种技术系数被称为固定技术系数。例如,一个实行一班制的服装厂生产服装所需要的投入比例是一人一台缝纫机,增加一台缝纫机就要增加一名操作工,其要素投入比例为一比一。如果生产某种产品所需要的各种生产要素的配合比例是可以改变的,这种技术系数被称为可变技术系数。例如,在一块土地上可以投入8个劳动量也可以投入10个劳动量。根据技术系数的不同,生产函数分为固定生产函数和可变生产函数。

一般而言，投入的比例是可变的。例如，在农业中有多使用劳动、少使用农业机械的生产，也有多采用机械化生产、少使用劳动投入的生产；工业中有劳动密集型的生产和资金密集型的生产。后面将讨论两种生产要素投入生产时其最佳的投入比例问题。

（四）固定投入与变动投入，长期与短期

固定投入(fixed input)是指当市场条件改变要求产出变化时，其投入量不能立即随之变化的投入。例如，工业产品生产中的厂房、设备投入在一定时期内是不变的。

变动投入(variable input)是指当市场条件改变要求产出变化时，其投入量能立即随之变化的投入。例如，工业产品生产中的原材料、燃料等投入在短期内可与产量一起变动。

微课：固定投入与变动投入

固定投入与变动投入的划分是建立在长期(long run)与短期(short run)划分的基础上的。

长期是指这样一种时期，在这段时期内，所有的投入都是可以改变的。例如，在长期内，手表生产商可以改变厂房，增加生产线，从而增加手表产量。这种规模的调整，使产量可以突破原有规模的最大产量限制，达到新的水平。

> 提示：这里的长期和短期是按照生产要素是否能够全部调整来划分的。

短期是指生产者来不及调整全部生产要素的数量，至少有一种生产要素的数量是固定不变的时间周期，在这段时期内，一种或多种投入是固定的，产量的变化完全是变动要素投入变化的结果。例如，在某一时期，手表生产的厂房、生产线是固定的，生产手表的原材料、劳动量的投入是可变的。我们可以通过增加原材料的投入和增加工人人数扩大劳动量投入增加手表的产量。但是，这种手表产量的增加，是在一个既定的生产规模限度内变化的。例如，机器最大运转不可能每天突破24小时，特定车间工人的容纳有一限量。在短期内，企业想增加或减少产量只能靠可变投入来实现，不能改变固定投入。

我们上面所说的时期的长短不存在一个绝对的时间标准。一般地讲，对于一些小型的资本投入量大的劳动密集型企业，其长期的时间区间与大型的资本投入量大的企业比相对短些。例如，一个服装厂改变生产规模，调整厂房、设备的时间较短，而发电厂、炼钢厂改变生产规模，调整的时间则较长。与短期相对应的是短期生产函数。与长期对应的是长期生产函数。短期生产函数可以在既定的规模条件下，通过调整可变要素来调整产量；长期生产函数则在既定的生产要素配合比例下，通过选择适当的生产规模来调整产量。

专栏4-2 案例分析

联想控股全面发力"人工智能＋"

2024年3月11日，联想控股与北京智谱AI签署战略合作协议，双方表示要在人工智能(AI)硬件、自有通用大模型及智能化解决方案等领域，持续开展产品或服务的研发和优化升级，并在智能制造、金融科技、数字化营销和生物科技等相关领域开展垂直类大模型的研发合作，并积极探索、拓展更多的业务合作空间。

研究国内的AI产业，绕不开智谱AI这家龙头企业。该公司是目前国内融资金额最高的自研大模型企业，2024年1月发布的新一代基座大模型GLM-4，性能整体比肩GPT-4，在一些测评中还有所反超。

早在2022年，联想控股旗下的君联资本就投资了智谱AI，此次的战略合作则进一步覆盖了多个AI相关领域。这是一个很典型的双赢合作：一方面，联想控股旗下的业务板块能更好地应用大模型技术，并且可能就此孵化新的AI业务；另一方面，智谱AI的大模型技术也得以在更多行业和商业场景落地。

作为一家产业运营与投资集团，联想控股目前已全栈布局AI产业链。例如，联想控股旗下成员企业联想集团是全球个人计算机龙头及AI服务器世界前三，其在2024年世界移动通信大会上率先发布了笔记本电脑品牌ThinkPad最新一代商务AI个人计算机，还公布了AI导向的基础设施"一横五纵"布局。

一花独放不是春。实际上，联想控股体系的AI布局更加多元广泛。据联想控股2023年中报显示，公司在AI"基础层—技术层—模型层—平台层—应用层"已投资了超200家公司，包括寒武纪、智谱AI、达观数据、科大讯飞、旷视科技、澜舟科技等一、二级市场的企业，涉及底层软硬件、数据、算力、算法、应用等领域，是市场上少有的一家AI全栈布局企业，先发优势非常明显。

AI的商业化落地不是易事，与产业龙头结盟尤为重要，OpenAI正因背靠微软，才得以在短时间内将技术实现场景化应用。AI产业根基深厚的联想集团和200多家AI被投企业，联想控股的"AI+"战略性方向势必不是仅仅做投资，而是构建自己的AI生态，发挥已有优势，攒成新的"局"，真正在AI时代放大自身价值。

作为AI产业链的前瞻、多元布局者，联想控股已然吹响全面发力"人工智能+"的号角。然而，资本市场还是按照传统的控股公司的估值来看待联想控股，目前的估值仅为0.23倍平均市净率（PB），价值倒挂非常严重。因此，以新的逻辑来重新评估联想控股的价值，可以发现其颇具投资价值。随着AI逻辑的不断发酵，公司向上的势能会越来越大。

（资料来源：美通社）

第二节　一种可变生产要素投入的合理区间

假定我们讨论的是短期内，只有一种可变生产要素存在。以此来研究：在其他生产要素不变的情况下，一种生产要素的增加对产量的影响，以及这种可变的生产要素的最佳投入量。

一、一种可变生产要素的生产函数

我们假定在只有资本和劳动两种投入要素情况下，资本投入量是不变的，劳动投入量是可变的。这时的生产函数是：

$$Q = f(K_0, L) \tag{4-9}$$

公式(4-9)中，K_0 表示资本量不变，这时的产量只取决于劳动量 L。我们研究的是 Q 与 L 的关系，即生产函数也可以写为：

$$Q = f(L) \tag{4-10}$$

二、边际收益递减规律

边际收益递减规律是指在一定技术条件下，若生产要素组合中的其他要素不变，仅变动一种生产要素的数量，则当该要素投入到一定的数量后，其边际产量将逐渐减少，即边际收益递减。

在理解边际收益递减规律时，应注意以下三个方面：

第一，边际收益递减规律的前提之一是生产技术条件一定。如果存在技术进步，则会使生产要素的效率提高，从而延缓生产要素收益递减的现象。当然，在更高层次的技术水平上，该规律仍然会出现。

微课：边际收益递减规律

第二，边际收益递减规律的前提之二是只有一种生产要素是可变的。如果不是一种要素投入可变，而是各种要素投入都可以变化，由此引起的产量变化就不再属于要素边际收益递减规律的范围，而是属于"规模收益"的问题。

第三，生产要素的边际收益并不是一开始就递减的，而是在开始阶段，随着一种可变要素投入的增加，其边际收益是递增的。当可变要素投入量达到一定程度后，才开始出现边际收益递减现象。例如，对于一亩麦田来说，在技术水平和其他投入不变的前提下，考虑使用化肥的效果，如果只使用一千克化肥，那么，这一千克化肥所带来的总产量的增加量是很小的，甚至是微不足道的，但随着化肥使用量的增加，产量的增加量会逐步提高，直至达到最佳的效果及最大的产量增加量，但是必须看到，若超过化肥的最佳使用量后，还继续增加化肥使用量，就会对小麦生长带来不利影响，化肥的增加导致的产量增加量就会下降，过多的化肥甚至会烧坏庄稼，导致产量下降。

下面我们运用总产量、平均产量和边际产量三个概念来说明边际收益递减的现象。

三、总产量、平均产量和边际产量

总产量是指由既定的生产要素投入量所生产出来的全部产量。我们用 TP 来表示。

平均产量是指平均每单位生产要素所生产的产量，由于固定投入是不变的，因此平均产量等于总产量除以可变投入量。我们用 AP 来表示，并且有：

$$AP = \frac{TP}{L} \tag{4-11}$$

边际产量是指在固定投入不变的情况下，每增加一单位可变生产要素投入量所得到的总产量的增加量。我们用 MP 表示。它等于总产量的增量除以可变投入要素的增加量或总产量对劳动投入的一阶导数：

$$MP = \frac{\Delta TP}{\Delta L} \quad \text{或} \quad MP = \frac{dTP}{dL} \qquad (4-12)$$

资本作为固定投入，劳动作为可变投入，连续增加劳动的投入量时各种产量的变化情况如表 4-1 所示。

表 4-1　总产量、平均产量、边际产量变化表

资本	劳动	总产量	边际产量	平均产量	边际产量状态
100	1	13	13	13	
100	2	30	17	15	递
100	3	60	30	20	
100	4	104	44	26	增
100	5	134	30	30	
100	6	156	22	26	
100	7	168	12	24	递
100	8	176	8	22	
100	9	180	4	20	减
100	10	180	0	18	
100	11	176	—4	16	负值

从表 4-1 中可以看出：当资本投入量为 100 单位时，劳动量投入从 1 个单位增加到 11 个单位，总产量从 13 个单位增加到 180 个单位后又减少到 176 个单位，平均产量从 13 个单位增加到 30 个单位后开始减少，边际产量从 13 个单位增加到 30 个单位后又开始下降，一直下降到负值。我们可将上表划分为三个区域：递增、递减、负值。

总产量、平均产量、边际产量的关系如下：当劳动投入量取某值时，边际产量等于总产量曲线上该点切线的斜率。因为根据边际产量的定义，边际产量 $=\Delta TP/\Delta L$，即当 ΔL 取很小值时，边际产量 $=dTP/dL$。dTP/dL 就是总产量曲线上当劳动投入取某值时，该点切线的斜率。边际产量与总产量之间的关系表明：当边际产量为正值时，总产量曲线呈上升趋势，此时增加劳动投入能增加产量；当边际产量为负值时，总产量曲线呈下降趋势，此时增加劳动投入反而减少产量；当边际产量为零时，总产量达极大值。

当劳动投入量取某值时，平均产量等于总产量曲线上该点与原点之间的连接线的斜率。因为平均产量 $=TP/L$，而 TP/L 正是总产量曲线上该点与原点之间的连接线的斜率。当总产量曲线的切线和其与原点的连接线重合时（即两条线的斜率相等时），平均产量等于边际产量，平均产量曲线和边际产量曲线相交。

总产量曲线、平均产量曲线和边际产量曲线的形状如图 4-1 所示。

在图 4-1 中，纵轴 OP 代表产量，横轴 OL 代表劳动的投入量，TP 为总产量曲线，AP 为平均产量曲线，MP 为边际产量曲线。

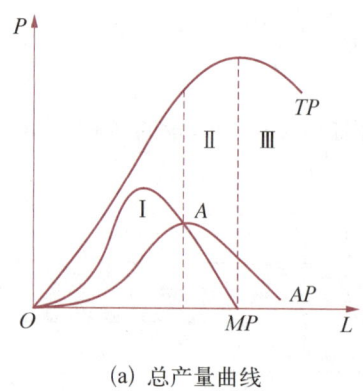 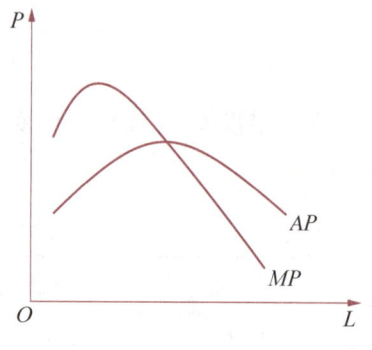

(a) 总产量曲线　　　　　　　(b) 平均产量与边际产量曲线

图 4-1　产量曲线

随着投入量的增加，开始时总产量、平均产量、边际产量都是以递增的速度增加的，各自增加到一定程度后，增加量就从递增转变为递减。边际产量曲线 MP 最先达到最大值，然后逐渐递减。当边际产量曲线 MP 与平均产量曲线 AP 相交时，AP 达到最高点，平均产量达到最大值。在 MP 与 AP 相交之前边际产量大于平均产量，AP 呈上升趋势，在 MP 与 AP 相交之后，边际产量小于平均产量，AP 呈下降趋势。当边际产量曲线 MP 与横轴相交时边际产量为零，TP 达到最高点，总产量达到最大值。当边际产量曲线 MP 越过横轴，即边际产量为负值时，总产量曲线 TP 开始下降，总产量的值绝对减少。

四、一种可变生产要素的合理投入区间

我们研究收益递减规律和各产量曲线的变化趋势，目的是说明一种可变生产要素的合理投入问题。

为了确定劳动要素的合理投入，根据图 4-1，总产量曲线、平均产量曲线和边际产量曲线的变化，我们可以把劳动的投入分为三个区间，与此相对应把生产分为三个阶段：

第Ⅰ阶段，是劳动量从零增加到平均产量达到最大值为止。在这一区间，劳动投入量的边际产量大于平均产量，这意味着相对于固定的资本量来说，劳动量不足，劳动和资本的配合比例不当，效率不能充分发挥，因此，增加劳动的投入量，调整劳动与资本的配合比例，可以使要素的使用效率提高。

第Ⅱ阶段，是劳动量从平均产量最大增加到边际产量为零，总产量达到最大值为止。在这一区间，平均产量与边际产量随着劳动投入量的增加而递减，边际产量小于平均产量，但仍为正值，这意味着，虽然劳动的效率随着其数量的增加而降低，但仍为正值，而资本的效率却随着劳动量的增加而提高，使总产量一直增加到最大值。

第Ⅲ阶段，边际产量为负值，总产量绝对减少，这意味着厂商投入的劳动量相对固定要素来说，已经太多了，除了遭受损失之外，得不到任何利益。

从以上分析可知，在劳动作为唯一可变生产要素的情况下，劳动这种生产要素的合理投入区域应该是在平均产量最大至边际产量为零之间，即厂商应在第Ⅱ阶段从事生产。因为如果劳动投入量没有达到使平均产量实现最大水平，厂商继续增加劳动量，可以使产量增加，如果劳动投入量超过使边际产量为零时的投入量，厂商增加劳动投入反而会使产量减少。如果资本作为可变投入要素，劳动作为固定的生产要素，选择合理的生产要素投

入区域,其规律也是一样的。

因此我们提出了一种可变投入要素的合理投入区域,那么在这个区域内,其投入量为多少时,才是最优的?我们先给出两个相关的概念:可变投入要素的边际产量收入和可变投入要素的边际支出。

边际产量收入是指在可变投入要素一定投入量的基础上,再增加一个单位的投入量会使企业的总收入增加多少。如果 MRP_Y 为可变投入要素 Y 的边际产量收入,则:

$$MRP_Y = \frac{\Delta TR}{\Delta Y} \tag{4-13}$$

公式(4-13)中,ΔTR 为可变投入要素 Y 的投入量因 ΔY 变化而引起的总收入的变化。

投入要素 Y 的边际产量收入等于它的边际产量乘以企业的边际收入,即

$$MRP_Y = \frac{\Delta TR}{\Delta Y} = \frac{\Delta TR}{\Delta Q} \cdot \frac{\Delta Q}{\Delta Y}$$
$$= MR \cdot MP \tag{4-14}$$

公式(4-14)中,ΔQ 表示企业产量的变化;$\frac{\Delta TR}{\Delta Q}$ 表示该企业的边际收入 MR;$\frac{\Delta Q}{\Delta Y}$ 表示投入要素的边际产量 MP。

可变投入要素的边际支出是指在可变投入要素为一定投入量的基础上,再增加一个单位的投入量使企业的总成本支出增加多少。假定 MC_Y 为可变投入要素 Y 的边际支出,则:

$$MC_Y = \frac{\Delta TC}{\Delta Y} \tag{4-15}$$

公式(4-15)中,ΔTC 为可变投入要素 Y 的投入量因 ΔY 变化而引起的总成本的变化。

前面我们曾假定厂商的追求目标是利润最大化。如果 $MRP_Y > MC_Y$,说明再增加 Y 的投入量,可增加利润;如果 $MRP_Y < MC_Y$,说明减少 Y 的投入量,反而增加利润。因此,**一种可变投入要素生产的可变投入要素的最佳投入量由 $MRP_Y = MC_Y$ 决定。**

例如:假定某印染厂进行来料加工,其产量随工人人数的变化而变化。生产函数为:$Q = 98L - 3L^2$,Q 代表每天的产量;L 指每天生产雇用的工人人数。假定成品布的市场价格可保持在 20 元/米。工人每天的工资为 40 元,而且工人是该厂唯一的可变投入要素。求每天最佳工人雇用数是多少?

解:因为成品布的市场价格不变,所以 $MR = 20$

根据生产函数:$Q = 98L - 3L^2$

其一阶导数为:$MP = 98 - 6L$

$MRP = MR \cdot MP = 20 \times (98 - 6L)$

$MC = 40$

因为 $MRP = MC$ 时利润最大,所以 $20 \times (98 - 6L) = 40$

求得 $L = 16$(人)

当雇用 16 名工人时,为最佳劳动投入,此时利润最大。

第三节　生产要素的最优组合

前面我们分析了短期可变投入比例中一种可变生产要素的投入量与产出量之间的关系。长期来看,生产者可以调整全部生产要素的数量,下面我们将以两种可变生产要素的生产函数为例,来讨论可变生产要素的投入组合与产量之间的关系。

一、等产量线与生产的经济区域

生产理论中的等产量线和效用理论中的无差异曲线是很相似的。等产量线是在技术水平不变的条件下,生产同一产量的两种生产要素投入量的所有不同组合的轨迹。

(一) 固定技术系数的生产要素投入

固定技术系数又称固定比例投入,即两种投入要素的配合比例是一个固定的常数。例如,生产 100 单位的产量需投入 10 单位的资本和 1 单位的劳动。若产出为 200 单位,则需要 20 单位的资本和 2 单位的劳动。其资本与劳动的比例始终为 10∶1。固定比例投入的生产函数通常被称为里昂惕夫函数(Leontief function),是以诺贝尔经济学奖获得者里昂惕夫的名字命名的生产函数。其一般表达式为:

$$Q = \min\left(\frac{K}{\alpha}, \frac{L}{\beta}\right) \tag{4-16}$$

公式(4-16)中,α、β 为常数;min 表示括号中两个比例中的最小者。

由图 4-2 可以看出,在固定比例投入的生产中,若一种要素固定,单纯增加另一种要素的投入,并不能使产量增加。必须按原来的比例同时增加两种要素,两种投入才可能得到充分利用。

当某产品的生产存在多种固定比例投入的生产方法时,我们称为多固定比例投入。例如,某种产品的生产可以有五种可供利用的固定比例投入方法,如表 4-2 所示。

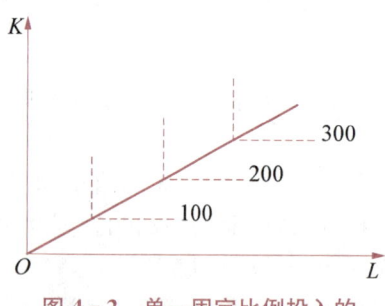

图 4-2　单一固定比例投入的等产量曲线

表 4-2　多种固定比例投入对照表

资本与劳动比	资本投入	劳动投入	总产量
11∶1	11	1	100
8∶2	8	2	100
5∶4	5	4	100
3∶7	3	7	100
1∶10	1	10	100

如图 4-3 所示，等产量曲线是一条连接 A、B、C、D、E 的折线，A、B、C、D、E 分别为五个折点。这些折点表示相对应的资本与劳动的投入组合可以生产相同单位的产量。

（二）变动技术系数的生产要素投入

变动技术系数的投入又称变动比例投入方法。当生产产品需要多种投入要素时，在长期内多种投入要素往往又存在可替代性。例如，我们要建立一个地毯厂可以多使用先进的机器，少使用劳动力，也可以多使用劳动力，少使用机器设备。在投入要素可以互相替代的情况下，如何在既定的产量下使投入成本最低，或在既定的成本下使产量

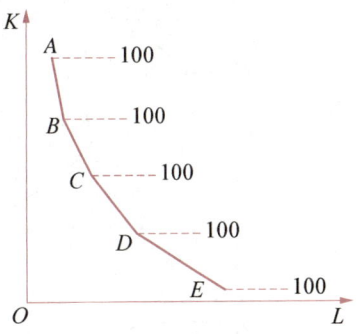

图 4-3 多种固定比例投入的等产量曲线

最大，这就是多种投入要素的最优组合问题。为了确定投入要素的最优组合，我们需要利用等产量线和等成本线。

假定，在长期内生产者仅使用劳动和资本两种生产要素生产一种产品，则两种可变生产要素的长期生产函数为：

$$Q = f(L, K) \tag{4-17}$$

公式(4-17)中，L 表示可变要素劳动的投入数量，K 表示可变要素资本的投入数量，Q 表示产量。

在两种生产要素可变的情况下，西方经济学家运用类似于无差异的等产量分析方法，来解决两种生产要素的最优组合问题。

（三）变动技术系数的等产量曲线

假定有资本和劳动两种生产要素，它们有四种组合方式可达到相同的产量，如表 4-3 所示。

表 4-3 劳动和资本组合方式

组合方式	劳动	资本	产量
A	3	8	100
B	4	6	100
C	6	4	100
D	8	3	100

依据表 4-3，我们以横轴代表劳动，纵轴代表资本在平面坐标上画出 A、B、C、D 各点便得到一条能表示出不同生产要素组合所生产的产量都相等的曲线，即等产量曲线，如图 4-4 所示。

（1）等产量曲线的特点：

① 等产量曲线是一条向右下方倾斜的曲线。

② 由于边际收益递减规律的作用，等产量曲线凸向原点。

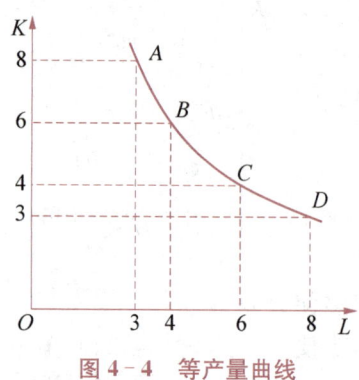
图4-4 等产量曲线

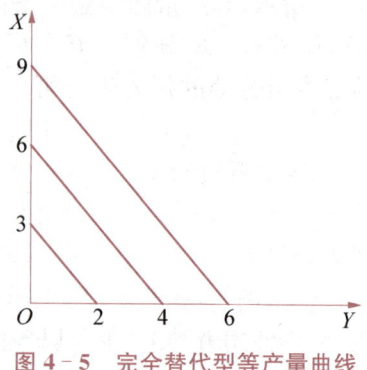
图4-5 完全替代型等产量曲线

③ 在同一平面内不同的等产量曲线不能相交。

④ 在同一平面内,可以有无数条等产量曲线,离原点越远的等产量曲线表明的产量水平越高。

⑤ 等产量曲线上斜率为正的区域表明替代只能在一定的范围内进行。

(2) 按投入要素能够互相替代的程度,等产量曲线可划分为三种类型:

① 投入要素之间完全可以替代。例如,发电厂既可以用煤气做燃料,也可以用石油做燃料。我们以 X 轴代表煤气,以 Y 轴代表石油,煤气与石油的相互替代情况如图4-5所示。

② 投入要素之间完全不能替代,如生产自行车,在投入要素车架和轮胎之间是完全不能替代的,如图4-6所示。

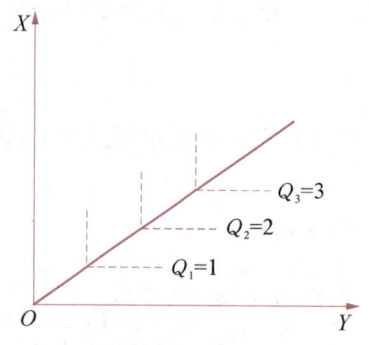
图4-6 完全不可替代型等产量曲线

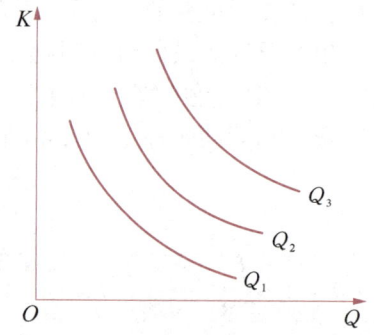
图4-7 不完全替代型等产量曲线

③ 投入要素之间的替代是不完全的。例如可以投入全自动机器与较少的劳动组合,也可以投入半自动机器与较多的劳动组合,如图4-7所示。

(四) 边际技术替代率

边际技术替代率是指在保持产量不变的前提下,一种生产要素的投入量与另一种生产要素投入量之间的替代关系,通常是指劳动与资本的边际技术替代率。

劳动—资本的边际技术替代率是指在保持产量不变的前提下,多投入一单位劳动使资本的投入可以减少的数量。

如果用 $MRTS_{LK}$ 代表劳动资本的边际技术替代率,则:

$$MRTS_{LK} = -\frac{\Delta K}{\Delta L} = \frac{MP_L}{MP_K}$$

(4-18)

生产要素的边际技术替代率由于边际收益递减规律的作用是递减的,这一规律被称为边际技术替代率递减规律。这一规律可以表述为:在保持产量水平不变的前提下,当一种生产要素的投入量增加时,每一单位的这种生产要素所能替代的另一种生产要素的数量不断递减。

如图 4-8 所示,产量固定在 200 单位时,当劳动由 1 个单位增加到 2 个单位时,MRTS 等于 1,然后降到 $\frac{1}{2}$、$\frac{2}{3}$、$\frac{1}{3}$,表明 1 单位劳动可以替代的资本数量越来越少。因此,在产量固定不变时,以劳动来替代资本的边际技术替代率是递减的。

边际技术替代率之所以呈现递减的趋势,是因为边际收益递减规律在起作用。随着劳动越来越多地被使用,在边际收益递减规律的作用下,劳动的边际产量越来越少,而随着资本使用量的减少,资本的边际产量却越来越大。这样,每增加一定数量的劳动所能代替的资本的数量越来越少。边际技术替代率递减反映了边际收益递减规律的作用。

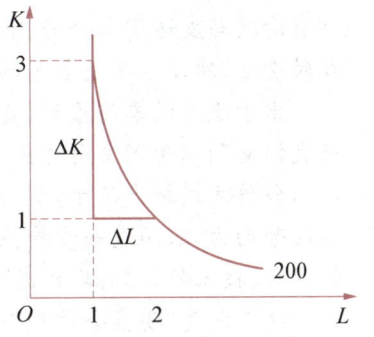

图 4-8 边际技术替代率增减图示

(五) 生产的经济区域

图 4-9 所示的是一组完整的等产量线,观察一下等产量曲线的斜率可以发现其斜率有一个由正变负又由负变正的过程。由此可依变动投入要素的投入变化所引起的产出的变化将生产划分为三个阶段。

在图 4-9 中画出三条等产量曲线 Q_1、Q_2、Q_3,用"脊线"(ridge line)将等产量线上斜率为正值的区域与斜率为负值的区域分开。脊线是指连接等产量曲线上边际技术替代率为零与连接等产量曲线上边际技术替代率为无穷大的线。

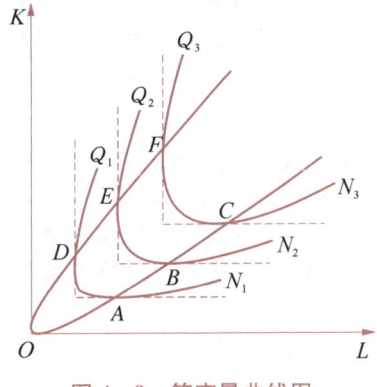

图 4-9 等产量曲线图

脊线内的区域称为生产的经济区域,这是因为这部分曲线的斜率为负,在同一产量水平下,一种要素增加,另一种要素减少,它们之间可以相互替代。脊线以外的区域为生产的非经济区域,这是因为这部分曲线的斜率为正,两种要素都增加了,产量没有变。在非经济区域,由于等产量曲线的斜率是正值,因而表明,为了维持既定的产量水平,在增加一种要素的同时必须增加另一种要素,要素之间不存在替代关系。只有在脊线以内的区域,既维持了既定的生产水平,又节约了资本与劳动两种要素的投入,因此,脊线是经济区域与非经济区域的分界线。

专栏 4-3　专题阅读

生产方式与现代国际分工

我们知道,目前世界上发达国家大多是采用资本密集型的生产方式,而发展中国家则大多采用劳动密集型生产方式,这在很大程度上是由该国科学技术和生产力发展水平所决定的。一般来说,发达国家科技水平高、资本充足且价格相对便宜,生产经验丰富,金融体系完善;虽然存在劳动力偏少、价格偏高的不利因素,但可以利用资本来替代劳动,因此适合资本密集型生产方式。而发展中国家的生产要素拥有情况与发达国家恰好相反,拥有普通劳动力密集以及自然资源等优势,但资本相对匮乏,所以主要适合劳动密集型生产方式。

出于逐利的本质推动,资本总是要流向收益更高(或生产成本更低)的地方,于是我们看到以跨国公司为代表的资本触角已经伸展到世界各个角落,他们采取不同的合作方式把产品生产(或部分生产环节)转移到发展中国家,利用其廉价的资源及劳动力,从而进一步降低成本、增加利润。而发展中国家也可以借此获取所需的资本、技术等,同时增加就业及劳动者收入。

这也就是"要素合作型"的现代国际分工,生产要素的国际流动合作已经成为经济全球化的重要标志(也是全球化的重要机制)。

根据生产者均衡的条件($MP_L/MP_K = w/r$),我们可以具体分析一下当资本相对于劳动的价格降低时,要维持均衡应当如何调整要素的投入关系。

 思考一下

1. 什么是生产的经济区域,为什么?
2. 什么是生产的非经济区域,为什么?

二、等成本线

在现实生活中,各种生产要素都是有价的。例如,雇用工人,需要支付工人的工资;到银行贷款,需要支付银行的利息;办工厂,需要租用土地,需支付地租等。厂商要想购买这些生产要素,就必须有一定的货币支出,这种货币支出构成了厂商的生产成本。一个厂商若想追求最大利润,就必须考虑成本。

等产量曲线告诉我们,生产一定数量的某种产品可以采取多种要素组合方式,生产一定数量的要素组合还要受到生产者支付要素总的预算开销和要素价格的限制。即要受到总成本和要素价格的制约。为此,需要引入等成本线这一概念。

生产理论中的等成本线是一个和效用理论中的预算线相似的分析工具。

生产理论中的等成本线也叫企业预算线,是在既定的成本和生产要素价格条件下生产者可以购买到的两种生产要素的各种不同数量组合的轨迹。等成本线表明了厂商进行生产的限制,即它所购买生产要素所花的钱不能大于或小于所拥有的货币成本。大于货币成本,生产就是不现实的;小于货币成本,则无法实现产量最大化。等成本线是指在某一给定的时期,在现行市场价格下,厂商付出同样的总成本所能够达到的两种要素所有可能的组合。

假定市场上生产要素的价格既定,单个厂商是生产要素价格的接受者,即不存在购买者垄断。用 W 代表劳动的价格,用 R 代表资本的价格。假定厂商用于购买劳动

与资本的总费用为 C。在既定的成本下,厂商对于两种要素的购买选择可由以下公式表示:

$$C = R \cdot K + W \cdot L \qquad (4-19)$$

等成本线也称为厂商的预算限制线,表示厂商对于两种生产要素的购买不能超出其总成本支出的限制。等成本线的截距为 C/R。它表示把全部成本支出用于购买资本所能购买的资本数量,这里 L 的购买量为零,等成本线的斜率为 W/R。它是劳动与资本的价格比,其大小取决于资本与劳动两要素相对价格的高低。

例如:劳动的单价为 $W=200$ 元,资本的单价为 $R=100$ 元,某厂商计划将 16 000 元资金用于购买劳动与资本,则该厂商的等成本线为:

$$16\ 000 = 100K + 200L \quad 或 \quad K = 160 - 2L$$

三、生产要素的最优组合

等产量线中脊线之内所表示的生产经济区域,仅说明有理性的厂商对两种要素投入组合的选择范围,还不能确定最优组合点。厂商的最优组合点,不仅取决于技术上是否可能,还取决于经济上是否合理(即成本状况),厂商的理性决策,就是同时考虑技术上和经济上两方面的因素,选择一种要素投入的组合,使得生产者能够在既定的产量下,所费成本最小,或者在既定的成本下所生产的产量最大。

生产要素的最优组合是指生产者采取什么样的要素投入才能达到生产上的最优。所谓最优是指经济上的最优。这既涉及产出也涉及成本,所以我们寻求最优要素投入组合不仅要了解生产函数,还要结合成本方程来进行讨论。

把等产量线和等成本线结合起来,讨论两种生产要素的最优组合问题。可以从两个方面来分析实现生产要素最优组合的条件。

(1) 在既定的成本下,使产量达到最大。在厂商投入的货币成本一定,劳动和资本两种生产要素的价格已知的情况下,厂商面临一条既定的等成本线。我们把这条表示厂商既定货币成本投入的等成本线与多条等产量曲线放在同一个坐标中,那么,这条既定的等成本线必定与无数条等产量曲线中的一条相切于一点,在这个切点上就实现了生产要素的最优组合。

Q_1、Q_2、Q_3 为三条等产量曲线,其产量大小的顺序为 $Q_3 > Q_2 > Q_1$,AB 为等成本线,AB 线与 Q_2 相切于 E。这时,实现了生产要素的最优组合。从图 4-10 中可以看出,A、E、B 都具有相同的成本,A、B 在 Q_1 上,E 点在 Q_2 上,$Q_2 > Q_1$,所以 E 点时的产量是既定成本时的最大产量。

(2) 在既定的产量下,使成本达到最小。在厂商要生产的产品数量一定的情况下,厂商可以用不同的两种生产要素的组合生产这一既定的产量,即厂商面临一条既定的等产量曲线。我们把这条表示厂商生产既定产量的等产

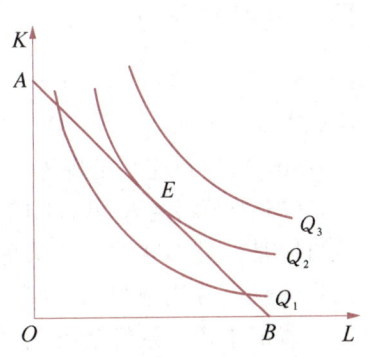

图 4-10 生产要素的最优组合

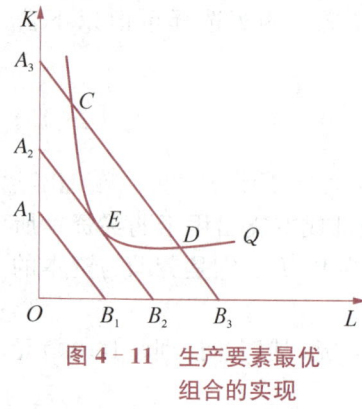

图 4-11 生产要素最优组合的实现

量线与多条等成本线放在同一个坐标中,那么,这条既定的等产量线必定与无数条等成本线中的一条相切于一点。这个切点,就是在产量既定条件下,能使成本达到最小的两种生产要素的最优组合点。

如图 4-11 所示,Q 是等产量线,A_1B_1、A_2B_2、A_3B_3 为三条等成本线,其中,$A_1B_1 < A_2B_2 < A_3B_3$,Q 与 A_2B_2 相切于 E 点,与 A_3B_3 相交于 C、D 点。由于 $A_3B_3 > A_2B_2$,所以 E 点为既定产量 Q 下的最低成本投入点,而 A_1B_1 虽然成本低,但却不能实现 Q 的产出量。

由以上分析可知,<u>在等产量线与等成本线的切点上达到了生产要素的最优组合</u>。在此点上,等产量线的斜率与等成本线的斜率相等,即等产量线的斜率与等成本线的斜率相等。

由于等产量线的斜率可用边际技术替代率 $MRTS_{LK}$ 表示等成本线的斜率等于劳动的价格与资本的价格之比,即 $\dfrac{P_L}{P_K}$,所以上述公式可以表示为:

$$MRTS_{LK} = \dfrac{P_L}{P_K} \tag{4-20}$$

公式(4-20)表示,厂商为了实现生产要素的最优组合,必须使两要素的边际技术替代率等于两要素的价格之比。

因为边际技术替代率可以表示两种要素的边际产量之比,所以上式可以写为:

$$MRTS_{LK} = \dfrac{MP_L}{MP_K} = \dfrac{P_L}{P_K} \tag{4-21}$$

对公式(4-21)进行整理可得:

$$\dfrac{MP_L}{P_L} = \dfrac{MP_K}{P_K} \tag{4-22}$$

即在一定成本量限制的条件下,为了使产量最大,或在一定产量下,为了使成本最小,厂商可以通过对两种生产要素投入量的不断调整,使得每一单位的货币成本所获得的边际产量相等,从而实现两种生产要素的最优组合。这一公式也可推广到多种生产要素组合。

四、生产扩张线

<u>生产扩张线(expansion path of production)是在假定生产要素的价格不变条件下,厂商成本支出扩张或产出扩张所遵循的轨迹。</u>与生产扩张线相关联的概念是等斜连线(isocline),等斜连线是各等产量曲线上边际技术替代率为常数的点的轨迹。

OS 为等斜连线,A、B、C 三个切点的边际技术替代率相等,如图 4-12 所示。等斜连线可以是任意形状的。两条脊线都是特别的等斜连线:一条边际技术替代率为零,另一条边际技术替代率为无穷大。

假定生产要素价格不变,而厂商扩大产出与成本支出。这表明等成本线斜率不变,向右上方平行移动。当产出扩张时,厂商能选择获得既定产出水平而花费最小成本的要素投入组合。这将得到许多个等产量曲线与等成本线相切的切点,连接这些切点的轨迹就是生产扩张线。它代表着生产规模扩张的路径。

生产扩张线有三种类型:

第一种为直线型,如图 4-13 所示。图 4-13 表明,随着要素投入和产量的不断增加,K/L 的比例保持不变。扩张线为一直线。它所对应的生产函数为"线性齐次生产函数"。如果是其他形式的生产函数,则扩张线将是其他非直线型的曲线。

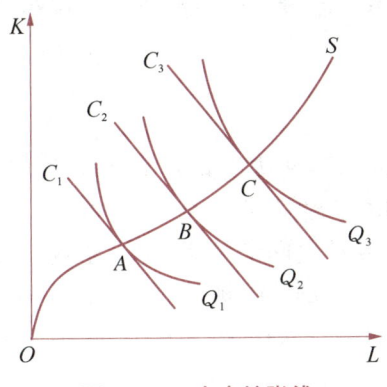

图 4-12 生产扩张线

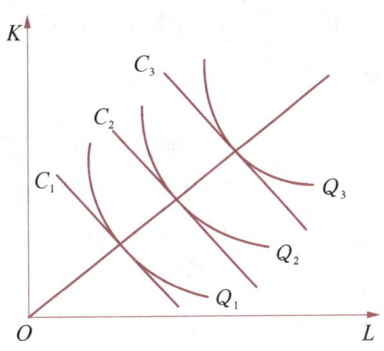

图 4-13 直线型生产扩张线

第二种为资本密集型,如图 4-14 所示。随着要素投入的增加,最优的要素组合中资本所占比重越来越大。这种生产扩张线被称为资本密集型扩张线。

第三种为劳动密集型,如图 4-15 所示。随着要素投入的增加,最优的要素投入组合中劳动所占比重越来越大。这种生产扩张线被称为劳动密集型扩张线。

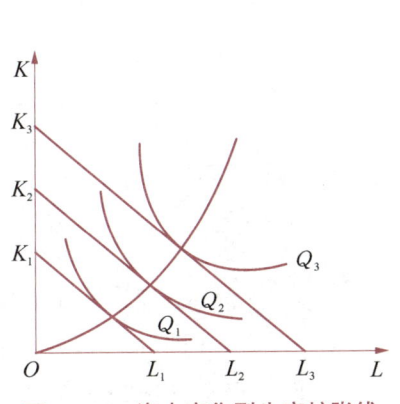

图 4-14 资本密集型生产扩张线

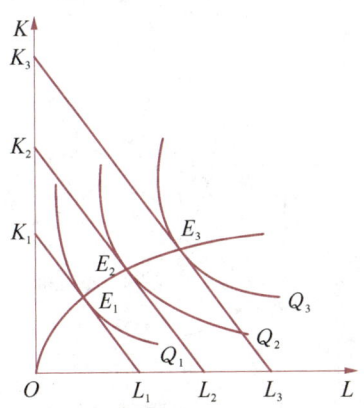

图 4-15 劳动密集型生产扩张线

生产扩张线表明,在生产要素价格保持不变的情况下,生产要素投入的组合如何随着产出或成本支出的变化而变化。对于一般的生产函数而言,随着产出的扩张,生产要素投入组合的比例将会发生变化,但对于一次齐次生产函数而言,只要生产要素的价格不变,生产的扩张就不会引起生产要素投入组合比例的变化,即生产要素投入的组合比例只与生产要素的价格有关。厂商进行产量扩张时要考虑生产要素的边际生产力确定要素的投入组合。

第四节　规模收益及其影响因素

在讨论了最优要素投入组合的问题之后，我们重新回到生产函数上来。关于生产函数，我们已经讨论了具有一种变动要素投入而其余要素投入为固定的情况；我们也讨论了在具有两种变动要素投入的情况下，如何通过要素间的替代维持既定的产出水平。现在我们讨论厂商规模扩大情况下的生产函数的特征。

一、规模收益

> 提示：规模收益反映了产出变动与投入变动之间的关系。

假定厂商在生产中所投入的要素按相同的比例变动。生产要素按相同的比例变动所引起的产出变动称为规模收益（returns to scale）。根据产出变动与投入变动之间的关系，生产函数可分为规模收益不变（constant returns to scale）、规模收益递增（increasing returns to scale）、规模收益递减（decreasing returns to scale）三种情况。

（一）规模收益不变

对于生产函数 $Q=F(K,L)$，若 $F(\lambda K,\lambda L)=\lambda F(K,L)$，则该生产函数为规模收益不变的生产函数，其中 λ 为常数，如图 4-16 所示。

对于规模收益不变的生产函数来讲，投入扩大某一倍数，产出也扩大相同的倍数。当劳动与资本投入分别为 2 个单位时，产出为 100 个单位；当劳动与资本投入分别为 4 个单位时，产出为 200 个单位。产出与投入扩大了相同的倍数。

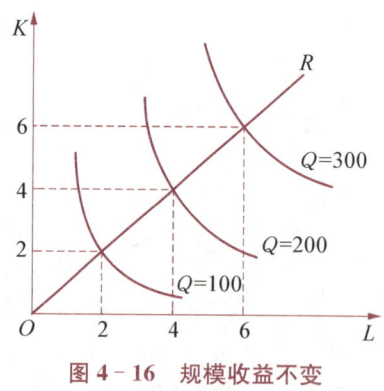

图 4-16　规模收益不变

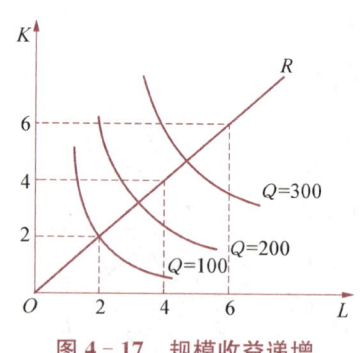

图 4-17　规模收益递增

（二）规模收益递增

对于生产函数 $Q=f(K,L)$，若 $F(\lambda K,\lambda L)>\lambda F(K,L)$，则该生产函数为规模收益递增的生产函数，如图 4-17 所示。

对于规模收益递增的生产函数来讲，劳动与资本扩大一个很小的倍数就可以导致产出扩大很大的倍数。当劳动与资本分别投入为 2 个单位时，产出为 100 个单位；但是生产 200 个单位的产量所需要的劳动与资本的投入分别小于 4 个单位。产出是原来的 2 倍，投入却不到原来的 2 倍。

(三) 规模收益递减

对于生产函数 $Q=f(K,L)$，若 $F(\lambda K,\lambda L)<\lambda F(K,L)$，则该生产函数为规模收益递减的生产函数，如图 4-18 所示。

对于规模收益递减的生产函数来讲，劳动与资本的投入扩大一个很大的倍数，只能导致产出扩大一个很小的倍数。当劳动与资本分别投入 2 个单位时，产出 100 个单位；但是当劳动与资本分别投入 4 个单位时，产出水平低于 200 个单位。投入是原来的 2 倍，产出却不到原来的 2 倍。

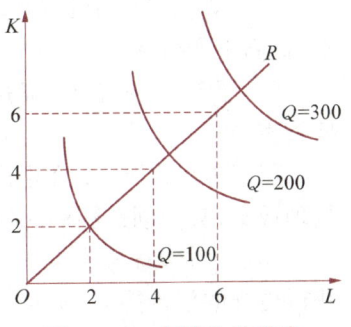

图 4-18 规模收益递减

专栏 4-4　专题阅读

规模经济

人们根据生产力因素数量组合方式变化规律的要求，自觉地选择和控制生产规模，求得生产量的增加和成本的降低，而取得的最佳经济效益。

规模经济的原因主要有：① 专业化，从亚当·斯密的著作开始，人们认识到分工可以提高效率。规模越大的企业，其分工也必然是更详细的；② 学习效应，随着产量的增加，工人可以使熟练程度增加，提供效率；③ 可以有效地承担研发费用等；④ 运输、采购原材料等方面存在的经济性；⑤ 价格谈判上的强势地位。

制约规模经济的因素主要有：① 自然条件，如石油储量决定油田规模；② 物质技术装备，如化工设备和装置能力影响化工企业的规模；③ 社会经济条件，如资金、市场、劳力、运输、专业化协作对企业规模的影响；④ 社会政治历史条件等因素。

在市场经济中，生产经营者总是追求规模经济，避免规模不经济。追求规模经济、研究取得最佳经济效益的合理规模及其制约因素和各种不同经济规模之间相互联系和配比，揭示经济规模结构的发展趋势，寻求建立最佳规模结构的主要原则和对策，对于发展社会生产力具有极为重要的意义。

二、内部经济与内部不经济

1. 内部经济

内部经济也称为内部规模经济，是指由于企业内部各种因素所导致的生产费用节约或效益提高的现象。这些内部因素包括但不限于劳动者工作热情和工作技能的提高、内部分工协作的完善、先进设备的采用、管理水平的提高等。内部经济表现为随着企业生产规模的扩大，分摊到每个产品上的固定成本（如管理成本、设计成本、信息成本等）逐渐降低，从而使得产品的平均成本下降，效益增加。

引起内部经济的主要原因有：

（1）**分工与专业化**：随着生产规模的扩大，企业能够实现更精细的分工和专业化生产，提高生产效率和产品质量。

(2) **技术进步与设备升级**：采用先进的生产技术和设备，能够降低单位产品的生产成本，提高生产效率。

(3) **管理效率提升**：通过优化管理流程、提升管理技能，企业能够更好地配置资源，降低管理成本。

(4) **副产品利用**：在生产过程中产生的副产品如果能够得到充分利用，可以降低废物处理成本，甚至创造额外的收益。

(5) **生产要素采购与销售优势**：规模扩大后，企业在原材料采购和产品销售方面可能获得更好的议价能力，从而降低采购成本和提高销售收入。

2. 内部不经济

内部不经济，是指生产部门或企业单位产品生产成本或平均费用随产品生产数量增加而上升的现象。当生产规模超过一定限度后，企业内部因素发生变化，导致平均成本提高与收益下降。内部不经济是规模不经济的一种表现形式，与内部经济相对应。

引起内部不经济的主要原因有：

(1) **管理效率下降**：随着企业规模的扩大，管理层次增加，信息传递链条延长，可能导致管理效率降低，决策失误增多。

(2) **机构臃肿与信息传递不畅**：规模过大的企业往往机构复杂，信息传递速度减慢，失真度提高，增加了内部协调成本。

(3) **生产要素价格上升**：当生产规模超过市场供应能力时，生产要素（如劳动力、原材料等）价格可能上升，增加生产成本。

(4) **边际生产力递减**：在一定技术条件下，随着生产要素投入量的增加，其边际生产力可能递减，导致单位产品生产成本上升。

(5) **其他固定费用增加**：如增设购销机构、增加安全环保投入等，也可能导致企业平均成本上升。

三、外部经济与外部不经济

1. 外部经济

外部经济，是指由于某一经济主体的活动（如生产、消费等）给其他经济主体带来了额外的正面影响，且这种影响产生的收益无法被初始经济主体完全内部化。简单来说，就是某个经济主体的行为使得其他经济主体受益，但受益者不用为此付费。这种外部性通常表现为整个行业或市场因某个或某些企业的活动而成本降低、效率提高或创新扩散等。马歇尔在其《经济学原理》一书中首次提出了外部经济的概念，强调了企业外部因素对生产成本和收益的影响。

引起外部经济的主要原因有：

(1) **市场规模扩大**：随着整个行业市场规模的扩大，企业可以更充分地利用规模经济效应，降低生产成本。市场规模的扩大不仅提高了中间投入品的规模效益，还促进了信息交换和技术扩散，从而进一步降低了生产成本。

(2) **劳动力市场供应**：行业规模的扩大吸引了更多的劳动力进入该领域，形成了更为丰富的劳动力市场。这不仅降低了企业的招聘成本，还提高了劳动力的匹配效率和质量，有助于企业降低生产成本和提高生产效率。

(3) **信息交换和技术扩散**：随着行业内企业数量的增加和交流的频繁，新知识、新技术和新管理方法得以迅速传播和应用。这种技术外溢效应促进了整个行业的技术进步和生产效率提升,从而降低了平均生产成本。

(4) **基础设施改善**:政府或行业组织对基础设施的投资和改善也会带来外部经济效应。例如,交通、通信等基础设施的完善降低了企业的运输和通信成本,提高了生产效率和市场竞争力。

(5) **政策支持和制度环境**:政府政策的支持和良好的制度环境有助于形成外部经济。政府可以通过税收优惠、财政补贴等措施鼓励企业创新和发展,降低企业的经营成本和风险。同时,良好的制度环境有助于维护市场秩序和公平竞争,促进资源的优化配置和经济效益的提高。

2. 外部不经济

外部不经济,是指由于某一经济主体的活动给其他经济主体带来了额外的负面影响,且这种影响产生的成本无法由初始经济主体完全承担。换句话说,就是某个经济主体的行为使得其他经济主体受损,但损害者不用为此赔偿。这种外部性通常表现为环境污染、资源过度开采等负面后果。

引起外部经济的主要原因有:

(1) **市场失灵**:市场本身具有局限性,无法将经济活动产生的所有外部影响内部化。当存在外部不经济时,市场机制无法有效约束企业的负面行为,导致资源配置失当和社会福利损失。

(2) **产权不明晰**:环境资源等公共物品的产权通常不明晰,使得私人对其的损耗和破坏带来的后果由社会分担。这种产权模糊性刺激了单个利益主体对其的过度利用,以谋求自身利益的最大化。

(3) **利益分散**:在经济活动中,各经济主体在利益上具有相对独立性。由于有意识地增加外部成本同其私人内部成本的降低紧密相连,各厂商通常只考虑内部成本与效益,而忽视了对社会的负面影响。

(4) **技术限制和信息不对称**:在某些情况下,技术限制和信息不对称也可能导致外部不经济的产生。例如,某些企业可能缺乏有效的污染控制技术或信息,导致其在生产过程中对环境造成损害。

外部经济和外部不经济是经济活动中常见的两种外部性现象。它们分别描述了经济活动对其他经济主体产生的正面和负面外部影响及其产生的原因。理解和应对这两种外部性对于促进经济可持续发展、维护社会公平与效率具有重要意义。

专栏4-5 问题探析

"大"的好还是"小"的好

德国经济学家舒马赫曾写过一本《小的是美好的》的书,主张企业不要过大。同时,实践中许多大企业成绩显赫,成为世界500强。我们到底是应该把企业做大,还是做小呢?

其实正如我们所分析的,企业大有大的好处,小也有小的好处,关键要具体情

思政课堂:激励企业创新结构性减税政策登场

况具体分析。从客观条件来说,要分析本行业的技术特点和市场需求特点,一些行业越大越好,如电信、炼钢等,但有些行业规模小可以适应需求复杂的条件,如修鞋、餐饮,经营就会更加灵活。要根据具体条件,要分析自己的资金与人员实力。有些企业的确是越大越好,跨行业越多越有利,但如果企业筹资能力有限,或者管理能力不够,则做得越大反而越困难。

我国经济中该大没做大,该小的没做小,这种错误没少犯。过去强调各地区的独立发展,许多地方不顾实际情况建钢铁厂、化工厂、汽车厂(所谓五小企业),结果规模都不大,效益差。一些该分散、灵活的企业,如商业服务业反而做得很大。在市场经济的今天,仍然有一些人不顾条件想把企业做大,包括人为强迫企业合并,或者不顾条件限制进行多元化经营。其实企业大小也是市场竞争的结果,人为干预只会违背经济规律。

本 章 小 结

1. 生产要素指生产经营活动中需要投入的各种资源,包括劳动、土地、资本和企业家才能。

2. 在短期内,通常只存在一种可变生产要素。由于存在边际收益递减规律,当边际产量为零时,总产量达到最大值。

3. 在长期内,厂商可以调整所有生产要素的投入量。在等成本曲线与等产量曲线的切点上,达到了投入要素的最优组合。

4. 投入要素的最优组合会随着生产规模的改变而发生变化,形成的轨迹称为生产扩张线。

5. 生产要素按相同的比例变动所引起的产出变动称为规模收益,可以分为规模收益不变、规模收益递增、规模收益递减三种情况。

6. 影响规模收益的因素主要包括内在经济、内在不经济、外在经济以及外在不经济。

思 考 与 讨 论

一、案例分析

基伍手机的发展历程

"2011年基伍手机年销量进入全球10强,全球用户突破一亿。"看到这则消息时很多人问,基伍是谁?

诞生于2008年的基伍开始专注于南亚、中东、非洲、南美等地区的手机市场,2010年基伍成为印度市场占有率最高的手机品牌,一举打败了当时的三星、诺基亚等国际大牌,21%的市场占有率远高于第二名诺基亚的13%。而达到销量突破1亿部,也只用了短短3年多时间。大家可能又要问,基伍何以取得如此骄人的业绩?

有人对基伍融入当地市场的程度用"贴身伏地"来形容。以印度市场为例,针对当地经常停电、电池充电不便的情况,基伍能很快推出匪夷所思的产品:配有超大容量电池、保证通话及待机时间长达30天的手机,还有配备双电池,取下其中一块电池还能正常使用的系列手机,以及可以在锂电池与5号或7号干电池之间随意更换使用的手机。根据不同地区的风俗及居民使用爱好,基伍还开发了大喇叭音乐手机、多SIM卡手机、内置多语言版《古兰经》的手机等。这类手机一度成为经典机型,被包括那些大牌在内的厂商所纷纷效仿。在当地人的眼里,基伍是一个著名的国际品牌、手机巨头。基伍从前期产品规划到最终产品面世只需约40天,国内公司平均水平约50天,诺基亚、三星等则需一年半,基伍每月甚至可为印度市场开发约10款专属新品。

基伍在成本控制方面也不同于传统厂商以压低制作成本来提高利润的做法,而多是通过市场细分、外观设计及品牌拉升等方式提高毛利率。他们认为过于挤压配件的利润空间会导致上游厂商难以存活,最终对自己不利。基伍还在改进管理、预防效率降低方面创新,将整个公司的管理架构拆分化整为零,委派下属成立18家零部件公司作为核心供应商,大大提高了物料调配效率。而且这些零部件公司财务均实行独立核算,并根据考核结果进行奖惩。

在国外取得成功后,基伍的目光开始瞄准国内市场,并将业务重心转向智能机的研发推广,全力打造国际化品牌形象。董事长张文学对此态度坚决:"为了达成品牌建设,我从不心疼钱。"登陆中国市场以来,基伍手机逐渐赢得消费者的认同,在市场中建立起良好的口碑和品牌形象,获得2012年中国手机大赛新兴品牌、创新应用、外观设计三项大奖。

但是,因为专利问题,2011年底,爱立信和诺基亚在印度等市场把基伍国际告上了法庭,被告还有宏达电和中兴。之后,基伍被迫退出了印度市场。从2012年一直到2016年,基伍的主要精力都是去各地打官司。因为在全球移动通信系统(GSM)2G领域的专利技术基本是空白的,在专利官司里面基伍很被动。2013年,基伍卖掉股权,退出了手机市场。品牌授权给一些国外公司。

基伍的发展战略就是坚持品牌建设、以品质和满足消费者体验为营销导向目标。并为消费者提供强大的云服务,支持用户更加方便地拓展智能手机功能。基伍已经建立了自己的基伍商城,拥有了自己的云服务。

要求:请结合本章的学习内容分析2011年之前基伍经营成功的道理。

二、简答题

1. 简述总产量、平均产量、边际产量之间的关系。
2. 边际收益递减规律和规模收益递增原理是否矛盾?
3. 单一投入要素的最佳投入为什么是在生产的第二阶段?
4. 单一可变投入要素条件下,何时生产量最大?

5. 怎样确定多种投入要素的最优组合比例？

6. 为什么脊线以内的区域是生产的经济区域？

7. 按照投入要素相互替代的程度，可将等产量线划分为哪三种类型？

8. 根据生产者均衡的条件（$MP_L/MP_K = w/r$），请分析当资本相对于劳动的价格上升时，要维持均衡应当如何调整要素的投入关系。

三、实训项目

1. 假设某物品用两种投入即劳动和资本制造，其生产函数为：$Q = 10L^{1/2}K^{1/2}$，Q 是产出量，L 是劳动量，K 是资本量。这一生产函数显示的是规模报酬递增还是递减或不变？请说明理由。

2. 选定某生产企业调查判定其生产扩张属于哪种类型？

第五章　成本与收益分析

 学习目标

1. 理解总成本、平均成本、边际成本、机会成本等成本概念。
2. 掌握短期内,总成本、平均成本、边际成本的变动规律及其相互关系。
3. 掌握长期内,总成本、平均成本、边际成本的变动规律及其相互关系。
4. 掌握收益与利润最大化的实现条件。
5. 掌握如何运用成本理论进行短期经营决策。

引导案例

门庭冷落的保龄球场为什么不停业

我们经常会看到一些保龄球场门庭冷落,但仍然继续营业,而且不断降价,为什么这样做呢?对企业短期成本的分析有助于解释这一现象,同时也可以说明短期成本分析对企业经营决策的意义。

在短期中,保龄球场经营的成本包括固定成本与可变成本。保龄球场的场地、设备、管理人员等开支是固定成本,而保龄球场营业中所需支出的各种费用如水电费、电话费、服务员的工资就是可变成本。显然,可变成本与营业量相关,而固定成本与营业量无关,保龄球场在决定短期是否营业时,考虑的是可变成本。

假设每场保龄球的平均成本是20元,其中固定成本为15元,可变成本为5元。当价格在20元以上时,收益大于平均成本,球场就有利可图。当价格低于20元时,收益低于成本,因而球场产生亏损,应考虑停业。但从经营者的角度来说,还要根据固定成本和可变成本的收回情况进行决策。假设价格降到5元,这时经营收益正好等于可变成本。如果收入全部用于支付可变成本,则固定成本就没有得到任何补偿,这对球场来说经济效益与不经营的结果是相同的,所以这就是球场选择是否停业的"临界点"了。

通常情况下只要价格高于可变成本,企业是可以继续经营的,因为此时可以收回全部可变成本和部分固定成本。从经济学的角度观察,门庭冷落的保龄球场仍在营业,说明这时价格可能仍高于平均可变成本。

有许多行业是固定成本高,而可变成本低,如旅游、饭店、游乐场所。所以现实中这些行业的价格可以降得非常低。但这种价格实际上仍然高于平均可变成本,因此,经营仍然比不经营有利——至少可以弥补部分固定成本,实现损失最小化。

如果一个企业的固定成本很高,但可变成本相对较低,那么这种成本结构如何影响该企业的定价策略?如果企业的固定成本很低,但可变成本很高呢?

第一节　成本及其分类

成本作为利润的一种扣减,是厂商关注的一个重要问题。对于这项支出从不同的角度看有不同的定义。本节从不同的角度给出各种成本定义。

一、成本与成本函数

(一) 成本

成本也称生产费用,是指厂商在生产过程中使用的各种生产要素的支出,即投入的各种生产要素的量与其价格之乘积的总和。

(二) 机会成本

> 提示：机会成本就是为选择所付出的代价。

本章讨论的成本不同于会计领域中讨论的成本,这里的成本是指机会成本。西方经济学家认为,经济学是研究一个经济社会如何对稀缺的经济资源进行合理配置的问题。从经济学的稀缺性这一前提出发,当一个社会或一个企业用一定的经济资源生产一定数量的一种或几种产品时,这些经济资源就不能同时被用在其他的生产用途方面。这就是说,这个社会或这个企业所获得的一定数量的产品收入,是以放弃用同样的经济资源来生产其他产品时所能获得的收入作为代价的。由此便产生了机会成本的概念。例如：当一个厂商决定生产一辆汽车的时候,这就意味着该厂商不可能再用生产汽车的经济资源来生产20辆自行车。于是可以说,生产一辆汽车的机会成本是20辆自行车。假定20辆自行车的价值是10万元,则可以说,生产一辆汽车的机会成本是10万元的其他产品。一般来说,生产一单位的某种商品的机会成本是指生产者所放弃的使用相同的生产要素在其他生产用途中所能得到的最高收入。

专栏5-1　问题探析

上大学的成本是多少

上大学是要花钱的,这就是上大学的成本。从目前来看,每位大学生在四年期间学费、书费等各种支出约为4万元。这些钱是实实在在的支出,称为会计成本。

但上大学的代价不仅是这种会计成本。为了上大学,要放弃工作的机会,这时候不得不放弃的工资收入就是上大学的机会成本。例如,如果一个人不上大学而去工作,每年收入为1.5万元,则这四年的机会成本就是6万元。上大学的成本就是会计成本4万元加上机会成本6万元,共计10万元。

对一般人来说,上大学会提高工作能力,有更好的机会,以后会收入更多。例如,假设一个没有上过大学的人,一生中每年收入为1.5万元,从18岁开始工作到60岁退休,42年总收入为63万元。一个上过大学的人,一生中每年收入为2万元,从22岁开始工作到60岁退休,38年总收入为76万元。上大学的人一生总收入比没有上大学的人高出 13 万元。13 万元减去上大学的总成本 10 万元为 3 万元。这就是上大学的经济利润。所以上大学是合适的,这就是每个人都想上大学的原因。

但对一些特殊的人来说就不是这样了。比如姚明,过去打职业篮球时每年收入为 1.07 亿元,这样他上大学的机会成本是 4.28 亿元,远远高于一个普通大学生的收入。如此看来,当把机会成本作为上大学的代价考量时,一些人不上大学的决策就是正确的。当你了解了机会成本之后或许就可以理解一些年轻人不上大学的原因了。

机会成本的概念在我们日常生活的决策中也是非常重要的。

二、成本函数

成本函数反映了成本与产量之间的关系,即投入生产要素的价格和产量之间的关系。厂商的成本函数不仅取决于它的生产函数,而且取决于它在生产过程中投入生产要素的价格。用 C 表示成本,用 P 表示投入的生产要素的价格,则成本可以表示为:

$$C = P_1 X_1 + P_2 X_2 + \cdots + P_n X_n \tag{5-1}$$

为了使问题简化,假定只投入 K、L 两种生产要素,其价格分别为 P_K、P_L,则:

$$C = P_K K + P_L L \tag{5-2}$$

由于成本作为生产中所支付的费用,成本总额要随着产量的变化而变化,当生产要素的价格一定时,成本的大小取决于生产要素的数量,因此,成本又可以用反映成本随着产量变动而变动的成本函数来表示:

$$C = f(Q) \tag{5-3}$$

公式(5-3)中,Q 代表产量,表明成本随着产量变动而变动。

如果把生产函数 $Q = f(L, K)$ 代入成本函数 $C = f(Q)$,则:

$$C = f(L, K) \tag{5-4}$$

这表明,成本函数与成本方程是一致的。

从成本函数中可以看出,成本既是产量的函数,又是生产要素投入量的函数。在生产过程中,厂商要增加产量就必须增加生产要素投入量。厂商支付生产要素的费用,成本就要增加。成本的性质是提供产量所必需的各种生产要素投入所花费的资金。

专栏 5-2 专题阅读

知识经济与成本探析

人类在其发展历程中,由于科学技术的推动带来了经济结构的重大变革。17 世纪到18世纪的产业革命使经济结构由农业经济走向工业经济,20世纪70年代以来高科技的发展产生了托夫勒称的"后工业经济"。继而奈斯比特在《大趋势》中又称为"信息经济",直到1990年联合国一个研究机构提出了"知识经济"的概念。1997年在加拿大多伦多举行了全球知识经济大会。

在知识经济新时代,需要对成本的思维方面进行新的探索。

一、注重人力资源成本,将人力资源投资资本化

知识经济时代的经济,将不再完全依赖物质资源和资金等要素来获得发展,而是主要依赖知识。"知识"成为支撑经济和经济增长的首要生产力要素,而"人才"则是知识的具体载体。因此,我们应当正确核算各类人才的投资成本,不仅应计量和计算人力资本的投入状况,而且应计量和计算人力资本的存量(积累)状况,树立将人力资源投资资本化的新观念。

二、确认股权资本成本,真实反映企业经营业绩

资本是企业一切资源的起点,使用资本必然要有成本。企业占用资金通常有两个来源,即从债权人那里借来的债务资本和股东投入的股权资本。虽然股权资本成本受企业经营状况、股利政策、股票市场供求关系等诸多因素的影响,具有不确定性。但股权资本成本的确认是新世纪知识经济时代的一大发展趋势。

三、计量无形资产成本,确认自创商誉价值

在知识经济时代,企业的资产正从有形化向无形化方向发展。为适应知识经济的发展,应注重对无形资产的确认、计量和报告,加强对无形资产的核算。在知识经济条件下,由知识创新和管理创新给企业带来价值的增加和获利能力的增强,将成为一种普遍现象。这种自创商誉的价值如不进行确认,将严重低估企业的价值,应对其予以确认并将其资本化。虽然商誉的存在未必一定有为创造它而发生的各种成本,但它与生产产品一样需要投入。

四、重视环境成本,维持经济的可持续发展

环境问题是当今世界备受关注的问题。企业在进行经营决策时,应充分考虑环境问题,协调经济发展与环境的关系。在知识经济时代,环境成本是指为管理企业活动对环境造成的影响而采取或被要求采取防治措施的成本,以及企业为达到的环境目标和要求所付出的其他成本。确认环境成本应在其首次得到识别的期间加以确认并将其资本化,包括:直接或间接改进和提高资产运作对环境的安全性的成本;减少或防止经营活动中造成环境污染的成本;保护环境的成本;其他由于安全或环境因素发生的成本等。

五、节约时间成本,树立时间价值观

在知识经济时代,产品具有较高的科技含量,更新换代速度快。要尽快使高新技术转化为生产力,并使之迅速产业化。而这一切的一切,都不能离开时间的节约和时间成本的降低。因此,我们要充分认识节约时间成本在知识经济新时代的重要性,对时间成本进行计量、记录、控制和管理,树立时间价值观。

三、成本的分类

按不同的标准,成本可划分为不同的类型。

(一) 按成本对厂商和社会的影响分类

按成本对厂商和社会的影响不同,可将成本分为私人成本(private cost)和社会成本(social cost)。

从厂商的角度说,成本就是他们在生产活动中为了使用各种生产要素而支付的货币额。这种从厂商角度考虑的成本,叫作私人成本。之所以称为私人成本,是指这种支出不考虑对社会的影响。私人成本包括显性成本和隐性成本两个部分。关于显性成本与隐性成本将在后文中讨论。

厂商的经济活动会从正面或负面给社会带来不同的影响。如果引起社会支出,就形成外在成本。这种私人成本与外在成本的总和就构成了社会成本。例如:有一个生产红土砖的厂商,该厂商在生产红砖的过程中会有资本和劳动的投入,由此引起厂商的支出,构成它的私人成本,而砖厂在烧砖的过程中排放的废气造成了环境污染。这种环境污染导致周围的橡胶树死亡。这时社会成本要在厂商私人成本的基础上,加上污染带来的损失和为治理环境而增加的支出,社会成本要大于私人成本。当厂商的生产为社会带来福利时,社会成本又低于厂商的私人成本。

(二) 按是否形成现金流出分类

按是否形成现金流出,私人成本可被分为显性成本(explicit cost)和隐性成本(implicit cost)。

显性成本是指厂商为了进行生产在生产要素市场上购买或租用所需生产要素的实际支出。在会计账簿上,这些支出会形成现金流出,如厂商购买机器、劳动而付出的费用。

隐性成本是厂商在生产经营过程中使用自己拥有的投入物而放弃的收益。例如,某人自己经营一家面包店,并自任经理。他对自己的经营管理不支付工资时,在他的会计账目上并无现金流出。但是,却形成了一种隐性成本。因为,如果他为别人工作,他会有一笔收入;如果他请别人为他管理面包店,他也会有一笔支出。

(三) 按是否包含隐性成本分类

按是否包含隐性成本,成本又可分为会计成本(accounting cost)和机会成本(opportunity cost)。

会计成本是厂商记入会计账簿的成本,是指实际发生的生产要素的货币成本,属于显性成本。

机会成本是指厂商将既定资源用于生产某种商品时,所放弃的使用同量资源在其他生产用途上所能得到的最高收入。机会成本有时并不会形成现实的货币支出。例如:一个人用于生产的自有资金10万元,其放弃的银行存款利息为其机会成本,但这种机会成本并没有现实的货币支出。

企业在进行决策方案选择时往往会将机会成本视为决策相关成本之一。

专栏5-3 专题阅读

皮洛士的胜利

皮洛士生于亚历山大大帝死后分裂的古希腊,是小国伊庇鲁斯国王、马其顿国王、罗马称霸亚平宁半岛的主要敌人之一。

公元前281年,位于意大利半岛底部的希腊城邦他林敦因与罗马开战,而向亚德里亚海对岸的伊庇鲁斯国王皮洛士求援。后者率领一支约2.5万名雇佣兵和约20头战象组成的大军在意大利南部登陆。公元前280年春,赫拉克利亚战役,罗马军团伤亡约7 000人,被俘约2 000人。皮洛士的军队伤亡约4 000人。前279年,阿斯库路姆战役,罗马军团伤亡约6 000人,皮洛士的军队付出了伤亡约3 550人的沉重代价。

在阿斯库路姆战役后,当有人向皮洛士祝贺时,他不无伤心地说:"再来一次这样的胜利,我将失去整个战争。"

(四) 按时间的长短分类

按时间的长短不同,成本还可分为短期成本(short-run cost)和长期成本(long-run cost)。

所谓长期与短期,通常是按厂商能否全部调整生产要素的投入量为标准进行判断的。短期成本是与短期生产相对应的成本。与短期成本相对应的是短期生产函数。在短期内,至少存在一种生产要素是不可以调整的,因此,短期内存在固定成本和可变成本之分。

微课:短期生产函数和长期生产函数

长期成本是与长期生产相对应的成本。从长期来看,厂商为了适应市场需求变化和生产技术发展的要求,总是要调整生产要素投入量。因此,厂商支付在生产要素上的费用全部是由可变成本构成的。长期成本无固定成本与可变成本的划分。

专栏5-4 知识链接

沉 没 成 本

2001年诺贝尔经济学奖得主约瑟夫·斯蒂格利茨教授说,"如果一项开支已经付出并且不管作出何种选择都不能收回,一个理性的人就会忽略它。这类支出称为沉没成本"。接着,他举了个例子:"假设现在你已经花7美元买了电影票,你对这场电影是否值7美元表示怀疑。看了半小时后,你最坏的怀疑应验了,这电影简直是场灾难。你应该离开电影院吗?在做这一决策时,你应该忽视这7美元。这7美元是沉没成本,不管去是留,这钱你都已经花了。"斯蒂格利茨不愧是大师,他用通俗的话语道出了生活和投资的智慧。

沉没成本是指由于过去的决策已经发生了,不能由现在或将来的任何决策所改变的成本。人们在决定是否去做一件事情的时候,不仅是看这件事对自己有没有好处,而且也看过去是不是已经在这件事情上有过投入。我们把这些已经发生且不可收回的支出,如时间、金钱、精力,称为"沉没成本"(sunk cost)。在经济学和商业决策制定过程中会用到"沉没成本"的概念,代指已经付出且不可收回的成本。

如何才能减少沉没成本呢?以下两种途径可供我们参考。

一是尽量避免决策失误导致的沉没成本。这要求企业有一套科学的投资决策体系,要求决策者从技术、财务、市场前景和产业发展方向等方面对项目作出准确判断。当然,市场及技术发展瞬息万变,投资决策失误在所难免。在投资失误已经出现的情况下,如何避免一错再错对企业来说才是真正的考验。英特尔公司(Intel)2000年12月决定取消整个Timna芯片生产线就是这样一个例子。Timna是英特尔公司专为低端个人计算机(PC)设计的整合型芯片。当初在上这个项目的时候,公司认为今后计算机减少成本将通过高度集成(整合型)的设计来实现。可后来,PC市场发生了很大变化,PC制造商通过其他系统成本降低方法,已经达到了目标。英特尔公司看清了这点后,果断决定让项目下马,从而避免更大的支出。

二是通过合资或双边契约减少沉没成本。很多时候,沉没成本并不是由企业自身造成的,而是由合作方或供应链的上、下游方中断合作引起的。由于一项用于某一特定交易的耐用性投资往往具有专用性的特征,在这种情况下,如果交易突然终止,则所投入的资产将完全或很大部分报废,从而产生相当一部分"沉没成本"。因此,通过合资或双边契约确保交易的连续性便显得格外重要,因为契约性或组织性的保障可以大大降低交易费用。现代企业经营中,技术合作、策略或战略联盟已经成为一个重要的趋势,其内在原因,其实就包含了分散技术开发和市场拓展风险、减少沉没成本方面的考虑。

现代经济生活中,我们也要注意,用"拿钱买教训""交学费"的观点来看待沉没成本是片面的。对一个行业或产业来说,其沉没成本的状况往往构成了进出壁垒的关键,并最终决定市场结构。那些具有明显规模经济和庞大硬件投入的资本密集型产业,如能源、通信、交通、房地产、集成电路、医药产业,其超额回报诱人,但其惊人的初始投入和高额的退出成本则往往使许多市场"准进入者"望而却步,因为这首先是一场"谁输得起"的比拼。

在微观经济学理论中,做决策时仅需要考虑可变成本。如果同时考虑沉没成本,那结论就不是纯粹基于事物的价值作出的——高估成本。沉没成本常用来和可变成本作比较,可变成本可以被改变,而沉没成本则不能被改变。

思考一下

经济学中还有一句话:"过去发生的就是过去了",这是对已经进行的投资或已经发生的成本而言。您能理解其中的含义吗?

第二节 短期成本与长期成本分析

短期成本和长期成本具有不同的特征和变动规律。现在我们通过分析短期生产成本的变动规律来揭示短期成本的变动规律。

一、短期成本

短期总成本(Short-run Total Cost，STC)是短期内生产一定产品所需要的成本总和。

由于短期内生产要素的投入可分为固定投入和变动投入，相应地，短期总成本分为固定成本和可变成本两部分。这两种成本对业务量变动呈现出不同的特征。

固定成本(Fixed Cost，FC)，是厂商购买固定生产要素的费用。由于固定生产要素的数量在短期内不随产量变动而变动，因此，固定成本总额不变。

可变成本(Variable Cost，VC)，是厂商用于购买可变生产要素的费用。由于可变生产要素的数量随着产量的变动而变动，是产量的函数，因此可变成本总额随着产量的增加而增加。

短期成本函数可表示为：

$$STC = f(Q) + a \tag{5-5}$$

公式(5-5)中，STC 表示短期总成本；a 表示固定成本。

公式(5-5)表明：短期总成本是不随产量变动的固定成本和随产量变动的可变成本之和。我们用 FC 和 VC 分别代表固定成本和可变成本总额。

短期总成本又可表示为：

$$STC = FC + VC \tag{5-6}$$

短期成本曲线如图 5-1 所示。

总成本(TC)是固定成本和可变成本之和，即 $TC = FC + VC$。因为固定成本是不变的常数，因此，总成本的变动完全取决于可变成本的变化。总成本曲线与可变成本曲线的斜率是一致的，它是一条由固定成本曲线端点向右上方延伸的曲线。总成本与可变成本的垂直距离始终等于固定成本。

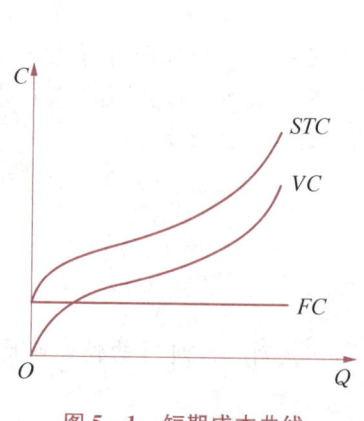

图 5-1 短期成本曲线

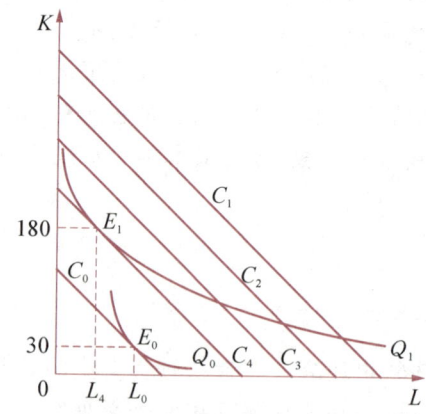

图 5-2 短期成本与长期成本

下面来比较一下短期成本与长期成本的不同。假定某个厂商投入资本与劳动两种生产要素生产某种产品。资本为固定投入，劳动为可变投入。假定在厂商的计划期内劳动力与资本的价格不变。如果厂商现在有 30 个单位的资本，厂商原定产量水平为 Q_0，现在厂商想提高产量到 Q_1，如图 5-2 所示。

在图 5-2 中,横轴代表劳动投入,纵轴代表资本投入。当劳动投入为 L_0 时,厂商实现了最优要素投入组合,生产既定的产出水平 Q_0,这时厂商所花费的成本 C_0 最小。因为当劳动投入为 L_0 时,等产量曲线 Q_0 与等成本线 C_0 相切,切点为 E_0。如果厂商计划将产出水平由 Q_0 提高到 Q_1,在长期内 Q_1 的产出水平既可以通过增加劳动获得,也可以通过增加资本获得。当然,厂商最优要素投入组合应该是等产量曲线与等成本线的切点。从图 5-2 中可以看出,厂商最优要素组合就是代表厂商计划产量水平的等产量曲线 Q_1 与等成本线 C_4 相切时的切点 E_1。与 E_1 点相对应的资本投入量为 180 个单位,劳动投入为 L_4。如果厂商要实现最优的要素组合,生产 Q_1 产量水平投入的资本要比生产 Q_0 产量水平需要投入的资本量大得多。短期内,劳动的投入可以随时增减,但资本的投入是固定的,短期内无法调整。因此经过一段时期的调整,即若干个短期后,厂商就可达到用 180 个单位的资本投入与 L_4 个单位的劳动投入生产出 Q_1 的产量。

下面分析一下通过短期调整达到长期规模的过程。假定厂商在每年可以增加 50 单位的资本,则把资本量从 30 单位增加到 180 单位需要三年的时间,即在第四年的年初,厂商可以将生产推进到 E_1 点。在前三年内,厂商生产 Q_1 产量水平花费的总成本随着资本量的逐年增加而下降。由此可知,为生产 Q_1 产出水平,第一年年初需要花费 C_1 的总成本,第二年年初需要花费 C_2 的总成本,第三年年初需要花费 C_3 的总成本,到第四年年初,成本降到最低 C_4。由此可知,生产某一给定的产出水平,长期成本只存在等于或低于短期成本的情况,不会高于短期成本。

二、短期成本的变动规律

(一)固定成本、可变成本、短期总成本

(1) 在规模允许的范围内,当业务量发生变动时,固定成本总额不变。即使业务量为零,固定成本也存在,表现为在纵轴上的截距。

(2) 当业务量为零时,可变成本总额为零。当业务量发生变动时,可变成本总额随着产量变动而增长。在一定的产量范围内先以递减的速度增加,超过一定产量之后,以递增的速度增加,表现为由原点向右上方延伸的曲线。

(3) 短期总成本是固定成本和可变成本之和,即 $TC=FC+VC$,因此,短期总成本在纵轴上有一截距,短期总成本曲线的斜率与短期可变成本曲线的斜率相同。即短期总成本的变动规律与可变成本相同。短期总成本曲线与可变成本曲线间的距离等于固定成本。

微课:短期成本分析

(二)短期平均成本

短期平均成本(Short-run Average Cost,SAC)是短期内生产每一单位产品平均所需要的成本。短期平均成本又可分为平均固定成本(Average Fixed Cost,AFC)和平均可变成本(Average Variable Cost,AVC)。

平均固定成本是平均每单位产品所耗费的固定成本。

$$AFC = \frac{FC}{Q} \tag{5-7}$$

平均可变成本是平均每单位产品所耗费的可变成本。

$$AVC = \frac{VC}{Q} \quad (5-8)$$

(三) 短期平均成本的变动规律

短期平均成本、平均可变成本和平均固定成本曲线图如图5-3所示。从该图中可以看出：

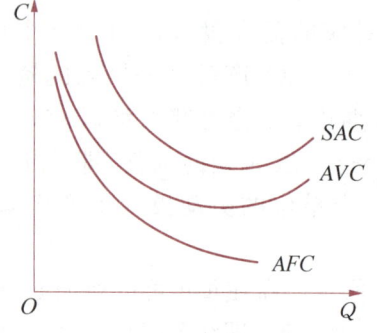

图5-3 短期平均成本、平均可变成本和平均固定成本曲线

(1) AFC曲线随着生产量的增加呈一直下降的趋势表明（其下降的极限是最大生产能力），平均固定成本随着产量增加而减少。这是因为分子固定成本总额是不变的，分母产量变大时，分摊到每一单位产品上的固定成本必然变少。由图5-3可以看出，其初期减少的幅度很大，以后减少的幅度越来越小。

(2) AVC曲线先下降后上升，表明了平均可变成本随着产量的增加，先下降后上升的变动规律。这是因为可变成本也可表示为投入量与生产要素价格的乘积，因此，平均可变成本可表示为：

$$AVC = \frac{LP_L}{Q} = \frac{P_L}{AP} \quad (5-9)$$

假定要素价格为不变的常量，则平均可变成本直接依存于平均产量的变动。由于边际收益递减规律的作用，平均产量先递增，达到最大值后，平均产量递减，当平均每一单位可变投入带来的产量不断增加时，意味着平均每一单位产量所需要的变动投入量即平均成本相应地减少；在平均产量达到最大值时，平均成本达最小值；随着平均产量递减，平均可变成本开始递增。

(3) SAC曲线也是先下降后上升的。因为，当产量增加时，平均固定成本迅速下降，加之平均可变成本也在下降，因此，短期平均成本在开始时也迅速下降，下降幅度比平均可变成本要大。之后，随着平均固定成本在总成本中所占比重越来越小，短期平均成本的变动开始随着平均可变成本的变动而变动，即SAC曲线开始比AVC曲线陡峭，说明下降幅度比AVC大，以后形状与AVC相同，说明其变动规律类似AVC。

(四) 短期边际成本

短期边际成本（short-run marginal cost）是指在短期内，厂商每增加一单位产量所引起的总成本增加量。以SMC来代表短期边际成本；以ΔQ代表增加的产量；以ΔSTC代表总成本的增加量，则：

$$SMC = \frac{\Delta STC}{\Delta Q} \quad (5-10)$$

或

$$SMC = \frac{\mathrm{d}STC}{\mathrm{d}Q}$$

如果将可变成本看作可变投入量L与要素价格的乘积$VC = P_L L$，则边际成本可以表示为：

$$MC = \frac{\Delta LP_L}{\Delta Q} = \frac{P_L}{MP} \qquad (5-11)$$

由公式(5-11)可以看出,边际成本可以看作要素价格与边际产量倒数的乘积。如果假定要素价格既定不变,则边际成本随着边际产量的变动而变动。

由于边际收益递减规律的作用,增加一单位可变投入要素所带来的产量的增量随着可变要素投入量的增加先递增,达到一定点后递减,相应地每增加一单位产量所引起的可变投入增量或边际成本必然有先递减、后递增的变动趋势。在边际产量达最大值时,表明该边际产量耗费的最小要素投入,边际成本达到最小值。

短期边际成本曲线 SMC 是一条先下降后上升的U形曲线,如图5-4所示。由于边际成本等于新增加的成本除以新增加的产量,而固定成本是不随产量变动而变动的,所以新增加的成本只能是可变成本。短期边际成本的变动取决于可变成本。

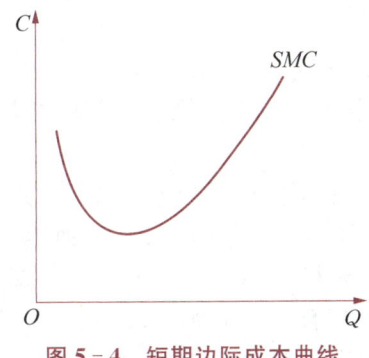

图5-4 短期边际成本曲线

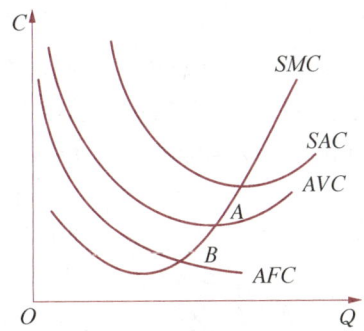

图5-5 边际成本与平均成本的关系

(五) 短期边际成本与平均成本、平均可变成本的关系

边际成本与平均成本的关系如图5-5所示。边际成本曲线分别与平均成本曲线、平均可变成本曲线的最低点 A、B 相交;在 A、B 点的左侧,边际成本曲线分别位于平均成本曲线、平均可变成本曲线之下,表明边际成本分别小于平均成本、平均可变成本;在 A、B 点的右侧,边际成本大于平均成本、平均可变成本。即当 $SMC<AVC$、$SMC<SAC$ 时,平均成本、平均可变成本处于下降趋势;当 $SMC>AVC$、$SMC>SAC$ 时,平均成本、平均可变成本处于上升趋势。

例题:已知某企业短期总成本函数是 $STC=0.04Q^3-0.8Q^2+10Q+5$,求最小的平均可变成本。

解:当 $STC=0.04Q^3-0.8Q^2+10Q+5$ 时,最小的平均可变成本 $SAVC=0.04Q^2-0.8Q+10$

求其一阶导数并令其为0,即 $0.08Q-0.8=0$,得:$Q=10$

当 $Q=10$ 时,最小平均可变成本 $SAVC=6$。此即该短期成本函数的最小平均可变成本值

微课:收支相抵点与停止营业点

 思考一下

边际成本与单位成本(平均成本)是否是一回事?有什么联系或区别?

三、长期成本

微课：长期成本分析

按时期长短,成本可分为短期成本和长期成本。由于厂商的经营在一般情况下都属于持续经营,因此,在分析了短期成本之后,还要对长期成本的变动规律进行研究。对长期成本的分析,也像短期成本分析一样,需要对长期总成本、长期平均成本及其相互关系进行分析。

(一) 长期总成本

长期总成本(Long-run Total Cost,LTC)。在长期内,厂商可以对全部生产要素的投入量进行调整,改变企业的生产规模。厂商在做这种调整时,总是在一定的产量水平上选择最优的生产规模进行生产。长期总成本就是厂商长期内在各种产量水平上通过改变生产规模所能达到的最低总成本。与长期总成本对应的是长期总成本函数：

$$LTC = f(Q) \tag{5-12}$$

公式(5-12)表示了长期总成本与产量之间的变动关系。

长期总成本线由众多条短期总成本线构成。长期总成本曲线是短期总成本曲线的包络线(envelop curve),如图5-6所示。

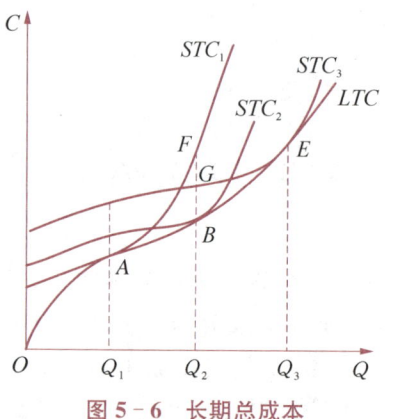

图5-6 长期总成本

在图5-6中,假定厂商有三条短期成本曲线STC_1、STC_2、STC_3,每条曲线代表一种生产规模,其中：STC_1最小,STC_3最大,STC_2居中。三条短期总成本曲线在纵轴上都有一个截距,代表当产量为零时,仍然存在一定的固定成本,而且规模越大,固定成本越大。而LTC是过原点的曲线,因为在长期成本内,不用区分固定成本与可变成本,全部视为可变成本。

假定厂商生产Q_2产量的产品。在短期内,由于厂商无法调整生产规模,可能在STC_1这种小规模上生产,也可能在STC_3这种大规模上生产,但是这两种规模都不能使总成本最低。若以STC_1规模生产,总成本为F；若以STC_3规模生产,总成本为G；只有以STC_2规模生产,总成本为B,才达到了总成本最低。由于长期内厂商可以调整生产规模,所以厂商将选择STC_2规模生产。如果厂商要生产Q_3产量,应选择在STC_3规模下生产,这样在长期内,厂商就实现了既定产量下的最低总成本。

假定有无数条短期总成本曲线,厂商可以在任何一个产量水平上,找到相应的最优生产规模,把总成本降到最低水平,那么这些点的轨迹就形成了长期总成本曲线。长期总成本曲线表示了长期总成本是厂商在每一产量水平上由最优生产规模所带来的最小生产总成本。

总成本曲线从原点出发向右上方倾斜表明,长期总成本的变化规律是：产量为零时,总成本为零；随着产量增加,总成本增加；在开始时,由于产量低,投入的生产要素没有被充分利用,成本增加的速度大于产量增加的速度；当产量增加到一定程度后,生产要素被充分利用形成规模经济效益,这时成本增加的速度小于产量增加的速度；最后,随着产量进一步增加,生产规模更加扩大,规模收益递减规律发生作用,又引起成本的增加速度大于产量的增加速度。

(二) 长期平均成本

长期平均成本(Long-run Average Cost, LAC),是指长期生产中平均每单位产品的成本支出。

假定厂商在短期内有三种不同的生产规模可供选择,这三种规模的短期平均成本曲线 SAC_1、SAC_2、SAC_3 如图 5-7 所示。

生产者在一定的产量目标下必会选择平均成本最小的那种规模。在产量为 Q_1 时,厂商会选择 SAC_1 这一规模。因为此时平均成本 C_1 最低。如果选择 SAC_2 这一规模,则平均成本为 C_2,C_2 大于 C_1。同理,当产量为 Q_3 时,则要选择 SAC_3 这一规模,它们所对应的平均成本在这一产量下最低。以此类推,如果有其他产量目标,还可以找出相应的最佳生产规模与之匹配,在最佳生产规模下它的平均成本最低。

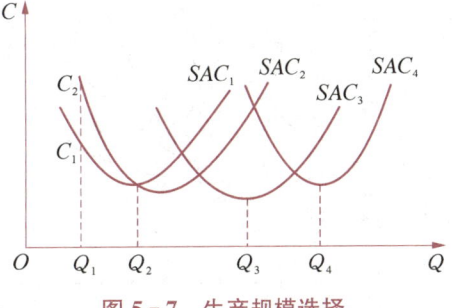

图 5-7 生产规模选择

在长期中,厂商根据产量目标调整生产规模以使平均成本达到最低。如果每个短期中平均成本都达到了最低,则长期中平均成本也就达到了最低。如图 5-8 所示,把短期平均成本曲线 SAC_1、SAC_2、SAC_3…的最低成本连接起来就是长期平均成本曲线。如果有无数条短期平均成本曲线,长期平均成本曲线就是一条与这无数条短期平均成本曲线相切的平滑的曲线。

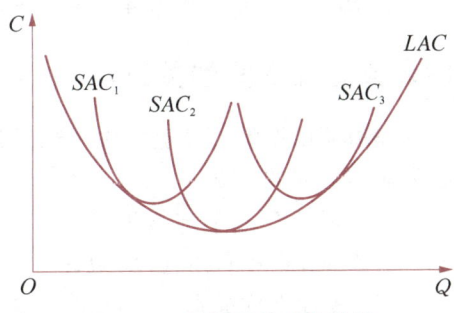

图 5-8 长期平均成本曲线

长期平均成本的变动规律:长期平均成本曲线是一条先下降后上升的 U 形线。在其最低点与某一规模的短期平均成本曲线的最低点相切。在该规模短期平均成本曲线的左侧,LAC 曲线处于下降阶段,它在 SAC 曲线最低点的左侧与其相切,在 LAC 曲线处于上升阶段时,它在 SAC 曲线最低点的右侧与其相切。这是因为,当 LAC 曲线不是一条水平线时,只有最低点能与一条 SAC 曲线的最低点相切,斜率为零,而在 LAC 曲线最低点的左侧,LAC 曲线上各点斜率都为负值;LAC 曲线最低点的右侧,LAC 曲线上各点的斜率都为正值。所以,各条 SAC 曲线与 LAC 曲线相切点的斜率不是正值就是负值,也就是说 LAC 曲线与 SAC 曲线是在其最低点的左侧或右侧相切,只有一条 SAC 线在最低点上与 LAC 曲线相切。

(三) 长期边际成本

长期边际成本(Long-run Marginal Cost, LMC),是指在长期中增加一个单位产量所引起的成本增加量。LMC 曲线是一条不断与 SMC 曲线相交的曲线,相交点所代表的产量即 LAC 曲线与 SAC 曲线相切点对应的产量。当 LAC 曲线与 SAC 曲线相切时,切点处 $LAC=SAC$,由于 $LTC=SAC \times Q$,$STC=SAC \times Q$,故切点处有 $LTC=STC$,即 LTC 曲线与 STC 曲线相切。根据边际成本的定义,我们知道切点处 $LMC=SMC$。

长期边际成本的变动规律：在 LMC 曲线与 SMC 曲线相交点的左边，SMC 曲线总是位于 LMC 曲线的下面；在相交点的右边，SMC 曲线总是位于 LMC 曲线的上面。因为就任何既定的工厂规模来说，当产量低于某一水平时 SMC 将低于 LMC，这是由于 SMC 只受短期内可变成本影响，而 LMC 要受全部成本的影响。当产量达到最优水平后，SMC 将大于 LMC，因为在既定的工厂规模中增加产量必然要受到边际收益递减规律的影响，当产量达到一定点后再增加单位产量所需要投入的生产要素越多，SMC 就越大。

长期边际成本曲线如图 5-9 所示。LMC 曲线和 LAC 曲线相交于 E 点。在 E 点左侧 LMC 小于 LAC；在 E 点右侧，LMC 大于 LAC；在 E 点上，LMC 等于 LAC；SAC 等于 SMC。因此，E 点是长期生产条件下最优生产规模和最优产量所对应的点。

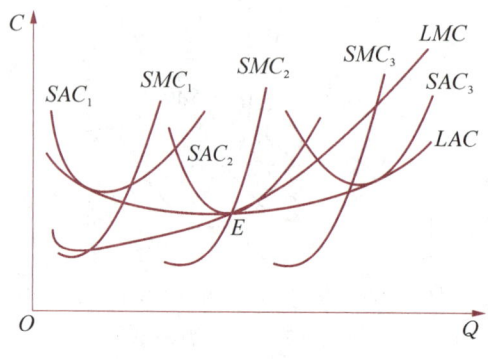

图 5-9　长期边际成本曲线

四、各类成本间的关系

在短期成本的基础上讨论了长期成本，下面将其综合起来看一下总成本、平均成本、边际成本之间的关系。

（1）短期总成本与长期总成本。每条 STC 曲线与 LTC 曲线有一个切点，切点处 STC=LTC，此外的各点，均为 STC 大于 LTC。

（2）短期平均成本与长期平均成本。每条 SAC 曲线与 LAC 曲线只有一个切点，切点处 SAC 等于 LAC，此外的各点均为 SAC 大于 LAC。

（3）短期边际成本与长期边际成本。每条 SMC 曲线与 LMC 曲线只有一个交点，交点处 SMC 等于 LMC，并且交点处所对应的产量即 STC 与 LTC 相切时的产量。

（4）平均成本与边际成本。SMC 与 SAC 相交于 SAC 的最低点，LMC 与 LAC 相交于 LAC 的最低点。此外，当 LAC 切于 SAC 的最低点的左侧时，LMC 小于 LAC；当 LAC 切于 SAC 最低点的右侧时，LMC 大于 LAC；当 LAC 切于 SAC 的最低点时，LAC = LMC = SAC = SMC。

专栏 5-5　案例赏析

"西红柿大战"

西红柿适宜生长在阳光充足和土壤较好的地区，南欧（地中海沿岸）的意大利、西班牙、希腊等国家拥有得天独厚的条件，意大利曾经是欧洲大陆最大的西红柿产地，西班牙位居第二。每年在西班牙小镇布尼奥尔"西红柿节"上演的"西红柿大战"吸引着全球的目光，一场大战消耗的西红柿达到一百多吨。北欧的荷兰也生产西红柿，但以前其产量很低，并因其坚硬且味道淡如清水被德国邻居讥为"水弹"。

然而时过境迁，近几年欧洲西红柿产业格局的变化让人惊讶。荷兰成了欧洲最大的西红柿出口国,而传统的生产国(意大利、西班牙、希腊等)却开始从荷兰进口西红柿。

荷兰人虽然处于不利的自然环境,但通过持续的长期投入和技术创新,经过几代农户的传承和改进,将西红柿产业演变成高科技农业的典范。他们自20世纪90年代就开始运用电脑控制的温室岩棉种植技术(无土栽培),可一年四季生产,能栽培多种颜色多种规格(大、中、小、微型)的西红柿,并通过调控调整营养液成分及滴灌时间、温度、湿度、二氧化碳等指标创造理想的种植条件,采取利用天敌和低毒低残留农药等方法防治虫害,因而其产量、质量(当然还有效益)得以大幅度提升。与此同时,荷兰人在销售流通领域积极创新,投入建设统一的营销体系。他们与欧洲各地的超市和经销商订立直接供销关系,接到订货合同后,才会去采摘西红柿,保证西红柿的成熟度、新鲜度和最佳味道。采摘下的西红柿会被直接装进印有超市商标的盒子里,当运抵时,只须打上条形码和价签即可,节省了不必要的环节和时间。正是因为拥有成熟的渠道优势,荷兰人还当起了经销商。例如,西班牙农户会将西红柿卖给荷兰人,再由荷兰人转售往欧洲各地,因此出现了荷兰的西红柿出口量会超过其产量的现象。

而意大利、希腊等国家多数农户仍是采取"小农经济"的生产方式,在室外或简易的温室内种植西红柿,每年收获1—2季,而且还要"看天吃饭",其效益与荷兰人不可同日而语。

西班牙以及土耳其、埃及、摩洛哥等国已经开始学习荷兰的技术和经验,而且他们拥有更好的自然条件、更低的生产成本。或许不久以后,一场新的国际"西红柿大战"又将上演。

第三节　收益与利润最大化

本节以生产理论、成本理论为基础来讨论收益、利润和利润最大化的实现条件。

一、收益与利润

(一) 收益的概念

厂商的收益(revenue)就是厂商出售商品得到的收入,即销售收入。

厂商的收益可分为总收益、平均收益和边际收益。

总收益(total revenue)是厂商按一定价格出售一定量产品所获得的全部收入。如果厂商生产的是多种商品,那么,总收益就等于每种商品的价格与这种商品销量的乘积。以 TR 代表总收益,以 P 表示价格,以 Q 表示销量,则:

$$TR = \sum_{i=1}^{n} P_i Q_i \tag{5-13}$$

公式(5-13)中，i 为从 1 到 n 的自然数。

如果企业只生产一种产品，则：

$$TR = PQ \tag{5-14}$$

如果公式(5-14)中价格既定，生产的全部产品都可售出，总收益就是产量的函数。

平均收益(average revenue)是指厂商平均每一单位产品销售所获得的收入。平均收益等于任意一种产出水平上总收益与总销售量之比。以 AR 代表平均收益，则：

$$AR = \frac{TR}{Q} \tag{5-15}$$

公式(5-15)表明平均收益 AR 等于单位产品的卖价。

边际收益(marginal revenue)是指厂商每增加一单位产品销售所获得的收入的增量。它等于总收入的增量与总销售量的增量之比。以 MR 代表边际收益，则：

$$MR = \frac{\Delta TR}{\Delta Q} \tag{5-16}$$

如果产销量的增量可以无穷小变动，则：

$$MR = \frac{\mathrm{d}TR}{\mathrm{d}Q} \tag{5-17}$$

公式(5-17)表明边际收益 MR 是产销量 Q 的函数，是总收益增量对产销量增量的一阶导数。

总收益、平均收益与边际收益曲线如图 5-10 所示。

(二)总收益、平均收益与边际收益的关系

在微观经济学中，收益是厂商出售产品的收入。收益中包括成本和利润，即收益等于成本加利润。收益中的总收益、平均收益与边际收益之间的关系是：

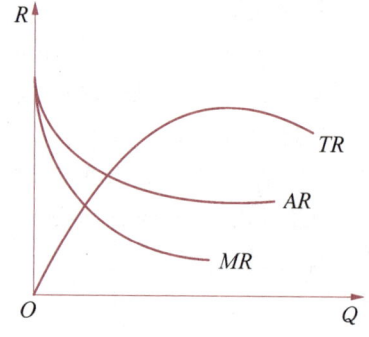

图 5-10 总收益、平均收益与边际收益

$$TR = AR \times Q$$

$$AR = \frac{TR}{Q}, \quad MR = \frac{\Delta TR}{\Delta Q} \tag{5-18}$$

微观经济学将总收益、平均收益与边际收益之间的关系分为在价格不变条件下的情况和在价格递减条件下的情况。

在价格不变条件下，一定产量的价格等于平均收益，又等于边际收益。因为无论厂商出售多少商品，它们都是按照同一个价格出售的，所以平均收益和边际收益都不变。这种条件下的边际收益、平均收益、总收益之间的关系是：

$$AR = MR = \frac{TR}{Q}$$

$$TR = AR \times Q = MR \times Q = P \times Q \tag{5-19}$$

在价格递减条件下，随着厂商销售量的增加，边际收益和平均收益都是递减的，一定产量的商品价格只等于平均收益，而不等于边际收益。这种条件下的边际收益、平均收

益、总收益之间的关系是:

$$AR = P = \frac{TR}{Q} \tag{5-20}$$

$$TR = P \times Q = AR \times Q \tag{5-21}$$

$$MR = \frac{\Delta TR}{\Delta Q} \tag{5-22}$$

(三) 收益曲线

如果说成本是用货币或价格表示的投入,那么,当生产量等于销售量时,收益就是用货币表示的产量。因此,总收益、平均收益和边际收益及其相互关系是受总产量、平均产量和边际产量及其相互变化的规律所支配的。在不考虑价格因素,而且假定生产量等于销售量时,总收益曲线、平均收益曲线和边际收益曲线也就与总产量曲线、平均产量曲线和边际产量曲线基本相同。在考虑价格因素时,收益的变化曲线受价格变动的影响而改变。

在价格不变的市场条件下,厂商出售最后一单位商品的价格同先期每单位商品的价格是一样的。因此,单位商品的价格既等于平均收益,又等于边际收益。在平面坐标上,边际收益曲线与平均收益曲线重叠,并与坐标的横轴平行,如图 5-11 所示。

在价格可变的市场条件下,我们分两种情况讨论收益曲线。

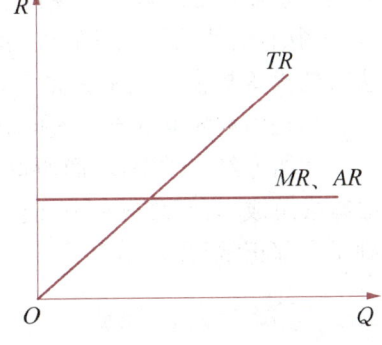

图 5-11　价格不变时的收益曲线

(1) 需求函数为线性。当需求函数为线性时,总收益曲线为一条抛物线。总收益随着销售的增加先增加,到达一个最高点后又开始递减。AR 曲线和 D 曲线重合,是一条向右下方倾斜的直线。MR 曲线也是向右下方倾斜的直线,但位于 AR 曲线的下方,说明 MR 随着销售量的增加其下降的速度快于 AR 的下降速度,如图 5-12 所示。

(2) 需求函数为非线性。在非线性需求函数的情况下,TR 曲线、AR 曲线、MR 曲线的形状如图 5-13 所示。

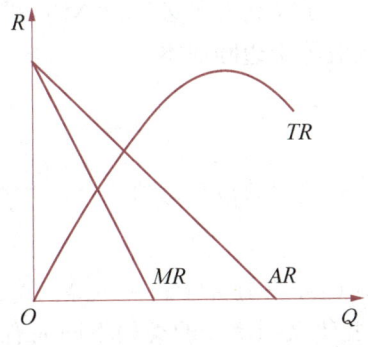

图 5-12　线性需求下的收益曲线

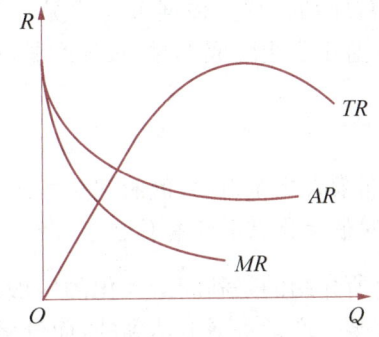

图 5-13　非线性需求下的收益曲线

由于价格和需求量反方向变化,即 D 曲线向右下方倾斜,因此 AR 曲线和 MR 曲线也是向右下方倾斜的。又由于 MR 不断递减,因而总收益曲线为一抛物线。

(四)利润

利润是收益与成本的差额。西方经济学把利润分为会计利润、正常利润和经济利润。会计利润是厂商的总收益与会计成本的差额,即企业的总销售收入减去显性成本。

$$会计利润 = 总收益 - 显性成本 \tag{5-23}$$

正常利润是指厂商如果把这笔投资投于其他相同风险的事业可能得到的收入,就是为了吸引厂商在本企业投资必须给他的最低限度的报酬,不然厂商就可能把资金抽出,投给其他企业。正常利润属于隐性成本,是企业全部机会成本的组成部分。

经济利润可能低于正常利润,我们称为亏损;也可能高于正常利润,我们称为超额利润。当经济利润低于正常利润时,在完全竞争的市场条件下,会引起资本的流出;当经济利润高于正常利润时,会引起资本的流入。

在完全竞争的市场条件下,经济利润是指企业在短期内能够获得的超过正常水平的利润。企业家之所以在短期内能获得超额利润,就在于短期内其他企业家还无法与之竞争。例如,他使用了先进的机器设备,从而提高了企业的劳动生产率,短期内,其他企业无法改变投资规模。但是在完全竞争的市场条件下,由于资本在不同的部门的流入、流出,而且总是由利润低的部门流向利润高的部门,竞争的结果是经济利润的消失。

在西方经济学中,厂商所追求的最大利润,就是指经济利润。由于经济利润等于总收益减去总成本,而总成本中又包含了正常利润,因此,当厂商的经济利润为零时,厂商仍得到了全部正常利润。

二、利润最大化原则

微课:利润最大化原则

利润最大化原则,是指在什么条件下,总收益与总成本之间的差额最大。因为价格和产量的变化,影响着边际收益和边际成本的变化,从而支配着总收益和总成本的变化,所以,西方经济学家从边际收益和边际成本的关系中寻找利润最大化的条件。当边际收益等于边际成本时,总收益与总成本之间的差额最大,即利润最大化的条件是:边际收益等于边际成本。

由于利润最大化的条件是边际收益等于边际成本,因此,厂商要实现利润最大化的目标,其经营原则必须是根据市场状况调节供给。在边际收益大于边际成本时,扩大产量;在边际收益小于边际成本时,减少产量,以使边际收益等于边际成本。

思考一下

"利润最大化原则"中的利润是指正常利润还是会计利润?当企业实际上已经发生亏损时,利润最大化原则还有什么意义?

以上所介绍的是利润最大化的一般原则。因为边际收益等于边际成本,总是在一定的价格和某一产量水平上达到的,而价格和产量的变化又因市场的类型不同而有所差异,所以需要结合市场竞争类型作具体分析。

专栏 5-6　问题探析

"普强实验"

在20世纪70年代,美国普强公司的一种新药"帕纳巴(Pannalba)"在市场上很受欢迎。但期间美国食品药品监督管理局(FDA)发现这种药存在严重的副作用甚至能致人死亡,通知了公司令其撤市。普强公司为此召开了特别董事会研究应对方案,董事会最终决定继续销售,同时采取法律、政治等手段百般拖延,并将此案诉诸法院,试图阻止FDA的禁售令。因为药品撤市时间每拖延一个月,公司就能多赚100万美元。

此案引起了宾夕法尼亚大学沃顿商学院教授斯考特·阿姆斯特朗的兴趣,他专门设计了一个角色扮演的实验来分析这个案例。阿姆斯特朗首先向一组学生介绍案情,让大家讨论普强公司的这种做法是否负责?结果是97%的学生认为这种做法不负责任,应当将药品撤出市场;然后他让另一组学生模拟普强公司董事会,每人扮演一个董事角色,在会上讨论这个问题,结果这次是"有人想辞职,有人很沮丧,还有人大声争吵,但是最终没有人将药品撤出市场",大多数董事选择尽全力继续销售。

"普强实验"在十多个国家重复了近百次,结果大同小异。每一组扮演董事会的学生都认为这样的选择正是体现公司的本分,即股东利益最大化。从企业经营效益的角度看这确实是理性的选择,就是去追求公司利润最大化,但当商业利益与社会责任的冲突时,企业的这种选择就不够"理性"了。

本 章 小 结

1. 成本函数反映了产品成本与产量之间的关系。
2. 按照时期长短,我们将成本分为短期成本与长期成本。短期成本又可分为固定成本和可变成本。
3. 在投入生产要素价格既定的条件下,短期成本中的总成本曲线、固定成本曲线、平均成本曲线、可变成本曲线、平均变动成本曲线和边际成本曲线这些曲线的形状取决于相应的产量曲线,受边际收益递减规律的制约。
4. 对短期成本的分析有助于为短期经营决策提供依据。
5. 长期成本可分为长期总成本、长期平均成本和长期边际成本。
6. 长期平均成本曲线是各个生产规模的短期平均成本曲线的包络线。它的曲线最低点的产量是企业的最优规模。
7. 长期平均成本曲线的形状,是由规模收益递增、不变、递减的规律决定的
8. 当边际收益等于边际成本时,厂商总利润最大。

思 考 与 讨 论

一、案例分析

有空位的汽车

林涛是北京开往天津的一辆长途巴士的车主兼司机。巴士出站后,还有2个空位,当车开到京津高速公路的收费站时,有一个人出40元要求上车前往天津(假设北京到天津的汽车票价是60元),如果允许中途载客,李涛是否应该允许客人上车?

如果出现另一种情况,车开到京津高速公路的收费站时,有一家三口愿意出180元要求搭车前往天津,按照规定,长途巴士车不得超员,如果超员一人,罚款200元。

要求:请分析在这种情况下,林涛应不应该让这家人上车?

二、简答题

1. 简述短期总成本曲线与平均可变成本曲线、边际成本曲线的关系。
2. 为什么在产量增加时,平均成本与平均可变成本越来越接近?
3. 为什么长期边际成本曲线一定在长期平均成本曲线的最低点与它相交?
4. 为什么长期平均成本曲线是短期平均成本曲线的包络线?
5. 厂商实现利润最大化的条件是什么?
6. 成本函数与生产函数之间有什么联系?
7. 规模经济是否指企业的生产规模越大越好?
8. 结合一个企业可能的生产以及市场竞争情况,谈一下你对 $MR=MC$ 原则的认识。

三、计算题

1. 假设某厂商的总成本函数是 $C=Q^3-6Q^2+14Q+75$,其中 C 代表成本,Q 代表产量。

   请计算:① 该厂商的可变成本 VC;② 该厂商的边际成本 MC。

2. 假设某厂商的收益函数和成本函数如下:

$$R(Q)=1\,000Q-2Q^2,\quad C(Q)=Q^3-59Q^2+1\,315Q+2\,000$$

   其中 Q 代表产量。求该厂商利润最大化时的产量。

四、实训项目

1. 分析出口商倾销时为什么能赚到钱。
2. 分析经营快餐店的小老板在什么情况下会关门停业。
3. 试估算一下你读大学的"机会成本"。

第六章 市场结构分析

 学习目标

1. 理解界定并评价完全竞争、垄断竞争、寡头垄断和完全垄断四种市场结构。
2. 掌握完全竞争、垄断竞争和完全垄断市场条件下的厂商均衡,及实现均衡的原则。
3. 掌握如何解释垄断厂商的差别定价。
4. 掌握古诺模型和对策论中寡头厂商的困境。
5. 掌握如何解释勾结性寡头的定价策略。
6. 掌握如何判断评价竞争与垄断。

引导案例

价格听证制度

价格听证制度是指定价机关在依法制定和调整政府指导价、政府定价的过程中,邀请经营者、消费者和社会有关方面代表对其必要性、可行性进行论证,充分听取各方面意见的程序性规范,我国施行的制度是《政府制定价格听证办法》。价格听证的具体形式就是价格听证会,由政府价格主管部门遵循公正、公开、公平的原则,以会议形式进行。目前我们常见的听证有自来水价格、电价、天然气价格等价格听证会,从全国36个重点城市的水价听证来看,除太原市2008年和昆明市2009年至今未上调居民的自来水价格之外,其余34个城市都在2009年至2019年期间调整了居民自来水价格。

为什么是水价听证而不是服装、家电价格听证?因为这些商品的属性不同,或者说这些商品市场的性质不同。前面在进行需求与供给分析时我们已经知道,商品价格的形成及变动应当是由供需关系来决定的,也就是所谓的市场机制(价格机制)作用的结果。但那是一般的市场竞争情况,对于一些关系民众切身利益的公用事业价格、公益性服务价格和自然垄断经营的商品价格等则需要实行政府指导价、政府定价。自来水是垄断性行业,服装、家电公司是垄断竞争性行业,不同形态的商品市场有着不同的价格形成机制。商品市场的性质对价格形成有何影响?不同形态的市场之间有何区别?

市场条件不同,会影响商品价格的决定,影响到均衡的条件。市场与竞争分析就是要研究不同市场条件下产品的价格和产量是如何决定的,以及厂商如何根据市场价格和生

微课：市场结构

产成本进行生产和销售，以便获取最大利润的问题。根据厂商在产品市场上的竞争和垄断程度，西方经济学把市场分成四种类型：完全竞争市场、垄断竞争市场、寡头垄断市场和完全垄断市场。本章将分别分析在不同的市场条件下，厂商的均衡价格和均衡产量是如何决定的。

第一节　完全竞争市场分析

一、完全竞争市场的含义和特点

完全竞争(perfect competition)，又称纯粹竞争(pure competition)，它是指不受任何阻碍和干扰，不存在丝毫垄断因素的市场结构。完全竞争市场具有下述特点：

> 提示：市场结构的特点，可以从市场上厂商的数量，（厂商提供的）产品的同质程度，进入市场的难易等方面把握。

第一，市场上有许多买者和卖者，他们是互相独立的。每个买者和卖者在市场上只占一个很小的份额，他们可以增减产量或增减消费量，但这种增减变动在整个市场的交易量中所占的份额太小，不足以影响价格。买者和卖者只能接受由市场决定的价格，因而也被称为价格接受者(price taker)。

第二，产品不存在差别，是同质的。各个厂商生产的产品在品种、质量、外形包装以及销售条件等方面完全相同，产品具有完全可替代性。因而，卖者不能利用产品影响价格，如果某厂商提价，他的商品就会卖不出去；买者也不会对某一厂商的产品产生特殊的偏爱，消费者购买哪个厂商的产品完全是随机的。

第三，生产者可以自由出入这个行业。各种生产要素可以在不同行业、不同地区之间自由流动，新企业进入这个行业没有任何障碍，厂商总能够及时地向获利的行业运动，及时退出亏损的行业。在这个过程中，缺乏效率的企业会被淘汰。

第四，市场参与者具有完备的信息。买者和卖者都有完全的、准确的市场信息，对市场状况和可能的变化都有完全的知识。这样，市场上每一个消费者或生产者都可以据此确定自己的最优购买量或最优生产量，从而获得最大的经济利益。生产要素在市场上的流动是理性的，而不是盲目的，即总是从利润率低的部门流向利润率高的部门。

一个市场缺少上述四个条件中的任何一个，就不是完全竞争市场。显然，这是一种理论分析中存在的理想化的市场形态，是一种抽象的市场类型，现实生活中并无完全符合这四个条件的市场，通常人们只是将某些农产品市场看成比较接近完全竞争的市场类型。不过，完全竞争市场作为一种抽象的形态，具有重要的理论意义，它可以揭示出市场机制运行的规律，分析市场机制在资源利用方面的优点，帮助我们制定恰当的经济政策去管理市场。因此，在微观经济学里，对许多问题的分析研究都是假定在完全竞争的条件下展开的，它也是对其他各种类型的市场进行分析的基础。

二、完全竞争市场上厂商的需求和收益

专栏6-1　问题探析

当你步入一个规模不大的农贸市场时,你会发现当天的黄瓜或西红柿价格几乎惊人的一致,为什么不同摊贩的同类蔬菜价格如此一致?品种相同的黄瓜没人试图降价销售,也没人试图高价售卖,他们事先开会了吗?没有。他们的境况类似于完全竞争的市场。

完全竞争市场中,一个行业的需求曲线与单个厂商面对的需求曲线是不同的,当然,这两者之间又有着一定的联系。完全竞争市场上一个行业的产品供求情况以及该行业的单个厂商所面对的需求曲线的形态如图6-1所示。

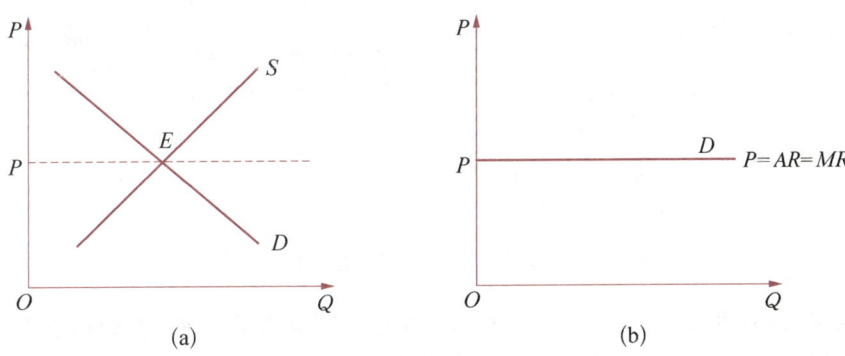

图6-1　完全竞争市场的需求曲线和行业、厂商的平均收益、边际收益曲线

一个行业的所有厂商的供给曲线按水平方向叠加起来,就形成了这个行业的供给曲线,图6-1(a)中的 S 曲线就是一条行业供给曲线。它表示该行业的供给量是随着价格的提高而增加的。整个市场对这个行业的产品需求曲线,则是由所有对该产品的个人需求曲线按水平方向叠加形成,图6-1(a)中的 D 曲线就是这样一条市场需求曲线。完全竞争市场的价格是由整个行业的需求和供给决定的,如图6-1(a),市场供给曲线和需求曲线的交点 E 决定了均衡价格 P。完全竞争市场中有大量的生产者,其中任何一个生产者增减供给量,对整个市场的供给曲线不会有什么影响,因而任何生产者都不能影响市场价格,单个厂商只能接受行业的均衡价格水平,即单个厂商按照既定的市场价格出售自己一定产量的产品,<u>厂商所面临的需求曲线为一条水平线</u>,如图6-2(b)中的 D 曲线。因而,<u>单个厂商每出售一个单位产品所获得的收益即边际收益总与价格相等,也与平均收益相等,在图中表现为一条与需求曲线重合的水平线</u>。

三、完全竞争条件下厂商的均衡

(一) 完全竞争条件下厂商的短期均衡

在短期内,厂商没有足够的时间调整厂房设备,只能通过调整可变要素的使用量来调整其产销量。因而,原来从事某一产品生产的厂商不能退出本行业,其他行业的厂商也不能作为新厂商加入这一行业。因此在短期内,完全竞争条件下厂商的均衡存在三种情况:

(1) 获得超额利润的均衡。完全竞争条件下单个厂商不能决定商品的价格,只能根据 $MR=MC$ 利润最大化原则调整自己的产量,如图6-2所示。图6-2(a)代表行业的均衡,图6-2(b)表示该行业中单个厂商的均衡,厂商的平均成本和边际成本如图中的 AC 和 MC 所示。整个行业的供给和需求决定了整个行业的均衡价格水平为 P,单个的厂商只能接受行业的价格水平,厂商根据 $MR=MC$ 的利润最大化原则将其产量调整到 Q_1,这时,厂商所获得的总收益为面积 $OPAQ_1$,总成本面积为 $OCBQ_1$,超额利润为面积 $CPAB$。只要价格水平即边际收益线高于平均成本线的最低点,厂商就能获得超额利润。

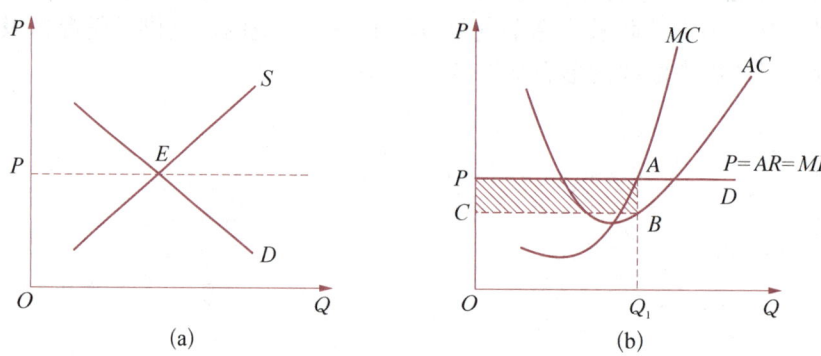

图6-2 短期内厂商获得超额利润的均衡

(2) 亏损最小的均衡。在完全竞争市场中有的厂商可能会遇到这样的情况,那就是产品的市场价格非常之低,不论厂商如何调整自己的短期产量,都不能使自己的平均成本低于或等于市场价格,因此,厂商的总成本大于总收益,出现亏损局面,如图6-3所示。单个厂商接受行业的均衡价格水平,然后根据 $MR=MC$ 的利润最大化原则,将产量调整到 Q_1,这时,厂商所获得的总收益为面积 $OPBQ_1$,总成本为面积 $OCAQ_1$,总成本大于总

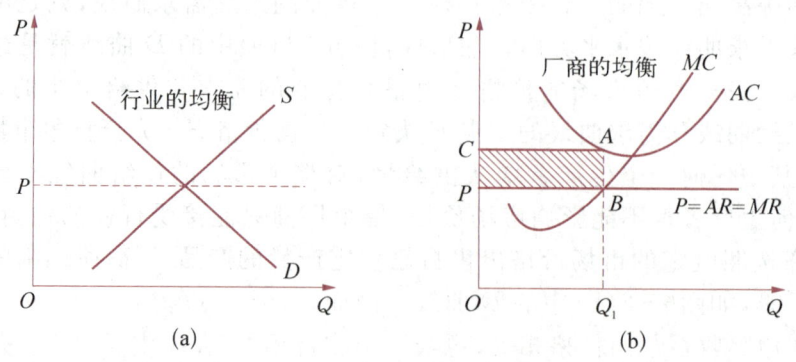

图6-3 短期内厂商亏损最小的均衡

收益,亏损面积 PCAB。可见,只要市场价格即边际收益线低于平均成本曲线的最低点,厂商就亏损。

(3) 获得正常利润的均衡。如图 6-4 所示,厂商的平均成本曲线为 AC,边际成本曲线为 MC,该厂商所面对的需求曲线正好和它的平均成本曲线最低点 A 相切。

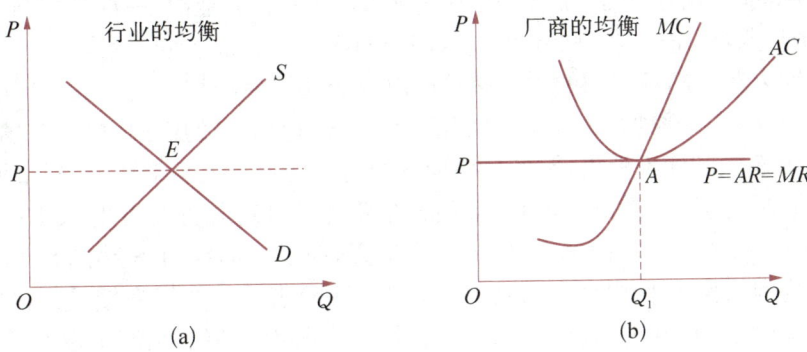

图 6-4　短期内厂商获得正常利润的均衡

由于边际成本曲线必然穿过平均成本曲线的最低点,因此该厂的边际收益曲线 MR 也就必然和边际成本曲线 MC 相交于 A 点,A 点决定的产量 Q_1 便是厂商的最佳产量。这时,厂商所获得的总收益为面积 $OPAQ_1$,总成本为面积 $OPAQ_1$,总收益等于总成本,厂商既没有超额利润也没有亏损,因而只能获得正常利润。可见,只要市场价格即边际收益线与平均成本曲线的最低点相切,厂商就只能获得正常利润。

需要强调的是,无论厂商是获得超额利润还是发生亏损,只要价格高于平均可变成本,在短期内它都将继续生产。如果它停止生产,其固定成本支出并不因停产而减少,因为短期内厂商的固定成本是不变的。厂商增加一单位产量所增加的成本等于所增加的可变成本。这样,厂商把亏损减少到什么程度,取决于它在多大程度上补偿固定成本。如图 6-5(a) 所示,厂商根据 MR=MC 的利润最大化原则,将产量调整到 Q_1 时,虽然有亏损,但在所获得的总收益面积 $OPAQ_1$ 中,不仅全部收回了可变成本面积 $OFDQ_1$,而且还补偿了面积为 FPAD 的固定成本。

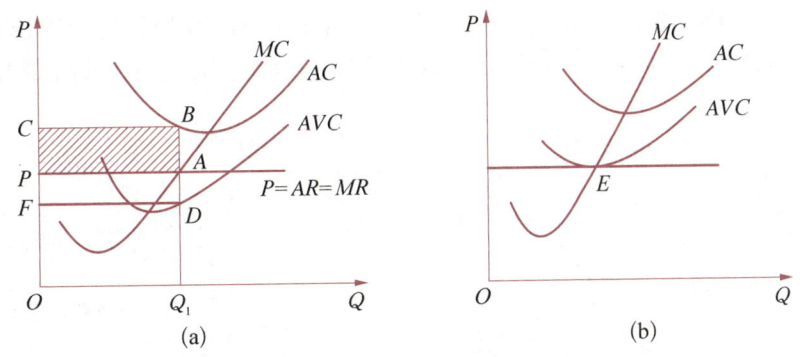

图 6-5　必须继续生产的短期亏损均衡和营业停止点

如图 6-5(b) 所示,当厂商的边际收益曲线和边际成本曲线相交于平均可变成本的最低点 E 时,厂商就应该停止生产了。E 点就是该厂商的停止营业点或关门点(shutdown point)。因为这时厂商的总收益扣除可变成本之后无余额,全部固定成本都亏掉了,这和停止生产时全部固定成本都亏掉的情况一样,因此没有必要再进行生产了。

(二) 完全竞争条件下厂商的长期均衡

在长期内,由于厂商有足够的时间调整全部生产要素,可以自由进入或退出某一行业。当存在超额利润时,就有新的厂商加入;当行业内存在亏损企业时,一部分厂商就有可能转产,退出这个行业,从而达到一种新的均衡,即长期均衡。下面分别讨论这几种情形:

(1) 短期内获得超额利润的均衡在长期内由于新厂商的加入而消失。厂商在追求利润的动机推动下,将纷纷加入有超额利润的行业,从而使商品的供给增加,市场价格下降。但只要该行业超额利润不消失,别的厂商向这个行业的流动就会继续下去,市场价格就会继续下降,直到新的均衡价格使该行业厂商的超额利润完全消失为止,如图6-6所示。图6-6(a)表示由于新的厂商加入,供给能力增强,使供给曲线由S移到S_1,均衡点由E移到E_1,使均衡价格水平由P下降到P_1;图6-6(b)表示单个厂商接受此价格,并按$MR=MC$利润最大化原则调整产量为Q_1,这时,厂商既没有超额利润也没有亏损,刚好获得正常利润。此时,新厂商因为没有超额利润可追求,从而不再加入,原厂商因还可以获得正常利润也不会退出,从而实现长期均衡。

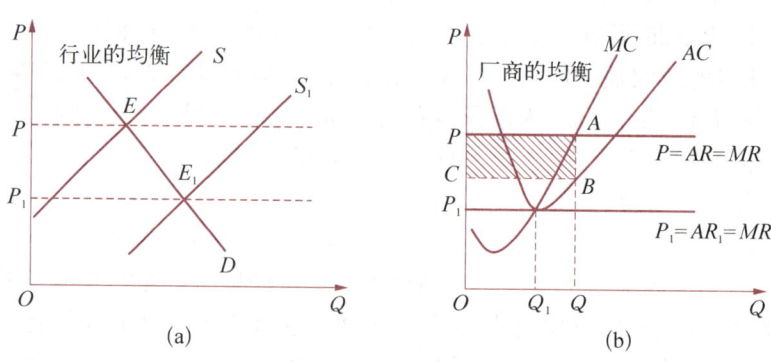

图6-6 完全竞争条件下厂商短期盈利、长期均衡的调整

(2) 短期内亏损的均衡在长期内由于原有厂商的退出而消失。假定某个行业亏损,这个行业的厂商将纷纷退出这个行业,结果商品供给减少,市场价格上升。只要厂商的亏损不消失,原有厂商的退出就会继续下去,价格将继续上升,直到新的均衡价格使亏损全部消失为止,如图6-7所示。图6-7(a)表示由于原有厂商的退出,供给能力减弱,使供

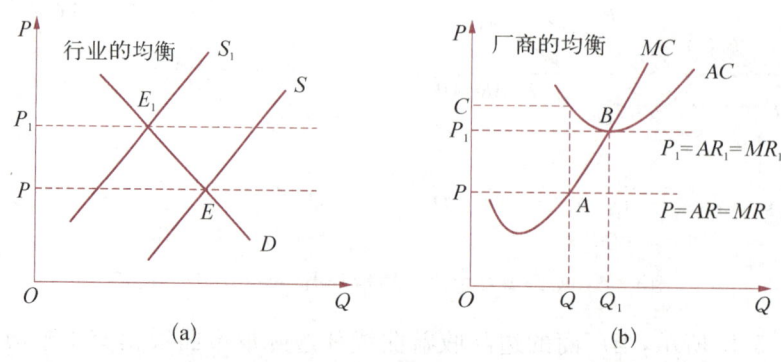

图6-7 完全竞争条件下厂商短期亏损、长期均衡的调整

给曲线由 S 移到 S_1，均衡点由 E 移到 E_1，均衡价格水平由 P 上升到 P_1。图 6-7(b) 告诉我们，厂商接受行业的价格均衡水平，并按 $MR=MC$ 的利润最大化原则，调整产量为 Q_1。这时，厂商既没有超额利润，也没有亏损，刚好获得正常利润。此时，由于原有厂商已能获得正常利润而不再退出，新厂商也不会加入这一行业，从而达到长期均衡。

由以上分析可见，在完全竞争条件下，竞争能够使企业在平均成本的最低点上生产，从社会的角度看，资源在各种产品之间的分配也是最优的。

  思考一下

完全竞争市场上的厂商是完全一样的吗(如规模、产品、利润)？他们之间有没有直接的竞争？

第二节　完全垄断市场分析

专栏 6-2　问题探析

卖黄瓜的刁民

明朝年间，某日御膳房总管太监为皇帝采购食材。十冬腊月见一百姓叫卖黄瓜便欲买下。卖者要价：3 条黄瓜三两银子，总管嫌贵。刁民拿起一条黄瓜猛咬一口，剩下的两条黄瓜仍然要价三两银子，总管正要和其理论，刁民又要吃第二条黄瓜，无奈之下总管只得付三两银子买下两条黄瓜。当一个企业垄断了一种产品时，是否也会像卖黄瓜的刁民一样漫天要价呢？

一、完全垄断市场的含义和特点

完全垄断市场(perfect monopoly)是指一个行业提供的某种产品只有一家生产厂商，不存在丝毫竞争因素的市场结构。完全垄断市场具有下述特点：

第一，一个行业只有一个厂商提供产品，或者说一个厂商就代表一个行业。厂商的供给就是行业的供给。

第二，其产品或劳务没有相近的替代品，因此，它不必担心来自其他行业或厂商的竞争，垄断市场上没有任何竞争威胁。

第三，垄断厂商能独自决定产品的价格，它是产品价格的制定者(price maker)，而不是价格的接受者，因此，它可以根据情况确定价格，以确保垄断利润。

第四，存在进入壁垒，其他厂商进入这个行业是极不容易或几乎不可能的。

以上这些特征是经济分析中对完全垄断的假定，现实生活中的垄断不一定严格符合这些条件，但为了理论上分析的完整和严密，做这些假定是必要的。

那么是什么原因造成现实生活中的垄断现象呢？一般认为，以下一些原因可能会造成完全垄断：

第一，是规模经济的现象。竞争中的厂商为了取得优势，会走上扩大生产规模的道路，越是先进的生产设备，越是大规模生产，就越是降低成本。于是竞争中有一种大鱼吃小鱼的现象，那些成功地利用规模经济的企业会逐步消灭规模较小的企业，使整个行业的产量集中到少数几家厂商，最终就有可能形成一个行业只有一家厂商的局面。

第二，是自然垄断（natural monopoly）。经济生活中存在这样的一些行业，由于自然原因，它们不适宜小规模分散经营，必须使用大量投资，或使用规模很大的设备，因此，一家厂商就足以满足整个市场的需求。并且在一个很大的范围内，这种厂商的产品成本是随着产量的增加而递减，其他厂商难以再进入这个行业，这种行业我们就称为自然垄断，如电力、自来水、煤气、铁路。如果在同一地方让两家或两家以上的厂商来经营这些行业，必然会造成很大的资源浪费。

第三，是原料或生产要素的控制。如果某个厂商控制了某一行业生产所必需的某种原料或生产要素，它就可以独家运用这种原料或生产要素进行生产，排除其他厂商进入这一行业的可能性。设某国只有一座矿山或一种原料产地，它正好被一家厂商所独占，于是其他厂商因得不到这种原料而被排除在这个行业之外。

第四，是技术专利的原因。政府用法律保护专利所有者的独家占有权，如果专利所有者决定自己独家使用该专利，或决定把该专利使用权转让给某一家厂商，就会形成垄断局面。另外，政府也可能用特许权的形式，授予某个厂商在政府管制下独家经营与公共福利或财政收入密切相关的行业，如食盐、烟、军用品、某些药品，这也会形成垄断。

二、完全垄断厂商的需求与收益

垄断条件下行业中只有一家生产厂商，因此，这家垄断厂商面对的需求曲线就是整个行业的需求曲线。当产品的价格比较高时，社会需求量较小；当产品价格比较低时，社会需求量较大。因此，垄断厂商面对着一条向右下方倾斜的需求曲线。与完全竞争厂商不同，在完全竞争条件下，厂商是价格的接受者，单个厂商不论销量有多大都不会改变市场价格，但垄断厂商是价格制定者，它要抬高价格，只需减少供给量，它要降低价格，就增加供给量。所以垄断厂商的收益情况和完全竞争厂商不同。它每卖出一个单位的产品给厂商带来的收益就等于产品的单价。若垄断厂商规定一个较高的价格，比如把单价定为9万元，此时它销售一个单位产品，总收益就为9万元，平均收益也为9万元。若厂商扩大自己的销售量，就必须降低价格。当它把单价定为8万元时，销售量可达2个单位，总收益为16万元，平均收益为8万元。其价格与销售量、总收益、平均收益、边际收益情况如表6-1所示。

表6-1 某垄断厂商的总收益、平均收益与边际收益表

价格/ 万元	销售量/ 单位产品	总收益/ 万元	平均收益/ 万元	边际收益/ 万元
9	1	9	9	9
8	2	16	8	7

续　表

价格/ 万元	销售量/ 单位产品	总收益/ 万元	平均收益/ 万元	边际收益/ 万元
7	3	21	7	5
6	4	24	6	3
5	5	25	5	1
4	6	24	4	−1

从表 6−1 可以看出，垄断厂商销售一定量产品所得的平均收益必然等于销售价格，即它的平均收益曲线和其需求曲线重合，是一条向右下方倾斜的曲线。垄断厂商的边际收益是随着产量的增加而递减的，并且其数值小于平均收益。这是因为边际收益是产量增加一个单位所引起的总收益的增加量，当垄断厂商增加销售量时，会使价格下降，从而使之前单位产品的销售收入也下降。因此，总收益的增加量要小于单位产品的卖价，换言之，当销售价格下降时，边际收益的下降速度要比平均收益的下降速度更快。

由以上描述可知，在完全垄断条件下，平均收益等于商品价格，平均收益线就是需求曲线，是一条自左上向右下方倾斜的曲线；边际收益总是小于平均收益，所以边际收益总是位于平均收益线的左下方，如图 6−8 所示。

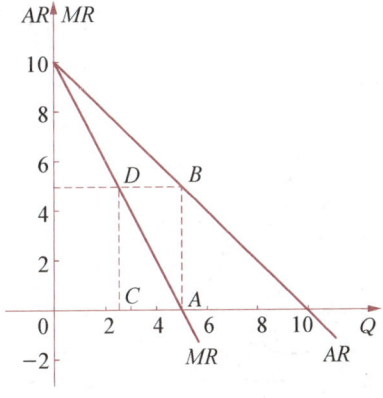

在图 6−8 中，当价格为 5 时，需求曲线上对应产量为 5 个单位，而边际收益曲线上对应产量正好是它的一半，即 2.5 个单位，当价格在 0 时，需求曲线上对应产量为 10 个单位，边际收益曲线上对应产量正好是它的一半，即 5 个单位，其他任何一个价格对应的产量与其边际收益对应的产量都保持这种关系。

图 6−8　平均收益和边际收益

三、完全垄断条件下厂商的均衡

垄断厂商自己有权决定产品的价格和销售量，它可以只卖少量产品而维持高价，也可以用低价扩大自己的供给量，那么它会如何行动呢？显然它将根据利润原则行事，或者是使自己的利润最大化，或者是使自己的亏损最小化。

（一）完全垄断条件下厂商的短期均衡

完全垄断条件下厂商的短期均衡也有三种情况：

（1）获得超额利润的均衡。如图 6−9 所示，垄断厂商根据 $MR=MC$ 的利润最大化原则，将产量调整到 Q_1，所取得价格为 P。这时，垄断厂商所获得总收益为面积 $OPDQ_1$，总成本为面积 $OCBQ_1$，总收益大于总成本，超额利润为面积 $CPDB$。在短期内，获得超额利润的均衡是完全垄断条件下一般的、具有代表性的均衡，但是在短期内，如果需求不旺或很低，也不排除垄断厂商的另外两种均衡。

微课：完全垄断条件下厂商的短期均衡

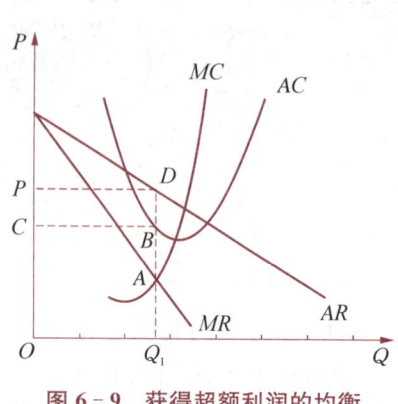

图6-9 获得超额利润的均衡

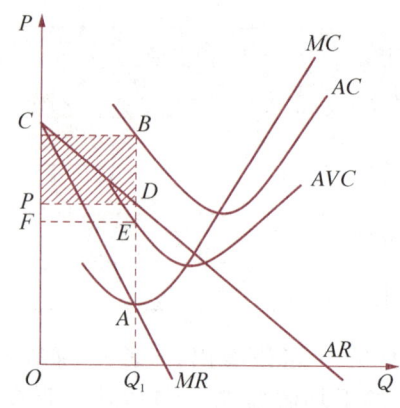

图6-10 最小亏损的均衡

（2）最小亏损的均衡。有时候，垄断厂商的成本太高，或者社会上对这种产品的需求曲线处在该垄断厂商的平均成本曲线 AC 之下，两者之间没有共同点，此时垄断厂商就可能发生短期亏损，因为此时无论厂商生产多少产品，其平均成本都高于平均收益，如图6-10所示。

边际收益曲线和边际成本曲线交于 A 点，此时对应的 Q_1 产量是使厂商亏损最小的均衡产量。厂商的总收益为面积 $OPDQ_1$，总成本为面积 $OCBQ_1$，总成本大于总收益，亏损为面积 PCBD。此时的总收益在弥补了全部可变成本之外，还有一部分 DE 可补偿部分固定成本，所以短期内维持生产比停止生产亏损要小。如果垄断厂商的需求曲线低于它的平均可变成本 AVC 曲线，那说明他只要生产，不论产量多少，就不但不能弥补固定成本，而且连可变成本也补偿不了，因此，不如停止生产可以使亏损更小一些。此时厂商必然停止生产。由此可见，垄断厂商在短期内亏损的情况下仍然生产的前提是其平均收益曲线 AR 与平均可变成本曲线 AVC 相割。

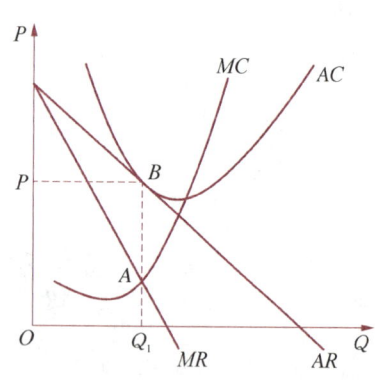

图6-11 获得正常利润的均衡

（3）获得正常利润的均衡。有时候垄断厂商面临的需求曲线正好和平均成本曲线 AC 相切，于是垄断厂商根据 MR=MC 决定的产量便能保证它获取正常利润。其均衡情况如图6-11所示。垄断厂商根据 MR=MC 决定均衡产量 Q_1，与 Q_1 相对应的价格为 P 正好是需求曲线和平均成本 AC 相切的切点 B 所表示的。垄断厂商的总收益为面积 $OPBQ_1$，总成本为面积 $OPBQ_1$。总成本等于总收益，既无超额利润也无亏损，刚好获得正常利润。

（二）完全垄断条件下厂商的长期均衡

长期中，完全垄断厂商可以调整一些生产要素。如果短期亏损，它就可能会在长期中退出这个行业；如果有盈利，它就会调整自己的生产规模，使产量由边际收益曲线和长期边际成本曲线的交点（MR=LMC）来决定。前面我们在讨论长期平均成本曲线时指出，长期平均成本曲线先递减后递增。如果垄断厂商逐步扩大规模，必然在开始阶段会得到

微课：完全垄断条件下厂商的长期均衡

规模经济的好处,使自己的盈利增加;如果它的边际收益曲线和长期边际成本曲线的交点决定的产量位于长期平均成本曲线的上升阶段,此时的总收益必然大于总成本。所以,在长期中垄断厂商的均衡通常会有超额利润。又由于其他厂商不能进入该行业,从而超额利润会长期存在。其长期均衡与图6-9所示的情形相仿,只是上面的曲线 AC 和 MC 改为 LAC 和 LMC。

四、垄断厂商的差别定价

以上论述表明,垄断厂商对一定产量商品只索取统一价格。但在实际生活中,垄断厂商为了增加利润,对不同的买者索取不同的价格,即实行价格差别。价格差别(price discrimination)是指厂商在同一时间、对同一种产品,向不同的购买者索取两种或两种以上的价格。这些价格差别并不反映成本的差别。要使差别定价的做法在实际上行得通,必须具备以下条件:

第一,市场存在某种不完善性,以至于总的市场可以分割为许多相互独立的分市场,垄断厂商可以在这些分市场中分别实行不同的价格。否则,实行低价的分市场上的产品就会流到高价的分市场,使差别定价失效。

第二,各个分市场必须具有不同的需求价格弹性 E_d。我们知道,$MR = P\left(1 - \dfrac{1}{E_d}\right)$,即 $P = MR \times \dfrac{E_d}{E_d - 1}$。利润极大化要求满足 $MR = MC$ 这个条件,因此,各个分市场的 MR 在利润极大化的情况下应该是相等的,也就是说,在各个分市场实行差别定价的条件之一是他们有不同的需求价格弹性。各个分市场的价格可以从下式推算出来:$P = MR \times \dfrac{E_d}{E_d - 1} = MC \times \dfrac{E_d}{E_d - 1}$。如果两个分市场的需求价格弹性相同,则在这两个分市场上的价格必然相同。

垄断厂商的差别定价的方法一般有三种,即一级价格差别、二级价格差别和三级价格差别。下面分别给予介绍:

(一) 一级价格差别

一级价格差别(first-degree price discrimination)又称为完全差别价格(perfect discrimination),是指垄断厂商在确切了解消费者购买意愿的基础上,根据每个消费者愿意为每单位商品所付出的最高价格,而为每单位商品制定不同的销售价格。在一级价格差别条件下,消费者剩余全部转变为垄断厂商的利润。典型的例子就是一个远离城市的乡村医生,对于相同的治疗,对富人和穷人分别收取不同的费用,而且是他们所愿意或能够付出的最高价格,这样可以把穷人和富人的消费者剩余全部转化为医生的利润。对某一产品实行一级价格差别的情况如图6-12所示。

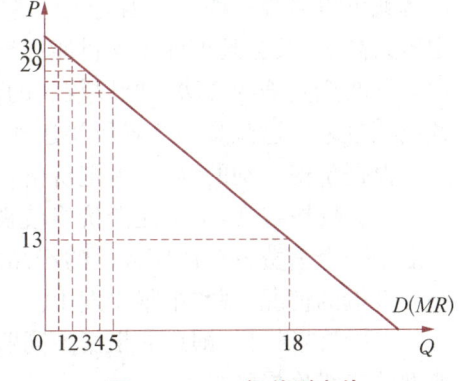

图6-12 一级差别定价

在图6-12中,消费者购买第一个单位产品时的需求价格为 30 元，第二个单位产品的需求价格为 29 元……第 18 个单位产品的需求价格为 13 元。在通常情况下，消费者购买 18 个单位产品支付 $13 \times 18 = 234$ 元，但在一级差别定价条件下，消费者就将支付 $30 + 29 + 28 + \cdots + 13 = 387$ 元。由此可以看出，相当于消费者剩余的那个三角形面积现在要由消费者支付了。厂商面对的需求曲线，也就是它的边际收益曲线。

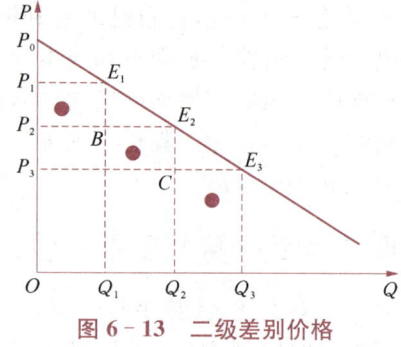

图 6-13　二级差别价格

（二）二级价格差别

二级价格差别（second-degree price discrimination）是指垄断厂商把商品购买量划分为两个或两个以上的等级，对不同等级的购买者索取不同的价格。例如，某电力公司在收费价目表上把每月耗电量规定三个或三个以上的等级，耗电较少的等级价格较高，耗电较多的等级价格较低。图 6-13 表示电力公司对居民实行二级价格差别的情况。

当居民每个月用电量为 Q_1 单位电力时，设该点的价格为 P_1，当他的用电量从 Q_1 增加到 Q_2 时，增加消费的部分 Q_1Q_2 按 P_2 价格收费，当他的用电量继续从 Q_2 增加到 Q_3 单位时，增加消费的部分 Q_2Q_3 则按更低的价格 P_3 收费。按照这种办法收费，在消费量为 Q_3 的情况下，厂商的总收入要比全部用电都按 P_3 计算时要高。按 P_3 计价时，消费者剩余相当于三角形 $P_3E_3P_0$ 的面积，按二级价格差别定价时，消费者剩余就只剩下相当于图 6-13 中 $P_0P_1E_1$、E_1BE_2、E_2CE_3 三个三角形面积了，其余的部分都被垄断厂商所攫取。

（三）三级价格差别

三级价格差别（third-degree price discrimination）是指垄断厂商把总的市场分为两个或两个以上的类别，对每类买者收取不同的价格。具体做法是：垄断厂商可以将市场分为若干分市场，把总的销售量分配到各个分市场，使各个分市场的边际收益等于总的市场的边际收益，并根据各个分市场的需求价格弹性，分别制定各分市场价格。对于在同一个分市场的需求者来说，他们只面对着一个市场价格，他们支付的价格不会随他们的购买量而变化。

（四）价格歧视

价格歧视实质上是一种价格差异，通常是指商品或服务的提供者在向不同的接受者提供相同等级、相同质量的商品或服务时，在接受者之间实行不同的销售价格或收费标准。

实行"价格歧视"的目的是获得较多的利润。如果按较高的价格能把商品卖出去，生产者就可以多赚一些钱。因此生产者将尽量把商品价格卖得高些。但是如果把商品价格定得太高了，又会赶走许多支付能力较低的消费者，从而导致生产者利润的减少。如何采取一种两全其美的方法。既以较高的商品价格赚得富人的钱，又以较低的价格把穷人的钱也赚过来。这就是生产者所要达到的目的，也是"价格歧视"产生的根本动因。

根据价格差别的程度，可把价格歧视区分为三个等级：

一级价格歧视，又称完全价格歧视，就是每一单位产品都有不同的价格，即假定厂商知道每一个消费者对任何数量的产品所要支付的最大货币量，并以此决定其价格。这是一种极端的情况，现实中很少发生。

二级价格歧视，即厂商根据不同购买量，确定不同价格。公用事业中的差别价格就是典型的二级价格歧视。

三级价格歧视是指垄断厂商对不同市场的不同消费者实行不同的价格,在实行高价格的市场上获得超额利润。

> **专栏6-3　专题阅读**
>
> "石油帝国"的兴衰
>
> 　　自1859年在宾夕法尼亚打出第一口油井以来,石油产业至今仍在对美国乃至世界经济和政治发展产生着重大的影响。但在石油产业发端之初,厂商之间是一派恶性竞争的混乱景象,市场上的石油产品如汽油质次价高。也就是在此时期,年轻的洛克菲勒于1864年建起了他的第一家炼油厂。1870年他把两座炼油厂和石油输出商行合并,创建了标准石油公司(Standard Oil),由此迈开了近乎疯狂的扩张步伐:曾经在48小时内连续买下6家炼油厂,从1872年2月17日到3月28日的短短39天一口气吞并了22个竞争对手。
>
> 　　洛克菲勒何以从激烈的竞争中发展起来?第一,就如公司以其名称所标榜的,标准石油出产的是顾客可以信赖的"符合标准的产品",以负责任与高效率为标准树立自己的市场形象。第二,面对激烈的行业竞争,标准石油采取了吝啬的成本控制措施,炼油厂提炼一加仑原油的成本被计算到一美分的千分之一。仅此就使公司的产品比其他企业更具市场竞争力,即便是每加仑汽油的价格从88美分下降到5美分,标准石油依然可以盈利。并且规模化、一体化的经营模式使其整体成本进一步降低,取得对竞争者的更大优势。
>
> 　　1882年洛克菲勒又与他的合伙人签署"标准石油公司托拉斯协定",创建了世界上第一家托拉斯(Trust)——标准石油托拉斯,并随后开始收购油田、涉足销售市场,在继续扩张规模的同时进一步拓展产业链。到1890年,标准石油已经是美国最大的原油生产商,垄断了美国95%的炼油能力、90%的输油能力、25%的原油产量。洛克菲勒也由此被誉为"世界石油大王"。
>
> 　　然而标准石油公司的垄断地位早已受到美国政府的"关注",并诉其违反了《反托拉斯法》。1911年5月最高法院裁定标准石油公司违法,并命令拆分为34个新的公司,洛克菲勒一手创建的"石油帝国"就此不复存在。为何会是这样的结果?诺贝尔经济学奖得主迈克尔·斯宾塞从竞争的角度指出:从某些方面看,人们争议的不是垄断本身,没有人会说微软的市场份额不是靠自己争取来的,问题是他们过度阻碍了新竞争者的进入。
>
> 　　从市场机制的角度分析,标准石油公司可以说是竞争的产物,它是在竞争环境中壮大的,由竞争者成长为垄断者。但就我们今天所知的垄断者行为来看,他们往往是通过其市场支配地位(如定价权)谋取更多的利益,创新和技术进步的意愿下降、效率降低,同时更妨碍市场竞争。这就出现了一个有趣的现象,在市场经济条件下,企业为了利润最大化的目标必然要与同行进行竞争,而自由竞争的程式不可避免地是由完全竞争向寡头垄断方向发展,因此我们常见的市场竞争就是那种竞争与垄断现象并存的状态。

第三节　垄断竞争市场分析

一、垄断竞争市场的含义和特点

垄断竞争(monopolistic competition)是指许多厂商生产和销售有差别的同类产品，兼有垄断和竞争两种市场特点的一种市场结构。垄断竞争市场具有以下特点：

第一，同一行业的每个厂商生产的是异质产品(heter-generous products)。即每个厂商的产品都具有自己的特色，不同厂商的产品之间存在差异。这种差异可能是因为设计、技术不同或原材料不同，也有可能是因为产品外观形状、包装、商标等不同而产生的，甚至厂商的地理位置、服务态度的不同也构成了产品差异的一个方面。当然，这些不同的厂商生产的产品又是相似的，它们之间有很大的替代性。由于产品有差别，则每个厂商生产的产品特色便构成了垄断因素，产品的差别越大，垄断程度就越高。另一方面，因为产品之间有替代性，所以不同厂商之间存在激烈的竞争，替代程度越高，竞争也就越激烈。因此，就把这样的市场称为垄断竞争市场。在这种市场中的厂商既是垄断者，又是竞争者。

第二，同一行业中有许多厂商。厂商的行为对市场价格会产生一定的影响，但这种影响是有限的。这些厂商独立行动，并不互相勾结以控制市场价格。因为同一市场中有许多厂商，所以一个厂商的行为不会影响市场，单个企业的行为一般也不会引起其他厂商的对抗。

第三，厂商比较容易进出这个市场。一般来说，垄断竞争厂商主要是指日用轻工业、手工业、零售商业以及维修服务等行业中的厂商，这些行业中的厂商规模并不太大，所需投资不是太多，因而进出行业的障碍不大。

二、垄断竞争条件下厂商的均衡

（一）垄断竞争条件下厂商的需求曲线特点

垄断竞争条件下厂商的需求曲线向右下方倾斜，与垄断厂商相似，而与完全竞争厂商不同。但由于竞争因素的存在，垄断竞争条件下厂商的需求曲线比较平坦，近似于一条水平线，因此它又接近于完全竞争条件下厂商的需求曲线。

垄断竞争条件下厂商平均利润曲线的高度即其卖出任一特定数量的产品所能够索取的价格，依存于被假定为与他进行竞争的整个集团厂商的平均价格。因为任一厂商的价格超出其他厂商达到一定程度之后，购买者便会转向其他的竞争者。所以在垄断竞争市场中，一般来说，短期内存在超额利润，长期内厂商则只能获得正常利润。

（二）垄断竞争条件下厂商的均衡

垄断竞争市场中的厂商均衡，也可分为短期均衡和长期均衡两种情况来讨论。

（1）垄断竞争条件下厂商的短期均衡。在短期内，垄断竞争厂商与完全竞争、完全垄断厂商一样，存在三种均衡：即获得超额利润的均衡、亏损最小的均衡和获得正常利润的均衡，分别如图 6-14、图 6-15、图 6-16 所示。

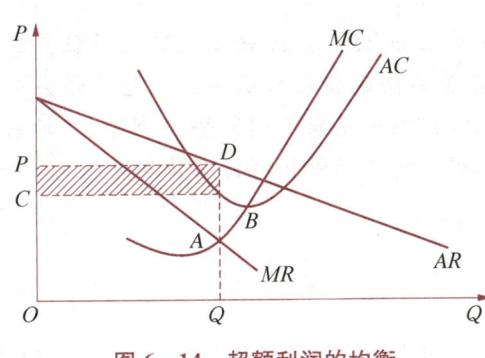

图 6-14　超额利润的均衡　　　　图 6-15　亏损最小的均衡

从图中可以看出,在图形的形式上,垄断竞争和完全垄断条件下厂商的短期均衡图形是一样的,不同之处在于收益线的斜率和成本线的高低程度等发生了变化。

(2) 垄断竞争条件下厂商的长期均衡。厂商短期内获得超额利润的均衡,在长期内由于新厂商的加入而消失。长期内,新厂商加入有超额利润的行业后,供给能力增加,价格下降,原有厂商的市场减少,表现为厂商面临的需求曲线向下移动。同时原有厂商为了加强竞争力,保住自己的地位和既得利益,不得不采取措施使产品进一步差别化,如大量刊登广告、增加售后服务项目,这些措施导致产品成本提高,使原有厂商的平均成本曲线向上移动。当移动后的新需求曲线和新平均成本曲线相切时,超额利润完全消失,别的厂商不再加入这个行业,原有厂商也不再为排挤新厂商加入而采取行动,从而达到新的均衡,只能获得正常利润的均衡。因此长期内,厂商均衡的条件是 $AR=LAC$ 和 $MR=LMC$,如图 6-17 所示。

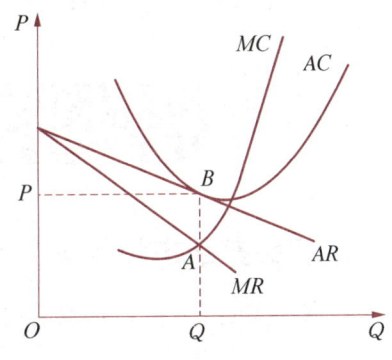

图 6-16　正常利润的均衡

在短期内亏损的行业,在长期内由于原有厂商的退出而消失。长期内,一些厂商退出亏损行业后,使供给能力减弱,原有厂商市场扩大,表现为需求曲线向上移动;同时,因销售市场条件的宽松,原有厂商减少了广告、推销服务等方面的费用,成本得到降低,使平均成本曲线向下移动,当移动后的新需求曲线和新平均成本曲线相切时,亏损全部消失,厂商达到新的均衡,只能获得正常利润的均衡,如图 6-17 所示。

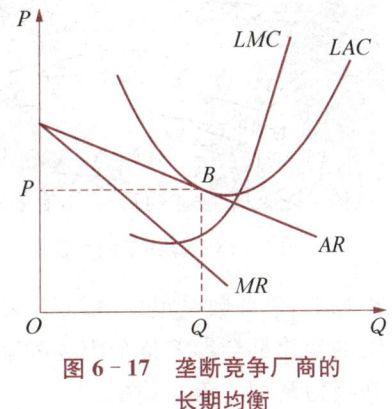

图 6-17　垄断竞争厂商的长期均衡

专栏 6-4　问题探析

航空快递市场

航空快递市场有什么特点?航空快递业务具有速度快、效率高、网络全、进入门槛高的特点,目前全球市场主要被联邦快递(FedEx)、美国联合包裹运送服务公司(UPS)、国际航空快递(DHL)等几个国际著名快递公司所瓜分。这些快递公司由于具有广阔的海外网络资源和市场资源,目前几乎垄断了国际快递市场,同时它们之间又有竞争,这又是一种什么市场结构呢?该市场结构有什么特点?

思考一下

垄断竞争是介于完全竞争与垄断之间的一种市场形态,因此兼具后两者的优点(或缺点)。如果任其发展可能会怎样?

第四节 寡头垄断市场分析

一、寡头垄断市场的含义和特点

寡头垄断(oligopoly)又称寡头或独占,是指在这样一种市场中,一个行业的产品供给的全部或绝大部分由少数几家大企业所控制,它们彼此势均力敌,形成这几家大企业在这个行业中共存的局面。这几家大企业我们称为寡头厂商,它们之间既互相依存,又存在激烈的竞争,如图6-18所示。因此,寡头垄断市场虽然也包含着垄断与竞争两种因素,但和垄断竞争市场相比,寡头市场是更接近于完全垄断的一种市场结构。寡头垄断市场具有以下特点:

图6-18 寡头垄断示例

第一,寡头之间存在相互依存性。在寡头垄断市场上,厂商数量很少,每家厂商都占有举足轻重的地位,他们各自在价格或产量方面决策的变化都会影响整个市场和其他竞争者的行为。因此,寡头垄断市场上各厂商之间存在极为密切的依存关系。

第二,寡头垄断厂商的产量和价格决策具有不确定性。在寡头垄断市场上很难对产量与价格作出像别的市场那样确切而肯定的回答,这主要是因为寡头厂商之间的相互依存性。各企业在作出价格与产量决策时,都要考虑竞争对手的反应,而竞争对手的反应是难以预测的。例如,某厂商试图用降价来扩大销售,在竞争对手不降价时方可实现,若竞争对手也跟着降价,预定目标便实现不了。

第三,寡头垄断市场的产量和价格具有相对稳定性。为了避免竞争带来的不利后果,寡头垄断厂商确定价格和产量后一般不会轻易改变,以避免在竞争中两败俱伤。

第四,进入寡头垄断行业较难。寡头市场并不存在自然的或法定的进入限制,但存在规模经济和范围经济所引起的进入限制。从理论上说,任何企业都可以进入寡头市场,但实际上因为这种市场上的企业规模很大,初始投资很大,而且,原有企业已控制了市场,所以,要进入是相当困难的。此外,该行业中的原有寡头在彼此存在密切关系的情况下容易形成某种形式的勾结,为确保自身利益,他们会想尽各种办法阻止新企业加入。

正因为如此,很难用一个模型来说明所有寡头垄断厂商的均衡,我们从寡头垄断厂商间是否相互勾结出发,介绍几种寡头垄断市场的理论模型。

二、古诺模型——非勾结性的寡头垄断

最早用数学的方法研究寡头垄断的是法国经济学家古诺(Antoine Augustin Cournot),他在1838年出版的《财富理论的数学原理研究》一书中,提出了一个双头垄断模型用以解释寡头厂商互相竞争而最终瓜分市场的情形。双头垄断,又称双垄断(duopoly),是指一种产品的市场上只有两个卖者。

古诺以天然矿泉水为例,假定某地有两个完全相同的矿泉,一个为A厂商占有,一个为B厂商占有。这两个矿泉是自流出来的,其边际成本为零;他们面对相同的需求曲线,采用相同的市场价格。古诺在分析时假定寡头厂商都认为对方不会改变原有的产量,并在此基础上来追求自己的最大利润。他的分析可以用图6-19来说明。

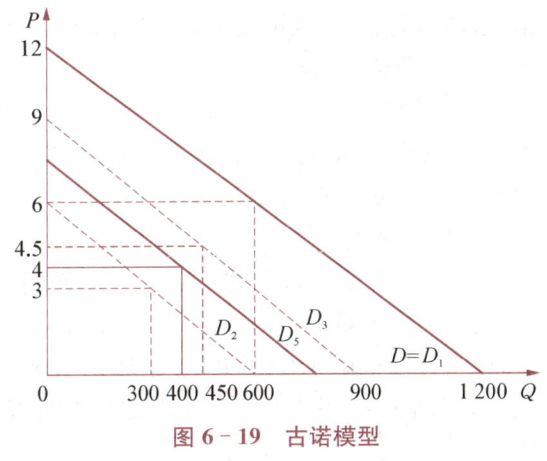

图6-19 古诺模型

如图6-19所示,假定矿泉水的市场需求曲线为$D, D=D_1$。厂商A首先来到市场上,他自己面临着整个市场的需求曲线,他按照$MR=MC$的利润最大化原则,将产量调整到全部市场需求量1 200单位的一半即600单位,价格为6美元。即$Q_{A1}=\frac{1}{2}\times 1\ 200=600$。

接着厂商B来到市场,他发现市场已被厂商A占去了一半,他所面临的需求曲线已不是全部,而是全部需求量的一半,即D_2。他同样根据$MR=MC$的利润最大化原则将产量调整到300单位,价格为3美元,即$Q_{B1}=\frac{1}{2}(1\ 200-600)=300$。厂商B的矿泉水价格低廉,它可以稳定地在市场上出售300单位产品。此时厂商A发现他所面临的需求曲线不再是D_1,而是原需求曲线D_1减少300单位后的需求曲线D_3,于是,将产量定在450单位,价格为4.5美元,即$Q_{A2}=\frac{1}{2}\times(1\ 200-300)=450$。这时寡头厂商B发现他的市场扩大了,他所面临的需求曲线是原需求曲线D向左移动450个单位的D_4,他将产量定在所剩全部产量的一半375个单位,即$Q_{B2}=\frac{1}{2}\times(1\ 200-450)=375$。

当这个过程继续调整下去时,厂商A从最初的产量不断减少其销售量,厂商B则在最初的产量基础上不断增加其销售量,结果,当厂商A和厂商B面临同一条需求曲线D_5

时，销售量相等，双方停止调整，最终两家厂商和整个市场实现了价格和产量的均衡。两家厂商分别以4美元的价格出售400单位矿泉水，各自得到收益1 600美元。

认真分析上述过程，寡头厂商A和厂商B的产量调整要直到两个寡头平分总供给量为止，而此时的总供给量为$\frac{2}{3}Q$。以此类推，若假设市场上有三个寡头，则总供给量为$\frac{3}{4}Q$，每家供给$\frac{1}{4}Q$。在该寡头市场上有n个寡头时，总供给量应为$\frac{n}{n+1}$，而每个寡头的供给量应是$\frac{1}{n+1}$的总供给量。古诺模型是这一数学表达式$n=2$时的情况。

三、勾结性的寡头垄断

寡头垄断行业的特点决定了寡头垄断厂商间通常采取互相勾结、协调行动的价格政策。这种勾结或协调可以采取多种形式，一般有非公开的勾结和公开的勾结两种类型。

（一）非公开勾结

（1）**价格领袖制**（price leadership）。它是指一个行业的价格通常是由一家厂商率先制定的，其余厂商就跟着确定自己的价格。这个充当价格领袖的寡头厂商如果调整自己的价格，其余的厂商也跟着调整价格。

担任价格领袖的厂商一般有两种：

① 具有支配性地位的厂商。在某个行业中实力雄厚、生产规模和市场占有份额较大、具有支配力量的厂商，由于反垄断法和其他一些因素的限制，它不可能消除其余的厂商，但它可以根据$MR=MC$这个原则来确定自己的产品价格和产量，使自己的利润最大化。而其余一些小规模厂商，则像完全竞争者一样，按照既定的价格来确定自己的产销量。

② 晴雨表型的厂商。这种厂商能够比较及时准确地掌握市场信息，对整个产品成本及需求能做比较准确的判断，或是成本最低、效率最高的厂商。这种厂商不一定是最大的或最强的厂商，对其他厂商并不处于支配地位，但因为具备上述优势，其他厂商会参照这家厂商的价格变化调整自己的价格。

（2）采取一致的定价方式。为了在同行业中形成稳定的价格格局，各寡头厂商采取统一的成本加成的定价方法。成本加成的定价方法是指在估计的企业平均成本的基础上加上一定百分率的利润。如果各厂商的成本情况相似，这种定价方法使他们的价格一致，即使各厂商的成本情况不同，这种定价方法也可以使他们采取一致的行动。

（3）制定限制性价格。如果寡头厂商经常获得高额利润，别的厂商有可能侵入这个行业。因此寡头厂商往往制定限制性价格，即预防新厂商进入的价格。在限制性价格下，寡头厂商用牺牲某些短期利润的方法来换取长期的较大利润。

（二）公开勾结

寡头垄断厂商不仅通过秘密勾结来减少竞争，而且还通过正式协议，公开建立正式的组织，这就是卡特尔（cartel）。**卡特尔是指公开建立的、有正式协议的厂商联合起来限制产量和提高价格，以获得最大利润的组织形式。**如果一个卡特尔按照行业利润极大化原则来确定产品价格和全行业的产品供给量，则它就像一个完全垄断厂商那样行事了。有的国家用法律禁止企业形成卡特尔,于是有些寡头就用非法的、暗中达成的君子协定来决定它们的统一价格。基本的卡特尔模型有两种:

(1) 集中型卡特尔。集中型卡特尔也称集权型卡特尔,是指参加卡特尔的所有成员厂商都统一行动,使卡特尔成为一个完全的垄断组织,即首先根据 $MR=MC$ 的利润最大化原则,确定寡头垄断厂商的总体价格和产量,然后,再将总产量分配给每个成员厂商。如果卡特尔要把总成本降到最低,它将按照每个成员厂商的边际成本等于边际收益的原则来分配产量。

(2) 市场型卡特尔。市场型卡特尔是指参加卡特尔的厂商就各自销售市场的份额达成协议,以瓜分市场。市场型卡特尔的一个最简单的模型是寡头垄断行业中两个完全相同的厂商达成协议,平均分割市场,如图 6-20 所示。

假定有两家寡头厂商生产同样的商品,这种商品的市场需求曲线是 D,在两家寡头厂商平分市场的条件下,对每一厂家而言的需求曲线是 D',相应的边际收益曲线是 MR,假定两家寡头厂商的边际成本曲线相同,都是 MC,那么,他们将按照 $MR=MC$ 的利润最大化原则决定产量为 Q_1。

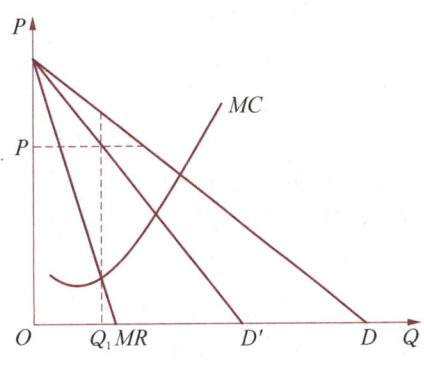

图 6-20 市场型卡特尔

专栏 6-5 专题阅读

石油卡特尔"欧佩克"

1960 年 9 月,由伊朗、伊拉克、科威特、沙特阿拉伯和委内瑞拉的代表在巴格达开会,决定联合起来共同对付西方石油公司,维护石油收入,五国宣告成立石油输出国组织(Organization of the Petroleum Exporting Countries,OPEC),简称"欧佩克"。欧佩克就是由几个产油国政府间缔结国际协定而建立的国际性卡特尔。

"欧佩克"的宗旨是协调和统一各成员国的石油政策,并确定以最适宜的手段来维护它们各自和共同的利益。欧佩克实行石油生产配额制。如果石油需求上升,或者某些产油国减少了石油产量,欧佩克将增加其石油产量,以阻止石油价格的飙升。为阻止石油价格下滑,欧佩克也有可能依据市场形势减少石油的产量。

欧佩克虽不能控制国际石油市场,但是欧佩克成员国出口的石油占世界石油贸易量的 60%,对国际石油市场具有很强的影响力,欧佩克通过减少或增加石油产量的方法来达到自身利益最大化。

四、囚徒困境与寡头厂商的价格

近年来,当代西方经济学家们运用对策论来分析寡头厂商的勾结,这种对策分析使用的一个著名的例子就是囚徒困境。假定囚徒 A 和 B 分别被关押在不同的房间,彼此之间

微课:囚徒困境

不能互通信息,他们被告知下述可能性:如果两人都坦白,将各被判入狱 5 年;如果两人都不坦白,将难以对他们提出有力的起诉而各被判入狱 2 年;如果一个囚徒坦白而另一个囚徒不坦白,他们将分别被判入狱 1 年和 10 年。这两个囚徒面临的可能的结果如表 6-2 所示,他们的入狱时间用负收益来表示。

表 6-2 囚徒困境　　　　　　　　　　　　　　　　单位:年

策　略	囚徒 A 坦白	囚徒 A 不坦白
囚徒 B 坦白	(5,5)	(1,10)
囚徒 B 不坦白	(10,1)	(2,2)

从表 6-2 中可以看到,虽然两个囚徒不坦白入狱的时间最短,但任何一个囚徒不坦白都要冒被对方出卖的危险。因此,不论对于囚徒 A 还是囚徒 B 来说,坦白是最优的决策,他们被判入狱 5 年的可能性最大。

寡头厂商常常发现他们处于一种类似的囚徒困境。如表 6-3 所示,假定有两个寡头厂商 A 和 B,如果他们把产品的价格确定为 4 元,则他们的利润均为 1 200 万元;如果一家厂商价格为 4 元而另一家厂商为 6 元,则他们的利润分别为 2 000 万元和 400 万元;如果他们把价格确定为 6 元,则他们的利润均为 1 600 万元。

表 6-3 寡头厂商的困境　　　　　　　　　　　　　单位:万元

策　略	厂商 A 价格 4 元	厂商 A 价格 6 元
厂商 B 价格 4 元	(1 200,1 200)	(2 000,400)
厂商 B 价格 6 元	(400,2 000)	(1 600,1 600)

从表 6-3 中可以看到,虽然厂商 A 和 B 把价格确定为 6 元可以得到最高的利润,但他们都要冒被对方出卖的危险。因此,不论对于厂商 A 还是对于厂商 B 来说,除非双方缔结 6 元的价格协议,否则把价格确定为 4 元是最优的选择。

上述分析表明,虽然合作对于寡头厂商来说很有吸引力,但是他们都担心自己会被出卖,结果是他们都不敢制定过高的价格。

第五节　竞争与垄断

一、竞争与垄断的比较

西方经济学对不同市场结构下的长期均衡状况进行比较,认为垄断和竞争各有其优点,但竞争优于垄断。

第一,竞争条件下产品的定价低、产量多,而垄断条件下产品的定价高、产量少。如图 6-21 所示,完全竞争条件下的价格为 P_1,产量为 Q_1;而完全垄断条件下的市场价格为

P_2,产量为 Q_2;可见 $P_1 < P_2, Q_1 > Q_2$。

第二,竞争条件下的消费者剩余多,垄断条件下的消费者剩余少,且造成社会福利的损失。如图 6-21 所示,完全竞争条件下的消费者剩余为面积 AP_1M,而完全垄断条件下为面积 AP_2B,减少了面积 P_1P_2BM。但是这部分减少的面积中,除了面积 P_1P_2BD 转给了生产者之外,剩下的面积 BDM 却白白损失了。

第三,在完全竞争条件下,均衡点处在平均成本最低点,从而资源得到了最有效率的利用,而在垄断条件下,均衡点并不处于平均成本的最低点,说明资源没有实现最有效率的利用。

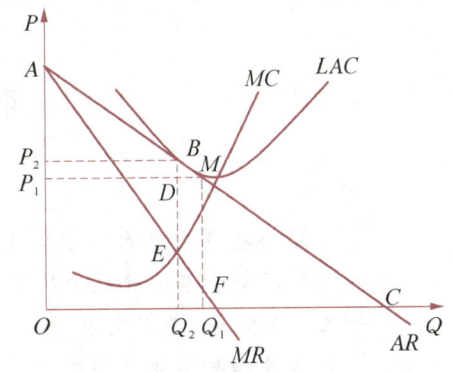

图 6-21 垄断与竞争的比较

第四,在完全竞争条件下,产品均匀,无须花费广告费用,而在非完全竞争条件下,为了使产品差别化,需要投入大量广告费用,结果是增加了产品的成本和价格。

垄断与竞争相比也有其优越性:

第一,在垄断条件下,厂商规模巨大,可以带来规模经济,而在完全竞争条件下,厂商众多,生产规模小,从而不能获得规模经济。因此,垄断有助于节约社会资源和增进经济效益。

第二,在垄断条件下,存在超额利润,能刺激厂商在追求超额利润的同时进行技术革新,发明创造;而在完全竞争条件下,厂商无超额利润,不能激发厂商投资于科学技术研究的热忱。因此,垄断的存在不是限制而是促进了科学技术的发展。

二、竞争模式的演变

不同的竞争模式中,由于竞争和垄断的程度不同,经济效益也不相同。完全竞争是理论中假设的高效率理想模式,在这种模式中,竞争不是一个动态的过程,而是最终的均衡状态。这种均衡状态的实现,包含了一系列的假设条件,而现实竞争模式中绝大多数商品的生产和销售并不符合完全竞争的严格定义。在市场竞争中,当大规模的生产能有效节约成本时,规模经济和优胜劣汰就会带来生产和销售的集中,集中到一定程度必然形成垄断,但具体集中和垄断的程度却取决于规模经济和市场化的关系。当规模经济显著到市场只能容纳一家大企业时,就形成了完全垄断;当市场被少数几家大企业垄断时,就形成了寡头垄断;当市场上存在具有许多产品差别的企业,市场只有一定程度集中时,就形成了垄断竞争。

西方经济学对上述不同竞争模式与资源配置效率的评价,一方面反映了发达市场经济国家在不同发展阶段的实际情况;另一方面,这一评价仍带有浓厚的理论色彩。客观经济现实比一般意义上的理论观点要丰富得多,也复杂得多。

在具体经济实践中,当我们具体到某个国家的某个特定发展阶段时,对于不同竞争模式的选择,除了从一般意义上考虑各种市场竞争模式的资源配置效率外,更重要的是看它是否符合一个国家的客观实际,看它能否推动经济持续、快速、健康地发展。

本章小结

1. 从一般意义上依据市场竞争的强弱程度、市场上厂商的数量、厂商各自产品的差异厂商对市场价格的控制程度、厂商进出行业难易程度的不同,将市场竞争分为完全竞争、垄断竞争、寡头垄断和完全垄断四种类型。

2. 由于四种市场类型特点的不同决定了它们市场需求曲线、市场价格等的不同,而处在不同类型市场中的商会根据自己所面对的需求曲线及它们自身的成本曲线,按照 MR＝MC 的收益最大化条件来决定自己的均衡价格和均衡产量。

3. 由于时间因素会影响企业生产要素的调整,因此在不同的市场类型中,企业的短期均衡和长期均衡也有很大的不同。

思 考 与 讨 论

一、案例分析

1. 谷歌被诉垄断搜索市场

2023 年 9 月 12 日,美国司法部针对科技巨头谷歌的反垄断诉讼在美国华盛顿特区开庭,标志着为期 10 周的审判正式开始。美国司法部称,谷歌每年向苹果和三星等手机厂商、AT&T 等电信运营商以及火狐浏览器等企业支付超 100 亿美元,以维持其作为网络浏览器和移动设备上默认搜索引擎的地位,扼杀了市场竞争。

如果谷歌被认定违反反垄断法案,会受到怎样的处罚还有待确认。美国司法部在起诉书中要求"根据需要采取结构性的改正措施",但没有给出具体说明。据推测,处罚措施中可能包括要求谷歌停止违法行为、要求谷歌出售某些资产或将谷歌公司拆分成多个独立公司等。

要求:试分析谷歌公司属于哪种市场类型的企业,其特点是什么,在可能的处罚措施中为什么会要求谷歌出售某些资产或将谷歌公司拆分成多个独立公司。

2. 中国大飞机 C919 获得超千架订单

2022 年 12 月 9 日,编号为 B-919A 的 C919 客机从上海浦东机场飞往上海虹桥机场,标志着全球首架 C919 大型客机交付首家用户中国东方航空。C919 大型客机是我国按照国际通行适航标准研制、具有完全自主知识产权的全球新一代单通道干线客机,截至 2022 年底,中国商用飞机有限责任公司(简称中国商飞)已获得 1 035 架国产大飞机 C919 订单。国产大飞机相比空客和波音的主流机型,应用了更多的新材料和新技术,在绝大部分性能指标上,目前 C919 已经赶上空客 A320 以及波音 737,而气动性甚至优于欧美机型。随着C919大飞机从研发转入制造，民用飞机产业链将持续释放出巨大的经济价值。

要求：试分析案例中涉及的企业均属于哪种市场类型，为什么？

二、简答题

1. 什么是寡头垄断？请举例说明。
2. 试比较垄断和竞争的优缺点。

三、实训项目

1. 如果你是一家服装企业的经理，试思考一下：你在这个垄断竞争市场上如何创造自己的产品差别？
2. 以我国彩电行业或我国民航业为例，分析其市场结构。

第七章　生产要素市场与收入分配

学习目标

1. 理解生产要素市场与产品市场的不同。
2. 掌握企业如何决定生产要素的使用数量。
3. 理解生产要素的价格是如何决定的。
4. 理解劳动市场不同于其他要素市场的特殊性。

引导案例

要素市场机制与收入分配

中共十九届四中全会通过的《中共中央关于坚持和完善中国特色社会主义制度 推进国家治理体系和治理能力现代化若干重大问题的决定》（以下简称《决定》）指出，坚持按劳动分配为主体、多种分配方式并存、坚持多劳多得，着重保护劳动所得，增加劳动者特别是一线劳动者劳动报酬，提高劳动报酬在初次分配中的比重。健全劳动、资本、土地、知识、技术、管理、数据等生产要素由市场评价贡献、按贡献决定报酬的机制。《决定》指出，健全以税收、社会保障、转移支付等为主要手段的再分配调节机制，强化税收调节，完善直接税制度并逐步提高其比重。完善相关制度和政策，合理调节城乡、区域、不同群体间分配关系。重视发挥第三次分配作用，发展慈善等社会公益事业。鼓励勤劳致富，保护合法收入，增加低收入者收入，扩大中等收入群体，调节过高收入，清理规范隐性收入，取缔非法收入。

2021年是中国发展历史上一个特殊的年份。它是中国共产党成立100周年，也是中国消除绝对贫困后开始步入新的发展阶段的第一年。

在新发展阶段中，如何推进中国经济社会发展的进程，党的十九届五中全会在描绘2035年基本实现社会主义现代化远景目标时，明确提出"全体人民共同富裕取得更为明显的实质性进展"。

实现共同富裕具有两方面的实质内容，一是"富裕"，即全国人民的平均生活水平达到发达国家的富裕程度，二是"共享"，即全体人民共同享有平等的发展机会和成果。从中国当前发展实际状况出发，实现共同富裕需要不断扩大中等收入人群规模，需要不断缩小收入分配差距。而且扩大中等收入人群规模具有多重作用，它不仅有助于缩小收入差距，也是扩大消费需求，促进消费升级的重要途径。

要素市场机制是如何促进收入公平分配的呢？市场机制在收入分配过程中会遇到哪些问题？让我们一起来学习生产要素理论吧，相信你会找到答案。

生产要素（factors of production），是指进行社会生产经营活动时所需要的各种社会资源，是维系国民经济运行及市场主体生产经营过程中所必须具备的基本因素。生产要素，是经济学中的一个基本范畴。

现代西方经济学认为生产要素包括劳动力、土地、资本、企业家才能四种，随着科技的发展和知识产权制度的建立，技术、信息也作为相对独立的要素投入生产。这些生产要素进行市场交换，形成了各种各样的生产要素价格及其体系。

第一节　生产要素的需求

一、生产要素需求的特点及其影响因素

（一）生产要素的需求

作为消费者我们每天都去消费品市场购买各种产品。我们购买的各种产品和劳务是用四种最基本的生产要素，即劳动、资本、土地和企业家才能生产的。它们分别属于劳动的所有者、资本的所有者、土地的所有者和企业家。

微课：生产要素的需求

我们在走向消费品市场之前，已经在生产要素市场上拿到了我们用于消费的货币。这是因为生产者为了获得劳动、资本、土地和企业家才能将这些生产要素进行现实的生产，必须向生产要素的提供者支付一定的代价，由此形成了生产要素的购买价格，也形成了生产者的生产支出成本。对于生产要素的所有者来说，他们转让的是其所拥有的生产要素，索要的是提供生产要素的供给价格，它构成了生产要素所有者的收入。劳动的供给者得到工资，资本的供给者得到利息，土地的供给者得到地租，企业家才能的供给者得到利润。

> **专栏 7-1　专题阅读**
>
> **做一回资本家**
>
> 居民的收入来源于出售生产要素获得的报酬，包括工资性收入、经营性收入、财产性收入。财产性收入是指家庭出让财产使用权所获得的利息、租金、专利收入、财产营运所获得的红利收入、财产增值收益等。
>
> 随着社会主义市场经济的完善和收入的提高，居民的收入来源日益多元化，更多的人可以通过直接或间接投资获得收益，可以说人人都有机会做一回资本家了。

（二）生产要素需求的特点

生产要素市场与消费品市场相似，由生产要素的供给方与生产要素的需求方共同决定价格，并以此来实现对稀缺性资源的有效配置，生产要素的价格对资源配置起调节作用，但由于生产要素自身的特点，又使生产要素市场有了区别于消费品市场的某些

特点。

1. 生产要素市场需求来自生产者

在生产要素市场，需求来自生产者，生产者需要利用生产要素生产某一特定用途的商品拿到消费品市场上出售，从而实现其对利润的追逐。供给来自拥有各种生产要素的消费者，消费品市场上的消费者改变了自己的身份，在生产要素市场上提供劳动、资本、土地和企业家才能给生产者，以取得收入，并用来进行消费支出。

2. 生产要素市场需求为引申需求

企业对生产要素的需求是由消费者对生产要素所生产产品的需求派生出来的，被称为引申需求。当消费者不再需要面包的时候，面包生产企业也就不会再购进面粉了。企业对生产要素的需求又是一种联合需求，即对多种生产要素的需求。光有面粉，没有劳动力或者烤箱就无法生产出面包。

只有多种生产要素的共同组合才能生产出人们所需的产品。对生产要素需求的这种相互依赖性表明对某种生产要素的需求，不仅取决于该生产要素的价格，而且也与其他生产要素的价格有关。

3. 生产要素市场需求更加复杂

因生产要素需求的派生性和联合性，企业对生产要素的需求远比消费者对产品的需求要复杂，它同时受到消费品市场和生产要素市场的双重影响。在稍后的分析中，我们可以看到这一点。不仅如此，生产要素本身和生产要素的服务还是两个不同的概念，企业在劳动市场上买到的是劳动者在一定时间内的劳动使用权，而非劳动者本人，从银行贷款也只是取得资金的使用权。这与在消费品市场上的购买也是不同的。

（三）影响生产要素需求的因素

1. 消费品市场对产品的需求及产品的价格

消费品市场对产品的需求及产品的价格影响企业的利润，从而也就影响企业对生产要素的需求。消费者对服装更新要求加快的时候，就是服装商兴奋并且大量生产的时刻。一般情况下，消费品市场对某种产品的需求越大或该产品的价格越高，企业就会扩大生产规模，进而对生产这种产品所使用的各种生产要素的需求就越大。消费品市场对某种产品的需求越小或该产品的价格越低，厂商就会缩小生产规模，进而对生产这种产品所使用的各种生产要素的需求就越小。

2. 生产技术状况

企业对生产要素的需求还取决于生产的技术状况。显然手工制作水饺比机器制作需要雇佣更多的厨师。企业如果采用资本密集型生产方式，则对资本的需求大；如果采用劳动密集型生产方式，则对劳动的需求大。一个发电厂需要投入较多的资本，而一个服装厂则需要较多的工人。

3. 生产要素的需求弹性和可替代性

对生产要素的需求还取决于它本身的需求价格弹性。当使用某一生产要素生产的产品需求富有弹性时，该生产要素的需求弹性就大，这是由生产要素需求的派生性导致的。同时，生产要素的需求弹性还取决于其他生产要素替代它的程度。如果某种生产要素极易找到替代品，则该生产要素的需求弹性就大。

4. 生产要素的边际生产力

边际生产力是指在其他条件不变的情况下,追加一单位某种生产要素所增加的产量。生产要素的边际生产力有两种表示方式:一种是用实物形式表示,表现为生产要素投入的边际产量;另一种是用价值形式表示,表现为边际产量收益。生产要素的边际产量收益在完全竞争的市场上等于生产要素所生产的产品价格乘以生产要素的边际产量,反映的是产品以某一既定价格出售时的边际生产力。生产要素的边际产量收益在不完全竞争的市场上等于边际收益乘以边际产量,反映的是总收益与边际产量之间的关系。

二、完全竞争市场中的生产要素需求

我们先假定如下:

第一,企业在产品市场上和生产要素市场上都是完全竞争的。企业是价格的接受者。由于在产品市场和生产要素市场上没有人能够操纵价格,企业只能接受市场条件下的产品价格和生产要素价格,这时企业唯一需要决定的是购买生产要素的数量和它的生产规模。

第二,企业的目标是追求利润最大化。利润等于销售产品的总收益减去生产这些产品的总成本。企业生产产品的数量和对生产要素的需求都源于他对利润的追逐,因此,当企业决定购买多少生产要素时,考虑的是这些生产要素能带来多少利润。

由于利润是总收益减去总成本,增加一单位生产要素的利润是这一单位生产要素对收益的贡献减去购买生产要素的成本。决定企业生产要素使用量的决策原则是使边际产量价值等于最后一单位生产要素的购买成本。因此,在完全竞争的市场结构下,对于一个利润最大化的企业来说,边际产量收益曲线也就是生产要素需求曲线。完全竞争市场结构下的生产要素需求如图7-1所示。

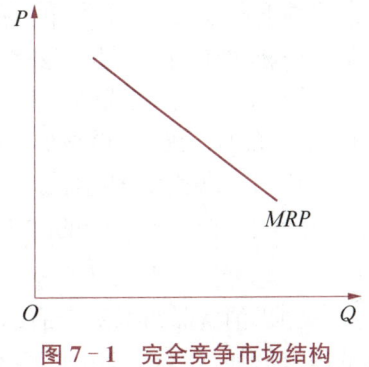

图7-1 完全竞争市场结构下的生产要素需求

在图7-1中,我们用纵轴OP代表生产要素的价格,用横轴OQ代表生产要素的需求,MRP为边际生产力曲线,也就是生产要素的需求曲线。这时的$MRP = P \times MP$。

三、不完全竞争市场中的生产要素需求

在不完全竞争的市场中,对一个企业来说其产品价格是变动的,边际收益小于平均收益。边际产量在其他条件不变的情况下上升到一定水平后也开始下降。由于边际产量收益等于边际收益乘以边际产量,生产要素需求曲线仍然是一条向右下方倾斜的曲线。在不完全竞争的市场上,由于在其他条件不变的情况下,生产要素的边际产量收益的下降速度快于完全竞争市场条件下的边际产量收益,因此,在生产要素价格相同且产品市场是完全竞争的市场时,企业对生产要素的需求量大,产品市场是不完全竞争市场时,企业对生产要素的需求量小。

第二节　生产要素的供给

一、影响生产要素供给的因素

生产要素的供给就是指居民在一定的时间内、在一定的价格水平下愿意而且能够供应的生产要素的数量。

（一）生产要素的供给

在一般情况下，生产要素的价格越高，生产要素的供给数量就越多。生产要素的价格越低，生产要素的供给数量就越少。整个生产要素市场的供给曲线是一条与价格同方向变化，向右上方倾斜的曲线，如图7-2所示。

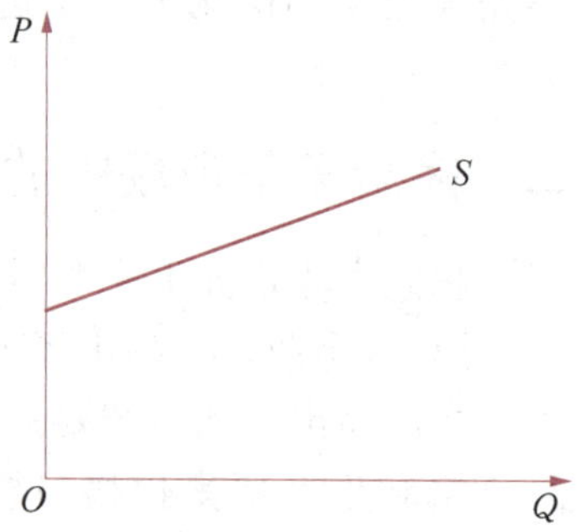

在图7-2中，我们用纵轴OP表示生产要素的价格，横轴OQ表示生产要素的数量，S表示生产要素的供给曲线。我们会发现，单个厂商面临的生产要素供给曲线，不同于整个生产要素市场的供给曲线，而且不同市场竞争结构下的单个厂商面临的生产要素供给曲线是不同的。

图7-2　一般生产要素市场的要素供给

在特殊情况下，生产要素的供给是完全没有弹性的，不论价格上升多少，供给量总是保持不变的，生产要素的供给曲线与横轴垂直，如图7-3所示。我们用纵轴OP表示生产要素的价格，横轴OQ表示生产要素的数量，S表示生产要素的供给曲线。S为一条与横轴垂直的直线。像一些不可再生资源，如土地、石油、天然气，就整个市场来说是完全没有弹性的。

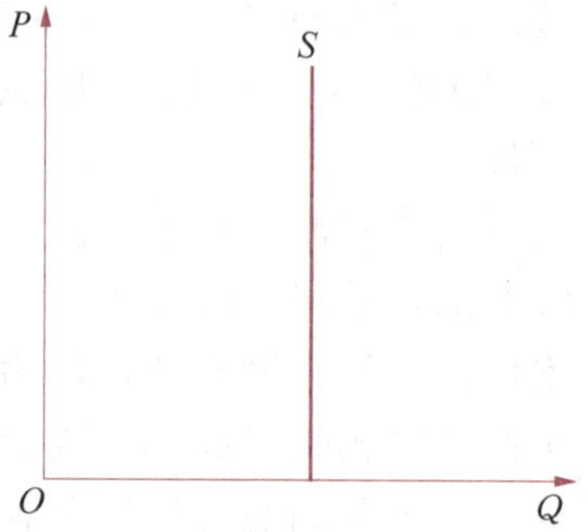

图7-3　特殊生产要素市场的要素供给

（二）影响生产要素供给的因素

影响生产要素供给的因素主要有：

1. 消费品市场对产品的需求及产品的价格

如果消费品市场对产品的需求量大或产品的价格高，企业要扩大生产规模，生产要素的需求增加，就会拉动生产要素的价格上升，最终带来生产要素的供给量加大；如果消费品市场对产品的需求量小或产品的价格低，就会导致企业缩小生产规模，生产要素的需求减少，促使生产要素的价格下降，最终带来生产要素的供给量减少。

2. 生产要素的价格

在生产要素市场上，与供给定理相一致，生产要素价格与其供给呈同方向变动，当生产要素价格上升时，生产要素的供给增加；当生产要素价格下降时，其供给减少。

3. 经济人口的规模与结构

人口规模大，劳动力数量多，劳动力素质高，那么劳动这种生产要素的供给充分；反之，人口规模小，劳动力数量少，则其供给短缺。人口结构方面，如果是年轻型人口，则劳动供给充分；如果是老龄化人口，则劳动供给短缺。中国的劳动力低廉，在一定程度上与劳动力数量多有关。德国的人口出现负增长,会使得其劳动力价格更高。

4. 居民的收入和生活水平

居民的收入和生活水平高,会增加其对资本和自然资源的占有,从而使生产要素的供给增加;反之,生产要素的供给会减少。

5. 生产要素的稀缺及替代程度

生产要素缺乏,必然使其供给减少;反之,则会增加生产要素的供给。生产要素的可替代程度高,则会增加其供给;反之,则要减少其供给。

二、完全竞争市场中的生产要素供给

完全竞争的生产要素市场的前提条件和完全竞争的产品市场的前提条件相似。第一,生产要素市场上买卖双方的人数众多;第二,买卖的都是同一性质的生产要素;第三,生产要素是完全流动的;第四,生产要素之间具有完全的替代性;第五,生产要素市场上的买者和卖者都能获得充分的市场信息;第六,买卖双方都能自由地进出生产要素市场;第七,产品市场和生产要素市场一样都是完全竞争的市场。

在完全竞争的生产要素市场上,单个买者与卖者对生产要素的需求量和供给量的变化不会影响市场上生产要素的价格,因此生产要素的供给对于单个企业来说,它可以在既定的价格水平上获得任意数量生产要素的供给量,生产要素供给具有完全弹性,生产要素的供给是一条水平线。企业面临的生产要素的供给曲线如图7-4所示。

在图7-4中,我们用纵轴OP表示生产要素的价格;横轴OQ表示生产要素的数量;S表示厂商面临的生产要素的供给曲线,这条供给曲线是一条以价格为高度的水平线。因为单个企业所购买的生产要素数量在整个生产要素市场上只占很小的份额,所以对整个市场而言,在它有限的需求范围内,无论它怎样调整需求量,都不会影响整个市场的需求量,也不会引起价格的变动。这样,单个企业面临的生产要素供给曲线就是它的边际生产要素成本曲线。

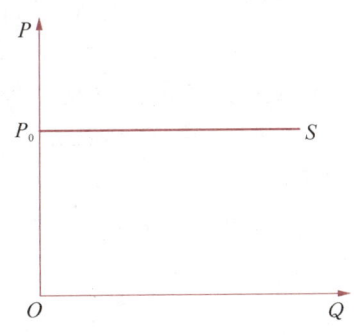

图7-4 完全竞争市场上企业面临的生产要素的供给曲线

三、不完全竞争市场中的生产要素供给

不完全竞争市场中的生产要素供给的一种情况是买方垄断供给。

在生产要素市场上,当生产要素的购买者只有一个企业,称为买方垄断的生产要素供给,即一个垄断买主就代表整个市场的需求时,称为买方垄断。当生产要素市场被买方垄断时,如果该垄断企业增加生产要素的使用量,将导致市场需求的增加。在市场供给不变的情况下,需求增加必然导致生产要素价格的上升。在这种情况下,企业只有支付更高的价格才能够买到更多的生产要素。企业如果减少生产要素的使用量,就可以降低生产要素的价格,从而降低生产成本。买方垄断的生产要素供给如图7-5所示。

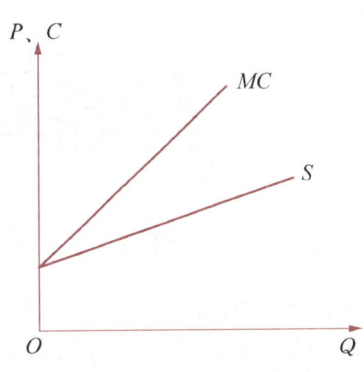

图7-5 买方垄断的生产要素供给

在图 7-5 中,我们用纵轴 OP、OC 表示生产要素的价格和企业的生产要素成本;横轴 OQ 表示生产要素的数量;S 为生产要素的供给曲线,同时也是企业的平均成本线。MC 为企业生产要素的边际成本线,表明买方垄断的市场条件下,企业增加购买生产要素的成本大于其平均成本。

> **专栏 7-2　专题阅读**
>
> **煤和牛奶是不是真的过剩**
>
> 一个煤矿工人的儿子问妈妈:"现在天气这样冷,您为什么不生火炉?"
>
> 妈妈答道:"因为我们没有煤,你爸爸现在失业,我们没有钱买煤。"
>
> "妈妈,爸爸为什么失业?"
>
> "因为煤生产太多了。"
>
> 据记载,1929 年至 1932 年世界经济大危机期间,许多国家大量地炸毁炼铁高炉,美国毁掉 92 座,英国毁掉 10 座。大量商品堆积如山:用小麦和玉米做燃料;把牛奶倒入密西西比河;把棉花、布匹烧掉。1933 年,整个资本主义世界工业生产下降 40%,世界贸易总额减少 66%,美、德、法、英共有 29 万家企业破产。
>
> 1973 年经济危机期间,英国仅伦敦一座城市,就有约 10 万套新房空置卖不出去。日本汽车库存达 100 万辆以上,电视库存超过需求量的一倍。美国洛杉矶阿特西里牛奶公司,把超过 38 000 加仑优质鲜牛奶倒入臭水沟。与此同时,大量工人失业,工资下降,生活陷入贫困。这场经济危机宣告古典经济学"市场神话"终结。
>
> 煤和牛奶是不是真的过剩? 牛奶过剩为什么一定要倒掉呢?

 思考一下

生产要素市场上的商品自然就是生产要素,这个市场与消费品市场有什么相同或不同吗? 请举例说明一下。

第三节　生产要素价格的决定

一、完全竞争情况下生产要素价格的决定

在完全竞争的条件下,生产要素的价格由其市场的供给和需求自发调节,即生产要素的均衡价格由生产要素的供给曲线和需求曲线的交点决定。完全竞争市场生产要素价格的决定如图 7-6 所示。

在图 7-6 中,我们用纵轴 OP、OC、OR 表示生产要素的价格和企业的生产要素成本及收益;横轴 OQ 表示生产要素的数量;S 为生产要素的供给曲线。由于生产要素市场是完全竞争的,因此边际要素成本等于生产要素价格,两者重合,构成供给曲线。企业的边际收益产量线 MRP 就是其对生产要素的需求线 D。供给曲线 S 与需求曲线 D 相交于 E 点,E 点即生产要素价格的均衡点。Q_0 则为企业生产要素的购买数量,P_0 为企业购买生产要素的价格。

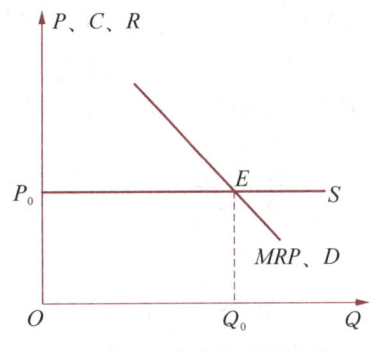

图 7-6 完全竞争市场生产要素价格的决定

二、不完全竞争情况下生产要素价格的决定

(一) 消费品市场不完全竞争而生产要素市场完全竞争时生产要素价格的决定

消费品市场为不完全竞争而生产要素市场为完全竞争时,由于消费品市场是不完全竞争市场,因此企业的产量增加会引起产品价格的下降,进而使 MR 下降得更快。由于 MR 小于 AR,($ARP=AR \times MP$),因此企业决定对生产要素的需求只能根据增加生产要素带来的边际收益产量 MRP 的变化来决定,于是 MRP 曲线与生产要素需求曲线 D 重合。消费品市场不完全竞争条件下的生产要素价格的决定如图 7-7 所示。

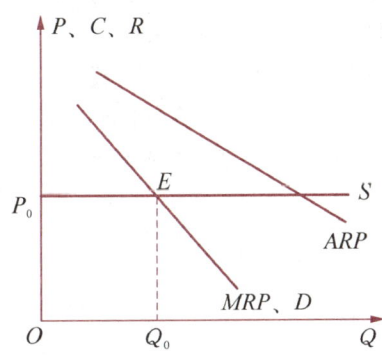

图 7-7 消费品市场不完全竞争条件下的生产要素价格的决定

在图 7-7 中:我们用纵轴 OP、OC、OR 表示生产要素的价格;横轴 OQ 表示生产要素的数量;S 为生产要素的供给曲线。由于生产要素市场是完全竞争的,所以,边际要素成本等于生产要素价格,两者重合,构成供给曲线。由于在消费品市场上存在不完全竞争,企业的供给曲线 S 与需求曲线 D 相交于 E 点,E 点即生产要素的价格均衡点。Q_0 为企业生产要素的购买数量,P_0 为企业购买生产要素的价格。

(二) 消费品市场和生产要素市场均为不完全竞争时生产要素价格的决定

当企业同时垄断消费品市场和生产要素市场时,作为消费品市场上的垄断者,如前所述企业决定对生产要素的需求只能根据增加生产要素带来的边际收益产量 MRP 的变化来决定,于是 MRP 曲线与生产要素需求曲线 D 重合。在生产要素市场上,企业作为垄断买主,在市场供给不变的情况下,只有支付更高的价格才能够买到更多的生产要素。企业购买生产要素的边际成本高于其购买生产要素的平均成本。消费品市场和生产要素市场均为不完全竞争条件下的生产要素价格的决定如图 7-8 所示。

在图 7-8 中,我们用纵轴 OP、OC、OR 代表生产要素的价格、企业使用生产要素的成本及收益,横轴

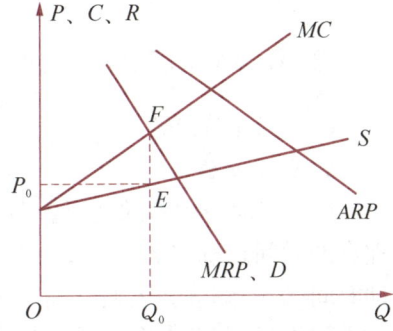

图 7-8 消费品市场和生产要素市场均为不完全竞争的生产要素价格的决定

OQ 代表生产要素的数量。企业仍然根据 $MC=MR$ 的原则决定生产要素的购买量为 Q_0,这时生产要素的均衡价格为 P_0。我们可以看到,在消费品市场和生产要素市场均为不完全竞争时,企业对生产要素的需求低于完全竞争条件下的需求量。

> **专栏 7—3　经济学流派**
>
> 供 给 学 派
>
> 　　供给学派是 20 世纪 70 年代在美国兴起的一个经济学流派。该学派强调在经济的供给方面,认为需求会自动适应供给的变化,因而得名。万尼斯基所著《世界运转方式》被认为是供给学派的第一部理论著作,吉尔德的《财富与贫困》阐述供给学派的资本和分配理论,被誉为供给经济学的第一流分析。20 世纪 70 年代末,供给学派在美国经济学界已成为独树一帜的学派。
> 　　该学派认为,生产的增长决定于劳动力和资本等生产要素的供给和有效利用。个人和企业提供生产要素和从事经营活动是为了谋取报酬,对报酬的刺激能够影响人们的经济行为。自由市场会自动调节生产要素的供给和利用,应当消除阻碍市场调节的因素。这个学派的主要代表人物之一拉弗把供给经济学解释为,提供一套基于个人和企业刺激的分析结构。人们随着刺激而改变行为,为积极性刺激所吸引,见消极性刺激就回避。政府在这一结构中的任务在于使用其职能去改变刺激以影响社会行为。

 思考一下

　　生产要素市场会不会也有所谓的"均衡"状态,如均衡价格呢?请结合你所知道的市场实际来解释一下。

第四节　工资、利息和地租

一、工资、利息和地租的产生

(一) 工资的产生

1. 劳动的供给

(1) 劳动与闲暇的选择。劳动的供给取决于劳动者如何分配其时间资源。劳动者所拥有的时间是既定的。他每天只能拥有 24 小时,这 24 小时可分为两部分:一部分为劳动时间,另一部分为闲暇时间。劳动者在劳动时间从事生产活动,这部分时间的确定有一个生理界限;劳动者在闲暇时间内从事吃饭、睡觉、娱乐、交际等非生产性活动。两类时间在分配上各自有一定的弹性区间,如一个劳动者每日可以工作 6 小时或 12 小时。劳动者的时间在劳动与闲暇之间的分配不同,他们的收入也就不同(假定他们提供的是同质的劳动)。劳动的供给问题实际上是劳动者将其既定的时间资源在劳动供给和闲暇两种用途上的分配问题。

(2) 收入效应与替代效应。当劳动的价格——工资率上升时,劳动者的收入也随之上升,劳动者会用得来的收入购买更多的闲暇,反而出现减少工作时间,多休闲娱乐的情形,即随着工资率的上升,闲暇时间反而增加,这就是收入效应;当劳动的价格——工资率上升后,闲暇的机会成本加大了,劳动者的替代行为就是用劳动带来的收入替代变得昂贵的闲暇,闲暇就会减少,这就是替代效应。收入效应和替代效应的效果是相反的。当工资率提高时,收入效应刺激人们少工作,多休息;替代效应刺激人们多工作,少休息。由此形成的劳动供给是增加还是减少取决于收入效应与替代效应的合并效果。当收入效应大于替代效应时,劳动供给减少;当收入效应小于替代效应时,劳动供给增加。

(3) 向后弯曲的劳动者个人供给曲线。在劳动市场上,一般地讲,当一个国家劳动力的工资水平较低时,收入效应较小,替代效应较大。在这种情况下,劳动供给会随着工资率的上升而增加。随着工资率的不断上升,收入效应逐渐增大。当工资率上升到一定程度后,劳动者只需工作较短的时间即可获得可观的收入,这时的收入效应可能会大于替代效应,使劳动供给随着工资率的上升反而减少。这种劳动随着工资率的提高而变化的效应体现在劳动供给曲线上就是一条向后弯曲的劳动供给曲线。如图7-9所示。

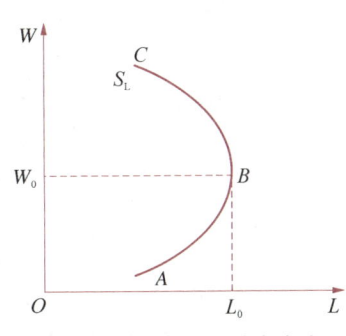

图7-9 背弯的劳动者个人供给曲线

在图7-9中,我们用纵轴 OW 代表工资率,横轴 OL 代表劳动供给量。劳动供给曲线 S_L 在 B 点以后向后弯曲,这表明,当工资低于 W_0 时,收入效应小于替代效应,劳动供给量与工资率同方向变动;当工资率等于 W_0 时,收入效应等于替代效应;当工资率大于 W_0 时,收入效应大于替代效应。工资率的提高反而减少了劳动的供给量,这就是劳动市场不同于其他生产要素市场的特点。

2. 完全竞争条件下的劳动市场

因为劳动供给曲线呈弓形,劳动需求曲线与劳动供给曲线的交点可能不止一个。以下将分别说明。

(1) 当收入的替代效应大于收入效应时,劳动供给曲线的斜率为正,劳动的供给数量随着工资率上升而增加。均衡工资的决定如图7-10所示。

在图7-10中,我们用纵轴 OW 代表工资率,横轴 OL 代表劳动供给量。当工资率 W_1 高于均衡水平 W_0 时,劳动要素市场的供给量 L_2 大于需求量 L_1,可利用的要素数量超过了企业在这一水平下愿意雇用的数量,从而出现失业,而失业工人寻找工作并愿意接受较低的工资,工资水平将下降,直到 W_0 为止;反之,工资率如果低于均衡水平,如图7-10所示,W_2 小于 W_0,劳动要素市场供给量小于需求量,L_1 小于 L_2,企业要雇用的要素数量超过可

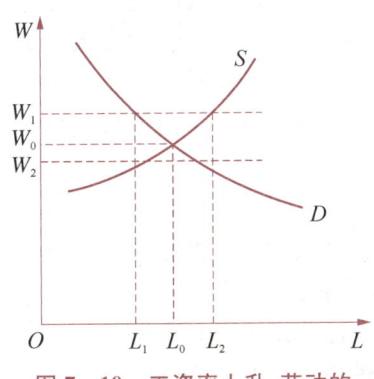

图7-10 工资率上升,劳动的供给增加

供利用的要素数量,厂商之间的竞争将提高工资率水平,直到 W_0 为止。

(2) 当工资率上升到一定阶段,由于收入效应与替代效应持平,工人便不再因工资率的提高而增加劳动的供给,劳动的供给曲线在某一阶段便逐渐变为一条垂直线。如图 7-11 所示。

在图 7-11 中,我们用纵轴 OW 代表工资率,横轴 OL 代表劳动供给量。劳动的需求曲线 D_0 与劳动的供给曲线 S 相交于点 E,均衡工资率为 W_0,均衡就业量为 L_0。如果需求曲线由 D_0 上移到 D_1,由于劳动的供给曲线 S 在 E 点以上已成为垂直线,D_1 与 S 相交于 F,均衡工资率为 W_1,均衡就业量为 L_0,但此时在 W_0 到 W_1 的范围内,工资率的上升使劳动的边际收益产量 MRP 增加。

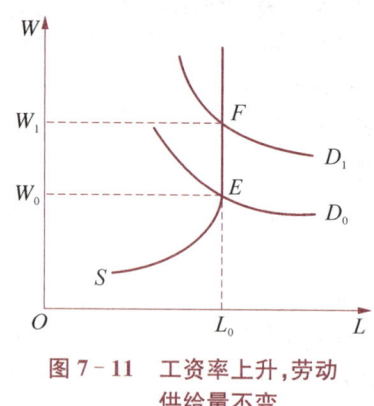

图 7-11　工资率上升,劳动供给量不变

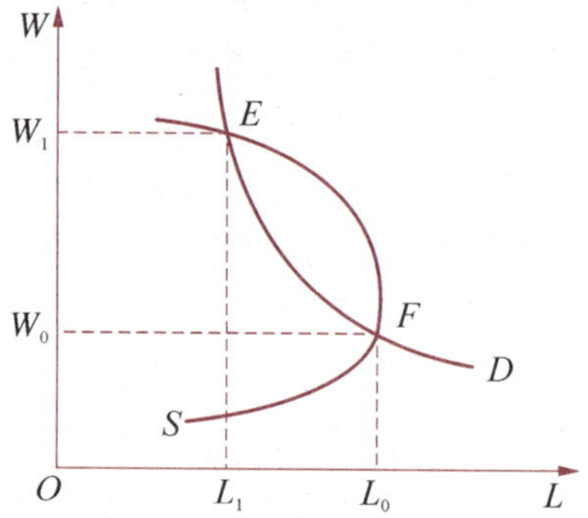

图 7-12　工资率上升,劳动供给量减少

(3) 当收入效应大于替代效应时,劳动供给曲线的斜率为负,劳动的供给数量随着工资率上升而减少,如图 7-12 所示。

在图 7-12 中,我们用纵轴 OW 代表工资率,横轴 OL 代表劳动供给量。劳动供给曲线与劳动要素需求曲线交于 E、F 两点,相应地有两个均衡工资率,分别为 W_0 和 W_1,有两个雇佣量 L_0 和 L_1。在劳动者收入水平较低时,替代效应大于收入效应,劳动者将牺牲闲暇,多付出劳动,因此,均衡点位于 F 点;当工资水平很高时,劳动者追求较多的闲暇时间,宁愿放弃一部分收入,这时收入效应大于替代效应;劳动供给曲线与劳动需求曲线交于 E 点,劳动供给相对减少到 L_1。从一个较长的时段来看,尽管许多单个消费者的劳动供给曲线可能是向后弯曲的,但劳动的市场供给曲线却不一定如此。在较高的工资率水平上,现有的工人也许提供较少的劳动,追求较多的闲暇,但高工资会吸引新的工人加入进来,这些工人对高工资率的反应大于那些随着工资率提高而减少工作时间的工人的反应。因此,总的市场供给一般还是随着工资的上升而增加,从而市场劳动供给曲线仍然是向右上方倾斜的。

3. 不完全竞争条件下的劳动市场

(1) 买方垄断模型。当劳动的供给者是众多的相互竞争的劳动者,而劳动的需求者只有一个或少数几个企业的时候,便形成了劳动市场的买方垄断。

假定劳动要素市场只有一个企业,该企业对劳动要素的需求曲线就是市场对劳动的需求曲线,$D=MRP$。这种条件下,该企业面临的劳动供给曲线,不像完全竞争下是水平的,而是一条向右上方倾斜的曲线。与之相应的企业雇佣的劳动要素的边际成本曲线

MC 位于劳动的供给曲线上方。这意味着企业要雇佣更多的工人,就必须支付较高的工资,如图 7-13 所示。

在图 7-13 中,我们用纵轴 OW 代表工资率,横轴 OL 代表劳动供给量。企业为了获得最大利润,将按 MRP＝MC 的原则把雇佣劳动量定在 L_0,因此,企业按 MC 曲线与 MRP 曲线的交点 F 确定相应的劳动雇佣量,从 F 向下引垂线与劳动供给曲线相交于 A 点。这表明在雇佣量为 L_0 时,企业支付的工资率即均衡工资率为 W_0,这时企业雇佣的劳动数量少于完全竞争条件下的劳动雇佣数量。

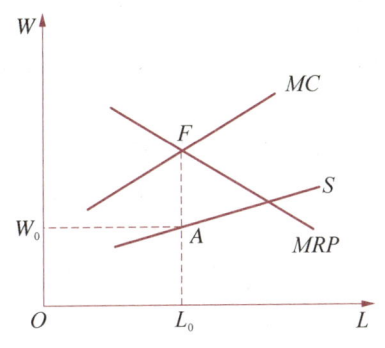

图 7-13 买方垄断下的均衡工资率

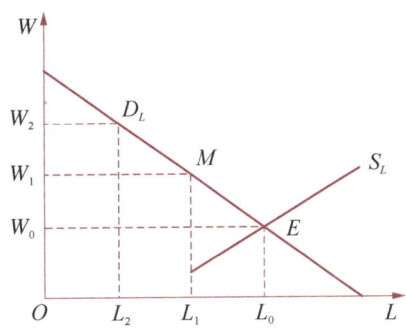

图 7-14 工会的目标选择

(2) 卖方垄断模型。工会是西方国家劳动供给的重要力量,它的存在使劳动市场变成了不完全竞争的要素市场。工会对劳动市场的影响与工会的目标有关,如图 7-14 所示。

在图 7-14 中,工会的劳动供给曲线为 S_L,工会面临的劳动需求曲线为 D_L,两者的交点为 E。工会可以根据自己的目标选择劳动的供给量。

当工会以扩大会员的就业为目标时,工会就将工资定在竞争性市场的工资水平上,选择 E 点使工会提供的劳动数量为 L_0,工资等于 W_0,此时的工资水平是最低的。

当工会以争取会员总收入最大化为目标时,工会将选择劳动需求曲线的中点 M 来实现这一目标。M 点的弹性等于 1,这时工会会员的总收入最大。在 M 点工资率提高到 W_1,但就业量缩减为 L_1。由此可见,工会可以通过集体议价的能力,使其工资超出完全竞争时的水平,但是由于劳动的需求曲线是向右下方倾斜的,因此,提高工资必须导致劳动使用量的减少,就如同垄断企业必须限制产量才能提高价格一样,工会也只有限制就业量才能提高工资率。

工会常会用以下手段来争取提高工资:

第一,增加对劳动的需求如图 7-15 所示。

在图 7-15 中,工会试图把劳动需求曲线向右移动。如果劳动供给不变,将劳动需求曲线由 D_0 移动到 D_1,工资率就会由 W_0 增加到 W_1,要使劳动需求曲线由 D_0 移到 D_1,工会可以通过培训等方式增加工会会员的劳动边际生产率,从而直接影响劳动的需求曲线,使之右移;也可以通过鼓励对会员产品的消费,鼓励进口限制和协助雇主替其产品做广告等方式,通过会员产品需求曲线的移

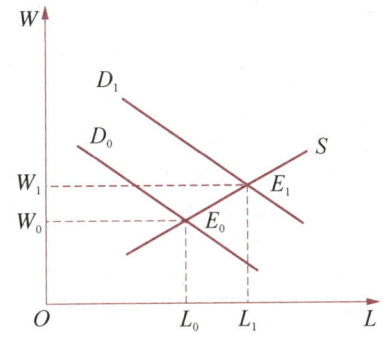

图 7-15 工会增加对劳动的需求

动间接影响劳动的需求曲线,使之右移。这些手段,有时候不但可以使劳动的需求曲线右移,而且还可以使劳动的需求曲线变得更加缺乏弹性,提高了工会影响工资水平决定的能力。

第二,减少劳动的供给。在劳动需求不变的条件下,通过减少劳动的供给可以提高工资,但是这时会使就业减少,如图 7-16 所示。

在图 7-16 中,供给曲线由 S_0 向左移动到 S_1,工资率就可以由 W_0 提高到 W_1,但是劳动量由 L_0 减少到 L_1。要使供给曲线作这样的移动,工会通常通过限制工人入会、限制非会员受雇、限制移民迁入等手段来达到目的。

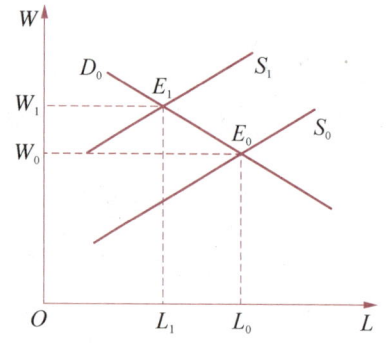

图 7-16　工会减少劳动的供给

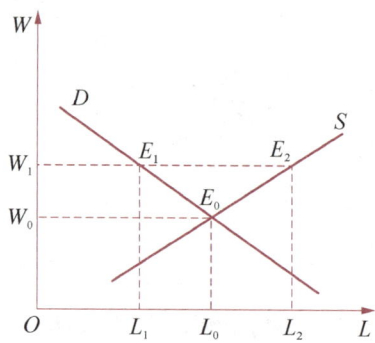

图 7-17　工会支持最低工资法案

第三,支持最低工资法案。工会通过这种手段防止非工会会员以低工资率进行竞争,非会员工人工资的提高会降低对非会员工人劳动的需求,从而增加对会员工人劳动的需求,而且,最低工资标准保证了工会会员的工资率维持在一定的水平之上,如图 7-17 所示。

在图 7-17 中劳动的需求与供给曲线的交点 E_0 所决定的工资率应为 W_0,就业量为 L_0,最低工资标准规定的最低工资率为 W_1,它高于均衡工资率 W_0,这样就能维持较高的工资水平。但是,在 W_1 的工资水平下,会有部分工人失业。

第四,集体谈判。集体谈判是指工会作为其全体会员的代表与雇主进行的工资谈判。由于每个工人单独无法与雇主抗衡,因此工人们只有团结起来,结成一个组织,由组织代表大家的利益与雇主进行谈判。在集体谈判中,工会常以罢工的方式对雇主实施威胁,直到雇主答应工会提出的条件为止,如图 7-18 所示。

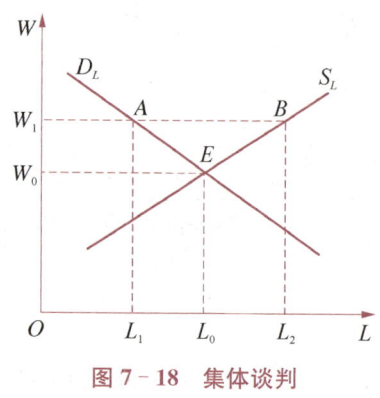

图 7-18　集体谈判

在图 7-18 中,没有工会垄断时的劳动供给曲线 D_L 是雇主对劳动的需求曲线。为了得到较高的工资率水平,工会对雇主进行威胁时常提出的条件是:如果工资率低于 W_1,工会就会罢工,工厂就会停产;如果工资率高于或等于 W_1,雇主就会在 W_1ABS_L 折线上得到任何数量的劳动力,即工会垄断的劳动供给曲线是折线 W_1ABS_L,其后半部分与没有工会垄断时的劳动供给曲线 S_L 重合。当不存在工会对劳动市场的垄断,即不存在罢工威胁时,劳动市场的供求均衡点是 E,这时的劳动使用量为 L_0,工资率为 W_0;当出现罢工威胁的集体谈判后,新的均衡点移到需求曲线 D_L 与新的供给曲线 W_1ABS_L 折线的交点 A 处,雇主只愿意雇用 L_1 数量的工人。因此,集体谈判虽然提高了工会会员的工资水平,但在 W_1 的工资水平上,一部分愿意提供劳动的工会会员会失去工作机会。

一般地讲,对双边垄断所形成的工资水平和就业水平,可能比一方垄断更接近完全竞争的水平。

(二) 利息的产生

1. 资本

广义的资本是指一个经济系统的所有有形资源和无形资源。

狭义的资本是指中间生产要素。其特点是:第一,它的数量是可以改变的,可以通过经济活动生产出来;第二,它被生产出来的目的是借以获得更多的商品和劳务;第三,它是被作为投入要素用于生产过程来得到更多的商品和劳务的。

由于第一个特点,资本便与其他两个生产要素即劳动和土地不同,因为土地和劳动不能由人们的经济活动生产出来,是"自然"给定的;由于其第二个特点,其不同于普通消费品,因为普通消费品不能带来更多的商品和劳务,其价值仅在于自身而不能增值;资本也不同于单纯的储蓄,单纯的储蓄仅仅意味着资金的增加,如果这些资金实际上没有被贷出,则不能增值,即使贷出资金而获得增值,也不是储蓄者将资金直接投入了生产过程。

根据上述三个特点,资本定义为:由经济体系本身所生产并被用作投入要素来生产未来的其他商品和劳务的那些商品。以下我们讨论的是狭义的资本。

2. 企业的资本需求

企业资本购买与其他生产要素的购买有明显的区别。资本购买的收益是跨期的,而别的生产要素的收益是当期的。资本的购买需求取决于企业投资的成本与收益的比较。一个追求利润最大化的企业要求投资所产生的边际收入等于投资的边际成本。同时,企业还要考虑到投资的风险。

3. 资本的供给

资本的供给有两种,一种是实物资本供给,另一种是企业用于购买资本品的资金供给。实物资本的供给如同商品市场的供给一样,可贷资金的供给来源于一个人和企业的银行存款。可贷资金的需求是与利率成反比的,可贷资金的供给与利率是成正比的。

(三) 地租的产生

在这里,我们把所有的自然资源都称为土地。这些自然资源可以分为两类:可再生的和不可再生的。可再生的自然资源是可以多次使用的自然资源,如土地、河流。不可再生的自然资源是只能使用一次,一旦用完就无法替代的自然资源,如石油、煤。

1. 土地和地租

土地作为生产要素在生产中被使用,它的拥有者要求获得出让土地使用权的回报。地租就是土地拥有者出让土地使用权要求得到的回报。

地租的产生首先在于土地本身有生产能力,其次,土地作为一种自然资源具有数量有限、位置不变以及不能再生等特点。当这种有限的自然资源被垄断后,这种自然资源就不能被无偿使用了,它的所有者获得的出让土地使用权的价格就是地租。

2. 地租的决定

地租由土地的需求与供给决定。土地的需求取决于土地的边际生产力。土地的边际生产力也是递减的。土地的需求曲线是一条向右下方倾斜的曲线。土地的供给是固定的,因为在一定区域内,可利用的土地总是有限的,在一个相当长的时期内,土地又是不可再生的。这样,土地的供给曲线就是一条与横轴垂直的直线,如图7-19所示。

在图7-19中,横轴代表土地量,纵轴代表地租,垂线S为土地的供给曲线,表示土地的供给是固定的,D_0为土地的需求曲线,D_0与S相交于E点,决定了地租为R_0。

随着经济的发展,对土地的需求会不断增加,而土地的供给不变,这样,地租就存在不断上升的趋势,如图7-20所示。

在图7-20中,土地的需求曲线由D_0移到D_1,表明土地的需求增加,但土地的供给仍为S,S与D_1相交于E_1,决定了地租由R_0上升到R_1,说明由于土地的需求增加,引起地租水平的上升。

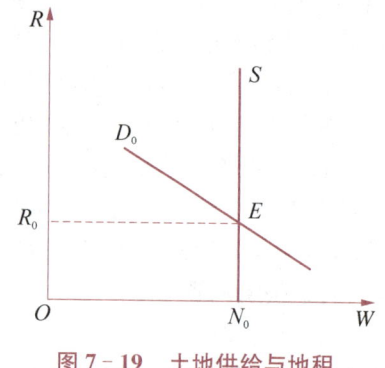

图7-19 土地供给与地租

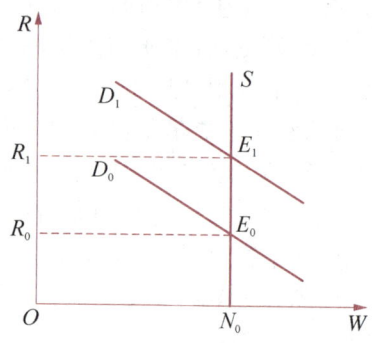

图7-20 地租的变化

3. 级差地租的形成

当土地的质量(表现为肥沃程度、地理位置等)相同时,它们会有相同的地租。实际上不同地段的土地在肥沃程度、地理位置等方面存在很大的差别。例如,一个交通便利地区的一块地,与一个交通不发达地区的大小相同的一块地,其使用权价格会相差很多。这种由于土地的肥沃程度和地理位置的不同而引起的地租在经济学上称为级差地租。

我们用图7-21来分析级差地租的形成。

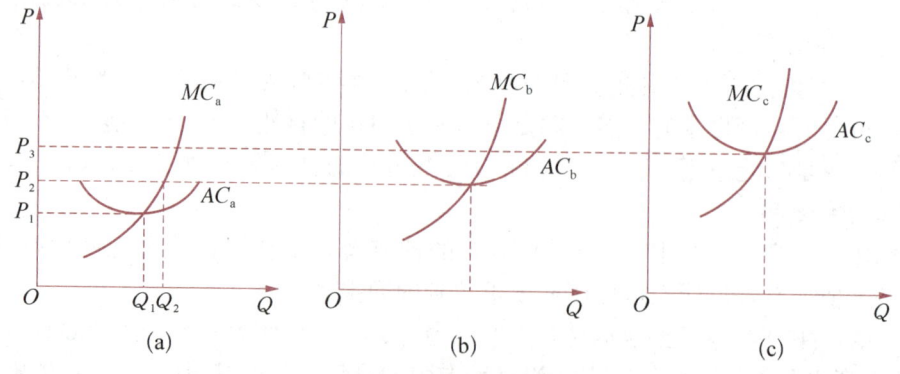

图7-21 级差地租的形成

在图7-21中a、b、c分别表示三块肥沃程度不同、交通便利程度不同的土地。其中a地最好,b地次之,c地最差。因此,a地的边际成本MC_a和平均成本AC_a小于b地的MC_b

和平均成本 AC_b，而 b 地的边际成本 MC_b 和平均成本 AC_b 又小于 c 地的边际成本 MC_c 和平均成本 AC_c。如果这时的农产品的市场价格为 P_1，即等于最好土地的最低平均成本，a 地便被耕种，在 b 地和 c 地由于农产品的市场价格低于其最低平均成本，因此不会被用于生产。在这种情况下，a 地生产的农产品不能满足市场的需求，由此引起了农产品的价格上涨。当农产品价格上涨到 P_2 时，b 土地开始被用于耕种，但 P_2 的价格水平等于 b 土地的最低平均成本 AC_b，这时 b 土地的总收益等于其总成本，b 地不能够支付地租。这时 a 地由于农产品价格上涨，产量则由 Q_1 增加到 Q_2，单位产量平均收益大于平均成本，总收益也大于总成本，扣除生产成本后仍有剩余，这就构成了级差地租的可能性。如果需求继续增加，农产品价格进一步上涨到 P_3，则 a 地和 b 地形成了级差地租。

在这里，a 地、b 地、c 地都提供绝对地租，这部分地租是作为机会成本存在的。

二、工资、利息和地租的形式

（一）工资差别的形式

在完全竞争的市场结构中，由于个人可以自由地进出各个行业，因此，职业之间的工资差别应趋于均等化。如果劳动市场还存在工资差别的话则是其他一些因素影响的结果。实际上除了前面介绍的劳动市场的垄断因素外，还有其他一些因素影响劳动供给、需求与均衡工资率。

1. 补偿性工资

人们选择工作不但要考虑工资率的高低，而且还要考虑与工作岗位相联系的非货币特性。例如，在工资率相同或相差不大的情况下，一个司机宁愿选择开出租车，也不愿选择开清洁车。由于在工资率相同或者相差不大的情况下，人们总是选择那些轻松、有趣、体面、安全的工作，而不愿意选择那些艰苦、枯燥、不体面又危险的工作，因此就出现那些轻松、有趣、体面、安全的工作岗位劳动的供给量超过需求量，而那些艰苦、枯燥、不体面又危险的工作岗位劳动的供给量低于需求量的状况。因此，"好"的工作岗位的工资率降低，"坏"的工作岗位的工资率提高，使劳动市场达到均衡状态。

经济学家用"补偿性工资差别"这一概念描述不同工作的非货币特性所引起的工资差别。

2. 教育与工资

（1）**人力资本投资**。人们提高赚钱能力的过程叫作人力资本投资。与物资资本的投资一样，人力资本的投资也是在当期付出成本，以便能在未来获得更高的产出。教育、培训是常见的人力资本投资方式。从厂商的角度来说，人力资本投资可以分为直接投资与间接投资。厂商对他的劳动者进行培训，则能使企业在未来产生更多的利润，是厂商的一种直接人力资本投资。厂商的人力资本投资还可以采用间接形式，即通过个人对自己接受教育进行人力资本投资，父母对子女进行人力资本投资，最终目的都是培养高素质的劳动力，为厂商生产更多的产品。因此，从厂商的角度来说，这是厂商进行人力资本投资的间接方式。通过厂商向劳动者支付更多的报酬，以使他们有能力给子女支付教育费用来实现。

（2）**教育——能力的信号**。这种观点认为：获得高的文凭并不一定真正提高劳动者的生产率，但劳动者通过获得高文凭向雇主发出了他们高能力的信号，因为只有高能力的人才容易获得高的毕业文凭。因此,高的毕业文凭基本上是作为一种衡量工作能力的"信号",而不是作为获得技能的证据来使用的。

这一理论产生的基础在于劳动市场的信息不对称。一般地讲,劳动市场中的供给方——劳动者本人比需求方——厂商拥有更多的信息,形成了信息不对称的局面。厂商在雇用劳动者之前,对他们的工作能力和特长并不十分了解,因为这是劳动者的私人信息,只有劳动者本人清楚。厂商只有在和劳动者建立了雇佣关系后,通过观察、考核才能逐渐了解劳动者的工作能力和技能。为此,厂商可以通过劳动者向他们发出的一些信号,判断劳动者的素质,通过这种信号传递,在一定程度上解决了双方的信息不对称的问题。而劳动者要证明自己的能力高于别人,劳动者必须向厂商发出一个信号,即较高能力的人才能取得的"文凭"。因此,即使获得高的文凭并不一定真正提高劳动者的生产率,但它却能够成为代表较高生产率的有用信号。

3. 效率工资

效率工资是指企业为提高工人生产率而支付的高于均衡水平的工资。效率工资理论的观点是,支付高工资可能是有利的,因为高工资可以提高工人的劳动效率。效率工资理论从以下五个方面来解释员工的努力程度与实际工资不相关。

(1) **工人的素质**。根据这种解释,企业在雇用新工人时,由于劳动市场是典型的不对称信息市场,雇主对工作申请者的生产率特征具有不完全信息,因而无法完全断定申请者的素质。通过支付高工资,雇主向劳动力市场发送一个信息:如果员工能力与其保留工资即他愿意接受的最低工资紧密相关,那么高工资将吸引生产率最高的申请者。即使在现行效率工资下,存在劳动力的过度供给,雇主也不愿意降低工资,因为降低工资可能导致生产效率高的员工的流失。

(2) **劳动力流失**。根据这种解释,雇主可能提供高于市场现行工资水平的效率工资的考虑是减少劳动力流失的成本。工人离职的频率取决于他们面临的一整套激励,包括离去的利益和留下来的利益。如果雇主提供的工资高于现行工资水平,员工辞职的愿望将显著降低。由于辞职与实际工资反方向变化,所以雇主就宁愿支付一个效率工资以减少劳动力流失。企业对工人支付的工资越高,通常选择离去的工人就越少。因此,企业可以通过支付效率工资来减少其工人的流失。厂商关心劳动力流失的原因是厂商雇用并培训新工人是有成本的。而且,即使在经过培训以后,新雇用的工人的生产率也不如有经验的工人。因此,工人的流失会提高生产成本,企业发现减少工人的流失而支付给工人高于均衡水平的工资是有利的。

(3) **不完全合同与偷懒**。经济学意义上的"不完全合同"是指"事先无法描述所有内容",由此导致合同的重复谈判和重复签订。在理论上,不完全合同来自不确定性和技术约束。前者是指合同双方不可能对所有可能发生的情形进行准确界定,总有意想不到的事情发生;后者是指即使双方可能考虑到所有情形,要依靠一个合同文件加以概括在技术上也很难做到,因此,在出现新问题时进行重复谈判是不完全合同的必然结果。

多数职业中,劳动市场供求双方的劳动合同是不完全合同,这使得员工能够对自己工作努力的程度可以有某种相机抉择权。因此,企业需要监督工人的努力程度,以决定对工人的奖惩。然而,厂商并不能抓住所有偷懒者。因为收集每个员工生产率信息和连续监督员工对雇主而言成本太高。因此,雇主对此问题的反应可以是支付高于均衡水平的效率工资,使工人更渴望保住自己的工作,从而激励工人尽自己最大努力。另外,失业的威胁也能起类似的作用。如果工资正好在供求相等的均衡水平上,工人就没有什么理由去努力工作。因为如果他被解雇,他很快就可以找到一份同样工资的工作,这时解雇就不是一个有效的威胁,因此,企业把工资提高到均衡水平以上,使劳动市场经常存在失业,员工就会有不偷懒的激励,因为偷懒对每个员工都变得风险更大。从这一意义上讲,雇主支付较高的效率工资便成为员工偷懒的负面激励。

(4) 公平。根据这种解释,人人都有一个内在心理需要,那就是希望自己得到公平待遇,否则其士气受到不利影响。一般地讲,员工的努力程度与其士气是同向变化的。如果雇主付给员工的工资高于市场工资,员工的反应是提高工作标准,从而向雇主提供一个高生产率的回报,以与高工资相匹配。在工作中,一个群体中不可避免地会有个人接触和潜在的冲突关系。其结果是与生产有关的问题就会经常存在,由于公平没有绝对的衡量标准,人们根据自己参照组内其他成员的待遇来衡量自己的待遇,通过与外部相似的其他人员的比较来衡量公平程度。员工的效率取决于相对于"公平"工资的实际工资、努力程度和失业率。感到受到不公平待遇的员工就会相应地调整其努力程度。用公平来解释效率工资存在的基本思想是:如果员工认为受到不公平待遇,组织内员工的士气很容易受到伤害,因此看重自己名声的雇主,那些希望获得员工高士气和更多忠诚的组织将付出被认为是公平的效率工资。

4. 能力、努力、机遇与歧视

能力、努力、机遇与歧视在工资决定中也起作用,但它们的作用大小却很难衡量。无论做什么工作,天赋能力都是很重要的。而由于先天的遗传和后天的培养,人和人的能力又不尽相同。因此,有些人在某方面能力很强。能力不同导致生产率不同,从而他们赚得的收入也不相同。

能力不足可以通过努力勤奋弥补。有时候,只要勤奋工作,能力较低的人也可以产生高的生产率,从而得到较高的报酬;但在另一些时候,努力工作却并不直接以高工资的形式得到报酬。这是人们普遍承认的现象,但经济学家还没有对机遇对工资的影响进行深入的研究。

最后一项对工资的确定起作用的因素是歧视。当市场向那些仅仅是种族、宗教、性别、年龄、容貌或其他个人特征不同的相似个人提供不同的工作机会时,就形成了歧视。歧视反映了某些人对某个社会群体的偏见。

(二) 利息的形式

利息是以货币表示的使用货币资本的报酬。利息又称作资金成本。通常用相对数表示,即利息占资本总额的百分比,这个百分比称作利息率(rate of interest)。它是可贷资金的价格。

利息率可分为纯粹利息率和实际利息率。实际利息率即市场利息率。

市场利息各不相同,其差别由以下因素造成:

第一,贷款的风险程度;

第二,贷款的期限长短;

第三,预期通货膨胀水平。

经济学讨论的利率是指不存在上述差别的由资金市场上的供给与需求所决定的利息

率,称为纯粹利率。

(三) 地租的形式

1. 准地租

准地租(quasi rent)是指使用土地以外的其他资源,如厂房设备等资源支付的报酬,即固定资产收益。有些生产要素,尽管从长期说是可以改变的,但从短期来看却是固定不变的。这些生产要素的使用价格在某种程度上也类似于地租,通常称为准地租。

2. 经济租

经济租(economic rent)是指生产要素实际得到的报酬与使该要素被供给出来必须支付的报酬之间的差额。地租是供给完全缺乏弹性时土地的使用价格。地租并不是使农产品被供给出来所必须补偿的成本因素,而是农产品价格超过成本的余额部分,作为土地使用权的报酬以地租的形式支付给土地所有者。有一些生产要素,其收入中的一部分类似于地租,如果从该要素全部收入中减去这一部分并不会影响要素的供给,这部分要素收入就是经济学上所说的"经济租"。

3. 寻租行为

寻租行为(rent seeking)是指凭借政府准许的特权取得垄断地位并取得垄断租的行为。寻租行为阻碍了更有效生产方式的实施,扭曲了资源的配置,耗费了社会资源,从社会整体上看,是一场损失大于收益的游戏。

本 章 小 结

1. 现代西方经济学认为生产要素包括劳动力、土地、资本和企业家才能四种。
2. 生产要素需求的特点,引申需求和联合需求。
3. 四大生产要素的价格分别是如何决定的。
4. 向后弯回的劳动供给曲线的形成原因,收入效应和替代效应。

思 考 与 讨 论

一、案例分析

如今一些国有企业、垄断行业、上市公司大量使用劳务派遣工,有的甚至占到职工比例的50%以上。大量使用劳务派遣人员的单位主要集中在建筑业、服务业、通信业、金融业、石油开采业、制造业等领域和部门,一些机关事业单位也越来越多地采用这种用工形式。

"同工不同酬"现象的长期存在,不仅严重损害了作为劳动者的派遣工的合法权益,而且必然造成社会的不公和企业内部职工队伍的分化,给和谐的劳动关系制造人为的不和谐因素,也为以社会公平和公正为目标的工资分配改革,增添了诸多困难。

《中华人民共和国劳动法》第四十六条明确规定:"工资分配应当遵循按劳分配原则,实行同工同酬。"按照《中华人民共和国劳动合同法》的规定,劳务派遣工一般适用于临时性、辅助性或者替代性的工作岗位,并且明确规定,被派遣劳动者享有与用工单位的劳动者同工同酬的权利。用工单位无同类岗位劳动者的,参照用工单位所在地相同或者相近岗位劳动者的劳动报酬确定。

要求:试分析同工不同酬的原因。

二、简答题

1. 生产要素市场有哪些特点?
2. 什么是边际收益产量?
3. 完全垄断市场下的企业生产要素需求与完全竞争市场下的企业生产要素需求有什么不同?
4. 简述生产要素为垄断的条件下,生产要素供给曲线与生产要素投入边际成本之间的关系。
5. 解释劳动者个人供给曲线向后弯曲的原因。
6. 简述工会对劳动供给的影响。

三、实训项目

1. 讨论分析当你的收入为每月两万元时,你是否愿意靠加班继续增加收入。
2. 分组讨论一下,如果劳动力可以自由流动,中国工人的工资能否赶上美国。
3. 美国的纺织工人为什么反对进口中国的纺织品?

第八章　国民收入核算

学习目标

1. 掌握国民生产总值的概念。
2. 理解国民生产总值计算中中间产品和最终产品的含义。
3. 理解名义 GNP 与实际 GNP 的区别。
4. 理解国民生产总值、国民生产净值、国民收入、个人收入、个人可支配收入之间的差别。
5. 理解三种不同的价格指数：GNP 折算指数、CPI 和 PPI 的区别。
6. 掌握如何利用支出法和收入法分析 GNP 的构成。

引导案例

GDP 十年翻番　我国经济实力实现历史性跃升

2013 年至 2022 年，我国国内生产总值(GDP)从 59.3 万亿元增长到 121 万亿元，年均增长 6% 以上，按年平均汇率折算，经济总量达 18 万亿美元，稳居世界第二位。新时代以来，我国经济总量已翻了一番，发展站在更高的历史起点上。

从时间线来看，2014 年、2016 年、2017 年、2018 年、2020 年、2021 年，我国 GDP 相继跨越 60 万亿元、70 万亿元、80 万亿元、90 万亿元、100 万亿元、110 万亿元大关，2022 年突破 120 万亿元。

纵向看，目前我国每年 GDP 增量已远超 20 世纪 90 年代初期全年 GDP。我国经济 1 个百分点增速带来的增量，相当于 10 年前的约 2.1 个百分点。

经济总量持续提高的同时，人均 GDP 实现新突破。10 年来，我国人均 GDP 从 43 497 元增长到 85 698 元。按年平均汇率折算，2022 年我国人均 GDP 达到 12 741 美元，连续两年保持在 1.2 万美元以上。

10 年来，中国经济总量占世界经济的比重从 12.3% 上升到 18% 左右，货物贸易总额连续 6 年位居世界第一，对世界经济增长的年平均贡献率超过 30%，一直是推动世界经济增长的最大引擎。

国内生产总值究竟是什么？能反映出哪些经济状况？从这一章节起，我们来了解宏观经济学。

（资料来源：新华网）

从本章开始，我们进入了所谓的宏观经济学范畴。宏观经济学又称总体经济学、整体经济学,是现代经济学的一个重要分支。与微观经济学相对应,宏观经济学的研究对象是整个国民经济的运行、整个经济的资源配置问题,研究经济中各有关总量的决定及其变动,寻求解决失业、通货膨胀、经济波动、国际收支、实现长期稳定发展等问题。这里涉及国民收入及社会经济、居民生活等各个方面,如生产、消费、储蓄、投资及国民收入的比率,货币流通量和流通速度,物价水平,利息率,人口数量及增长率,就业人数和失业率,国家预算和赤字,出入口贸易和国际收入差额等。任何一个国家的宏观经济运行的情况都可以通过一些指标加以测量,就像一个人的身体健康状况可以通过体温、血压等指标加以测量。作为学习宏观经济学的开始,本章从介绍国民收入等基本而又重要的概念入手,以帮助读者对宏观经济变量有初步的认识,这也将是学习宏观经济学的基础。

第一节 国民收入的基本概念

一、广义的国民收入

国民收入(National Income,NI)的概念有广义和狭义之分。广义的国民收入是泛指国民生产总值等相关的几个国民经济总量,如国民生产总值、国民生产净值等。国民收入是宏观经济学中的一个总体性的基本概念。对国民收入的分析主要通过研究国民经济运行中各有关总量的决定及其变化,说明如何实现资源的合理配置,达到经济均衡状态的目的。

二、国民生产总值

国民生产总值(Gross National Product,GNP)是一国(或地区)居民在一定时期内(通常是一年)生产的所有最终物品和劳务的市场价值的总和,它是衡量一国经济最重要的指标。

正确理解 GNP 的含义,需要注意以下几点:

(一)物品和劳务的市场价值是用货币加以衡量的

GNP 是把许多不同物品和劳务相加为一个经济活动价值的衡量指标。大家都知道,不同种类物品是不能简单相加的。例如,一个桃子加上一个苹果,既不等于两个桃子,也不等于两个苹果。但是我们可以把桃子和苹果具有的市场价值相加。假设一个桃子的价格为2元,一个苹果的价格为1元,那么,一个桃子和一个苹果对 GNP 的贡献是3元,一个桃子对 GNP 的贡献是一个苹果对 GNP 贡献的两倍。

(二)GNP 是"流量"的概念而非"存量"的概念

流量(flow),是指一定时期内某种经济变量的量值。而存量(stock)则是指在一个时点上存在的量。例如:某人的收入,它表示在一定时间段内(一年或一月)这个人所取得的收入量值,是一个流量概念。财产则是个存量概念,表示某人在某一时刻所拥有的财富总量。GNP 是流量,它是一个国家(或地区)居民在一个既定时期内生产的物品与劳务的价值。

(三) 计入 GNP 的产品必须是最终产品

最终产品是指被最终使用和消费,而不是为了转售或进一步加工制造而购买的商品和劳务。与之相对的概念是中间产品,中间产品是指用于再出售或再加工生产别类产品所用的产品。一种产品是最终产品还是中间产品不取决于这种产品本身的性质,而是取决于谁购买了它,以及为什么目的而购买的。例如,当小麦被消费者购买用于消费时,这时的小麦就是最终产品,但当小麦被面粉加工商用来生产面粉时就成了中间产品。中间产品是参加最终产品生产过程中被使用的商品和服务,中间产品的价值已经构成了最终产品价值的组成部分,它不能再计入 GNP,否则就会重复计算。因此,在统计 GNP 时就必须严格区分最终产品和中间产品。但这在实践中操作起来比较困难,为了避免重复计算,常采用"增值法"来统计 GNP。最终产品的价值等于在生产它的各个阶段新增价值之和。厂商的增加价值是它生产的产品减去它从另外厂商那里购买的投入要素的成本价值之差额。

如图 8-1 所示,假定最终产品面包只经过三个不同的生产阶段,分别是农民、面粉加工商和面包加工商。

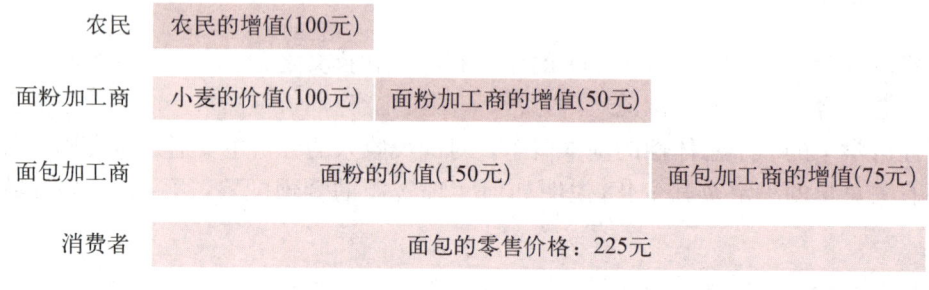

图 8-1 最终产品和中间产品的价值

面粉加工商购买小麦(支付 100 元)作为加工面粉的投入品,面包加工商购买面粉(支付 150 元)作为加工面包的投入品,生产出的面包售价为 225 元,则面包对 GNP 的贡献等于每个生产阶段的增值(深色条)之和。浅色条则表明中间支出,若计入 GNP 中,农民和面粉加工商的增值就被重复计算了。

另外,需要注意的是,GNP 必须是现期生产的最终产品的价值,凡是现期生产出的最终产品不论是否卖出均应计入 GNP。而前期库存的产品即便是现期卖出,也不能计入 GNP。当一个人购买二手车或二手房时,它的价值不应计入 GNP,但是为交换二手车或二手房而提供的现期服务的价值则应计入 GNP。

(四) GNP 一般不包括非市场活动项目,仅指市场活动所导致的价值

GNP 包括经济中生产并在市场上合法出售的所有东西,它不仅包括有形的蔬菜、粮食、汽车等物品的市场价值,还包括售房、理发、美容保健等服务的市场价值。但是由于大量的最终产品和劳务并不在市场上出售,如义务劳动、志愿服务、农民生产的用于自己消费的粮食等,因此,这些价值没有计入 GNP。例如,你在超市购买的蔬菜是 GNP 的一部分,但你在自己花园里种的蔬菜就不是。

此外,GNP 不包括非法生产和销售的产品,如毒品、走私产品。

三、国内生产总值

国内生产总值(Gross Domestic Product,GDP)是在某一既定时期(一般为一年)一个国家内所生产的所有最终物品和劳务的市场价值总和。用货币这把尺子去衡量一国利用土地、劳动及资本等资源,所生产的各种商品和服务的总值,你就会得到GDP,它是衡量一国商品和服务产出总量的综合指数。国内生产总值与幸福值的关系如图8-2所示。

图8-2 国内生产总值与幸福值的关系

你也许会觉得GNP与GDP的含义很接近,这两者的区别在于,GDP衡量的是在一个国家的地理范围之内的资本和劳务所生产的总产出量,它以一国的主权范围为统计标准。GNP衡量的是一国永久居民生产所有最终物品和劳务的市场价值,它以一国的人口为统计标准。例如,中国GDP的一部分是由日本的本田公司在中国境内的工厂生产的,这些工厂的利润应计入中国GDP,但不计入中国的GNP,因为本田是一家日本公司,不属于中国居民。同样,中国海尔公司在美国境内投资兴办的工业园所获得的利润应计入美国的GDP,但不计入美国的GNP,而这些利润计入了中国的GNP,但不计入中国的GDP。

图8-3可以帮助我们更好地把握GNP与GDP的区别。

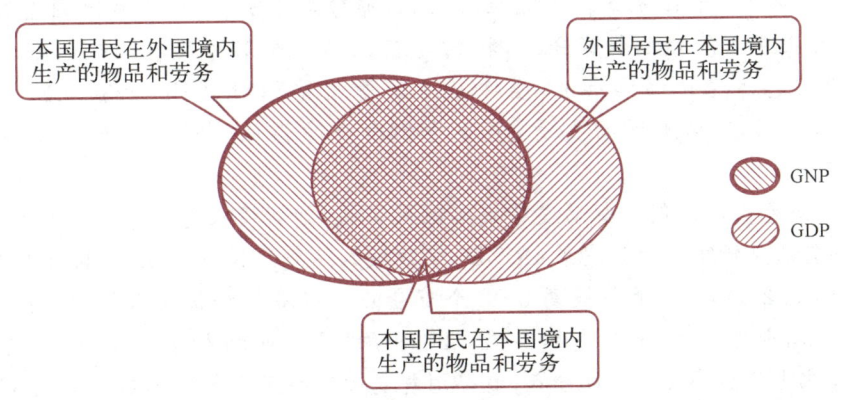

图8-3 GNP与GDP的关系

微课：GNP与GDP的区别

可以看出：

国民生产总值＝本国居民在本国境内生产的物品和劳务＋本国居民在外国生产的物品和劳务

国内生产总值＝本国居民在本国境内生产的物品和劳务＋外国居民在本国境内生产的物品和劳务

国民生产总值与国内生产总值的差值是一国居民从国外投资所得到的净收益。

从这种关系可以看出,如果本国居民国外投资的净收益为正数,即本国居民国外投资的收益大于国外居民在本国投资的收益,则国民生产总值大于国内生产总值;反之,如果本国居民国外投资的净收益为负数,即本国居民投资的收益小于国外居民投资的收益,则国民生产总值小于国内生产总值。一般来说,国民生产总值与国内生产总值差别并不大。

经济学家一般把这两个概念作为同一含义使用。但在国民收入统计中要区别这两个概念,这种区分对了解一个国家的开放程度以及分析开放经济中的各种经济现象还是很有必要的。

> **专栏 8–1　专题阅读**
>
> **2023 年全年国内生产总值同比增长 5.2%**
>
> 国家统计局 2024 年 1 月公布数据:初步核算,2023 年全年国内生产总值(GDP)126 万多亿元,按不变价格计算,比上年增长 5.2%。分季度看,一季度国内生产总值同比增长 4.5%,二季度增长 6.3%,三季度增长 4.9%,四季度增长 5.2%,呈现前低、中高、后稳的态势,向好趋势进一步巩固。按照可比价计算,2023 年我国经济增量超过 6 万亿元,相当于一个中等国家一年的经济总量。
>
> 2023 年,面对复杂严峻的国际环境和艰巨繁重的国内改革发展稳定任务,在以习近平同志为核心的党中央坚强领导下,各地区各部门坚持稳中求进工作总基调,完整、准确、全面贯彻新发展理念,国民经济回升向好,高质量发展扎实推进,主要预期目标圆满实现。
>
> 对于 2023 年中国经济表现,国家统计局局长从四方面进行了概括:
>
> (1) 回升向好。从经济增长看,2023 年我国 GDP 超过 126 万亿元,增速比 2022 年加快 2.2 个百分点。从就业看,就业形势总体改善,全年城镇调查失业率平均值比上年下降 0.4 个百分点,特别是农民工就业形势改善比较明显。从物价看,物价总体保持温和上涨,全年居民消费价格指数(CPI)上涨 0.2%,核心 CPI 上涨 0.7%。从国际收支看,全年货物出口增长 0.6%,年末外汇储备超过 3.2 万亿美元。
>
> (2) 成色十足。创新驱动发展战略深入实施,创新投入稳步增加。初步测算,2023 年全社会研究与试验发展(R&D)经费投入达到 3.3 万多亿元,R&D 经费投入强度达到 2.64%,比上年提高 0.08 个百分点。经济结构优化升级,服务业和消费的经济增长主引擎作用更加凸显。2023 年,服务业增加值占 GDP 比重达到 54.6%,比上年提高 1.2 个百分点;最终消费支出对经济增长的贡献率达到 82.5%,比上年提高 43.1 个百分点。安全发展基础进一步巩固夯实,全年粮食产量比上年增长 1.3%,规模以上工业原煤产量增长 2.9%,原油产量增长 2%,天然气产量增长 5.8%。守住了不发生系统性风险的底线,确保了经济金融安全,民生保障更加有效,全国居民人均可支配收入比上年实际增长 6.1%。
>
> (3) 表现亮丽。2023 年,我国 5.2% 的经济增速高于全球 3% 左右的预计增速,在世界主要经济体中名列前茅。中国经济 2023 年对世界经济增长的贡献率有望超过 30%,是世界经济增长的最大引擎。在预计全球贸易有所下降的情况下,我国出口实现了小幅增长,占全球市场的份额保持稳定。
>
> (4) 殊为不易。2023 年,世界经济低迷,国际格局复杂演变,地缘政治冲突频发,外部环境复杂性、严峻性、不确定性上升。国内周期性、结构性矛盾比较多,自然

灾害频发。"在这种复杂情况下,取得这样的发展成绩更显得难能可贵。"国家统计局局长表示,展望2024年,推动经济进一步回升向好还要克服一些困难和挑战,"要按照中央经济工作会议决策部署,有效应对这些困难、解决这些问题,不断推动中国经济行稳致远。"

（资料来源：人民日报）

思考一下

1. 生产一辆经济型轿车与生产一辆豪华型轿车,哪一个对GDP的贡献更大?
2. 举例说明存量和流量的区别。
3. 张欣在清理旧物时,把收集的物品出售,获得100元,这种销售是如何影响现期的GDP的?

四、名义GNP与实际GNP

由于GNP是用货币来计量的,因此,一国GNP的变动主要受两个因素影响：一是所生产的物品和劳务的数量的变动；二是物品和劳务的价格水平的变动。当然,也常常会同时变化。为弄清国民生产总值变动究竟是由产量还是由价格水平变动引起,需要区分名义国民生产总值和实际国民生产总值。

名义GNP,又称为现期货币国民生产总值,是以生产物品和劳务的当年市场价格计算的全部最终产品的市场价值。用货币作为尺度时,必须解决的一个问题,就是价格变动。由于不同年份的价格差异,难以从GNP的量值来直接判断和比较产出的实际价值。为了更准确地反映实际产出的水平,统计中常采用实际国民生产总值(实际GNP)概念。实际GNP计量在相同的价格或货币价格保持不变的条件下,不同时期所生产的全部产出的实际变化。

我们以小麦和手机作为中国最终产品的代表。两种物品在2020年（现期）和2010年（基期）的价格和产量如表8-1所示。在这一例子中,2020年的名义GNP为23 700万元,较之2010年的10 500万元,名义增长率为[(23 700÷10 500－1)×100%]＝126%而以2010年的价格计算的2020年实际GNP为15 800万元,实际增长率为[(15 800÷10 500－1)×100%]＝50%。

表8-1 名义GNP与实际GNP对照表

最终产品	2010年的名义GNP	2020年的名义GNP	2020年的实际GNP
小麦	500万单位×1元	800万单位×1.5元	800万单位×1元
手机	10万单位×1 000元	15万单位×1 500元	15万单位×1 000元
合计	10 500万元	23 700万元	15 800万元

2010年的名义国民生产总值和实际国民生产总值的差反映在这一时期和基期相比

价格变动的程度。其中,我们把名义 GNP 和实际 GNP 的比率称为 GNP 折算指数,用于将名义 GNP 折算为实际的 GNP,公式为:

$$实际 GNP = \frac{名义 GNP}{GNP 折算指数}$$

图 8-4 显示了 20 世纪 60 年代至 80 年代初期美国名义 GNP 和实际 GNP 的变化及其相互关系。值得注意的是,在一些年份中,虽然名义 GNP 逐年上升但实际 GNP 却下降了,这些年份正是美国经济的衰退期,实际 GNP 的增长为负,因此不能认为名义 GNP 增加就意味着经济增长,因为它并不能排除实际 GNP 下降的可能性。

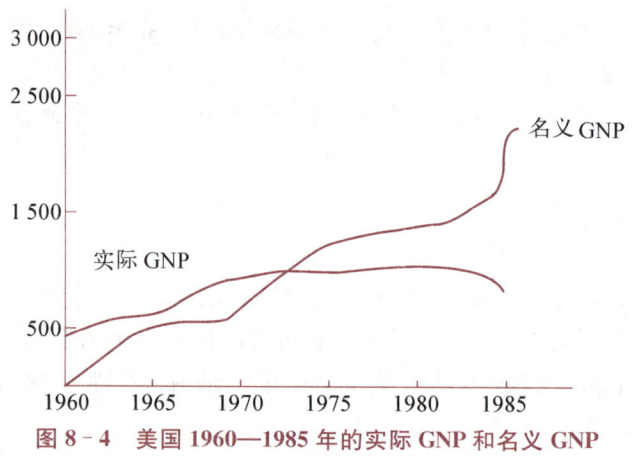

图 8-4 美国 1960—1985 年的实际 GNP 和名义 GNP

名义 GNP 是用当年价格来评价经济中物品和劳务生产的价值。实际 GNP 是用不变的基年价格来评价经济中物品与劳务生产的价值。由于实际 GNP 剔除了价格变动的影响,实际 GNP 的变动只反映生产产量的变动,因此,实际 GNP 是经济中物品与劳务生产的衡量指标,能够衡量整个经济运行的状况如何。实际 GNP 是比名义 GNP 衡量经济福利的更好指标。因此,如果不作特殊说明,以后各章中所讲的 GNP 是指实际 GNP。

专栏 8-2 知识链接

什么是购买力平价?

利用经济指标进行跨国比较是衡量经济体经济增长绩效和评价发展阶段的重要方法,这需要将各经济体货币转化为同一货币。通常,人们使用官方汇率将各经济体货币转化为同一货币。但一些经济学家认为,汇率易受国际资本流动、宏观经济波动的影响,只体现了不同经济体可贸易品间的比价关系,未能消除经济体间价格水平差异,利用汇率进行国际比较在一定程度上扭曲了比较结果。为克服汇率作为货币转换因子的弊端,经济学家发明了"购买力平价(Purchasing Power Parity,PPP)"这一指标。

与汇率类似,PPP 是反映经济体间交换同一组货物和服务的货币比率。以单一商品巨无霸汉堡为例,其在中国和美国的售价分别是 23 元人民币和 5 美元,则以美国为基准,巨无霸汉堡的 PPP＝23 元人民币÷5 美元＝4.6。

与汇率不同,PPP 是人为构造出的一个货币转换因子。因此,尽管其避免了汇率的诸多缺陷,但其准确性受基础数据、统计测度理论和技术方法的影响较大。构造和生产 PPP 的项目很多,目前影响力最大的是由联合国和世界银行主导的国际比较项目(International Comparison Program,ICP)。从 2017 年起,ICP 大约每 3 年组织实施一次,各轮次 PPP 测算方法可能存在差异。新一轮结果公布后,需调整之前轮次的测算结果。

(资料来源:国家统计局)

五、国民收入核算中的其他指标

国民生产总值、国民生产净值、国民收入、个人收入、个人可支配收入是国民收入核算体系中最为重要的五个总量,它们之间存在密切的关系。

(一)国民生产净值

国民生产净值(Net National Product,NNP)是一国生产的最终产品与劳务净增加值,即国民生产总值扣除折旧以后的余额。任何产品价值中不但含有消耗的原材料、燃料等的价值,还包含使用的设备折旧。这就是用来补偿已经消耗掉的固定资产的价值,提取折旧是为了保持固定资产在价值上的完整性,以便在其使用寿命结束时进行更新。所以,必须对国民生产总值扣除折旧以后才能计算出创新的最终产品和劳务。因而从 GNP 中扣除资本设备折旧就得到国民生产净值。国民生产净值也就是一国在一定时期内新创造的最终产品和劳务的市场价值总和。但是由于折旧的方法有很多种,采用不同的折旧方法计算出来的折旧额差别较大,为排除这种人为因素造成的差别,经济分析一般都采用国民生产总值而不采用国民生产净值。

(二)国民收入(狭义)

狭义的国民收入(National Income,NI)是指一个国家在一定时期内提供各种生产要素所有者的收入总和,它包括工资、利润、利息、租金的收入总和,但不包括企业间接税。

间接税是由消费者在购买物品与劳务时所支付的税收。它包括销售税、营业税、财产税、牌照税和其他各种杂税,其中特别重要的是销售税。间接税是由企业缴纳但并非由企业承担的税。企业在制定产品价格时要考虑到间接税的缴纳,企业把间接税支出附加在成本上,在产品销售中转移到消费者身上。间接税作为价格的附加,既不是任何生产要素提供的,也不为任何生产要素所有者获得,因此,计算国民收入时必须进行扣除。

国民收入与国民生产净值的计算角度是不同的,国民生产净值是从生产的角度进行计算的,而国民收入则是从分配的角度进行计算的,从数量看,两者的差别在于企业的间接税。

国民收入是一国用于生产的各个要素(土地、劳动、资本等)所得的全部报酬收入,即劳动得到的工资与薪金、资本得到的利息、土地得到的租金与企业所有者得到的利润之和,它来自一国经济货物和劳务的经常性生产。

$$\text{GNP} - 折旧 - 间接税 - 企业转移支付 + 政府补贴 = 国民收入 \quad (8-1)$$

(三) 个人收入

国民收入并不是居民的个人收入 (Personal Income, PI), 而是交纳所得税前所得到的总收入。

个人收入是居民从各种来源所得到的收入总和。

(四) 个人可支配收入

个人可支配收入 (Disposable Personal Income, DPI) 是可以由居民个人实际使用的收入总和, 分为消费和储蓄两部分。

我们得出这五个总量之间的关系是:

$$国民生产总值(GNP) - 折旧 = 国民生产净值(NNP) \quad (8-2)$$

$$NNP - 间接税 + 补贴 = 国民收入(NI) \quad (8-3)$$

$$NI - 公司未分配利润 + 政府转移支付 = 个人收入(PI) \quad (8-4)$$

$$PI - 个人所得税 = 个人可支配收入 \quad (8-5)$$

五个经济总量之间的关系如图 8-5 所示。

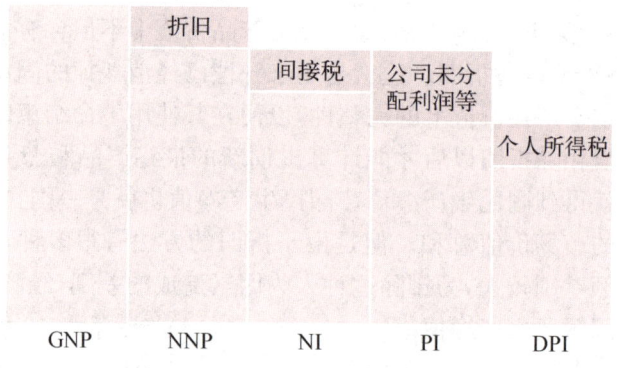

图 8-5 五个经济总量之间的关系

由图 8-5 可以看出, 这五个经济总量中最为基本的是国民生产总值, 其他四个经济总量都可以根据以上分析的关系从国民生产总值的数字中推算出来。因此, 国民收入核算最基本的是对国民生产总值的衡量。

(五) 人均国民生产总值

国民生产总值是一个总量概念, 可以反映一国的经济实力与市场规模; 人均国民生产总值是一个平均总量, 可以反映一国的富裕程度和国民的生活水平, 是估量一国国民福利水平的基本尺度。人均实际 GNP 的增加意味着居民福利的改善。联合国一般是根据人均国民生产总值来衡量一国的发达程度。人均国民生产总值的大小取决于国民生产总值和人口数量的对比, 用某一年的国民生产总值除以人口数量就可得出该年的人均国民生产总值, 即

$$第\ T\ 年人均国民生产总值 = \frac{第\ T\ 年国民生产总值}{第\ T\ 年人口数量} \quad (8-6)$$

这里所用的人口数量是当年年初与年终人口数量的平均数,或年中(该年7月1日零时)的人口数量。但是由于 GNP 的计算方法还存在不可避免的各种缺陷。因此又不能只依据人均实际 GNP 的资料来说明一个经济体的产出和福利。表 8-2 列出了 2020 年中国、日本、韩国、加拿大、美国的国内生产总值和人均国内生产总值。

表 8-2 国民经济核算主要指标(2020 年) 单位:现价美元

国家或地区	国内生产总值	人均国内生产总值
中　国	14 722 730.70	10 500.4
日　本	5 064 872.88	40 113.1
韩　国	1 630 525.01	31 489.1
加拿大	1 643 407.98	43 241.6
美　国	20 936 600.00	63 543.6

数据来源:世界银行

六、GNP/GDP 衡量经济成果的缺陷

GNP 仅仅标示了一国的产出总量,但不能显示具体产出的结构、质量、效率以及相对应的人民生活水平等。同样水平的 GNP,其背后可能是:质次价高的产品与质优价廉的产品并存、大量积压的产品与供求平衡甚至供不应求的产品共存,以及工时、原材料、能源消耗的较大差异。另外,随着人们越来越重视自己的生存与发展环境,也更加关注 GNP 的"质量",而不仅是其数量和增长速度。因为,社会为 GNP 的增长付出了巨大的代价,如环境污染、生态环境恶化等。

思政课堂:让"双碳"目标成为经济转型助推器

> **专栏 8-3 专题阅读**
>
> **从经济增长之"量"看发展之"质"**
>
> 读懂经济大势,国内生产总值(GDP)增速是一面直观的"显示屏"。
>
> GDP 每增长一个百分点,对经济发展意味着什么?
>
> 看增量,这是体量更大、实力更强的增长。纵向看,我国经济 1 个百分点增速带来的增量,相当于 10 年前的约 2.1 个百分点。随着经济规模持续增大,目前我国每年 GDP 增量,已远超 20 世纪 90 年代初期全年国内生产总值。
>
> 看分量,这是占比更高、贡献更大的增长。即使增速回落,2022 年我国 GDP 增量仍与一个中等国家经济总量相当。作为第二大经济体,我国经济总量占全球经济的比重约为 18%,连续多年对世界经济增长贡献率超过 30%。
>
> 看质量,这是能耗更少、创新更强的增长。单位 GDP 能耗下降 26.4%,单位 GDP 水耗下降 45%,单位 GDP 二氧化碳排放下降 34.4%……2012 年至 2021 年,我国以年均 3% 的能源消费增速支撑了平均 6.6% 的经济增长,成为全球能耗强度

降低最快国家之一。与此同时,我国在全球创新指数中排名升至第十一位,成功进入创新型国家行列。

2023年以来,我国经济持续恢复向好,高质量发展扎实推进,前三季度5.2%的经济增速,在国际主要经济体中名列前茅。但部分经济指标的短期波动,却引发了一些人对我国经济发展前景的担忧,其中不乏"唱衰"中国的种种论调。

读懂我国经济大势,经济指标的增减固然重要,但不能被短期指标的波动牵着鼻子走,要有历史耐心和战略定力,保持信心和平常心,用全面、辩证、长远的眼光看问题,既要看短期之"形",更要看长期之"势",既要看增长之"量",更要看发展之"质",透过一个百分点的GDP增长,看清我国经济高质量发展的大逻辑。

我国经济高质量发展,是含金量更高的发展。

观察经济发展,知其然更要知其所以然。当前我国经济正处于转变发展理念、优化经济结构、转换增长动力的关键期,比增长速度更为重要的,是发展质量的提升、新旧动能的转换。2023年以来,我国经济在结构调整和转型升级中不断赢得优势、赢得主动。1至10月,社会消费品零售总额增长6.9%,服务零售额增长19.0%,规模以上工业增加值增长4.1%,服务业生产指数增长7.9%……动力更强、结构更优、效益更高的经济增长,持续提升着经济发展的含金量。随着近期国家发展和改革委员会等部门的促消费举措密集落地,消费"主引擎"动力还将持续增强。

我国经济高质量发展,是驱动力更强的发展。

纵观世界经济史,成功转型成为高收入经济体的国家,无一例外都是依靠持续创新带来发展质量提升,完成从要素驱动型发展模式向创新驱动型发展模式的成功转换。近年来,创新驱动发展战略深入实施,让我国经济每一个百分点增长的科技含量更高。以新产业、新业态、新商业模式为主要内容的"三新"经济快速增长,2022年增加值首超20万亿元,占GDP的比重达17.36%。2023年1至10月,高技术产业投资同比增长11.1%,创新"第一动力"愈发强劲,推动经济在高质量发展之路上行稳致远。

我国经济高质量发展,是获得感更足的发展。

增进民生福祉是发展的根本目的。国际经验表明,第三产业的就业带动效率高出第二产业20%左右。随着服务业占GDP的比重稳步提升,目前我国1个百分点的GDP增幅,能够创造新增就业岗位约200万个。

2023年以来,服务业特别是接触型聚集型服务业较快恢复,对就业带动作用明显增强。1至9月,全国城镇新增就业1 022万人,完成全年目标任务的85%。当前,新兴产业蓬勃发展,催生出物联网工程技术人员、大数据工程技术人员等新型职业需求,将有效扩大就业空间。稳定的就业基本盘,为在高质量发展中实现共同富裕筑牢坚实基础、创造良好条件,前三季度全国居民人均可支配收入同比实际增长5.9%,增速快于GDP增速。

"入之愈深,其进愈难。"今天,民族复兴进入关键阶段,中国式现代化的航程更加壮阔,时间也更加紧迫。我们必须清醒地认识到,经济体量越大、质量越高、能耗越少,发展的要求和难度也就越高。这也意味着,1个百分点的GDP增长,需要我们付出更多的努力、迎接更大的挑战。

"新征程上,我们的前途一片光明,但脚下的路不会是一马平川。"习近平总书记的铿锵话语振奋人心、催人奋进。展望未来,我国经济发展任重道远,必须以咬定青山不放松的执着、行百里者半九十的清醒,继续爬坡过坎、攻坚克难,敢闯敢干加实干,用新的伟大奋斗创造新的伟业。

(资料来源:人民日报)

思考一下

如果A国的GDP是B国的3倍,这是否意味着在经济上A国的经济状况比B国好?为什么?

第二节　国民收入的核算

理解了国民生产总值(GNP)的含义,接下来的问题是如何统计GNP。从理论上来说,只要把所有最终产品的市场价值加总起来就可以了,但在技术上处理起来却十分困难。通常,统计GNP有三种方法,分别为支出法、收入法和增值法(生产法)。

一、支出法

用支出法核算国民生产总值(GNP),就是通过核算在一定时期内整个社会购买最终产品的总支出来计量GNP。

这种方法是整个社会在一定时期内消费(C)、投资(I)、政府购买(G)以及净出口($X-M$)这几个方面对最终的产品和劳务支出加总在一起,得出社会最终产品和劳务流量的价值总和。其公式为:

$$GNP = C + I + G + (X - M) \qquad (8-7)$$

表8-3是用支出法核算GNP的应用。

消费(指居民个人消费)支出包括购买耐用消费品(如小汽车、电视机、洗衣机等)、非耐用消费品(如食物、衣服、日常生活用品等)和劳务的支出。

微课:支出法核算GDP

二、收入法

从收入的观点来看国民生产总值(GNP)、实际计算成本流量的方法称为收入法。这种方法是把各种生产要素在生产中形成的各种收入——劳动的工资、资本的利息、土地的租金和利润加总在一起,计算出整个社会生产要素成本的价值总和。但是这样相加结果本身还不能得出GNP,必须进行调整。

表8-4是用收入法核算部分地区生产总值的应用。

表 8-3　支出法核算国内生产总值及构成

本表按当年价格计算

年份	最终消费支出（亿元）			政府消费支出	资本形成总额（亿元）		货物和服务净出口			最终消费支出=100		居民消费支出=100		资本形成总额=100		货物和服务净出口=100	
	居民消费支出	城镇居民	农村居民		固定资本形成总额	存货变动	净出口	出口	进口	居民消费支出	政府消费支出	城镇居民	农村居民	固定资本形成总额	存货变动	出口	进口
2011	170 391	131 026	39 365	74 357	214 017	13 656				69.6	30.4	76.9	23.1	94.0	6.0		
2012	190 585	147 770	42 815	84 859	238 321	10 639				69.2	30.8	77.5	22.5	95.7	4.3		
2013	212 477	165 106	47 372	94 186	263 980	11 149				69.3	30.7	77.7	22.3	95.9	4.1		
2014	236 238	183 605	52 633	101 793	282 242	12 664				69.9	30.1	77.7	22.3	95.7	4.3		
2015	260 202	203 687	56 515	111 718	289 970	7 856				70.0	30.0	78.3	21.7	97.4	2.6		
2016	288 668	226 791	61 878	122 138	310 145	8 054	146 177		129 201	70.3	29.7	78.6	21.4	97.5	2.5		
2017	320 690	251 844	68 846	135 829	348 300	9 586	163 847		149 268	70.2	29.8	78.5	21.5	97.3	2.7		
2018	354 124	276 916	77 208	152 011	393 848	8 737	175 694		168 640	70.0	30.0	78.2	21.8	97.8	2.2		
2019	385 896	302 253	83 642	165 599	422 019	6 609	185 210		170 405	70.0	30.0	78.3	21.7	98.5	1.5		

数据来源：《中国统计年鉴 2020》

表 8-4　收入法核算部分地区生产总值(2017 年)　　　　　单位：亿元

地区	地区生产总值	劳动者报酬	生产税净额	固定资产折旧	营业盈余
北京	28 014.94	14 766.03	3 655.49	3 720.81	5 872.61
天津	18 549.19	7 602.43	3 502.74	2 847.80	4 596.22
河北	34 016.32	17 399.38	4 060.82	4 898.07	7 658.05
山西	15 528.42	7 415.66	2 597.29	2 663.07	2 852.40
内蒙古	16 096.21	7 734.11	2 725.66	2 148.89	3 487.55

数据来源：《中国统计年鉴 2018》

按此法计算的国民收入应减去企业的转移支付和加上政府对企业的补贴。GNP 只包括支付在产品和劳务上的开支，它不包括在转移支付上的支出。

政府转移支付，是对个人的一种支付，这种支付并不用来交换受益人所提供的产品或劳务，政府转移支付的项目很多，包括失业保险、退伍军人抚恤金、老龄及残疾人的补助金等。转移支付的目的在于满足某种社会需要。由于转移支付不是用来购买当前商品或服务的支付，因而不应包括在 GNP 中。

由此，如果你作为一名教师从政府那里领取了工资，那么这项工资支付就应该包括进 GNP，而如果你是由于贫困从政府那里领取到福利补助，那么由于并不需要为这项支付提供劳务，它属于转移支付，因此不应计入 GNP。企业的转移支付如捐赠、奖励、个人对企业造成的坏账等，这些并未发生要素服务的相应交换，并没有发生产品劳务的实际生产。国民收入是要素服务的报酬。而转移支付却只是对已有产品的转移，因此应从国民收入中扣除。政府对企业的补贴类似于转移支付，它实际上是企业的一种未发生产品劳务交换的收入。但是企业得到补贴能使企业降低产品价格或提高对要素的支付报酬，前者会减少 GNP，后者会增加国民收入，从而影响国民收入的总量，因此，在国民收入中应加上政府补贴对国民收入的贡献部分。

折旧是产品成本的一个组成部分，也是产品售价的一个组成部分，它应包括在 GNP 中，但是却不是国民收入的组成部分。因为国民收入是出卖生产要素的报酬，从 GNP 中扣除了折旧才为居民所得。在国民收入核算中，这就在习惯上称为资本消费补偿。GNP 是根据购买者支付价格计算的，GNP 中包括间接税。间接税是政府收入，而不是要素的报酬收入，因此不是国民收入的组成部分。在国民生产净值(NNP)中还应扣除间接税才能得到国民收入。

这里的国民收入是按生产要素报酬计算的国民收入，从 NNP 中扣除间接税和企业转移支付加政府补贴，就得到一国生产要素在一定时期内提供生产性服务所得报酬，即工资、利息、租金和利润的总和意义上的国民收入。间接税和企业转移支付虽构成产品价格，但不成为要素收入。相反，政府给企业的补贴虽不列入产品价格，但会成为要素收入。故前者扣除，后者加入。

三、增值法(生产法)

除了支出法和收入法，还可以使用增值法(生产法)来统计国民生产总值(GNP)。这种方法是通过把企业销售产品和劳务所得总收入减去为此而购买的中间产品价值来计算出 GNP。因为从价值增加的角度来看,GNP 实际计算的是企业生产的产品和劳务增加的总和。

用增值法(生产法)统计的 GNP,由于它计算的只是各企业在生产过程中的增加价值,因而可以大致了解国民经济各部门的生产在 GNP 中的比重。据此可以大致确定和分析各生产部门及产品在国民经济中的重要性。

表 8-5 是用增值法(生产法)核算 GNP 的应用。

表 8-5 增值法(生产法)核算 GNP(中国)　　单位:亿元

行　业	2013	2014	2015	2016
国内生产总值	595 244.4	643 974.0	689 052.1	743 585.5
农林牧渔业	56 973.6	60 165.7	62 911.8	65 975.7
采矿业	25 467.6	23 417.1	19 104.5	18 260.4
制造业	181 867.8	195 620.3	202 420.1	214 289.3
电力、热力、燃气及水生产和供应业	15 002.2	14 819.0	14 981.7	15 328.0
建筑业	40 896.8	44 880.5	46 626.7	49 702.9
批发和零售业	56 284.1	62 423.5	66 186.7	71 290.7
交通运输、仓储和邮政业	26 042.7	28 500.9	30 487.8	33 058.8
住宿和餐饮业	10 228.3	11 158.5	12 153.7	13 358.1
信息传输、软件和信息技术服务业	13 729.7	15 939.6	18 546.1	21 899.1
金融业	41 191.0	46 665.2	57 872.6	61 121.7
房地产业	35 987.6	38 000.8	41 701.0	48 190.9
租赁和商务服务业	13 335.0	15 276.2	17 111.5	19 483.3
科学研究和技术服务业	11 010.2	12 250.7	13 479.6	14 590.7
水利、环境和公共设施管理业	3 056.3	3 472.7	3 851.9	4 253.8
居民服务、修理和其他服务业	8 625.1	9 706.3	10 854.5	12 792.7
教育	18 951.4	21 159.9	24 253.1	26 770.4
卫生和社会工作	11 034.4	12 734.0	14 955.1	17 092.0
文化、体育和娱乐业	3 867.7	4 274.5	4 931.2	5 483.7
公共管理、社会保障和社会组织	21 693.0	23 508.7	26 622.6	30 643.1

数据来源:《中国统计年鉴 2020》

用增值法计算得出的 GNP 与用支出法和收入法计算的结果是相等的。关于这一点,支出法与收入法和增值法这三种方法各有其特点。它们从不同的侧面反映了 GNP 这一总量指标,因而在宏观经济分析中各有其长处,其中,支出法在宏观经济分析中使用最为广泛。采用国民收入的提法来表示一定时期内一个国家国民经济的总产出水平。

四、产出与收入和支出

为什么用支出法和收入法计算 GNP 的结果是相同的？

从产出与收入的关系来看，企业在生产过程中的新增加值时期的产出总量，是以投入生产要素为条件的，由于企业使用生产要素不是无代价的，它支付的工资、利息、租金等就成为要素所有者的收入。产出总量减去各要素所有者得到的收入，余额就是利润，利润是企业所有者的收入。因此，产出总量总是要转化为生产要素所有者和企业所有者的收入，即产出等于收入。

从产出与支出的关系来看，社会生产的最终产品的价值即产出，就是消费者在购买时的支出。因而就全社会而言，总产出就等于购买者购买最终产品的支出，对于未卖掉的最终产品则被看作企业自己的产品而形成了存货投资。它是总支出的组成部分。因此不论生产的最终产品是否卖掉，产出与支出总是相等的。

五、国民生产总值的校正

国民生产总值（GNP）作为一项重要的经济衡量指标，被著名的经济学家萨缪尔森认为是 20 世纪最伟大的发明。但即使如此，它也不是完美无缺的。

首先，政府提供的公共产品不进入市场，也找不到有效的方法正确地估算其价值。在西方，政府提供的公共产品用变通的方法，即用政府雇员的薪金收入按成本价格来计算，这种估算方法显然存在问题。例如，如果国防安全的外部环境得到改善而将部分官兵转业从事民用品生产，假定支付给他们的工资不变，按工资成本计量其该国的 GNP 也就不变。但产品和服务的总量实际上增加了，GNP 就应增加。可见这种估量方法是有问题的。

其次，很多国家都存在大量的地下经济，非法交易盛行于世，偷税漏税严重。例如在美国这部分产值约占实际 GNP 的 25%；在意大利约占 15%。这样大量的非法经济活动的产值，并未计入 GNP。此外，也还存在大量的合法的非市场经济活动。例如，家庭或个人的自我服务和自愿援助行动等创造的价值也未计入 GNP。

> **专栏 8-4 专题阅读**
>
> **税务部门公布 7 起典型涉税违法案件**
>
> 虚报个人收入、虚开发票、虚报应税产品品类……税务部门于 2024 年公开曝光了 7 起典型涉税违法案件。
>
> 案件一：内蒙古自治区税务部门发现网络主播周某 2020 年至 2021 年期间从事网络直播取得收入，通过虚假纳税申报手段少缴个人所得税 10.26 万元。呼伦贝尔市税务局稽查局依法对周某追缴税款、加收滞纳金并处罚款共计 25.21 万元。周某已按规定缴清税款、滞纳金及罚款。
>
> 案件二：山东省税务局稽查局依法查处一起成品油生产企业偷税案件，山东科宇能源有限公司通过将消费税应税产品变名为非应税产品销售、进行虚假申报等

违法手段，少缴消费税等税费1.54亿元。税务稽查部门依法追缴该公司少缴税费，加收滞纳金并处罚款，共计2.52亿元。

案件三：江西省新余市税务局稽查局依法查处一起利用软件企业税收优惠政策虚开增值税专用发票案件，新余飞烁英泰软件开发有限公司伪装成软件开发企业，通过虚假软件开发等手段，利用软件企业税收优惠政策以及套取地方财政奖励政策，对外虚开增值税专用发票266份，价税合计金额2498万元，涉嫌虚开增值税专用发票犯罪。目前，税务部门已将该案移送公安机关。

案件四：陕西省税务公安海关等部门联合依法查处一起骗取出口退税团伙案件，陕西加善普电子科技有限公司以虚开的增值税专用发票、残次商品低值高报等手段骗取出口退税。宝鸡市税务部门依法追缴该公司骗取出口退税款1700.41万元。陕西省宝鸡市中级人民法院对该案作出判决，主犯郑某某、黄某某因犯骗取出口退税罪和虚开增值税专用发票罪，分别被判处有期徒刑15年和13年；团伙成员徐某某因犯骗取出口退税罪，被判处有期徒刑5年；三人并处罚金合计3461万元。

案件五：广西壮族自治区玉林市警税联合依法查处一起ETC通行费电子发票虚开案件，抓获犯罪嫌疑人32人。经查，该犯罪团伙通过控制广西海诚物流有限公司，在没有实际运输业务的情况下，涉嫌让"黑中介"为自己虚开ETC通行费电子发票66万份，金额合计5.16亿元。目前，税务、公安部门正在深入检查中。

案件六：天津市税务局第三稽查局查处一起未依法办理个人所得税综合所得汇算清缴案件，天津市某房地产公司员工吴某在办理2021年度个人所得税综合所得汇算清缴时，通过少计综合所得收入的方式，少缴个人所得税。经税务部门多次提醒督促，吴某拒不办理更正申报。税务部门对其立案检查。天津市税务局第三稽查局依法对吴某追缴税款、加收滞纳金并处罚款共计4.17万元。目前，吴某已按规定缴清税款、滞纳金和罚款。

案件七：青海省税务局稽查局根据精准分析线索，指导海东市税务局稽查局联合公安经侦部门依法查处了青海青丘企业管理咨询服务中心虚开增值税发票案件。经查，该公司将自己包装为平台型企业，实为税务代理公司，通过收取服务费的方式为他人注册个人独资企业、代理涉税事项，在没有发生实际经营业务的情况下，以被代理企业的名义对外虚开增值税发票1196份，价税合计金额1.06亿元。目前，该案已由公安机关移送检察机关审查起诉，海东市中级人民法院已开庭审理，拟择期宣判。

（资料来源：国家税务总局）

再次，自给自足的经济和家务劳动等非市场性的交易项目及非生产性的项目没有计入GNP。在现实中，这些经济活动是普遍存在的，但一般未计入GNP。一方面是这些项目的确较难统计，另一方面也确实被忽视了。不论如何这些实实在在的经济活动在很大程度上增进了人们的生活水平和福利，其价值是巨大的。非生产性交易主要是指政府及私人的转移支付和证券交易等。这些项目只是资金（货币）、证券的转移，并未出现产品交换，也就是没有出现最终产品的价值变化，因而不应计入GNP。

最后，人均实际GNP也未包括居民享受的闲暇价值，闲暇是福利的重要因素。若

GNP 不变而闲暇增加,居民福利增加;若居民宁愿多休息少工作,愿意以增加闲暇来代替 GNP 的减少,人们的境况就会因 GNP 的减少变得更好而不是更坏。可见 GNP 的减少不一定会有福利的减少。100 年前,西方各国一个工作周大约平均工作 60 小时,现在已缩短为 40 小时,这正是经济进步居民福利增加的反映。因此实际 GNP 还必须用缩短工作周时间并而增加的闲暇价值来加以校正,才能真正反映居民的福利水平。

专栏 8-5　专题阅读

福利经济学

福利经济学是研究社会经济福利的经济学理论,也可以认为是经济学的一个分支。福利经济学诞生的标志是 1920 年由伦敦麦克米兰公司出版的《福利经济学》(The Economics of Welfare)一书,其代表人物就是该书作者经济学家阿瑟·塞西尔·庇古。

福利经济学是以福利最大化(而不是利润最大化)为原则分析经济体系运行的经济学,拥有明确的研究目标、具体而现实的研究内容,建立了完整的理论体系,并对规范分析的方法提出了相应的政策建议。例如,庇古从经济福利和国民收入是对等的角度出发,把对经济福利和国民收入的研究合一,在分析国民收入分配与经济福利关系的基础上提出了收入均等化的政策观点:以下情况中的任何一种情况,即或者使国民收入增加,而不减少穷人在其中占有的绝对份额,或者使穷人占有绝对份额增加,而不减少国民收入,都一定会增加经济福利。所以,分配越均等,社会福利就越大。国家应当加强在国民收入调节过程中的作用,促进国民收入呈现均等化趋势,实现更加有利于公平均等的收入转移。因此,要增加经济福利,在生产方面必须增大国民收入总量,在分配方面必须消除国民收入分配的不均等。

收入转移自然是富人的收入转移给穷人,在市场经济的条件下,实现收入转移的主要途径是,引导和鼓励富人自动捐助社会公益事业、政府实行强制转移。强制转移收入的手段就是征税,并以税收转移支付的形式向穷人转移。

本 章 小 结

1. GNP 与 GDP 的区别在于:GNP 以一国的国籍为统计标准,GDP 则是以一个国家的国境为统计标准,一般来说,两者差别并不大。

2. 国民生产总值、国民生产净值、国民收入、个人收入、个人可支配收入是国民收入核算体系中最重要的五个总量,理解五者的相互关系。

3. 统计 GNP 有三种方法:支出法、收入法和生产法。他们从不同侧面反映了 GNP 这一总量指标。支出法在宏观经济分析中使用最为广泛。

思考与讨论

一、案例分析

2022年12月13日，中国社会科学院数量经济与技术经济研究所与社会科学文献出版社共同发布了《经济蓝皮书：2023年中国经济形势分析与预测》。蓝皮书指出，一批消费新增长点正在加快涌现。绿色、活力等新消费理念与时俱进，年轻群体和新一线消费者群体加快崛起，共同推动我国消费市场不断创新和细分，孕育出一批新的增长点。① 绿色健康消费理念逐步深入人心，持续催生一批健康消费增长热点。② 以年轻消费群体为主力军的"宅生活"消费也从"昙花一现"逐渐发展成为可持续的新消费增长点。③ 新一线城市居民消费日益成为引领消费升级的新的主导力量。

要求：请调查有关资料，看看《经济蓝皮书：2023年中国经济形势分析与预测》对2023年的预测是否准确。

二、简答题

1. 五个经济常量之间的关系是怎样的？
2. 举例说明最终产品和中间产品的区别。

三、实训项目

1. 作为国民经济核算体系的核心指标，GDP的"质量"——在反映经济增长方面存在的片面性近来越发遭受人们诟病。首先是唯GDP观念导致强调这个流量指标的同时却忽视了存量资产增长和财富的积累，GDP快速增长中包括了大量的重复建设、拆旧翻新所作出的"贡献"；其次是片面追求GDP指标攀高，实际上是以耗竭资源、牺牲环境为代价，背后是高昂的社会成本；与此同时，GDP自身存在缺陷，不能全面反映经济社会发展的整体水平，如国家的发展和国民福利水平。

请分析一下，评价GDP的"质量"应当包括哪些指标。

2. 讨论一下如果使用GNP指标，与使用GDP相比，中国的GNP世界排名是否会发生变化。

第九章　国民收入决定理论

 学习目标

1. 理解在国民收入循环模型中，循环是如何进行的。
2. 理解总需求曲线向下倾斜的原因。
3. 理解在总需求-总供给模型的框架下，国民收入的决定受哪些因素的影响。
4. 掌握消费函数与储蓄函数、边际消费倾向与边际储蓄倾向的关系。
5. 掌握用 $Y=45°$ 线说明总需求的变动对国民收入水平的影响。
6. 掌握由边际消费倾向推出乘数值，并解释当投资支出变动时，国民收入如何变动。

引导案例

"三驾马车"稳中求进促发展　商务运行数据跑出"加速度"

2024年1月26日，商务部王部长在国新办举行的新闻发布会上表示："今年是新中国成立75周年，是实现'十四五'规划目标任务的关键一年。商务部将推动消费从恢复转向持续扩大，巩固外贸外资基本盘，扩大高水平对外开放，以商务高质量发展的实际行动和成效，为推动经济回升向好、推进中国式现代化建设做出积极贡献。"

王部长表示，2023年以来，在党中央坚强领导下，商务部从政策、主体、市场等多方面入手，靠前发力、精准发力，推动外贸运行总体稳定，进出口规模达到41.76万亿元，实现了"促稳提质"的目标。具体体现在以下三个维度：

纵向看，在2022年的高基数上，进出口规模实现了0.2%的正增长，比2019年增长30%以上。我国出口占国际市场份额有望保持稳定，在14%左右。

横向看，联合国贸发会议预测，2023年全球货物贸易额下降7.5%，对比之下，我国外贸表现好于全球整体水平，也好于大多数主要经济体。

剖析来看，外贸结构不断优化，突出表现在两个"首次突破"。一是"新三样"，新能源汽车、光伏产品、锂电池，出口首次突破1万亿元，增长近30%，出口商品结构在持续优化。二是有进出口实绩的经营主体首次突破60万家，达到64.5万家，说明外贸经营主体也在不断壮大和优化。

展望2024年，王部长表示，我国外贸发展面临的外部形势将会更加复杂严峻。一方面，需求不振，世界经济仍然低迷，国际货币基金组织预测，全球经济增速将降至2.9%；另一方面，环境不佳，贸易保护主义抬头，地缘冲突加剧，外溢风险显著上升。但更要看到，我国外贸发展仍具备诸多有利条件，比如外贸产业竞争力不断提升，新业

态新模式蓬勃发展,数字化绿色化进程加快推进等。

（资料来源：人民网）

拉动经济的"三驾马车"作用如何？国民收入又是如何决定的？本章的学习可以帮助你理解这些问题。

要说明一国的国民收入受哪些因素的影响，收入最终是如何决定的，首先就要了解和分析宏观经济的运行过程。

宏观经济学通常可以建立一个经济模型来反映经济运行的实际流程，这个模型可以成为一个准确分析宏观经济运行规律的有效工具。从分析国民收入的循环模型入手，本章将对国民收入的决定理论逐一介绍。

第一节　国民收入的循环模型

一、两部门的国民经济循环模型

微课：两部门国民经济循环模型

两部门的国民经济循环模型假设一国的经济是封闭型的，其中对外贸易为零或是所占比重很小，政府在经济活动中的作用同样很小，因而把两者忽略不计。这样，整个国民经济就可以看作由居民（家庭）和企业两大部门构成的。全部的交换关系也就只存在于这两个部门之间。居民方面既是最终产品的消费者，又是生产要素的提供者。企业方面既是生产要素的消费者，也是最终产品的提供者。也就是说，居民和企业之间互为消费者和供应者，交换过程在两者之间不停地循环进行着。这时，国民收入的循环流量就是：居民向企业供给生产要素，并从企业取得相应的报酬（工资、利息、租金、利润）；企业则通过向居民出售产品，从居民那里取得货款收入。简单两部门经济循环模型如图9-1所示，其中虚线表示货币流。

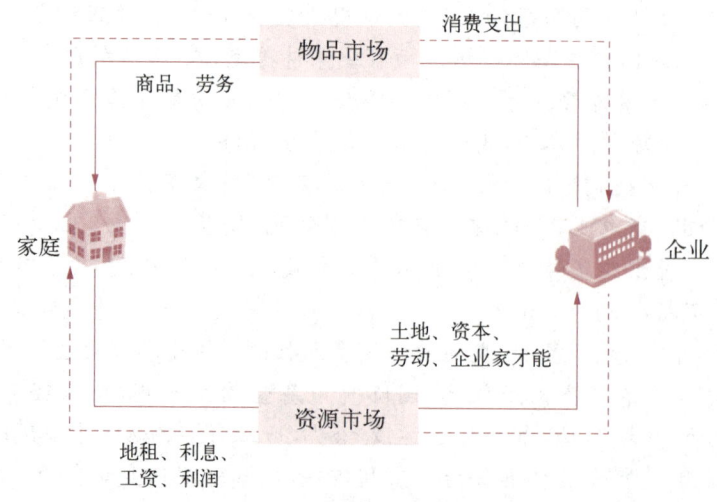

图9-1　简单两部门经济循环模型

第一节 国民收入的循环模型

宏观经济学中所指的均衡状态,要求社会总供给和总需求平衡。从这个模型来看,就是要使得生产与消费相等。也就是说,企业生产的产品价值同居民消费需要的产品价值相等。

但在经济实际运行中,这个模型要实现两个总量的相等是不可能的。这是因为在国民经济的运行中,国民收入的流量不可能保持恒定不变的循环:生产要素报酬完全转化为消费支出,消费支出再完全转化为生产要素报酬……如此反复。其中间会产生"漏出量",也会需要"注入量"。这里的"漏出量"是指国民经济循环过程中,从两个部门之间产生的"流失量",也就是没有从一个部门直接流入另外一个部门的流量。"注入量"是指在国民收入的循环过程中,发生于两个部门之间的"流入量",也就是来自两个部门之外的流量。

具体来说,居民在取得收入后,通常并不是将其全部用于消费,在收入达到一定水平时就会有所储蓄。用于储蓄的这部分收入就从该模型的循环流程中"漏"出来了,储蓄就属于漏出量。而企业出于各种各样的原因和目的,需要追加新的投资,这些新的投资就被"注入"该模型的循环流程,投资属于注入量。

如图9-2所示,如果我们把国民收入想象成流动在水管里的水,显而易见的是,注入量(注入水)会使得国民收入增加,漏出量(流出水)则会使得国民收入减少。引入注入量和漏出量的概念,可以更加完善地解释如何保证国民收入循环流程顺利进行。

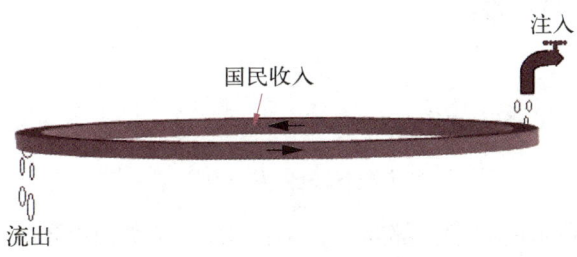

图9-2 国民经济循环中的注入量与漏出量

假设居民把储蓄存入银行或其他金融机构,再由银行或其他金融机构把这些资金贷给企业,企业则利用这些贷款进行投资。于是,漏出的储蓄通过金融机构的作用又回到国民经济循环中来。如果漏出量全部转化为注入量,国民收入循环过程就可以平稳顺利地进行。引入注入量、漏出量和金融机构以后,两部门的国民经济循环的模型可进一步如图9-3所示。

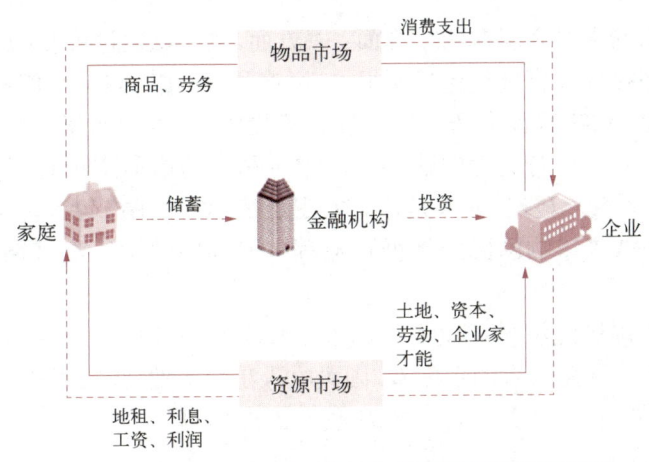

图9-3 加入金融机构后的两部门国民经济循环模型

175

该模型的国民收入循环流程中包含了一个漏出量储蓄（S）和一个注入量投资（I）。要使得水管里的水（国民收入）总量不变（均衡），就必须保证流入的水（注入量：I）和流出的水（漏出量：S）一样多（相等）。当然，如果你喜欢更严谨的推导，可以这样来分析。

从总需求的角度来看，一国的国民收入是由消费需求和投资需求组成的，国民收入或产量（Y）就是消费（C）与投资之和（I），即

$$Y = C + I$$

从总供给的角度看，一国的国民收入是由全部各种生产要素所生产出来的，是各种生产要素供给的总和，也就是等于这些生产要素所得收入的总和。这些收入的一部分用于消费，其余就是储蓄了，因此：

$$Y = C + S$$

由于均衡的国民经济和国民收入就是指总需求和总供给相一致的国民经济和国民收入，所以国民收入实现均衡的条件就可以表示为：

$$C + I = C + S \tag{9-1}$$

两边减去等量的 C 即得：

$$I = S \tag{9-2}$$

就是说，两部门国民经济均衡具体表现：

$$I = S（或 J = W）$$

在实践中，居民并非把储蓄全部存入金融机构，金融机构也不一定把所有的储蓄全部贷给企业。这就使得储蓄在事实上不可能全部转化为投资，回到国民经济循环中，企业必须有来自其他方面的注入量，否则就难以维持稳定的经济活动。

二、三部门的国民经济循环模型

三部门的国民经济循环模型，是在两部门模型的基础上，再加入政府部门，体现出政府的经济活动及作用。

政府的经济活动主要表现在两个方面：一方面，政府要通过税收（T）来取得收入。税收包括直接税和间接税。直接税包括所得税、财产税，间接税包括增值税等。税收的增加就是对收入的扣减，意味着社会居民消费和企业投资减少，因而属于漏出量。另一方面，政府作为最大的消费者拥有极大的购买力。政府购买的增加意味着消费的增加，因而政府购买（G）属于注入量。显然，如果是作为宏观经济运行的调节者，政府可以运用税收和政府购买这两种方式来影响国民经济循环流程。三部门的国民经济循环模型如图 9-4 所示。

由于三部门的国民经济循环模型中加入了政府部门，政府的经济活动就体现到国民收入的循环流量中。从总需求的角度看，国民收入是由消费需求、投资需求和政府需求所组成，国民收入就是消费、投资与政府购买的支出之和，即

$$Y = C + I + G$$

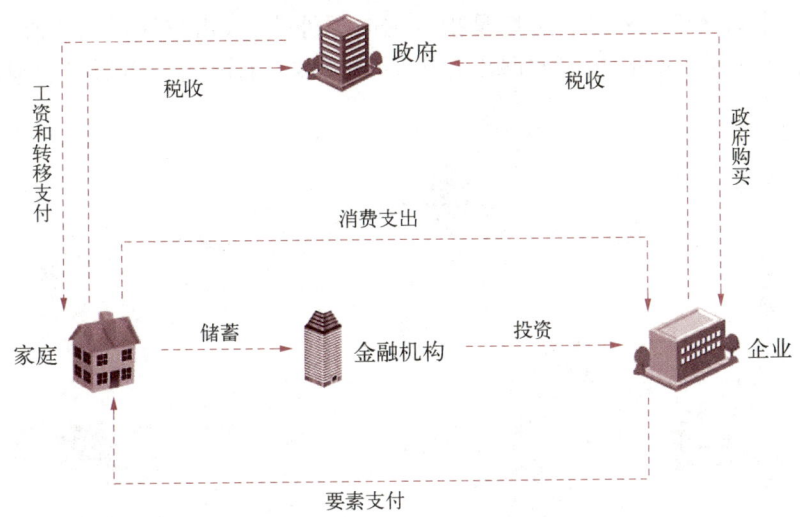

图9-4 三部门的国民经济循环模型

从总供给的角度看,除了生产要素的供给,又加上了政府的供给,即政府为经济活动所提供的服务。国民收入就是各种生产要素的收入以及体现政府供给的政府税收收入之和,即

$$Y=C+S+T$$

于是,均衡的国民经济或国民收入(总供给与总需求相一致的国民收入)实现的具体表现就是:

$$C+I+G=C+S+T \tag{9-3}$$

两边减去等量的 C 即得:

$$I+G=S+T \tag{9-4}$$

这说明,三部门国民经济循环实现均衡的具体表现仍是注入量与漏出量相等。这时的漏出量有两个:储蓄和税收;注入量也有两个:消费和政府购买。

将上述公式变形为:

$$I=S+(T-G) \tag{9-5}$$

从与公式 $I=S$ 相同的角度来看,该公式(9-5)说明三部门国民经济循环流程能否顺利完成,也可以从社会储蓄能否全部转化为投资的问题来看。只是,这时的储蓄是由居民储蓄(S)和政府"储蓄"($T-G$)两部分组成的。

三、四部门的国民经济循环模型

四部门的国民经济循环模型,是在三部门模型的基础上,再加上国外部门。与国外部门间的经济关系主要体现在出口(X)和进口(M)两方面。可以说,三部门模型所代表的仍是封闭型的经济形式,四部门模型则是较为完善和符合当代经济的。

出口是来自国外的购买,相应的货款流入国内,这对本国的国民经济循环来说是一种

"注入",因而出口属于注入量。进口是指本国向国外购买,相应的货款要流入国外,这对本国的国民经济循环来说是一种"漏出",因而进口属于漏出量。四部门的国民经济循环模型如图 9-5 所示。

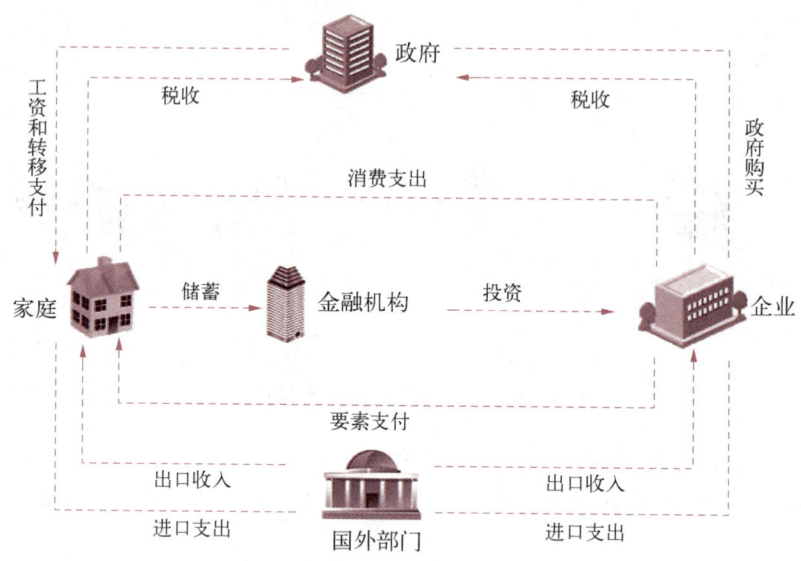

图 9-5 四部门的国民经济收入循环模型

四部门的国民经济循环模型中加入了国外部门,从总需求的角度看,又增加了来自国外的购买需求,对本国来说就是出口。因此,国民收入就是消费、投资、政府购买和国外购买(出口)的支出总和,即

$$Y=C+I+G+X$$

从总供给的角度来看,又增加了来自国外的供给,对本国来说就是进口,因此,国民收入就是各生产要素、政府供给的收入及国外供给的收入总和。即

$$Y=C+S+T+M$$

因此,均衡的国民经济或国民收入(总供给与总需求相一致的国民收入)实现的条件是:

$$C+I+G+X=C+S+T+M \tag{9-6}$$

两边减去等量的 C 即得:

$$S+T+M=I+G+X \tag{9-7}$$

现在你可以很熟悉地说出,四部门的国民经济循环模型实现均衡的具体表现仍然是注入量与漏出量相等。此时漏出量则是三个:储蓄、税收和进口。注入量也是三个:投资、政府购买和出口。于是,把上述公式变形为:

$$I=S+(T-G)+(M-X) \tag{9-8}$$

也是从公式(9-2)相同的角度来看,该公式(9-8)说明国民经济循环能否顺利完成,

仍可以从社会总储蓄能否全部转化为投资的问题来看。只不过,这时的储蓄又比三部门模型增加了"外国对本国的储蓄"($M-X$)。

第二节　国民收入的决定

国民收入的决定理论要说明的是,如何实现均衡的国民收入,即总供给和总需求达到均衡状态的国民收入。我们要在分析简单的国民经济关系和国民收入流量的基础上,从产品市场的角度讨论国民收入决定的问题。这种简单的国民收入决定理论同时也是进一步分析国民收入水平的变化,以及就业和物价水平等社会经济问题的理论基础。

一、总供给和总需求

(一) 总供给和总需求概述

各种不同力量如何相互作用并决定总体的经济活动。图9-6显示的是宏观经济内部不同变量之间的关系。这些变量分为两类:影响总供给的变量和影响总需求的变量。

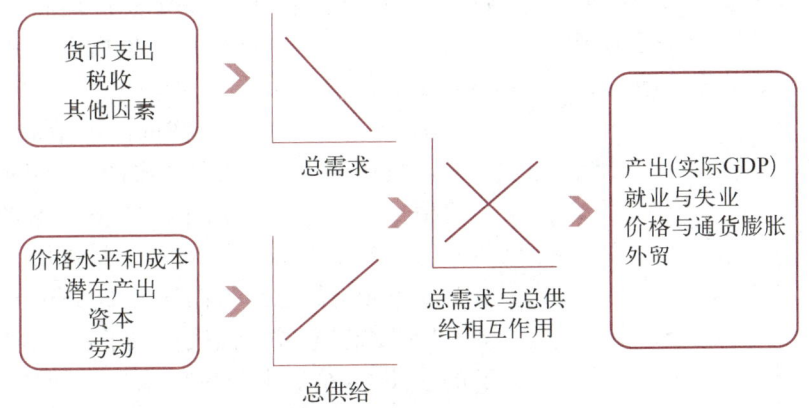

图9-6　决定总供给和总需求的主要变量示意图

图9-6这个重要的示意图显示了影响总体经济活动的主要变量。左侧是决定总供给和总需求的变量:包括像货币政策和财政政策类的变量以及资本和劳动存量。在中间部分,当需求水平与可利用的资源数量相等时,总供给和总需求就会相互作用。右侧是主要的结果:产出、就业、价格水平以及外贸。

由图9-6可见影响总供给的各种因素。总供给AS(aggregate supply)是指一定时期内一国企业所愿生产和出售的商品和服务的总量。总供给取决于价格水平、经济的生产能力和成本水平。

一般来说,企业总是希望以较高的价格出售所能生产的全部产品。在有些情况下,价格和消费水平可能会出现下降趋势,这时企业会发现其生产能力过剩。而在另外一些情况下,如在战争繁荣时期,当企业竭尽全力生产已完成订单任务的时候,工厂的生产能力就被发挥到极点。由此可见,总供给不仅取决于企业能够获得的价格水平,而且取决于该经济的生产能力或潜在产出水平。而潜在产出水平又取决于可利用的生产投入(其中最主要的是劳动和资本)数量和将这些投入整合在一起的管理和技术效率。

国民产出和价格总水平是由总供给和总需求这把剪子的两片刀刃来共同决定的。剪子的第二个刀刃是**总需求 AD(Aggregate Demand),指的是一定时期内一国经济中各部门所愿支出的总量。总需求是消费者、企业和政府支出的总和,它取决于价格水平,也取决于货币政策和其他因素。**

总需求组成部分包括:消费者所购买的汽车和其他消费品,企业所购买的厂房和设备,政府所购买的导弹和计算机,净出口等。总购买量会受商品赖以成交的价格水平的影响,会受战争和天气等外生因素的影响,还会受政府政策的影响。

运用总供求剪刀的两个刀刃,我们可以得到供求的均衡,如图 9-6(右箭头标注内、两曲线的交点)所示。国民产出和价格水平在这一水平上达到平衡,即需求方所愿意购买的数量正好等于供给方所愿意出售的数量,而相应的国民产出和价格水平决定就业、失业和外贸。

(二) 总供给曲线和总需求曲线

总供给曲线和总需求曲线常用于分析宏观经济状况。在之前章节,我们曾使用应用市场的供求趋向和供求曲线分析过个别产品的价格和数量。类似的图形工具可以帮助我们理解货币政策或技术进步如何影响总供给和总需求,从而决定总产出和总价格水平。应用 AS-AD 这个工具分析经济,我们能看到货币扩张如何导致价格上涨和产出增加,也能理解为什么效率会同时引起产出的增加和价格总水平的下降。

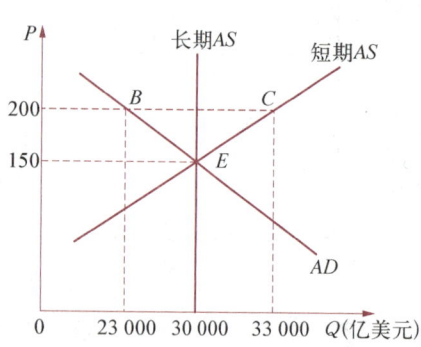

图 9-7 整个经济的总供给曲线和总需求曲线

图 9-7 表示整个经济的总供给曲线和总需求曲线。横轴表示经济的总产出(实际 GDP)。纵轴表示价格总水平(如用消费者价格指数即 CPI 来衡量)。以 Q 表示产出量,以 P 表示价格水平。

向下倾斜的总需求曲线(AD schedule),又简称为 AD 曲线。总需求曲线反映了在其他影响因素不变的条件下,总需求与价格水平之间的关系。总需求曲线是向下倾斜的,意味着总需求与价格水平是反向变化的,即整体价格水平越高,总需求越小;整体价格水平越低,总需求越大。由图 9-7 中 AD 曲线可见,总体价格水平为 150 时,总支出为每年 30 000 亿美元。如果价格水平上升到 200,总支出下降到 23 000 亿美元。

总需求曲线向下方倾斜的原因如下:

(1) **庇古效应**。我们所持有的货币的实际购买力会因为物价的变化而变化,当物价下降时,这些货币就变得值钱了。因为这时可以用这些货币买到更多的物品和劳务,实际购买力增加。因此,物价水平下降使消费者更富裕,这又鼓励他们更多地支出。这说明物价水平的下降刺激了消费品的需求。经济学家阿瑟·庇古强调了这种财富效应,因此,这种效应有时也称为庇古效应。

(2) **凯恩斯效应**。物价水平越低,家庭为了购买他们想要的物品与劳务所需要持有的货币就越少。因此,当物价水平下降时,家庭通过把一些钱借出去而努力减少货币的持有量。例如:家庭把这些钱储蓄起来,或者用它来购买有价证券或债券。在这种情况下,

微课:总需求曲线向下方倾斜的原因

由于家庭努力把自己的一些货币换为有利息的资产,因此使得利率水平下降。反过来,较低的利率又鼓励厂商更多地投资。这说明,物价的下降导致利率的降低,从而刺激了投资品的需求。经济学家凯恩斯强调了这种利率效应,因而,这种效应也被称为凯恩斯效应。

(3) **蒙代尔-弗莱明模型**。由于物价水平越低,利率就越低。因此,一些投资者通过在国外投资来寻找更高的利益,这使得本国货币在外汇市场上的供给增加。这种增加导致本币相对于其他通货贬值,即本币在国际市场上的购买能力降低了。由于这种贬值,外国物品相对于本国物品变得更昂贵。而且,这种相对价格增加了本国物品与劳务的出口,并减少了进口,净出口增加了。因此,当物价水平下降引起利率下降时,实际汇率贬值。这种贬值刺激了净出口,从而增加了对物品与劳务的需求量。

由于这三个原因,总需求曲线总是向下倾斜的。

向上倾斜的曲线为短期总供给曲线(short-run aggregate supply curve),又简称为短期 AS 曲线。这条曲线表示的是在每一个价格水平上(假定其他影响总供给的因素保持不变),企业所愿意生产和出售的商品和服务的数量。总供给曲线反映了在其他因素不变时,总供给与价格水平的关系,根据短期供给曲线,当价格水平为 150 时,企业愿意出售的数量为 30 000 亿美元,而如果价格上升到 200,它们所愿意出售的数量就上升到 33 000 亿美元。

在长期中,一国的物品与劳务供给取决于资本与劳务的供给,以及用来把资本与劳务变为物品与劳务的生产技术。由于物价水平并不影响这些实际 GDP 的长期决定因素,因此,长期总供给曲线(long-run aggregate supply curve)如图 9-7 所示,是一条垂线。换句话说,经济的资本、劳动和技术决定了物品与劳务的供给量,而无论物价水平如何变动,供给量总是相同的。然而,短期总供给曲线是一条向上倾斜的曲线。意味着总供给与价格水平同方向变化:整体价格水平越高,总供给越大;整体价格水平越低,总供给越小。

你也许会感到奇怪:为什么长期总供给曲线是垂线,而短期总供给曲线是向上倾斜的呢?这是因为某种物品和劳务的供给取决于相对价格——这些物品与劳务和经济中其他物品和劳务价格相比较的价格。例如,当冰激凌价格上升时,冰激凌生产者可以从奶酪这类产品那里得到劳动、牛奶、巧克力和其他投入来增加其生产。与此相比,在长期内,经济中物品与劳务的整体生产受到资本、技术和劳动的限制。因此当物品和劳务的物价上升时,物品与劳务的总供给量是没有变化的。

短期总供给曲线向上倾斜的原因分析:

(1) 物价总水平的变动会暂时误导供给者对他们出售其产品的市场发生变动的看法。当供给者看到他们的产品价格下降时,他们可能会错误地认为,他们的相对价格下降了。在这种情况下,低物价水平引起对相对价格的错觉,而且这种错觉引起供给者对较低物价水平的反应是减少他们对物品和劳务的供给量。由于这些短期的错觉,供给者对物价水平的变动作出了反应,而这种反应引起了总供给曲线的向上倾斜。

(2) 工资具有"粘性",由于工资不能根据物价水平迅速调整,较低的物价水平对就业与生产不利,这就使企业减少物品与劳务的供给量。

(3) 调整价格需要成本,这些成本包括印刷和分发目录的成本。并且,改变价格标签需要时间,因此,一些物品与劳务的价格对经济状况的变动的调整也是缓慢的。正是由于这些原因,一些企业所提供的价格水平高于消费者所满意的物价水平,这种高物价水平降低了销售量,并导致企业减少他们生产的物品与劳务量。

以上三种原因共同作用的结果,使得短期总供给曲线是向上倾斜的。

要注意的是,三种原因强调的都是暂时性的问题,它们中任何一种情况都不可能长期存在下去。随着时间的推移,这三个问题都得到解决,因此在长期中,总供给曲线是垂线而不是向上倾斜的。

在其他因素不变时,AD 曲线代表在不同的价格水平上的总销量,同样,其他因素不变时,AS 曲线表示不同价格水平上企业所愿意生产和出售的数量。国民产出和总体价格在总需求和总供给的交点 E 处达到均衡,这是企业愿意生产和出售的数量正好等于消费者和其他需求者愿意购买的数量。

需要强调的是:千万不要将宏观经济的 AD 曲线和 AS 曲线与微观经济的 D 曲线和 S 曲线相混淆。微观经济的供给曲线和需求曲线指的是个别商品的数量和价格,其前提是假定国民收入其他商品的价格这类因素维持不变。而总供给曲线和总需求曲线则不同,它体现的是总产出水平和总价格水平的决定问题,其前提假定是货币供应量、财政政策以及资本存量这些因素维持不变。总供给和总需求解释的是税收如何影响国民产出和所有价格的变动;微观经济学的供给和需求考虑的则是例如汽车税怎样影响汽车的购买量。这两组曲线表面上相似,但是它们解释的是截然不同的经济现象。

(三) 总供给-总需求模型的应用

我们通过两个简单的例子介绍总供给-总需求模型在现实经济中的应用。

美国经济在 20 世纪 60 年代经历了一次强劲的扩张,到 1965 年,美国经济基本上达到了其潜在产出水平,但 1965—1968 年的越南战争使美国国防开支增长了 55%(扩张性的财政政策——巨额的财政开支),结果可以预计——酿成了严重的通货膨胀。图 9-8 表明了这一过程。巨额的国防开支增加了总需求,使总需求由原来的 AD 向右移到 AD_1,导致总需求和总供给的均衡点从 E 移到 E_1,产出和就业都提高了。但总需求水平超过生产能力的极限时,物价就开始迅猛攀升。

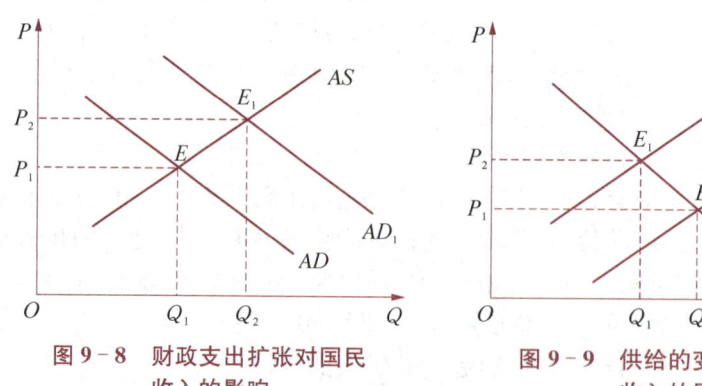

图 9-8 财政支出扩张对国民收入的影响

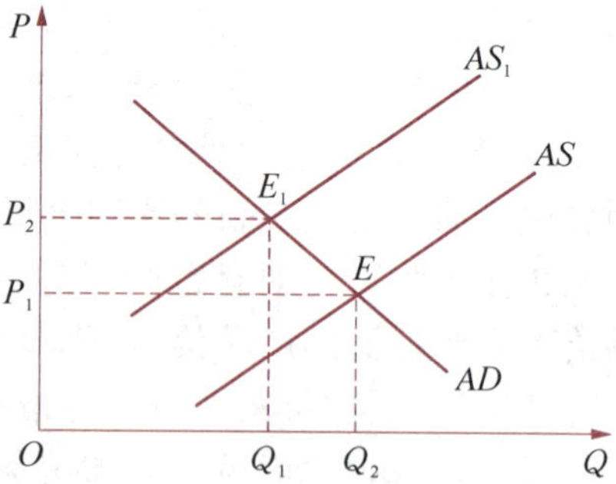

图 9-9 供给的变动对国民收入的影响

另一个例子是西方国家 20 世纪 70 年代的滞胀。那时,工业化国家受到了一次严重的供给冲击——原油价格暴涨四倍,带动了几乎所有原材料、燃料等投入品价格的猛烈上涨,总体生产成本急剧上升。在严重通货膨胀的情况下,实际产出和就业却大大下降了。在图 9-9 中,原来的均衡点为 E,而原油价格上涨的供给冲击大大提高了厂商的生产成本,使得 AS 曲线急剧向上移动到 AS_1,与 AD 交于 E_1,可以看出,在 E_1 点具有更高的价格水平和更低的均衡产出水平。

总供给-总需求模型不仅有助于我们解释历史经济现象,更有助于我们预测特定的财政政策、货币政策对宏观经济运行的影响,以及面对外来冲击应该采取什么样的应对措施。

(四) 宏观经济的均衡

如图 9-7 所示,整体经济在 E 点处达到均衡。只有在该点,即产出水平 $Q=30\,000$,而价格水平 $P=150$ 时,买方和卖方才能同时满足。也只有在该点上,所有需求者所愿意购买的数量才正好等于所有企业愿意生产和出售商品和服务的数量。

宏观经济均衡是指总产量和总价格水平的一种组合。此时,买方和卖方都不再愿意改变他们的购买量、销售量或价格水平,图 9-7 可以说明这一概念。如果价格高于均衡价格,如 $P=200$,这时企业所愿意出售的数量就会大于买方所愿意购买的数量,厂商愿意出售的数量为 C,而买方愿意购买的数量为 B。由于厂商的生产量大于消费者的购买量,商品就会积压。最后厂商就会减少生产,并开始削减价格,而价格水平 P 从 200 这一过高的水平下降时,买方愿意购买的数量和卖方愿意出售的数量之间的差距就会缩小,直到 $P=150$,$Q=30\,000$ 这种均衡状态为止。一旦达到均衡状态,买方和卖方就不再愿意改变他们的需求量或供给量,这时也不再存在价格变动的压力。

 思考一下

1. 潜在国民收入增加,总供给会发生什么变动?
2. "需求曲线向右下方倾斜是因为它是个别物品需求曲线的水平相加",你认为这句话对吗?

二、消费、储蓄与投资

(一) 消费

消费是指居民(家庭)用于各种商品和劳务上的开支。 消费是国民收入的诸多因素中首要的因素。

(1) 消费函数。一般把消费与收入之间的关系称为消费函数。在影响消费的诸因素中,收入通常是最重要的。假设其他条件不变,收入就是影响消费的唯一因素。

用 Y 表示收入,用 C 表示消费,则消费函数可用关系式 $C=f(Y)$ 表示,即消费是收入的函数。一般说,消费与收入是同方向变动的(一定水平的收入对应着一定水平的消费)。随着收入的增加,消费也会相应地增加,但是当消费增加到一定的程度后,其增加的速度会趋于平缓,而慢于收入增加的速度。

(2) 消费倾向。消费倾向是指消费在收入中所占的比例。消费倾向分为平均消费倾向(Average Propensity to Consume,APC)和边际消费倾向(Marginal Propensity to Consume,MPC)。平均消费倾向是指在每单位的收入中,消费所占的比例。其公式表示为:

$$APC = \frac{C}{Y}$$

边际消费倾向是指在收入的增加量中,消费的增加量所占的比例(或收入每增加一单位所增加的消费量),它说明的是消费对收入变化所作出的反应。其公式表示为:

$$MPC = \frac{\Delta C}{\Delta Y}$$

一般来说,边际消费倾向是大于零小于1的。这是因为,随着收入的增加,消费必然会增加,因而边际消费倾向大于零。同时,人们在正常的情况下不会把所增加收入全部用于消费,因而边际消费倾向要小于1。另外,随着收入的增加和生活水平的提高,边际消费倾向是趋于递减的,边际消费倾向的性质也就决定了平均消费倾向要小于1(当然也要大于零)。这些规律在人们的生活中是完全可以感受到的。

> 提示:随着收入的增加,边际消费倾向趋于递减。

(3)消费曲线。消费曲线就是消费函数的图形,是在直角坐标系中直观地反映消费与收入间关系的曲线。消费曲线分为短期消费曲线和长期消费曲线。

假设 b 代表边际消费倾向,a 代表自发性消费(即在短期内没有收入时,靠储蓄和贷款维持的消费,它取决于生存的基本需求),也就是最低水平的消费(如城市中的最低生活保障线),则消费函数可表示为:

$$C = a + bY$$

短期消费曲线如图9-10所示。

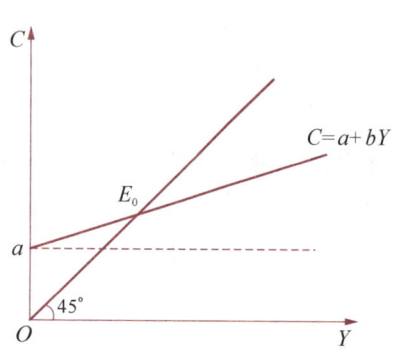

图9-10 短期消费曲线

在图9-10中,横轴 Y 表示收入,纵轴 C 表示消费,45°线表示收入全部用于消费时的情况($C=Y$)。$C=a+bY$ 时的消费曲线是一条直线。因为短期内存在自发性消费 a,所以消费曲线的起点在 C 轴上 a 点,与45°线相交于点 E_0。消费水平在 E_0 点时,消费等于收入,因而也把 E_0 称为收支相抵点。在点 E_0 右方表示消费小于收入,收入还有剩余,也就是有储蓄 S($S=Y-C$)。在点 E_0 左侧,表示消费大于收入储蓄 $S=Y-C$ 为负值,也就是负债。

图9-10中的消费曲线是短期消费曲线。短期消费曲线又叫家庭消费曲线。长期消费曲线描述的是在长期中整个社会国民的消费支出与国民收入的关系。长期消费曲线如图9-11所示。

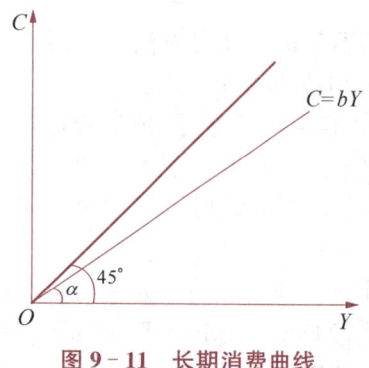

图9-11 长期消费曲线

图9-11中长期消费曲线 C 位于45°线下方,表示消费小于收入;斜率大于零且小于1,表示 C 随 Y 增加而增加,这是符合现实的。与短期消费曲线不同的是:C 的起点在原点,这表示全社会的国民收入为零时,消费也为零,但这并不是说公众因没有收入而停止消费,其含义是,当有些居民动用储蓄或举债消费时,另有些居民则在储蓄,从社会的角度看,两者正好互相抵消。

另外,长期中全社会不会存在自发性消费的情形,因此长期消费函数关系式为:$C=$

bY。这与图形是一致的。

（4）影响消费的其他因素。消费函数所反映的仅仅是消费与收入之间的关系。实际中影响消费的因素还有许多，下面简单介绍一下：

① 物价水平。当收入及其他因素既定时，由需求规律可以知道，物价的显著变动可导致购买量的显著变动（需求弹性极小除外）。当然家境不同的居民对物价变动的反映不同，因而对消费支出的影响也不同。

② 利率。利率的高低直接影响储蓄水平，从而影响消费支出。一般来说，消费支出与利率的变动呈负相关。

③ 预期。这主要是对于未来价格和收入水平的预期。如果预期价格将要较大幅度地上涨，将会有更多的收入被用于当前的消费；反之，则会导致当前消费支出的减少。对未来收入的预期有类似的规律。

④ 心理动机。人们的心理动机对经济活动包括消费行为有着直接的影响。许多不同心理因素如谨慎、预防、贪婪等都会影响消费支出。

专栏 9-1　专题阅读

恩格尔系数

恩格尔系数（Engel's coefficient）是指居民的食品支出总额占消费支出总额的比重。19 世纪中期，德国统计学家和经济学家恩格尔研究了居民收入增加对消费需求支出及其结构的影响，并提出了带有规律性的结论：随着家庭收入的增加，家庭总支出中用来购买食物的比例反而会下降；而一个家庭收入越少，家庭总支出中用来购买食物的比例就越大。就一个国家来说，国家越是贫穷，国民的平均收入中（或平均支出中）用于购买食物的支出所占比例就越大；反之，这个比例则会越低。就是说恩格尔系数随着一国的国民经济发展和富裕程度的提高而呈现下降趋势。他所发现的这一规律被命名为恩格尔定律。

国际上经常用恩格尔系数来衡量一个国家（地区）的富裕水平和居民的生活水平状况，联合国粮农组织还提出了相应的衡量标准：恩格尔系数在 59% 以上为贫困，50%～59% 为温饱，40%～50% 为小康，30%～40% 为富裕，低于 30% 为最富裕。

自改革开放以来，我国城镇和农村居民家庭恩格尔系数已由 1978 年的 57.5% 和 67.7% 分别下降到 2019 年的 27.6% 和 30.0%。

（二）储蓄

储蓄是指收入中未用于消费的部分。 用 S 表示储蓄，Y 表示收入，C 表示消费，则用公式表示为：

$$S = Y - C$$

实践中居民、企业、政府等都进行储蓄。储蓄的动机和目的各不相同，但与消费一样将对国民收入产生影响。

(1) 储蓄函数。同消费函数类似,我们称储蓄与收入的关系为储蓄函数。因为在影响储蓄的因素中,收入同样也是最重要的。假设其他条件不变(收入就是决定储蓄的唯一因素),储蓄函数可用关系式 $S=f(Y)$ 来表示,即 S 是 Y 的函数,这里 S 可以是负的。

储蓄与收入也是同方向变动的,一定水平的收入对应着一定水平的储蓄。随着收入的增加,储蓄也随着相应增加,但收入增加到一定程度后,储蓄的增加速度将快于收入的增加速度。这与收入增加到一定程度时,消费的增加要慢于收入的增加是相对应的。

(2) 储蓄倾向。储蓄倾向指储蓄在收入中所占的比例或百分数。可分为平均储蓄倾向(APS)和边际储蓄倾向(MPS)。平均储蓄倾向是指在每单位收入中储蓄所占的比例。其公式为:

$$APS = \frac{S}{Y}$$

边际储蓄倾向是指在收入的增加量中,储蓄的增加量所占的比例(或收入每增加一单位时所增加的储蓄)。其公式为:

$$MPS = \frac{\Delta S}{\Delta Y}$$

由储蓄与消费的关系容易得到:

$$APS = \frac{S}{Y} = \frac{(Y-C)}{Y} = 1 - APC$$

$$MPS = \frac{\Delta S}{\Delta Y} = \frac{(\Delta Y - \Delta C)}{\Delta Y} = 1 - MPC \tag{9-9}$$

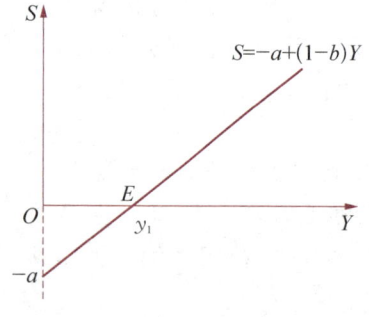

图 9-12 储蓄曲线

(3) 储蓄曲线。储蓄曲线就是储蓄函数的图形。储蓄与消费的关系为 $S+C=Y$,由已知的消费函数 $C=a+bY$,可以得到储蓄函数 $S=-a+(1-b)Y$。相应的函数图形(图 9-12)就是储蓄曲线。其中,$-a$ 是负储蓄,对应没有收入的自发消费,是独立于收入之外的,$1-b$ 是边际储蓄倾向(因为 b 表示边际消费倾向),也就是储蓄曲线的斜率。

在图 9-12 中可以看到:在储蓄曲线与 Y 轴的交点 E 处,表示收入为 y_1 且储蓄为零,即收入全部用于消费。在 E 点的左侧储蓄为负值,表示收入小于消费,入不敷出。在 E 点的右侧,储蓄为正值,表示收入大于消费,且随着收入的增加而增加。

(4) 储蓄函数与消费函数的关系。按照 $Y=C+S$ 的假设,储蓄函数与消费函数存在密切的内在关系:

① 储蓄函数和消费函数是互补的,两者之和总是等于收入。消费函数和储蓄函数中只要有一个确定,另一个即随之确定。前面已经利用消费函数导出了储蓄函数。正是由于储蓄函数与消费函数之间的密切关系,我们通常可以侧重于讨论其中的一个而一举两得。

② $APC+APS=1, MPC+MPS=1$。这两个关系式在讨论储蓄倾向时提到过。

(三) 投资

(1) 投资的含义。经济学中的投资是指资本的形成,即社会实际资本的增加,包括厂房、设备和存货等的增加。这与居民在日常生活中所提到的投资,如购买证券、房地产等经济活动是不相同的。因为从经济学和社会的角度来看,居民的这些购买没有使得社会实际财富增加,仅仅是财产所有权的转移,因而不是投资。另外,前面假设,投资是由企业进行的。在国民收入的分析中,投资是个流量,而资本则是存量。投资表现为资本存量的变动,投资的增加表现为资本存量的扩张。

按照不同的标准,投资可分为不同的类型。从投资的原因来分,投资分为自发投资和引致投资两类。自发投资是指由人类、心理、资源、政府政策等国民经济外生变量所引起的投资,是不受国民收入和消费水平影响的投资;引致投资(又称诱发投资),则是指由于国民收入和消费水平的变动所引起的投资。

从投资与资本存量的关系来看,投资分为重置投资、净投资和总投资。重置投资(即折旧)是指用于补偿资本损耗的投资(它取决于原有资本的量值、使用年限及构成)。通常是在价值上每年按一定的折旧率提取,到期一次性投资形成实物(资本品)。重置投资是为了维持简单再生产。净投资是指扩张资本存量的投资,它取决于收入的变动情况,是为了扩大再生产。总投资是指一定时期内的投资总量,是重置投资与净投资的总和。

(2) 资本的边际效率。按照凯恩斯的定义,资本的边际效率是一种贴现率。这种贴现率使得一项资本在使用年限内各年的预期收益现值正好等于该项资本品的供给价格或重置成本。

现值,通常是指在一定的利率(贴现率)下,某项资本品几年后的本利之和在投资当期的时间价值。举例来说:假设现有本金为 1 000 元,利率 10%,且计算复利,则一年后本利之和为 1 000 元×(1+10%)=1 100 元。两年后本利和为 1 000 元×(1+10%)^2=1 210 元,三年后本利和为 1 000 元×(1+10%)^3=1 331 元。以此类推,n 年后的本利和就是 1 000×(1+10%)^n 元。反过来看,若利率同为 10%,则一年后的 1 100 元的现值就是 1 100 元÷(1+10%)=1 000 元,两年后的 1 210 元的现值也是 1 210 元÷(1+10%)^2=1 000 元,三年后的 1 331 元的现值也是 1 000 元。

一般来说,设 R_n 是 n 年后的本利之和,r 是利率,R_0 是本金,则:

$$R_0 = \frac{R_1}{(1+r)} + \frac{R_2}{(1+r)^2} + \frac{R_3}{(1+r)^3} + \frac{R_4}{(1+r)^4} + \cdots + \frac{R_n}{(1+r)^n} \quad (9-10)$$

该公式就是资本边际效率的一般公式。

显然,资本边际效率取决于资本品的供给和各年价格预期收益。供给价格既定时,预期的收益越大,r 就越大;预期收益既定时,则供给价格越大,r 就越小。它说明的是:一件投资品或投资项目的收益每年应按多大的比例增长才能达到预期的收益。所以,资本边际效率实际上是资本的预期利润率。

凯恩斯认为,资本边际效率具有递减的趋势,即随着投资的增加,资本边际效率会下降。因为,投资越多,对资本品的需求也就越多,因而资本品的供给价格上升,使得资本边际效率下降;另外,投资越多,未来产品的供给越多,产品的价格要下降,因而对预期收益有不利影响。

资本边际效率递减规律说明:在利率既定的前提下,由于资本边际效率随投资量的增加而递减,使得预期收益率相应递减,或使得投资成本相应递增。因此,社会投资量不会无限扩大,而必定存在一个上限。

(3) 影响投资量的因素。资本边际效率和利率是影响投资量的两个主要因素。投资基本上由两者的对比关系所左右。如果利率大于资本边际效率,对于投资者来说,结果是得不偿失的(利率小于利息),因此不会投资。如果资本边际效率等于利率,对投资者来说是收支相抵的,此时通常是重置投资而不会有净投资。只有当资本边际效率大于利率时,企业才可能会投资,因为只有在这种情况下投资才会获利。

此外,投资预期收益和投资风险也是影响投资量的因素。投资收益的期望越高,投资的可能和投资量越大;投资量的大小与投资风险的大小成反比。

思考一下

1. 总投资、重置投资、净投资和资本存量之间有怎样的数量关系?
2. 晓红在每一个收入水平上都消费掉其全部收入。她的 MPC 和 MPS 分别是多少? 你能否画出她的消费曲线和储蓄曲线?

三、国民收入决定因素分析

(一) 消费-投资分析

为讨论方便,先假设国民经济是一个两部门的模型,投资是个常数。于是,总需求就是消费需求与投资需求之和,即

$$Y = C + I$$

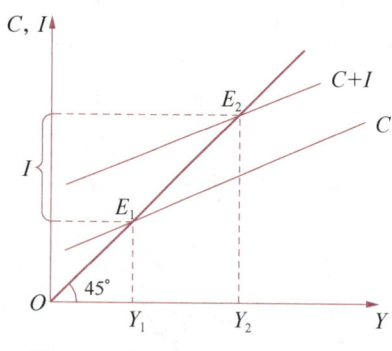

图 9-13　两部门消费-投资分析

在图 9-13 中,横轴代表收入(Y),纵轴代表消费(C)和投资(I),曲线 C 是消费曲线。它与 45°线相交于 E_1 点,若社会总需求只有消费 C,则 E_1 点对应的国民收入就是均衡的国民收入。

曲线 $C+I$ 是由曲线 C 上平移 I 单位所得,代表社会总需求水平,它与 45°线相交于 E_2 点,对应的国民收入 Y_2 就是此时均衡的国民收入。这说明,当社会总需求由 C 增加到 $C+I$ 时,均衡的国民收入就由 Y_1 增加到 Y_2。投资的增加引起了国民收入的增长。

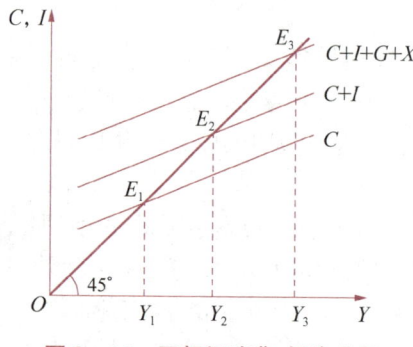

图 9-14　四部门消费-投资分析

在 E_2 点左侧,$C+I$ 曲线位于 45°线上方,表示总需求大于总供给,会引起国民收入上升(国民经济的扩张)。在 E_2 点右侧 $C+I$ 曲线位于 45°线下方,表示总需求小于总供给,会引起国民经济下降(国民经济收缩),只有在 E_2 点是均衡的。当国民经济处于不均衡状态(总供给与总需求不相等)时,可以通过对投资(I)的调整来实现均衡。

一般情况下的国民经济运行也是如此。就以四部门模型来说，总需求多出了政府购买和出口，并设 G、X 也是常数。则 $Y=C+I+G+X$。其关系如图 9-14 所示。

曲线 $C+I+G+X$ 是由曲线 C 向上平移 $I+G+X$ 单位所得，代表现在的国民收入水平，它与 45°线相交于 E_3 点，对应的国民收入是 $Y_3(Y_3>Y_1)$，是此时均衡的国民收入。这说明，社会上总需求由 C 增加到 $(C+I+G+X)$ 时，均衡的国民收入由 Y_1 增加到 Y_3。政府购买和出口的增加也会导致国民收入的增长。在 Y_3 点左侧，$C+I+G+X$ 位于 45°线上方，表示总需求大于总供给，会使得国民收入上升。在 E_3 右侧，$C+I+G+X$ 位于 45°线下方，表示总需求小于总供给，会使得国民收入下降。只有在 E_3 点是均衡的，而当国民收入不均衡时，可以通过对投资、政府购买和出口的调整来实现均衡。

（二）储蓄-投资分析

这里仍然假设是在两部门模型中，投资是常数。在图 9-15 中，横轴代表收入 (Y)，纵轴代表储蓄 (S)、投资 (I)，曲线 S 是储蓄曲线，水平线 I 是投资曲线。

在两部门经济中，均衡的产出是与总需求相一致的产出。就是说，国民收入恰好等于居民和企业意愿的支出。为此，可以通过实现计划支出与实际产出（收入）的相等，以达到均衡。这里计划的支出就是计划的消费加投资：$C+I$。而产出的收入应等于计划的消费加储蓄：$C+S$。所以，由 $C+I=C+S$ 的两边减去等

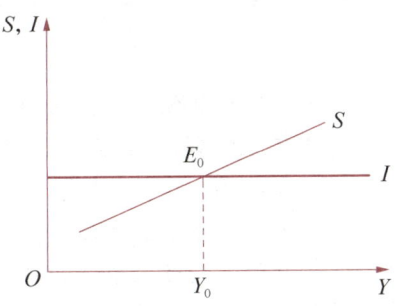

图 9-15 两部门储蓄-投资分析

量的 C 即得 $I=S$，此时就是均衡状态，相应的国民收入 Y_0 就是均衡的国民收入。在 E_0 点左侧，I 曲线上方，表示总需求大于总供给，会引起国民收入上升。在 E_0 点右侧，I 曲线位于 S 曲线下方，表示总需求小于总供给，会引起国民收入下降。只有在 E_0 点是均衡的。因此，当国民经济处于不均衡状态时，结论同样是可以通过对投资的调整来实现均衡。

（三）节约悖论

18 世纪初，一个英国医生写了一首题为《蜜蜂的寓言》的讽喻诗。这首诗叙述了一个蜂群的兴衰史。最初，蜜蜂们追求奢侈的生活，大肆挥霍浪费，整个蜂群兴旺发达。后来它们改变了原有的习惯，崇尚节俭，结果蜂群凋敝，终于被敌手打败而逃散。这首诗所宣扬的"浪费有功"在当时受到指责。英国的陪审团委员们就曾宣判它为"有碍公众视听的败类作品"。但在 200 多年之后，这部当时声名狼藉的作品却启发凯恩斯发动了一场经济学上的"凯恩斯革命"，建立了现代宏观经济学和总需求决定理论。从《蜜蜂的寓言》中可以看出，有时对微观经济是正确的东西，对宏观经济未必是正确的。

储蓄是对消费节俭的结果，这种节俭是美德，还是罪恶，对此结论并不一致。一般而论，是把储蓄或节俭作为一种美德来提倡的。但是凯恩斯的理论对储蓄和节俭提出了不同的观点。他认为，节俭对个人来说可能是一种美德，但对整个社会而言，可能就不是美德，而是一种罪恶。因为大家都节俭，储蓄增加，如果这种储蓄不能及时转化为投资形成新的消费力量，那就会减少社会需求，对国民经济活动造成一种紧缩的压力，导致经济萧条。国民收入也因此下降，就业减少。尤其是在经济萧条时期，这种节俭更会加剧萧条，形成恶性循环。所以，凯恩斯主张减少储蓄，增加消费。节约悖论，不仅是指在萧条时期储蓄会使经济更加萧条，而且还指出，储蓄过多可能减少实际储蓄。这是因为过多的储蓄会引起国民收入下降。

因此,储蓄越多越好是有条件的,只有在储蓄能够全部转化为投资的条件下这一命题才能成立。如果是在萧条时期,则会产生相反的结果。但是,在总需求膨胀、投资资金缺乏的情况下,提出节俭,又鼓励储蓄是有积极作用的。

一般情况下(四部门模型)也有与之相仿的结论。

在这里可以看到,消费-投资分析与储蓄-投资分析实质上是一致的。

通过以上分析得知,决定国民收入水平的决定因素是总需求。当总需求小于总供给时,国民收入下降,使得经济失去均衡。这里可以通过增加消费、投资等措施进行调整,以重新实现均衡。当总需求大于总供给时,则是相应另一方向的问题。

专栏9-2　知识链接

帕累托最优

帕累托最优(Pareto optimality)是指在不使任何人境况变坏的前提下,不可能再使其他人境况变得更好的资源配置状态。帕累托最优也称为帕累托效率(Pareto efficiency),因意大利经济学家维尔弗雷多·帕累托在关于经济效率和收入分配的研究中最早使用了这个概念而得名。

与帕累托最优密切相关的是帕累托改进(Pareto improvement)。帕累托改进是指一种变化:通过资源配置的调整,使一些人的境况得到改善,而其他人的状况至少没有变坏。帕累托改进是实现帕累托最优的途径和方法,而当达到帕累托最优状态,就没有了进行帕累托改进的余地。当然,现实中的帕累托最优是难以企及的,更多的是体现了一种公平与效率和谐的"理想王国"。

帕累托最优在经济学的宏观经济和微观经济分析中都有重要的应用价值。例如,从消费者均衡的意义上来说,当消费者消费两种以上商品时,所谓实现消费者均衡也就是消费的帕累托最优,或者说帕累托最优就是判断消费者均衡的标准。同样的道理,生产者均衡也可以用帕累托最优来解释:当企业生产两种以上产品时,所谓实现生产者均衡也就是生产的帕累托最优,或者说帕累托最优就是判断生产者均衡的标准。另外从市场竞争的角度来看,一个企业如果能够做到在不损害对手利益的情况下又为自己争取到利益,就可以进行帕累托改进,而交易或竞争的双方就是实现所谓的双赢——尽管还不是最优。

如果从消费者群体和生产者群体的"中微观"角度来分析,帕累托最优同样可以给出相应的结论和解释,请思考一下应当如何表述?

第三节　影响国民收入的因素分析

一、乘数原理

在分析国民收入的变动时,注入量的增加会使得国民收入上升,而注入量的减少则会导致国民收入的下降。我们所关心的是：注入量每增加一个单位，会使国民收入增加多少单位？乘数原理要说明的是：在一定的条件下，收入量的增加将会是相应注入量的增加量的 K 倍，在这里的常数 K 就称为乘数(multiplier)，又叫作倍数。一般来说，乘数就是国民收入的变动量与导致国民收入变动因素的变动量之比率。在实践中，存在多种可以引起国民收入变动的因素，相应地也就有多种不同的乘数，如投资乘数、税收乘数等。

（一）投资乘数

以下先在两部门经济运行的条件下，以投资乘数为例说明乘数原理及其作用。

假设社会企业部门新增加投资(ΔI) 1 000 万元，这批投资即被用于购买投资品。出售投资品的厂商取得 1 000 万元的货款收入，然后以工资、租金、利息、利润的形式支付给生产要素所有者。由此，居民部门得到第一次增加的收入 1 000 万元。

微课：从投资乘数学习乘数原理

再假设边际消费倾向 $\dfrac{\Delta C}{\Delta Y}$ 为 $\dfrac{2}{3}$，则居民将把所得收入的 $\dfrac{2}{3}$ 用于购买消费品，出售消费品的企业得到 $1\,000 \times \dfrac{2}{3}$ 万元的货款，并以同样的形式支付给生产要素所有者。由此，居民得到第二次增加的收入 $1\,000 \times \dfrac{2}{3}$ 万元。

这个过程会一直持续下去，从居民部门来看，整个社会因此而增加的收入为：

$$\Delta Y = 1\,000 + \left(1\,000 \times \dfrac{2}{3}\right) + \left(1\,000 \times \dfrac{2}{3}\right) \times \dfrac{2}{3} + \cdots + 1\,000 \times \left(\dfrac{2}{3}\right)^{n-1}$$

$$= 1\,000 \times \dfrac{1 - \left(\dfrac{2}{3}\right)^n}{1 - \dfrac{2}{3}}$$

$$= 3\,000(万元)$$

设 b 为边际消费倾向，便可以得到新增投资的一般公式：

$$\Delta Y = \Delta I \cdot \dfrac{1 - b^n}{1 - b}$$

由边际消费倾向递减规律可知：$b < 1$，故当 $n \to \infty$，$b^n \to 0$，$1 - b^n = 1$，即得：

$$\Delta Y = \Delta I \cdot \dfrac{1}{1 - b}$$

$$K_1 = \dfrac{1}{1 - b} = \dfrac{1}{1 - 边际消费倾向} = \dfrac{1}{边际储蓄倾向}$$

这说明，投资乘数与边际消费倾向成正比，与边际储蓄倾向成反比，边际消费倾向越大，或者说边际储蓄倾向越小，投资乘数就越大。

必须看到，投资乘数的作用是双面的。投资增加会使国民收入以相应的倍数增加；而投资减少，也会使国民收入以相应的倍数减少。因而经济学家称其为"双刃剑"。另外，在经济运行的实际中，由于一些因素的不完全性和不稳定性等，会在一定程度上阻碍或抵消乘数作用的发挥，使得乘数的实际作用并非如公式所表达的那样确切。

加入政府后的三部门模型中，除了投资以外，又有了政府购买、税收等国民收入的因素,也就有了相应的另外几个乘数。

(二) 政府购买乘数

政府购买支出乘数(K_G)是指国民收入的变量(ΔY)对引起变动的政府购买支出变动(ΔG)的比率。即

$$K_G = \frac{\Delta Y}{\Delta G}$$

政府购买乘数和投资乘数是相等的,因为政府购买支出也是投资(消费)需求的支出,所以具有同样的边际消费倾向。这说明政府购买支出对国民收入决定的作用与投资对国民收入决定的作用是相同的。政府购买支出增加,会导致国民收入以 K 倍增加。相反,也会使国民收入以相同的倍数减少。

(三) 转移支付乘数

政府转移支付乘数,是指国民收入的变动量对引起该变动的政府转移支付变动量的比率。政府转移支付增加使得人们可支配收入增加,因此消费支出也会增加,消费支出的增加就使得国民收入上升了。所以,政府转移支付的增加会导致国民收入上升。政府转移支付乘数是正数。但通常认为政府转移支付乘数要小于政府购买乘数。这是因为政府购买支出的每一元钱,都是消费支出,直接作用于国民收入。而政府转移支付的每一元钱,到了个人手中以后,通常会发生一定的储蓄。这一元钱并非全部用于消费支出,就是说,政府转移支付不会全部变为消费支出。因此,政府购买对国民收入变动的作用要大于政府转移支付的作用。

专栏 9-3　专题阅读

交通协管员

中国好多城市为解决"下岗工人"的生活困难而设立了交通协管员(图 9-16)。这些没有执法权的协管员在某种程度上也起到了维护交通秩序的作用,但经济意义大于"协管"意义。因为政府在向他们支付报酬时形成了一种乘数效应。

图 9-16　交通协管员示例

(四) 政府税收乘数

(1) 税收乘数是指国民收入的变动量对引起该变动的税收变动量的比率。一般来说,税收的增加,使得人们的可支配收入减少,从而使消费支出相应地减少,消费支出的减少则会导致国民收入下降。因此,税收乘数为负值。这表明,国民收入随着税收的变动以相应的倍数反方向变动。税收增加,国民收入随之以其倍数减少;税收下降,国民收入随之以其倍数上升。

与政府转移支付乘数相仿,税收乘数要小于政府购买支出乘数或投资乘数(严格地说应该是税收乘数的绝对值小于投资乘数),因为,政府的购买支出或投资支出的每一元钱都直接作用于国民收入,而税收每减少一元,这一元作为个人或企业增加的收入也要发生

一定的储蓄,因而,并非全部用于支出。因此税收对国民收入变动的作用也要小于投资或政府购买的作用。

以上关于乘数理论的分析说明了凯恩斯的一种观点:对于消费需求不足而引起的总需求不足,可以而且只能依靠投资的形式来调整,在私人(企业)投资不足的情况下,则要靠政府投资来拉动需求。事实上在这种情况下投资确实发挥了相应的作用,但正如前面指出的,由于在其他一些因素的影响下,乘数的作用一般达不到理论上的效果。即便就投资的作用机制本身来讲,就存在"自我削弱"的因素。当投资增加时,会引起物价上升和利率上升(因为对货币资本的需求上升),而物价和利率的上升则反过来削弱了消费,增加了投资成本。结果既抵消了一部分由于增加投资而引起的收入增加所促进的消费,又因此而削弱了投资本身。

(2)挤出效应。虽然乘数效应表明,政府购买引起的需求变动可能大于政府税收的变动,但还有另一种效应在相反的方向发生作用。当政府购买增加刺激了物品与劳务需求时,它也引起了利率上升,而且较高的利率往往减少了对物品和劳务的需求,从而抑制了本来就已不足的投资和消费。扩张性财政政策的这种作用被称为挤出效应。

思考一下

当 MPC 分别等于 0.8、0.6、0.5 时,或 MPS 分别等于 0.2、0.4、0.5 时算出乘数的数值。

二、加速原理

乘数原理说明的是投资变动对收入变动的影响,加速原理所研究的是收入变动与投资变动之间的关系,即收入变动对投资变动的影响。

西方经济学家认为,影响企业投资变动的因素是多方面的,其中一般经济情况对投资有着重要的影响。如果国民收入增长,社会需求量增加,厂商就会对经济前景产生乐观的估计,从而有可能从事带有风险的投资,并导致大量的资本投资。由此可以得出结论,在研究经济变动过程中,尤其是在短期中,投资既是收入变动的原因,也是变动的结果。因此,运用加速原理进行分析时,是把投资看作国民收入的函数,投资率是与产量和收入水平的变动相关联的,收入或产量的增长将会刺激投资加速度的增长。

在具体分析加速原理时,首先涉及资本-产量比率这一概念。资本-产量比率是指生产单位产量与所需要的资本量的比率。在假定技术水平和其他因素不变的条件下,也可以把这一比率看作固定不变的。若以 W 代表资本-产量比率,以 K 代表资本,以 Y 代表产量,这一比率公式如下所示:

$$W = \frac{K}{Y}$$

如果生产 2 万吨的产品需要 1 万吨的资本,资本-产量比率为 $W = \frac{1}{2}$,这表明,每生产 1 单位产品时需要 0.5 单位资本。

与资本-产量比率相关联的另一个概念就是加速系数。所谓加速系数是指产量的增量与所需要的资本增量之间的比率,或是指净投资与收入增量的比率。若以 a 代表加速系数,ΔK 代表投资增量,ΔY 代表收入增量,其公式为:

$$a = \frac{\Delta K}{\Delta Y}$$

加速原理所要说明的是:投资的变动取决于产量增量的变动。在销售量开始增加时($\Delta Y>0$),会刺激投资增加。如果销售量下降($\Delta Y<0$),投资会负增长。

三、国民收入水平的变动

在国民收入决定的理论中所讨论和回答的是均衡的国民收入如何实现的问题,这对于调节失衡的国民经济和保持国民经济的平稳运行是有意义的。在实践中,经济运行的目标不是单纯地维持国民经济水平静止不变,更有在现实均衡的基础上从一个均衡水平变动到另外一个均衡水平的要求,实现国民收入水平不断提高的均衡变动。这里之所以说"均衡地提高"是要强调,并非国民经济的发展越快越好,或国民收入增长得越快越好。而是在保持总需求与总供给相一致的前提下实现经济以一定的速度持续稳定发展。要解决好这个问题需要做好两个方面的工作:一是准确把握总需求与总供给的关系;二是根据总需求与总供给的关系采取相应的对策。

通过前面对国民收入决定的分析我们知道,从总体上来说,可以通过注入量与漏出量的相等来实现国民收入的均衡。同样的道理,也可以通过对注入量或漏出量的调节来实现国民收入水平的变动。如通过注入量的增加(减少)来推动国民经济扩张(收缩),通过对漏出量的增加(减少)来推动国民经济收缩(扩张)。而且,在实际运用中,还要考虑到这两种手段合理搭配与协调的问题,有待于进一步分析,这里不讨论了。

专栏 9-4　经济学家小传

约翰·梅纳德·凯恩斯

只要翻开一本讲述当代西方经济学的教科书,英国经济学家约翰·梅纳德·凯恩斯的名字总是会跃入我们的眼帘。凯恩斯的确对现代经济学的确立和发展起了至关重要的开创性作用,他的理论的产生在西方被称为"凯恩斯革命"。甚至许多人把他的影响和哥白尼在天文学、达尔文在生物学以及爱因斯坦在物理学上的贡献相提并论。

凯恩斯的主要经济学理论是在 1936 年出版了《就业、利息和货币通论》一书以后,才最终确立的。其理论基础是有效需求理论体系通过国家干预经济以求减少就业的政策主张,一般被称为就业理论。凯恩斯经济学着重考察总体经济的运行和调节,而传统的新古典经济学注重分析个体经济行为和市场经济的运行和调节。凯恩斯经济学和新古典经济学一起,构成了现代宏观经济学和微观经济学的两个理论体系的基础。凯恩斯的思想博大精深,在深奥、复杂的数学推算背后,往往隐含着他对社会经济现象的理性和哲学的思考。即使在今天,学术界对凯恩斯思想的研究和探索依然未能穷尽,对他的评价毁誉参半。即使凯恩斯的追随者和支持者,也由于其社会、文化背景不尽相同,而对凯恩斯的著作有不同的理解,对理论的阐述和解释也就产生了分歧。分歧的持续存在和相互之间的争论,使凯恩斯的支持者目前基本上分为两个派系:一派是新古典综合派;另一派是新剑桥学派,又称凯恩斯学派。

本章小结

1. 国民收入循环模型就是把宏观经济看成由许多流量构成的系统,并以此大致描述宏观经济的运行。在对国民收入模型分析的基础上,形成国民收入的决定理论。

2. 总需求-总供给模型是通过总需求与总供给的相互作用来说明国民收入与价格水平的决定。

3. 分析不同情况下总需求和总供给的特点、二者的各种决定因素以及二者的变动和相互作用可以回答国民收入和价格水平如何决定和变动。

4. 把外生变量和内生变量对国民收入的决定作为一个整体来考虑,用总需求与总供给的均衡可以分析国民收入的决定以及其他宏观经济问题。

5. 总需求-总供给模型理论的框架下,可以对消费、储蓄、投资、政府活动、对外贸易等进行分析。在此基础上,建立IS-LM模型,从产品市场和货币市场两个市场的均衡来分析对国民收入的决定。

思考与讨论

一、案例分析

中国的经济发展方式

面对全球经济持续下行趋势的压力,中国提出了转方式、调结构、稳增长的发展战略。转方式是指推动经济发展方式由粗放型增长到集约型增长,从低级经济结构到高级、优化的经济结构,从单纯的经济增长到全面协调可持续的经济发展的转变。调结构是指通过调整国民经济各组成部分的地位和相互比例关系,使其更加合理化、高级化,适应并促进生产力的发展。稳增长是指坚持扩大内需、稳定外需,大力发展实体经济,努力克服各种不稳定不确定因素的影响,保持经济平稳运行。

要求:请分别从"三驾马车"的不同角度分析如何使中国经济实现稳增长。

二、简答题

1. 简述两部门的国民经济平衡条件。
2. 简述国民经济的循环过程。
3. 用 $Y=45°$ 线说明总需求的变动对国民收入水平的影响。
4. 说明储蓄函数与消费函数的关系,增加储蓄对均衡收入会有什么影响?

三、计算题

1. 在两部门经济中,假定消费函数 $C=100+0.7Y$,投资 $I=100$。
① 求均衡的国民收入水平;
② 求均衡储蓄水平;
③ 乘数为多少?
2. 假定边际消费倾向为 0.8,试计算:
① 乘数为多少?
② 如果边际消费倾向下降为 0.6,下期的国民收入会产生什么变化?

四、实训项目

1. 通过查询资料,了解图 9-17 所反映的经济背景,分小组讨论该经济现象可能产生的经济效应。

图 9-17 "双十一"

2. 分小组讨论图 9-18 反映的经济现象可能产生的经济效应。

图 9-18 中国经济

3. 分小组讨论图 9-19 反映的经济现象可能产生的经济效应。

图 9-19　外贸出口

第十章 经济周期与经济增长

学习目标

1. 掌握经济周期的含义。
2. 理解经济周期的分类与成因。
3. 掌握经济增长的含义。
4. 掌握经济增长的评定指标及经济增长的决定因素。
5. 理解经济增长的模型。

引导案例

中国经济能够保持长期较快增长的"三个大逻辑"

党的十九大报告指出,当前我国社会的主要矛盾是人民日益增长的美好生活需要和不平衡不充分的发展之间的矛盾。从发展的不平衡不充分,到更加平衡充分,意味着在未来较长时期内,中国经济发展仍然具备相当的潜力。习近平总书记在2023年中央经济工作会议上强调,我国经济回升向好、长期向好的基本趋势没有改变。从中国经济长期增长的理论逻辑、历史逻辑和现实逻辑看,中国经济具备保持长期较快增长的基本条件。

理论逻辑:应辩证看待长期增长趋势的预测方法

当下,有一种较为盛行的唱衰中国经济的理论逻辑是,中国经济的潜在增长率出现明显下降。经济学中常用生产函数来预测潜在增长率。其基本原理是,经济增长是劳动力、资本两大生产要素的投入,与全要素生产率(代表综合技术水平和总体效率)三者的贡献之和。有学者按这种方法测算,2025年之前中国的潜在增长率为4%左右,2025—2035年为3%左右。

需要指出的是,这种方法有严格的限定条件,即假设生产要素组合方式不变、技术条件不变、规模报酬不变,而且各种资源要素得到了充分利用。但现实中,预测长期潜在增长率不应忽视政策制定者和生产组织者的主观能动性,如果主观能动性发挥得好,就能突破这些假设条件的限制,得到更高的实际经济增长。这就要通过改革、开放和创新,使生产要素组合更有效率、使技术进步为生产率赋能、使规模报酬递增,从而提高全要素生产率。这样,即便在劳动和资本要素投入总量不变或减少的情况下,长期经济增长趋势仍有可能保持不变甚至有所提高。

历史逻辑:改革开放对长期增长趋势有巨大影响

从中国经济发展历程看,改革开放带来的制度红利对全要素生产率的提高贡献巨大。有专家对过去40多年来中国全要素生产率研究后发现,全要素生产率的快速增长往往与巨大的制度红利相对应。例如,1978年的改革开放,1992—1995年社会主义市场经济体制改革目标的确立,以及2001年加入世界贸易组织等,都极大地提高了全要素生产率,给中国经济增长带来新的动能。

事实上,中国过去长时期的高速增长,除了要素投入数量增加外,更关键的是依靠改革开放所释放的制度红利,以及劳动力从低生产率的农业部门向生产率更高的工业和服务业领域转移(生产要素组合的优化),很多学者将其称为释放了"结构性潜能"。正因如此,中国经济增长速度明显快于同一时期与我国具有相似条件甚至条件优于我们的国家。很多机构在对中国经济增长的长期预测中,仍高度认同这一点,认为持续的改革开放能够避免中国经济增长速度进一步放缓。

现实逻辑:中国经济的潜能有待充分释放

2023年,中国经济增长5.2%,实现了预期目标,但还有进一步提升的空间。一是从资本投入看,2023年工业产能利用率为75.1%,低于80%左右的正常水平,意味着相当部分生产能力(前期投资)处于闲置状态。二是从劳动力投入看,2023年城镇调查失业率的平均值为5.2%,虽然比上年有所下降,但仍处于较高水平。显然,资本和劳动力两大生产要素并未得到充分利用,说明中国潜在增速可能明显超过5%。另外,目前我国物价涨幅明显低于3%左右的调控目标,结合失业率数据看,也说明经济增速确实低于潜在水平。

目前,中国人均GDP仅相当于美国的$\frac{1}{6}$,而德国、日本和韩国在类似阶段分别实现了年均8.6%(德国1946—1962年)、8.6%(日本1956—1972年)和8.1%(韩国1985—2001年)的经济增长。尽管这种类比推断存在一定的局限性,但还是能从横向比较中看出,中国经济发展仍有较大潜能。

总之,一国长期经济增长速度如何,不是"算出来的",而是"干出来的"。只要我们坚持改革开放和创新驱动,就可突破劳动和资本要素投入的限制,通过提高全要素生产率续写中国经济较快增长的新篇章。

阅读以上材料后你如何理解经济增长?你认为经济增长的决定因素有哪些?

(资料来源:中国经济网)

均衡的国民收入不可能永远保持在同一水平,这可通过对现实国民经济活动的观察得到验证。经济长期的动态变化大致可分为两种类型:一种是经济在长期增长过程中,各种经济变量呈现出时高时低的波动状态;另一种则是经济从长期看有增长的趋势,即随着时间的推移,国民收入会以一定的比例增加。对前一种类型的研究就是经济周期理论,对后一种类型的研究就是经济增长理论。

第一节　经济周期及其成因

你玩过过山车吗?一会儿猛冲上去,一会儿又狂掉下来,十分刺激。经济有时也像过山车，一会儿迅速扩张极其繁荣，一会儿急剧收缩严重衰退，我们应该如何认识和把握经济中类似于过山车的现象呢？

一、经济周期及其分类

（一）经济周期

经济周期（business cycle）是指一国经济生产和再生产过程中周期性出现的经济扩张与经济紧缩交替更迭、循环往复的一种现象。在经济分析中，每一个周期划分为四个阶段，即经济扩张（繁荣）(prosperity)阶段、紧缩（萧条）(depression)阶段、危机(crisis)阶段和复苏(recovery)阶段，其中扩张（繁荣）与危机是两个主要阶段，紧缩（萧条）和复苏是两个过渡阶段。

微课：经济周期

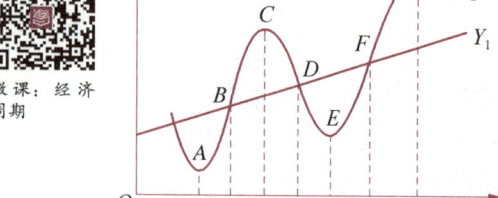

图 10-1 经济周期示意图

图 10-1 的横轴 t 表示时间，纵轴 Y 表示实际国民生产总值。向右上方倾斜比较平滑的曲线 Y_1 表示一国经济增长的趋势，曲线 Y_2 表示一国经济实际扩张与收缩的过程。一国经济总量在有些时期高于增长的一般趋势即处于 Y_1 之上，有些时期低于增长的一般趋势即处于 Y_1 之下，形成了波动。在时期 t_1 和 t_5，经济总量分别达到低点，即谷底。在时期 t_3 和 t_7，经济总量分别达到高点，即谷峰。从时期 t_1 到 t_3，经济总量由 A 增至 C，表现为经济扩张过程；从时期 t_3 到 t_5，经济总量由 C 减至 E，表现为经济收缩过程；从时期 t_5 到 t_7，经济总量又表现为经济扩张过程。经济扩张过程和经济收缩过程可划分为两个阶段。由 A 到 B 即从谷底扩张至经济增长的正常水平，称为复苏；由 B 到 C 即从经济增长的正常水平扩张至谷峰，称为繁荣；由 C 到 D 即从谷峰收缩至经济增长的正常水平，称为紧缩；由 D 到 E 即从经济增长的正常水平收缩至谷底，称为危机。从 A 点到 E 点（即 t_1 到 t_5）为一个完整的经济周期。它包含了经济扩张和收缩的全过程。之后，由 E 到 F 开始了下一个经济周期的复苏阶段，由 F 到 G 是这一经济周期的繁荣阶段。

> 提示：经济周期的四个阶段：扩张（繁荣）阶段、紧缩（萧条）阶段、危机阶段、复苏阶段。

繁荣阶段的主要特征是：需求不断增加，产品畅销，批发商和零售商的存货减少，纷纷向生产厂家订货；厂家利润大大提高，从而刺激投资增加；就业率不断提高，资源得到充分利用；工资和价格水平不断上涨；整个社会充满乐观气氛。

紧缩阶段的主要特征是：经济开始收缩，投资减少、生产下降、失业率上升、需求下降；销售量下降、产品积压，导致价格水平下跌；整个社会形成普遍的生产过剩，部分工厂倒闭；悲观情绪笼罩整个社会。

危机阶段的主要特征是：生产继续下降，并达到最低点；劳动者大量失业，大量工厂倒闭；价格水平很低；整个社会陷入"恐慌"。

复苏阶段的主要特征是：大量被磨损的机器设备开始更新；就业率、收入、消费支出开始上升；企业利润有所增加，经济开始回升；对前景的悲观情绪逐渐转变为乐观情绪。

表 10-1　经济周期波动的阶段特征比较

阶段	投资量	就业率	失业率	物价水平	厂商利润	利率水平	对未来的预期
繁荣期	最多	最高	最低	最高	最多	最高	最乐观
衰退期	渐少	渐低	渐高	渐跌	渐少	渐跌	比较悲观
萧条期	最少	最低	最高	最低	最少	最低	最悲观
复苏期	渐多	渐高	渐低	渐升	渐多	渐升	比较乐观

上述各阶段的经济特征，其严重程度会因经济波动幅度的大小和剧烈程度而有所不同。这些特征通常是在市场经济条件下的表现，在传统计划经济体制中可能有所不同。例如在低谷时期，产品表现为短缺而不是过剩。

(二) 经济周期的分类

经济周期是指经济从高潮到低潮上下反复波动的循环过程。这一过程并非千篇一律，在循环时间长短、上下波动幅度等方面各有不同。西方经济学家对经济周期种类的划分不尽相同，大体上有以下几种：

1. 长周期或长波

其长度平均约 50 年，由俄罗斯经济学家康德拉季耶夫根据英、法、美三国一百多年来的物价指数、利率等统计资料于 1926 年提出，故又称为"康德拉耶夫周期"。这一划分后来被奥地利经济学家熊彼特袭用，并以其"创新理论"为基础，以各个时期的主要技术发明、新资源的利用作为主要标志，进一步把 100 多年以来资本主义经济发展过程分为三个"长波"：① 18 世纪 80 年代到 1842 年，这一周期为"产业革命时期"；② 1842 年到 1897 年，这一周期为"蒸汽和钢铁时期"；③ 1897 年以后，这一周期为"电气、化学和汽车时期"。

2. 库兹涅茨周期

其长度平均为 15 年到 20 年，由美国经济学家库兹涅茨最早提出，故又称为"库兹涅茨周期"。该周期主要是以建筑业的兴旺和衰落这一周期性波动现象为标志加以划分的。

3. 中周期或中波

其长度平均为 8 年到 10 年，由法国经济学家朱格拉于 1860 年提出，故又称为"朱格拉周期"。该周期是以国民收入、失业率和大多数经济部门的生产、利润和价格的波动为标志加以划分的。

4. 短周期或短波

其长度平均约 40 个月（近三年半），由美国经济学家基钦于 1923 年提出，故又称为"基钦周期"。短周期的长度约为中周期的一半，一个中周期通常包括两个短周期。

除了上述经济周期的主要种类之外，还有两种经济的波动形式：一种是季节性的波动，这是指受季节自然因素或习惯的影响而发生的经济活动的波动状态。例如，一些农产品的波动就是如此。在收获旺季，产量多，价格低，而在非收获季节，则产量少，价格高。部分工业品也有类似现象，如夏季，电冰箱、电风扇、空调等销售较多，而取暖器、电热毯、大衣等在冬季旺销。在季节性波动中，通常还伴随着风俗习惯的影响，例如，西方国家相当比重的生意都是在感恩节至圣诞节这一段时间做成的，而在我国春节前一个月，商品销售在人们置办年货的需求推动下，极为红火。因此，在这一期间，商业销售竞争十分激烈。

另一种经济波动是不规则的波动,这种波动出现的时间、表现出的幅度等几乎没有规律可循,其原因也极其复杂,难以断定。正是由于这种随机性波动夹杂在其他经济周期波动之间,使经济周期现象更为复杂,增加了每次循环出现的差异性。

大多数西方经济学家所研究的经济周期是平均每 8 年到 10 年发生一次的中周期,即朱格拉周期,因为,它反映了资本主义经济活动过程中的主要特征。西方经济学中关于经济周期的理论,通常都是指研究这一经济周期的理论。

二、经济周期的成因

经济周期自资本主义经济起飞之前就伴随着资本主义经济的发展而不断重复,究其出现的原因,不同的西方经济学家有不同的理解并试图加以解释。下面是对经济周期成因的几种主要理论解释。

(一)外生经济周期理论

外生经济周期理论将经济周期的波动归因于经济之外的某些因素的变动,如战争、新能源的发现、科技发明和技术创新、气候变动等因素。

(二)内生经济周期理论

内生经济周期理论认为经济周期的产生源于经济体系内部诸多因素,如投资行为、借贷行为、消费行为等。

1. 货币因素论

这种理论认为,经济周期纯粹是一种货币现象,资本主义经济周期发生的唯一充分必要条件是银行体系周期性地扩张和紧缩信用。具体来说,当银行体系通过降低利率、放松信贷及收购有价证券来实施扩张性货币政策时,企业会增加贷款、增加投资,从而引起生产的扩张和收入的增长,而这又会促使银行信贷扩大。当贷款高涨到一定限度时,银行被迫要紧缩银根,如此就会引起生产下降,从而引发危机。

2. 投资过度论

这种理论并不否认危机是一种货币现象,但是更根本地,危机之所以出现是由于物质生产领域的两大部门,即生产生产资料的生产部门和生产消费资料的生产部门之间的配合比例失调造成的。投资的增加引起了对生产资料需求的增加乃至价格的上涨,这样会进一步刺激投资的增加,形成经济繁荣。但是由于人们投资获利,收入增加会有更多的消费需求。这是由于社会资源大多用于生产资料的生产,导致消费品的生产出现相对不足,会出现消费品价格上涨与生产资料积压并存的局面,危机因而产生了。这就像同在一个巢中的两只小鸟,一只小鸟吃得快撑死了,而另一只却饿得奄奄一息,这样饥饱不均,怎能奢望不发生矛盾呢?

专栏 10-1 专题阅读

荷兰病,是指一国特别是指中小国家经济的某一初级产品部门异常繁荣而导致其他部门衰落的现象。20 世纪 50 年代,已是制成品出口主要国家的荷兰发现大量石油和天然气,荷兰政府大力发展石油、天然气业,出口剧增,国际收支出现顺差，经济显现繁荣景象。可是，蓬勃发展的天然气业却严重打击了荷兰的农业和其他工业部门，削弱了出口行业的国际竞争力。到20世纪80年代初期，荷兰遭受到通货膨胀上升、制成品出口下降、收入增长率降低、失业率增加的困扰，国际上称为"荷兰病"。

3. 消费不足论

这种理论认为资本主义不合理的分配制度是引发经济周期变化的原因，从而对资本主义持批判的态度。国民收入的一大部分形成储蓄是扩大再生产必需的，但是储蓄比例过大，消费比例过小会造成生产过剩和人力、物力的闲置和浪费。生产过剩是由于消费赶不上生产的增长造成的，即消费不足。消费不足的根源又在于国民收入分配不当而使储蓄过度。在资本主义社会，收入分配给工人阶级的比例太小，资产阶级所占的份额太多，储蓄过度正是后者造成的。

4. 心理论

有一种理论强调心理预期是对经济周期各个阶段的形成起决定性作用的因素，被称为心理论。凯恩斯认为当投资因外来刺激而增加后，经济就会出现高涨，资本家对未来抱有的乐观态度会导致过多的投资，形成经济繁荣。但是这种过度乐观的预期被证明是一种错误后，人们又会走向它的反面，形成一种不合理的过于悲观的预期，由此引发萧条。

5. 创新理论

熊彼特用创新理论来解释经济周期。他认为，经济周期是由于创新引起的旧均衡的破坏并向新均衡过渡所引发的，而这也是社会进步的决定因素，因此经济周期是一种正常现象。创新引发经济周期的过程是这样的：任何形式的创新会给创新者带来超额利润，其他企业会仿效采取行动，创新活动的普及引起对贷款和生产资料需求的增加，导致经济高涨，形成繁荣。但创新的需求也使超额利润逐渐消失，从而对贷款和生产资料需求减少，引起经济收缩，形成萧条。资本主义经济就是在这种均衡→失衡→更高水平的均衡……这种周期中发展前进的。

专栏 10-2　知识链接

熊彼特的创新理论

经济学家约瑟夫·熊彼特在他1912年出版的《经济发展理论》一书中首次提出了"创新"的概念和"创新理论"，并在其以后的著作《资本主义、社会主义和民主主义》等书中加以运用和发挥，从而独树一帜形成了以"创新"为基础的理论体系。

熊彼特所定义的创新是一个经济概念，指的是"建立一种新的生产函数"，也就是对生产要素进行新的组合。他认为，"资本主义在本质上是经济变动的一种形式或方法，它从来不是静止的"，经济发展就是指整个资本主义经济不断地实现新的组合，因而不断创新应当是经济发展的内在需要。而创新的结果表现在经济中就是出现的新事物，具体可包括：采用一种新的产品、采用一种新的生产方法、开辟一个新的市场、掠取或控制原材料或半制成品的一种新的供应来源、实现任何一种工业的新的组织,后来人们又据此归纳为产品创新、技术创新、市场创新、资源配置创新和组织创新。所以说熊彼特所指创新并非技术概念,不是单纯的科技新发明,更多的是经济和制度机制方面。

这里还要特别指出,熊彼特在很大程度上将创新及其成功归因于企业家,认为:企业家的本质就是创新,企业家是推动经济发展的主体,创新的主动力来自企业家精神,成功的创新取决于企业家的素质。

6. 政治因素论

前面的这些经济周期理论解释都是从纯经济角度来探讨的,这一理论则把经济周期的出现归结为政府政策的影响,即融入了政治因素。根据凯恩斯的宏观经济理论,政府可以通过施行扩张性财政政策来刺激经济,消除长期萧条,实现充分就业,并且能长期维持充分就业。但是波兰经济学家卡莱茨基认为,在资本主义社会,由于大企业主出于自身利益的考虑总会反对政府干预经济以实现和维持充分就业,因此,政府总是在经济扩张还未达到充分就业时就被迫采取紧缩政策,从而导致生产重新下降,失业重新增加。因此,经济总是由于政治的原因表现为繁荣与萧条的交替循环。

三、经济周期预测

20世纪初,资本主义国家经济危机的出现越来越频繁,危机造成的损失也越来越严重,于是对经济周期波动进行测定、分析和预测的研究工作也越来越多。

1909年,美国统计学家巴布森创立了反映美国宏观经济状况的巴布森景气指数和图表(Babson index of business activity or Babson chart)。1917年,哈佛大学设立了经济研究委员会,主要从事经济周期波动的监测和分析等研究工作。该委员会在经济统计学家珀森斯的领导下,在收集和分析了1875—1913年的大量经济统计资料的基础上进行了新的景气观测方法的研究。哈佛委员会利用新的景气指数编制方法编制了哈佛指数"美国一般商情指数"。该指数选择与经济周期波动在时间上有明确对应关系的17个经济指标,并将17个指标分为三类,分别合成三个指数:投机指数、商情指数和金融指数。投机指数主要与股票市场活动有关,先于经济周期变动;商情指数主要与生产、物价和商品交易活动有关,与经济周期变动一致;金融指数与金融市场有关,一般滞后于经济周期的变动,如图10-2所示。其中,A表示投机指数变动,B表示商情指数变动,C表示金融指数变动。

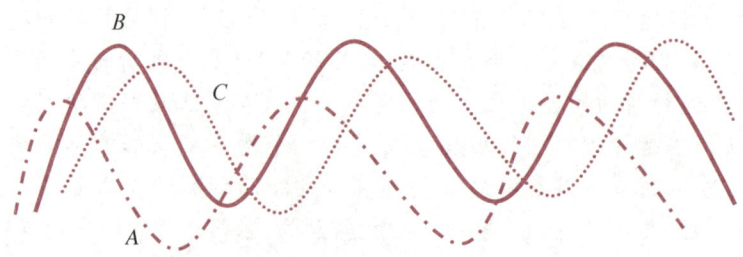

图10-2 三指数变动关系

哈佛指数在美国 1919 年的繁荣及 1920 年后半年急剧地衰退的数月前就作出了预测。又在 1920 年年底的恐慌期时,预测出 1922 年 4 月景气开始回升,经济将处于回复阶段。这些正确的预测,使得哈佛指数名声大振,其构造思想和方法纷纷被许多国家所效仿。进入 20 世纪 20 年代后期,哈佛指数三曲线在时间上的规律性变得不明确起来,1929 年以"黑暗的星期四"开始的震撼资本主义世界的大危机即将来临之际,哈佛指数却预示经济将继续扩张,从而哈佛指数的威信受到沉重的打击,以后对采用指标虽几次修改,终因效果不佳而于 1941 年中断使用。

1937 年,美国经济在刚经历了一次特大危机之后又陷入了一场衰退。美国经济学家密切尔与经济统计学家伯恩斯进行了判断衰退结束、经济复苏的转折时间的研究。他们研究了近 500 个经济指标的时间序列,选择了 21 个指标构成超前指示器。提出了"循环复苏的统计指标"。预测出了经济转折的时间,并被后来的实际经济波动所证实。

第二节　经济增长及其决定因素

专栏 10-3　专题阅读

亚行预计亚太经济持续强劲增长

亚洲开发银行(以下简称亚行)发布《2024 年亚洲发展展望》报告说,亚太地区经济将持续强劲增长,预计亚太发展中经济体 2024 年经济增速为 4.9%。

报告认为,尽管外部环境面临不确定性,但全球主要经济体结束加息周期、商品贸易持续复苏等因素将支撑亚太经济增长,地区总体展望积极,南亚、东南亚和东亚等地区将引领经济增长。

亚行行长在报告中说,亚太地区经济面临多重考验,地缘政治紧张可能扰乱供应链并推升通货膨胀水平,一些经济体公共债务仍保持高位。各经济体应协调财政和货币政策,支持区域内贸易、投资等合作,维护供应链安全,并优先保障基础设施建设、绿色发展等领域发展。

报告还预测,亚太发展中经济体通胀率 2024 年将降至 3.2%,2025 年将降至 3.0%,但南亚、中亚和高加索地区 2024 年通胀率将分别达到 7.0% 和 7.9%。

亚行是聚焦亚太地区发展的多边开发银行,成立于 1966 年,总部设在菲律宾首都马尼拉。《亚洲发展展望》是亚行的年度旗舰经济报告,对亚太地区经济发展作出预测。

(资料来源:新华网)

一、经济增长

经济增长(economic growth)是指一国经济活动能力的扩大,其衡量标准是一国生产的商品和劳务的总量(即 GDP 与 GNP)的增长状况。这一概念需要我们注意的是,经济增长仅仅是指商品和劳务总值在量上的增加,不包括社会制度、经济结构等的变化。与经济增长相区别,经济发展是指一国由不发达状态转入发达状态,它不仅包括经济增长,而且包括社会制度、经济结构等的变化。

经济增长可以分为两大类:一是因为生产要素的投入增加,包括原料、劳动和资本的增加而引起生产力的增长,称为外延的经济增长;二是因为生产要素生产效率的提高而引起的生产率增长,称为内涵的经济增长。

(一) 外延的经济增长

外延的经济增长是由可获得的生产要素的增加而引起的生产力的增长。更多的生产要素意味着更多的生产力,但并不意味着这些生产要素被更为有效地利用。在总产量增加的同时,每单位要素投入的产出量并无改变。

(二) 内涵的经济增长

内涵的经济增长是由于生产要素的生产效率提高而引起生产力的增加,它可以在市场要素数量不增加的情况下实现。内涵的经济增长既包括总生产要素生产效率的提高,也包括各单个生产要素生产效率的提高。因此,当生产效率提高时,每单位劳动的产量、每单位资本的产量和每单位原材料的产量都会提高,内涵的经济增长总是能使人们的生活水平提高,而又不必投入更多的资源。因此,在人类与资源的稀缺性作斗争时,它是最有力的武器。同外延的经济增长相比,它可以用同样的资源满足人们更大的需求。

二、经济增长的评定

经济增长是一个可度量的指标,一般用国民生产总值(GNP)增长率作为经济增长的衡量指标。它定义为本期相对于上期国民生产总值所增加的百分比,通常以年度为计量单位。经济增长率(g_w)可以用公式表示为:

$$g_w = \frac{\Delta Y}{Y}$$

一般来说,世界上大多数国家的经济基本上呈增长趋势,即 $\Delta Y/Y > 0$,但是各国在各个时期的经济增长速度和平稳程度各不相同。从现有的数据资料来看,近代的经济增长有一定的加速趋势。例如,第一个实现工业革命的英国在 1780—1838 年用了 58 年时间使 GNP 翻了一番,日本从 1885—1919 年用了 34 年就使 GNP 翻番,而中国则在 1977—1987 年仅用了 10 年时间就使 GNP 翻番。这些例子表明,一个国家如果有能力使其经济持续高速增长,就有可能由穷国变为富国。

在计算经济增长率时,要注意以下几点:

第一,GNP 增长中含有的物价上涨因素必须剔除。因为 GNP 有名义和实际之分。真实衡量经济增长的只能是实际 GNP 的变动。例如,某年 GNP 增长 8%,但物价上涨水平也是 8%,则实际 GNP 并没有增加。

第二,应考虑人口变动因素。假如某一国家在某一时期 GNP 增长 4%,人口也增长 4%,则按人口平均计算的 GNP 并无增加,从而人们的实际生活水平也就不会提高。

第三,有些经济学家认为,衡量经济增长,应以每单位资本人均实际 GNP 的增加或其增长率来度量。

思考一下

GDP 也是经济增长的量化指标,但 GDP 增加就是经济增长吗?你认为经济增长应当体现在哪些方面或哪些指标中?

三、经济增长的决定因素

经济增长是产量的增加,经济学家发现无论是贫国还是富国,经济增长的发动机必定安装在四个轮子上,即资本、劳动力、自然资源和技术。

通常,经济学家使用总生产函数来表明这些因素之间的关系,总生产函数是总投入与总产出,即生产中使用的全部生产要素投入量与总产量之间关系的数学表达式,用公式来表示就是:

$$Q = A \cdot F(K, L, R)$$

式中,Q 表示产量,K 表示资本,L 表示劳动力,R 表示自然资源,A 表示技术,F 表示产量与生产要素投入量之间的函数关系。从上式中可以看出,经济增长的要素是资本、劳动、自然资源与技术。其中,由于自然资源是一个常数,因此,经济增长的决定因素是资本、劳动和技术。

微课:经济增长的决定因素

(一) 资本

资本是指物质资本。物质资本又称有形资本,是指道路、电厂等基本设施和设备、厂房、存货等。

现代经济学家认为,在经济增长中,人均资本量是增加的,即每个劳动力所拥有的资本量(资本与劳动的比率)是增加的。人均资本量增加是人均产量提高的前提。尽管在经济增长的初期及后来阶段,资本增加对经济增长所做的贡献有所不同,即在初期,其贡献较大,而在后来,其相对作用有所下降。但第二次世界大战后西方国家经济增长的事实,仍然说明了资本增加多的国家,经济增长率较高。因此,许多经济学家都比较重视资本积累。大多数经济高速发展的国家,都将 10%~20% 的产出用于净资本的形成。

(二) 劳动

这里的劳动是指劳动力。劳动力包括劳动力数量与劳动力质量两方面。劳动力数量的增加和劳动力质量的提高会引起经济增长,劳动力与经济增长率呈正相关关系。

劳动力数量的增加可以有三个来源:人口的增加;人口就业率的提高;劳动时间的增加。劳动力质量的提高则是文化技术水平和健康水平的提高。劳动力是质量与数量的统一。一个高质量的劳动力等于若干质量低的劳动力。劳动力数量的不足,可以由质的提高来弥补。许多经济学家认为,劳动力的增加,尤其是劳动力的质量,如劳工的技术、知识和纪律性是一国经济增长最重要的因素。一个国家可以购买最先进的机器设备,但这些资本产品只有为那些有技术的、受过训练的劳动力使用才能充分发挥作用,提高劳动生产率。

(三) 技术

技术在经济增长中的作用,体现在生产率的提高上,即同样的生产要素投入量能提供更多的产品。

技术进步主要包括资源配置的改善、规模经济和知识进展。资源配置的改善是指资源从生产率较低的用途转向生产率较高的用途。规模经济是指随着经济规模扩大使采用节约要素投入的新技术成为可能,从而使单位投入的产量增加。知识进展是技术进步中最重要的内容。知识进展包括科学技术的发展及其在生产中的运用、新工艺的发明与采用等。它不仅包括自然科学与技术科学的进展,而且包括管理科学的进展。据美国经济学家丹尼森估算,在技术进步引起的生产率提高中大约有60%要归功于知识进展。

在影响经济增长的诸多因素中,技术进步是重要的。据美国劳工部和一些私人研究机构的分析,1948—1994年,产出(以私人企业部门的总产出衡量)以平均每年3.4%的速度增长。投入品的增长(资本、劳动和土地)每年所做的贡献为2.1%,全部要素生产率即产出增长减去所有投入要素加权平均后的总和的增长,或者称作技术进步,平均每年为1.3%。

需要指出的是,以上所讲的经济增长的决定因素仅指经济因素,它所假定的前提是社会制度和意识形态已经符合了经济增长的要求。如果不具备这一假设条件,社会制度和意识形态对经济增长的作用也很重要。

专栏 10-4　知识链接

发展经济学

发展经济学(development economics),是由20世纪40年代开始逐步形成的一门新兴的经济学分支学科。第二次世界大战以后一些发达国家的经济学家试图去研究解释发展中国家的经济发展与经济增长问题,主要是研究贫困落后的农业国家或发展中国家如何实现工业化、摆脱贫困、加快经济发展、逐步实现富裕等。而目前发展经济学的研究对象已不仅是发展中国家,也在研究发达国家维持经济增长和经济发展问题,其研究内容也更加注重与探讨长期经济增长与发展相关的制度、结构、战略、政策等问题,例如,通货膨胀与经济发展的关系及政策调节、国际贸易与经济持续增长的关系及政策。

其实发展经济学也是由古典经济学的一个分支——古典经济增长理论发展而来,亚当·斯密、大卫·李嘉图、卡尔·马克思等经济学家对此都曾有过相关的研究和论述。发展经济学是建立在传统经济学基本原理的基础上,同时又形成自己独立的研究方法和理论体系,例如,在经济结构、产业结构、地区结构、贸易结构以及政府干预等方面都进行了深入的探讨。

从发展中国家的基本国情出发,发展经济学首先强调资本积累的重要性,国内储备的不足就应当引入国外资本,包括人力资本;其次是强调计划化的重要性,这里一方面是发展中国家的市场经济体制相对不完善,另一方面是单纯的市场机制自身存在缺陷,一些西方经济学家也在重新审视社会主义国家的经济体制(计划经济);同时强调工业化的重要意义,明确指出工业化是发展中国家加快经济增长走向富裕的必经之路。

第三节　主要国家经济增长分析

一、美国经济增长分析

(一) 20世纪80年代的美国经济

20世纪80年代里根政府时期,通过实施税制改革、削减税收、放松对私人企业的管制、实施通货紧缩的政策,以及削减社会福利及民用项目的政府开支等调整措施,美国经济逐步走出了1973年石油危机后陷入的"滞胀"困境,迎来了一个在较低通胀的环境下稳定增长的时期。从1983年1月至1990年9月,美国经济经历了92个月的稳定增长时期,平均增长率为3.6%。在经济低速、稳定增长的同时,通货膨胀率也处在5%以下的低水平上。

里根政府的经济政策成功地使美国经济摆脱了已持续10年之久的"滞胀"局面,但同时使美国经济陷入了财政和对外贸易双高赤字的新困境。在削减社会福利的同时,继续不断地大幅度增加防务支出。庞大的军费开支为美国经济摆脱20世纪80年代初期的危机,走上持续增长的道路提供了资金支持,但最终也造成了居高不下的巨额财政赤字。

在财政赤字屡创新高的同时,美国对外贸易逆差也大幅攀升。由于财政上的高赤字和联邦储备委员会为防止通货膨胀而采取的紧缩通货政策的共同作用,导致利率的飙升和美元的超常升值。

(二) 20世纪90年代的美国经济

20世纪80年代末,美国的"垃圾债券"市场崩溃。美国联邦政府为挽救储贷协会危机所采取的措施又使财政赤字大幅上升,银行业在80年代经济增长时期向房地产业和企业并购大量注资使金融风险增加。到1990年中,连续两年私人消费的增长低于投资的增长,出现了生产过剩的局面。1990年第四季度美国经济出现了1.6%的负增长,1991年的第一季度再降2.8%,形成了90年代初期的经济衰退。企业的利润率连续下降,失业率开始上升。金融业损失惨重,花旗银行等全国性的大银行出现严重亏损,银行破产的数量也在增加。在这种形势下,银行被迫缩紧银根,对新贷款采取了严格的限制。

从1992年下半年起,美国政府采取了以推高技术革命为主的一系列措施来推动经济改革,在以计算机网络技术为主导的信息产业高速发展的带动下,在货币政策相对宽松的条件下,经济形势越来越好。1993年美国GDP的增长呈直线上升态势。此后的几年里美国经济继续保持着快速的增长势头,在1998年,美国联邦财政收支出现了自1969年以来的首次盈余。90年代的美国经济总体上是在低通胀、低失业率条件下高速增长的十年,同时,在经济增长过程中产生的某些泡沫也为21世纪美国经济的快速下滑和整体疲软埋下了伏笔。

(三) 21世纪初期的美国经济

21世纪初,美国经济发展呈现出起伏动荡的局面,2000年下半年经济快速下滑,网络公司纷纷倒闭,高技术企业大量裁员,利润难以达到预期。受此影响,股市暴跌,这些因素导致企业债务拖欠增加,银行业陷入困境,挫伤了消费者的信心。从2001年1月起,原本以反通货膨胀为目标的货币紧缩政策转变为以反经济衰退为目标的货币宽松政策。在随后的两年中,美国经济进入了经济周期的扩张阶段(按高峰对高峰计算这是第二次世界大战后第十个经济周期)。这个周期的特点是:

(1) **衰退短暂,复苏漫长**。从2001年3月开始的经济衰退只历时8个月,但复苏则拖到2003年年末,持续近25个月。主要原因是上个周期的网络泡沫,使产品积压、生产能力过剩、经济严重失衡,需要较长时间的调整。此外还受一些非周期因素的影响。

(2) **政策支撑,经济回升**。2001—2003年间,GDP分别增长0.8%、1.9%和3.0%,这是在财政减税、银行降息的超强刺激下实现的。据测算,如果没有这些政策,这三年统统是负增长。

(3) **储蓄低迷,债台高筑**。财政赤字大,贸易逆差和经常账户逆差大,以及居民储蓄率低,成为这个经济周期的突出特点。

进入2004年,美国经济扩张的势头良好。美国实际GDP增长了4.4%。2005年的GDP增长有所放缓,其原因主要是油价几次上涨,影响消费开支。但是尽管能源开支在加大,消费者和企业的购买热情不减,消费支出仍呈现增长势头。

(四) 当前美国的经济形势

2017年美国经济一改金融危机后的缓慢复苏势头,呈强劲复苏态势,得益于经济扩张和投资拉动,美国经济增长的内生动力趋强,产能持续扩张,消费者和投资者对未来经济充满信心。自2019年以来,美国经济开始持续放缓,相对强势的表现正逐步弥合,美联储货币政策也经历了"加息&缩表-停止加息-降息&重新扩表"的大转向。与此同时,期限利差倒挂、企业债务高企、失业率创新低、贸易形势缓和、美国大选在即等因素交织下,市场对于美国经济及美联储货币政策的判断产生较大分歧。

二、日本经济增长分析

(一) 第二次世界大战后经济的恢复(1945—1955年)

1945年,日本战败后,国内经济陷于极度混乱状态。生产停顿,失业人员剧增,生活必需品缺乏供应,出现了恶性通货膨胀。从1947年,在麦克阿瑟的主持和美国政府的扶植下,日本开始进行战后经济的重建工作。这种经济重建,是从实行"倾斜生产方式"开始的。"倾斜生产方式",是指在资金和原料严重不足的情况下集中一切力量恢复和发展煤炭生产,用生产出来的煤炭重点供应钢铁业,再用增产的钢铁加强煤炭业。目的是努力提升煤炭和钢铁扩大再生产的能力,并以此为杠杆,带动整个经济的恢复和发展。根据这个经济发展战略,日本政府专门设立了"复兴金融公库"。在1947—1948年,日本即向煤炭业发放了475亿日元贷款,占据该公库全部贷款总额的36%。1946年日本产煤2 274万吨,而1947年则达2 932万吨,增长近30%;同期的钢产量也增长了21%。到1948年,日本即出现了初步的经济好转迹象。与此同时,日本的经济恢复得到美国的大力扶植。第二次世界大战结束后,美国对日本实行了单独军事占领。之后,按照波茨坦公告的精神,美国对日本推行了旨在铲除其军国主义社会经济基础的民主改革。如在政治和军事上,修改了日本宪法,废除了"天皇制",并规定日本不得保持陆、海、空军及其他进攻性军事力量,军费开支不得超出国民生产总值的1%。经济上也施行了三大改革,即"农地改革"、解散财阀和劳动立法。同时,在朝鲜战争中,美国还向日本提供了巨额的军需订货。因此到1955年,除"外贸"一项外,日本的主要经济指标基本达到或超过了战前最高水平。

(二) 经济的高速发展(1956—1973年)

1956年,日本进入以赶超先进工业国家为目标,实现国民经济现代化的历史新时期。这一时期,日本实际国民生产总值每年平均增长10%以上,工业增长率则平均达13.6%。这种长期、持续的高速增长在世界资本主义经济发展史上是罕见的。在此时期,日本工业生产增长8.6倍,对外贸易从1965年开始出现顺差,到1973年8年中增长3.5倍。这18年时间,日本一跃成为仅次于美国的第二经济大国,成功实现了日本近代史上的"第二次远航"。

(三) 稳定增长时期(1973—1986年)

1973年10月爆发了第四次中东战争,石油输出国将油价从每桶2～3美元提高到4美元、8美元、12美元,从而引发了所谓"石油危机"。石油价格大幅度上涨对石油消费国的经济造成了很大影响,引起了通货膨胀、经常收支恶化等问题,尤其是对进口中东石油依赖很大,号称"油上楼阁"的日本经济冲击更大。

在石油危机的影响下,日本国内投机盛行,物价暴涨,甚至出现了家庭妇女抢购卫生纸的现象。为此,政府采取了强有力的通货紧缩政策,结果虽然控制了物价上涨,但却导致设备投资停滞,经济增长明显减速,雇用减少,失业增加。

日本政府于1975年春解除了通货紧缩,又于1977年年底采用了财政刺激政策,同时推进产业结构高度化,促使劳动与资本密集型产业结构向技术、知识密集型产业结构转变。由于出口持续扩大,填补了国内需求的减少,结果经济开始稳步回升,同时物价保持稳定,失业率趋于下降,经济增长率的上下摆动也不大。

(四) 泡沫经济

由于1987年10月的"黑色星期一"(纽约股市暴跌),加速了日元升值,于1988年达到1美元兑换122日元的水准。早在1987年2月日本银行为防止日元的升值就已将再贴现率调整到空前的低水平,即2.5%。这导致大量游资流向土地、股票市场,引起地价、股价的上升,而在揣摩土地、股票的价格会继续上涨的心理作用下,人们争相购入,以期取得增值效益,结果,土地、股票的价格被越炒越高,大大脱离了真实价值。

到了20世纪80年代后期,日本居民储蓄居高不下,并且此时美元贬值、日元升值、美元资本的回流,加剧了日本国内的资本过剩。

三、中国经济增长分析

我国改革开放以来,我国经济在40多年间有了飞速的发展。我国经济发展基于以下几个因素而一直处于高速增长的水平。

(一) 资本因素

资本积累量的大小是经济增长率高低的关键,因此一国资本的投入对其经济的发展有着重要的作用。我国资本的投入主要有以下几个方面:

(1) <u>巨额的居民储蓄</u>。受我国传统观念以及现阶段我国社会保障制度水平不高、不完善的影响,我国拥有巨额的居民储蓄,这些储蓄对我国经济的发展有着重要的作用。

(2) <u>政府的直接投资</u>。在我国市场经济并没有完全放开,经济的发展受政府的影响比较大。同时我国的经济主要还是以国有经济为主导的,政府对国有企业的扶持以及对国民经济的直接投资都促进了我国经济的进一步发展。

(3) 民间资本的活跃。我国的民间资本投资是相当活跃的,它和国有资本相辅相成,共同促进了我国改革开放以来经济的发展。

(二) 劳动力因素

在经济发展的初期离不开充足的劳动力对经济发展的贡献,第七次全国人口普查显示我国总人口约 14.1 亿人,这对我国经济的起步有着十分重要的作用。同时我国劳动力的供给有着显著的特点,那就是在城乡二元体制下的供给。随着社会生产力的发展,农村有大量的劳动力在土地中解放出来,弥补了城市工业对劳动力的大量需求,同时二元的城乡体制,使农民工不能享受到城市居民的待遇,一方面这的确是对他们的一种不公平待遇,但另一方面不得不说的是,在我国经济发展的初期,农民工的"牺牲"使我国有更多的资本去投入经济发展的其他方面,在改革开放初期减轻了经济发展负担。当然长此以往,这种制度也带来了不少的问题。

(三) 人力资本因素

人力资本不同于劳动力的投入,它是将人力作为一种投资,是一种获取经济利益的手段。在知识经济时代,随着我国教育的不断发展,人力资本的外溢效益不断增强,有知识的人会影响没有知识的人,这本身就会产生生产力。有数据显示人力资本的外溢效益在 1978—1988 年对我国 GDP 的贡献率达到 1.02%,并在以后的经济发展中将继续发挥着十分重要的作用。

(四) 制度因素

我国实行社会主义市场经济,这对我国经济的发展及健康运行有着十分重要的作用。一方面,政府的宏观调控促进了经济的健康发展。这其中的一个十分突出的表现就是 20 世纪 90 年代亚洲金融危机时,在政府的宏观调控下,我国的经济挺过了难关。另一方面,市场经济是一个开放性的经济,在经济全球化日益加深的背景下,我国的对外开放不断取得进展。2023 年,我国国际收支运行总体稳健。根据中国外汇管理局发布的 2023 年国家外汇管理局年报,2023 年,经常账户顺差 2 530 亿美元,与国内生产总值(GDP)之比为 1.4%,继续处于合理均衡区间,体现了近年来国内经济发展和经济结构优化调整的结果。外汇储备规模稳中有升,截至 2023 年年末,外汇储备余额超过 3.2 万亿美元,外汇储备规模新增 1 103 亿美元,我国外汇市场韧性明显增强。由此可以看出,国际市场对我国的经济发展有着至关重要的作用。

(五) 产业因素

我国经济在快速发展的同时带动了产业结构的优化,通过社会资源的重新配置又促进了经济的快速增长。2019 年,三大产业所占的比重分别为:7.1%、39.0% 和 53.9%。中国第二和第三产业产值已超过 GDP 的 90%,约为 93%。我国产业结构已形成"321"的最优形式,建立起较为完整的现代工业体系。

(六) 其他因素

(1) 系统化的制度创新。我国正处于社会主义初级阶段,有很多的制度和法律法规还不完善。但我国政府致力于我国制度的完善和创新,不断完善的上层建筑势必会对经济基础起到重要的促进作用。

（2）资源的合理开发与利用。我国正在努力建设创新型社会，政府和企业都不断地加大研发投入，而科技的进步使我国资源的开发和利用日趋合理，资源的利用率不断提高。

（3）城市化的作用。我国的城市化进程不断加快，再加上大量的农民工入城务工，都使得城市的经济进一步发展，同时也带动了以大城市为中心的周边地区的发展。

（4）大国影响力的加强。随着中国经济和综合国力的提高，中国在世界的作用越来越大。随着我国在全球影响力的不断加强，有更多的国家和地区有意愿与中国合作，有更多的企业希望到中国来发展，这更加开拓了我国的对外开放格局。

专栏10-5　专题阅读

加快数字人才培育　助力数字经济赋能新质生产力发展

中国人力资源和社会保障部等九部门印发《加快数字人才培育支撑数字经济发展行动方案（2024—2026年）》（以下简称《行动方案》），指出要紧贴数字产业化和产业数字化发展需要，用3年左右时间，扎实开展数字人才育、引、留、用等专项行动，增加数字人才有效供给，形成数字人才集聚效应。

《行动方案》的发布，彰显了我国建设"数字人才强国"的决心，为数字人才的培育提供了方向指引，也为数字经济的发展筑起"蓄水池"。

加快数字人才培育，我国应当如何行动？《行动方案》部署了数字技术工程师培育项目、数字技能提升行动、数字人才国际交流活动、数字人才创新创业行动、数字人才赋能产业发展行动、数字职业技术技能竞赛活动等6个重点任务。

当今时代，数字技术、数字经济是世界科技革命和产业变革的先机，是新一轮国际竞争重点领域，要抓住先机，抢占未来发展制高点。

数字人才是数字经济发展的核心驱动要素。随着数字产业化和产业数字化的发展，各领域对数字化人才资源的需求大幅增长。

站在数字经济发展全局，《行动方案》明确要求，提升数字人才自主创新能力，激发数字人才创新创业活力，增加数字人才有效供给，形成数字人才集聚效应，着力打造一支规模壮大、素质优良、结构优化、分布合理的高水平数字人才队伍，更好地支撑数字经济高质量发展。

数字经济赋能新质生产力发展。2023年数字经济核心产业增加值估计会超过12万亿元，约占GDP比重10%。

业内专家表示，要加快积累与优化数据要素，夯实新质生产力新要素支撑。促进数字人才培养与产业需求之间的有效衔接，构建基于企业实际需求的数字化人才培育方案，支持数字经济核心企业联合高校院所、高端人才实施基础研究和关键技术攻关。

乘着数字经济发展的春风，培育数字人才、发挥数字人才支撑数字经济的基础性作用，进而为加快推动形成新质生产力、实现高质量发展等赋能蓄力。

（资料来源：人民网）

思考一下

数字技术会为发展中国家带来哪些影响?

本 章 小 结

　　1. 经济周期是指一国经济生产和再生产过程中周期性出现的经济扩张与经济紧缩交替更迭、循环往复的一种现象。
　　2. 经济周期划分为四个阶段,即经济扩张(繁荣)阶段、紧缩(萧条)阶段、危机阶段和复苏阶段,其中扩张(繁荣)与危机阶段是两个主要阶段,紧缩(萧条)和复苏是两个过渡阶段。
　　3. 经济增长仅指商品和劳务总值在量上的增加,不包括社会制度、经济结构等的变化。而经济发展不仅包括经济增长,还包括社会制度、经济结构等变化。
　　4. 经济增长的决定因素:资本、劳动力、自然资源和技术。因自然资源是一个常数,因此,经济增长的决定因素是资本、劳动和技术。

思 考 与 讨 论

一、案例分析

5G蓬勃发展助推中国经济增长

　　据《南华早报》网站2024年3月报道,最近发布的一份报告显示,中国蓬勃发展的5G市场预计将在2030年给国内生产总值(GDP)带来近2 600亿美元的增量,中国5G连接数届时将接近全球总连接数的三分之一。

　　根据全球移动通信系统协会(GSMA)3月26日发布的研究结果,移动产业2023年贡献中国GDP的5.5%,从现在起到2030年的几年,移动产业对经济的贡献有将近四分之一来自5G。

　　报道称,电信业是支撑中国快速发展的数字生态系统的支柱产业,在中国努力实现经济结构转型且与美国展开激烈的技术竞争之际,数字生态系统是最有可能推动未来经济增长的源头。

　　GSMA表示,总体而言,到2030年,移动市场将为中国经济贡献约1.1万亿美元。

　　该协会在一份名为《中国移动经济发展2024》的报告中说,2023年,中国移动生态系统直接和间接创造的就业岗位接近800万个,创造1 100亿美元的税收。

　　报道称,这一研究结果与移动行业将走向繁荣的预测相符。当前,中国政府正试图通过采用并研发新技术来调整经济结构,新技术可以带来新的增长,并能缓解其他不确定性带来的负面影响。

GSMA表示,由于快速开展的网络部署和日臻成熟的终端设备生态系统,中国5G采用情况的发展速度高于预期,预测到2030年,中国的5G连接数量将超过16亿个,占全球总数的近三分之一。

到2023年年底,中国的5G连接数已达到8.1亿个,占总连接数的45%。从绝对数量上看,中国拥有的手机用户数量在全球遥遥领先。截至2023年年底,中国每100人拥有122.5部手机。与此同时,中国的5G基站数量接近338万个。

(资料来源:参考消息)

要求:请思考全国两会期间,政府工作报告倡导深入推进数字经济创新发展,并提出"适度超前建设数字基础设施",这对中国经济发展有何影响。

二、简答题

1. 经济周期各阶段的主要特点是什么?
2. 经济周期理论是怎样解释实际经济周期波动的?
3. 经济增长的源泉是什么?
4. 如何考核生产要素供给的增长和生产要素生产率的增长对经济增长的影响程度?

三、实训项目

分组讨论,经济若恢复高速增长,增长点在哪些行业?

第十一章 通货膨胀与失业

学习目标

1. 正确界定通货膨胀与失业的概念。
2. 解释可以引起通货膨胀的不同方式。
3. 理解通货膨胀的类型与影响。
4. 区分失业的几种类型。
5. 理解失业的影响与治理。
6. 解释短期菲利普斯曲线与长期菲利普斯曲线的区别。
7. 理解滞胀。

引导案例

2024年,全球通货膨胀能恢复正常吗

据美国《华尔街日报》报道,对世界大部分地区来说,2024年通货膨胀将恢复正常。过去几个月,全球通货膨胀压力缓解的速度快于预期,这对市场是个利好消息。当前来看,全球主要央行近40年来最激进的紧缩政策已经接近尾声,但目前金融市场对于降息时点的预计过于乐观。

在全球通货膨胀逐步缓解之际,2024年全球经济增速放缓的担忧普遍增加。近期,世界银行、国际货币基金组织和经济合作与发展组织等机构相继发布的最新报告均显示,2024年全球经济增速将低于2023年。专家认为,2024年,如何走好"减通货膨胀"和"稳经济"的平衡木,依然是全球主要经济体面临的严峻考验。

想一想,什么是通货膨胀?它产生的原因是什么?它又会带来哪些影响?

第一节 通货膨胀

凡是存在纸币流通的国家或地区,都有可能发生通货膨胀。由于通货膨胀会对一国经济带来重要影响,因此受到经济学家的普遍关注。

一、通货膨胀的界定

(一)通货膨胀的含义

经济学家们对通货膨胀有许多不同的定义,较为普遍的说法是:通货膨胀是指物价水平的持续上涨。在理解上述定义时,有两点要注意:

第一,物价的上升不是指一种或几种商品的价格上升,而是包括所有商品或劳务在内的总的物价水平普遍上升,即物价总水平的上升。

第二,通货膨胀是一段时期内的物价持续上升,不是指一时或暂时的上升。

(二) 通货膨胀的衡量

衡量物价水平的指标是物价指数。物价指数是衡量商品价格报告期与基期相比综合变动程度的指标,根据计算物价指数时包括商品范围的不同,物价指数可以分为三类:

(1) 居民消费价格指数(Consumer Price Index,CPI),又称生活费用指数或零售价格指数或消费者价格指数,是度量居民生活消费品和服务价格水平随着时间变动的相对数,综合反映居民购买的生活消费品和服务价格水平的变动情况,如图11-1所示。

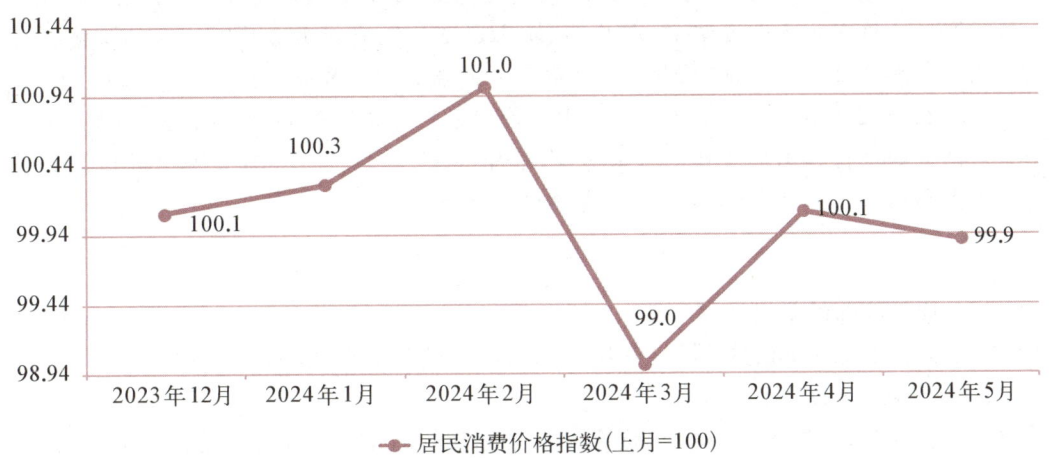

图11-1 居民消费价格指数

居民消费价格统计调查涵盖全国城乡居民生活消费的食品烟酒、衣着、居住、生活用品及服务、交通通信、教育文化娱乐、医疗保健、其他用品及服务等8大类、268个基本分类的商品与服务价格。采用抽样调查方法抽选确定调查网点,按照"定人、定点、定时"的原则,直接派人到调查网点或从互联网采集原始价格。数据来源于全国31个省(区、市)约500个市县、近10万家价格调查点,包括商场(店)、超市、农贸市场、服务网点和互联网电商等。

(2) **工业生产者价格指数包括工业生产者出厂价格指数和工业生产者购进价格指数。**

工业生产者出厂价格指数反映工业企业产品第一次出售时的出厂价格的变化趋势和变动幅度。工业生产者购进价格指数反映工业企业作为中间投入产品的购进价格的变化趋势和变动幅度。工业生产者出厂价格统计调查涵盖40个工业行业大类、1 300多个基本分类的工业产品价格;工业生产者购进价格统计调查涵盖9大类、800多个基本分类的工业产品价格。工业生产者价格调查采取重点调查与典型调查相结合的调查方法,涉及全国4万多家工业企业。工业行业划分标准的依据是《国民经济行业分类》(GB/T4754-2017)。

(3) 国内生产总值(GDP)折算指数是反映通货膨胀程度的重要物价指标,这一指标能更精准反映一般物价水平的走向,是一项宏观测量指标。其计算公式为GDP折算指数=名义GDP÷实际GDP。GDP折算指数的计算会涵盖全部的商品和服务,还包括除消费外的资本、生产资料、进出口商品等,要比居民消费价格指数的计算基础更广泛。

由于以上三种物价指数所涉及的产品范围不同,因此计算出的数值不尽相同,但它们都可以反映价格水平在一定时期内的总体变动趋势。

> **专栏 11-1　数据链接**
>
> **居民消费价格上涨　工业生产者出厂价格下降**
>
> 　　2024 年 2 月份,全国居民消费价格同比上涨 0.7%。其中,城市上涨 0.8%,农村上涨 0.5%;食品价格下降 0.9%,非食品价格上涨 1.1%;消费价格下降 0.1%,服务价格上涨 1.9%。1—2 月,全国居民消费价格与上年同期持平。2 月份,全国居民消费价格环比上涨 1.0%。其中,城市上涨 1.1%,农村上涨 0.9%;食品价格上涨 3.3%,非食品价格上涨 0.5%;消费品价格上涨 1.1%,服务价格上涨 1.0%。
>
> 　　2024 年 2 月份,全国工业生产者出厂价格同比下降 2.7%,环比下降 0.2%;工业生产者购进价格同比下降 3.4%,环比下降 0.2%。1—2 月,工业生产者出厂价格比上年同期下降 2.6%,工业生产者购进价格下降 3.4%。

(三) 通货膨胀的类型

在实践中,按照不同的标准,通货膨胀可有不同的分类形式和具体类型。

1. 按价格上升的速度划分

(1) **温和的通货膨胀**。温和的通货膨胀又称爬行式的通货膨胀,是指年通货膨胀率在 10% 以下的通货膨胀。在这样较低的通货膨胀率下,货币的实际利率最多是不太大的负利率。因此,实际价格不会有很显著的变动。人们感觉币值相对比较平稳,预期也就比较平稳。因此,这类通货膨胀对经济社会的影响是较"温和"的,故称为温和的通货膨胀。其中,当通货膨胀率在 3% 左右时,许多经济学家称其为"有益"的通货膨胀,认为这种通货膨胀对经济发展和国民收入的增加有积极的促进作用。

(2) **奔驰(腾)的通货膨胀**。奔驰的通货膨胀是指年通货膨胀率为 10% 以上或较低的两位数。奔驰的通货膨胀属于较严重的通货膨胀,并且伴有继续加剧的趋势。通货膨胀对经济以及人们的生活影响较大,这时的货币购买力明显下降,实际利率、实际收入感受到的价格水平上涨影响明显。

(3) **超级通货膨胀**。超级通货膨胀又称为恶性通货膨胀,是指年通货膨胀率在较高的两位数以上。这时货币大幅度贬值,人们对货币失去信心,各种正常的经济发展遭到破坏,经济达到崩溃的边缘。

> **专栏 11-2　知识链接**
>
> **超 级 通 胀**
>
> 　　据报道,2007 年津巴布韦通货膨胀非常严重,2006 年刚开始流通的 10 万元津巴布韦纸币,这时只值 4 便士(1 英镑为 100 便士,约等于 14.7 元人民币),买一块

面包甚至需要 80 万津元,津巴布韦人上街需要拎上好几袋子钱。

联合国数据显示,非洲国家津巴布韦最近的通货膨胀率已经高达 15 000%,这就意味着津巴布韦的物价升了 150 倍。超高的通货膨胀率导致民众生活日益艰难:搭一程来回巴士上班需要 160 万津元,买一块面包需要 80 万津元,喝一罐啤酒需要 70 万津元。有经济学家认为,各种压力可能迫使政府在近期发行面值 50 万到 100 万的津元。

表 11-1 是几个"超级通胀"的例子。

表 11-1 部分国家的"超级通胀"情况表

国　　家	货币增长/%	通货膨胀/%
以色列(1983—1985)	295	275
波兰(1989—1990)	344	400
巴西(1987—1994)	1 350	1 323
阿根廷(1988—1990)	1 264	1 912
秘鲁(1988—1990)	2 974	3 849
尼加拉瓜(1987—1991)	4 991	5 261
玻利维亚(1984—1985)	4 208	6 515

2. 按对商品价格的影响划分

(1) 平衡的通货膨胀,即所有商品的价格几乎以同样的速度上涨。

(2) 非平衡的通货膨胀,即各种商品价格以不同的速度上涨。

3. 按人们对通货膨胀的预期程度划分

(1) 预期到的通货膨胀,即事先已经预料到的通货膨胀。

(2) 未预期到的通货膨胀,即事先未预料到的通货膨胀,或虽预料到,但价格上涨的幅度超出人们的预料。

二、通货膨胀的成因

西方经济学家认为通货膨胀的出现有许多原因,迄今为止,人们在通货膨胀产生的原因方面达成共识的有三点:

(一) 需求拉动的通货膨胀

社会总需求的增加超过社会总供给时,价格水平就会上升,这是显而易见的。尤其是当需求总量超过充分就业时的产出水平时,由于是过量的需求(也就是扩大的总支出)竞买数量有限的商品,价格的急剧上升就是必然的了(需求的增加,包括对劳动力需求的增加,会使得货币供应增加,图 11-2)。货币主义认为:货币供应量的增

图 11-2 通货膨胀示例

加又必然会扩大社会的需求,一旦需求达到充分就业的产出水平,社会商品的供应达到极限,需求再增加的话,就只能通过提高价格的方法来抑制了。

因此,大多数经济学家认同,需求拉动通货膨胀的实质在于,过多的货币支出追逐在充分就业条件下可生产出来的有限的物品供给。

(二) 成本推动的通货膨胀

成本推动通货膨胀,是一种从供给方面的原因解释通货膨胀的"新通货膨胀理论"。它认为,在没有超额需求的情况下,一般物价水平也会因供给方面成本的增加而持续显著地上升。就是说,价格和工资在达到充分就业之前就会上升。成本推动通货膨胀又主要分为:

(1) **工资推动**。工资推动是指由于工人和工会要求提高工资,工资的提高使得成本增加,从而导致物价上涨。而物价上涨后,工人和工会又会要求提高工资,如此循环反复,形成工资-价格的螺旋式上升,结果就是物价持续上涨。

这种理论实际上把通货膨胀的责任推到了工会身上。其实工资只是产生通货膨胀的因素之一,工会要求提高工资往往是在物价上涨之后,是希望工人不因物价上涨而导致实际收入下降,而提高工资后又提高价格的资方同样是不希望自己的利润因此而降低。因此,为何不说是价格-工资的螺旋式上升使得物价水平上涨,是由于维护利润而引发通货膨胀呢?萨缪尔森同时也指出:没有工会的工资也是趋于上升的,甚至上升的幅度更大。

(2) **利润推动**。利润推动是指在寡头或垄断的情况下,这些企业为了取得更多的利润而操纵价格,通过提高物价实现自己的目标。在没有竞争和寡头勾结在一起的时候,这也是常见的。

(3) **进口成本推动**。进口成本推动是由于重要的进口商品价格上涨而造成国内生产成本上升而引起的通货膨胀。从开放经济的角度看,当一些重要的进口商品价格上涨时,就会引起某些以进口商品为主要投入原料的企业生产成本上升,从而使这些行业的产品价格上涨。当这些行业的产品价格上涨波及整个经济时就形成了进口成本推动的通货膨胀。例如,海湾战争引起石油价格的急剧上升,当这种上涨波及整个经济时,就可能引发一些石油输入国发生通货膨胀。

(三) 结构性通货膨胀

在既没有需求拉动,也没有成本推动的情况下,由于经济结构因素的变动也会引起通货膨胀,即结构性通货膨胀。

这种理论认为,结构性通货膨胀是由于国民经济各部门的发展不平衡导致的。社会经济各部门中,总是存在着发展快、生产率高的,发展缓慢、生产率低的,正在扩展的和处于衰退的。效率高的扩展部门必然存在不断上升的工资,而其他部门的人员为得到"公平的待遇"同样会要求增加工资,这就使得工资的提升涉及整个经济,从而引起通货膨胀(结构性通货膨胀)。

> **专栏 11-3 专题阅读**
>
> **中国改革开放后的三次高通胀期**
>
> 改革开放以来,中国出现了三次高通胀期。
>
> 第一次是 1988 年,通胀率达到 18.8%。主要是农产品、生活消费品及一般的

工业商品如洗衣机、冰箱及电视机等价格上升。主因是计划价格与市场价格有差距,一部分人按计划价格购进产品,转手按市场价格出售(俗称倒卖)。政府为了打击这种倒卖行为,宣布取消价格管制。1989年下半年,因中国产品出口受外国抵制,令国内供应一下子充足,不但消除了内地通胀,连GDP增长率也急剧下降。

第二次是政府为了重新刺激经济,大幅度调低人民币汇率。通过人民币贬值,出口逐渐恢复增长,但人民币贬值使1993年通胀率达13%。国务院前总理朱镕基上任后将人民币钉在8.7兑1美元上,并宣布此后人民币许升不许跌。1994年人民币利率狂升,1994年10月内地通胀率一度升至24.1%,但利率也急剧上升;最终高利率战胜了高通胀率。从1994年11月起通胀率一直下滑,到1995年经济又再复苏。

第三次是事隔十年,2001年起美元利率下降,2002年起美元汇价下降,人民币汇价同美元挂钩亦因此下降。2003年中国加入了WTO,产品可行销全球,令中国出口急升。中国本土资源不足以应付出口的需求,中国的大量进口也刺激了全球资源类产品价格的大幅上升。虽然2005年7月起人民币开始升值,但升幅甚至不及欧元。出口继续高速增长,中国对全球资源的需求继续上升,加上流动性过剩刺激内地的房地产及股票价格上升。这样一来不但外需狂升,内需也很旺盛,于是第三次出现通胀率攀升。

三、通货膨胀的影响

从历史上来看,通货膨胀留给人们的记忆更多的是痛苦。从居民、企业到政府,都无时不在小心提防通货膨胀。

历史中存在各种不同形态的通货膨胀,这些各不相同的通货膨胀,所产生的实际影响通常是不同的。而在不同的时期,表面看似同类的通货膨胀,其实际影响也会不尽相同。一般地说,通货膨胀的影响主要表现在对收入和财富分配等经济和社会方面,最终也可能产生在政治方面。通货膨胀率越高,影响越大,未预期的通货膨胀或非平衡的通货膨胀的影响更大。平衡的且预期的通货膨胀,主要是对人们在心理上有影响(当然,这种绝对化的通货膨胀事实上是不存在的),对经济则没有影响或影响极小。因此,对于通货膨胀所产生的实际影响,需要根据具体的通货膨胀类型来分析。

(一)对收入和财富再分配的影响

通货膨胀对收入和财富再分配的影响主要是指未预期的通货膨胀。

通货膨胀不利于固定货币收入者,而有利于变动货币收入者。 对于固定收入阶层,最为明显的是那些领取救济金、退休金者及公共雇员等,他们在相当长时间内所获得的收入是不变的,物价指数增大时,从而实际收入下降,生活水平下降。而变动收入者的货币收入会随着价格水平和生活水平的上涨而上涨。

通货膨胀有利于雇主而不利于雇员。 由于未预期有通货膨胀,雇员的名义工资不能迅速相应地调整,因此物价上涨使得其实际工资下降。而对雇主来说,这就意味着实际支出（成本）下降，从而利润得到增加。

通货膨胀有利于债务人而不利于债权人。这是因为，如果借、贷双方没有考虑到通货膨胀的影响，而以固定利率发生借贷关系，则通货膨胀一旦发生，实际利率就要下降。结果自然是债务人所付出的实际利息减少，而且他所归还的本金也小于他借款时的实际价值，因而得益，受损的就是债权人了。

通货膨胀有利于实物资本持有者而不利于货币持有者。因为物价上升，使得实物（商品）资本的实际价值可以基本保持不变，持有者没有损失。而手中的货币却没有哪怕是名义上的升值，相反地还要贬值，即使存在银行里，因其实际价值和实际利率的下降，也要蒙受一定的损失。

通货膨胀有利于政府而不利于公众。因为未预期有通货膨胀，所以工资虽会有所增加（甚至是不增），但实际工资却难以保持原有水平（甚至是下降）。而名义收入的上升，却使得达到纳税起征点和更高税率者增多，从而使得政府的税收增加。

（二）对经济、社会的影响

从产出与就业的角度看，西方经济学家普遍认为，在长期内，通货膨胀与产出、就业之间没有直接关系。但在短期内，对于需求拉动的通货膨胀，总需求的增加，产品价格上升率会快于货币工资率的上升，实际工资水平将有所下降，由此会扩大企业的利润。利润的增加就会刺激企业扩大生产，从而产生减少失业、增加产出的效果。对于成本推动的通货膨胀，假定在原总需求水平下，经济实现了充分就业和物价稳定，产品价格上升率慢于成本上升率，由此减少企业的利润，使企业会减少产量、增加失业。

从资源配置的角度看，较高的通货膨胀率，不平衡、未预期的通货膨胀，会使得价格、收入分配发生扭曲。扭曲的程度与通货膨胀的严重程度成正比。其结果会导致错误的投资和消费，混乱无序的收入分配和再分配，各行业商品和劳务的价格与成本的上升往往具有很大的盲目性和随意性，因而会扰乱价格体系，使供求信号失真，投资方向迷失，引起资源配置的失调，降低整个社会的经济效率。

从对外贸易方面看，如果一个国家的通货膨胀长期存在并高于国际平均通货膨胀水平，就会恶化该国国际收支，使其黄金外汇储备严重外溢。

当经济上的影响超出人们的心理承受能力时，人们会完全丧失对货币的信心，就有可能引发社会问题。

第二节　失　业

失业造成了社会资源的浪费，失业造成劳动者的贫困和分配不均，失业还有可能引发社会动荡，因此，世界各国都十分重视失业问题。

一、失业与失业率

（一）失业

失业与就业是一对相对的概念。**失业是指在一定年龄范围内，具有劳动能力而没有工作，但愿意并且正在寻找工作的人。**

要真正掌握失业的概念,应注意以下几点:

第一,失业必须在一定的年龄范围内,各国对工作年龄有不同的规定,在美国,工作年龄是 16—65 岁;在英国女性工作年龄是 16—59 岁,男性是 16—64 岁;在中国,男性工作年龄的上限是 60 岁,女性是 55 岁。

第二,失业必须是非自愿的。那些不满意已有工作,自愿离职者就不能算失业。

第三,"具有劳动能力的人"必须排除掉那些"无法雇佣的人",即那些因身体有严重残疾或精神上有病而不能工作的人。

第四,没有职业但不寻找工作的人不属于劳动力,也就不是失业者。

思政课堂:树立什么样的劳动观念?

在中国,失业人口的统计实行的是失业登记制度。只有到当地劳动与社会保障部门登记且符合失业条件的人员才被统计为失业人员,没有登记的不统计为失业人员(不论其找到工作与否)。而且登记对象只针对城镇人口,不包括进城务工的农民劳动力和农村剩余劳动力。

(二) 失业率

失业率是衡量社会失业状况最基本的指标。失业率是失业人口占劳动力总人口的百分比。劳动力包括就业者人数与失业者人数。自然失业率是指自愿失业和摩擦失业人数与全体劳动力总数的比率。自然失业率又称"充分就业的失业率",也就是实现了"充分就业"的失业率。所谓充分就业,在西方经济学中并不是指所有劳动力都找到工作的就业水平,而是指除了自愿失业者和摩擦性失业者之外,其他人都能找到工作。因此,有时也反过来说,实现了充分就业的失业率称为自然失业率。

微课:失业率

当然,失业率不一定准确地反映失业的严重程度。一方面,官方统计数字把未登记的失业者排除在外;另一方面数字可能夸大了真实情况,因为有些登记的失业者并不是认真地寻找工作。尽管这样,失业率仍然是一个重要的宏观指标。它不仅能在一定程度上反映失业的严重程度,而且可以反映出失业的一些主要特点。

 思考一下

某个国家的劳动力总人口数为 3 000 万人,就业者为 1 500 万人,失业者为 500 万人,则该国的失业率为多少?

二、失业的成因

(一) 自愿失业

自愿失业的失业者,是指在现行市场工资水平下不愿意工作而失业的人。他们找不到高报酬的工作,宁愿赋闲也不情愿接受低工资的工作,因而失业。这种失业常见于生产效率较低的人。

在失业理论中,主要讨论非自愿的失业。非自愿的失业者,是指没有工作,但愿意在现行市场工资水平下工作的人。

(二) 摩擦性失业

摩擦性失业是指由于人们在不同的地区、职业或生命周期的不同阶段的工作变动等原因所引起的失业。这种变动是较为普遍的:如为寻找一个更理想的工作,搬迁到一个新地区,或因某种原因暂时离职,也包括刚从学校毕业的学生和其他新加入劳动队伍者。

这种失业者往往被认为属于"自愿"的失业者。因为他们的流动性通常是比较频繁的,并且能找到如愿的工作。

(三) 结构性失业

结构性失业是指由于经济结构的变动使得劳动力供求不一致所产生的失业。劳动力的供求不一致,是由于劳动力市场的结构及劳动力的流动不能适应经济结构的变动所引起的。在经济发展过程中,经济结构的变动是经常性的,有时变动还是相当大的。这就使得部门间的发展出现不平衡和地区间的发展不平衡。如有的部门或地区在迅速扩张,另有部门和地区则在衰落,从而对劳动力的需求产生新的要求。而劳动力的知识等结构在短期内难以作出改变来适应这种变化,出现这种失业也就是自然的了。而且在这种情况下,往往是既有许多人失业,又有不少工作无人来做,或没有足够胜任的人员。这就是所谓的失业与空位并存。

(四) 周期性失业

周期性失业是指由于总需求下降而引起的失业。一般是出现在经济衰退时。周期性失业的特点是整个劳动力市场出现过剩,而不仅仅是局部的。这是因为,按照凯恩斯主义的观点,就业水平取决于国民收入的水平,而国民收入的水平又取决于总需求的水平。一旦总需求下降,国民收入水平就要下降。这是一种经济总体上的下降,因而,也就导致就业水平的下降,一种普遍性的下降。

(五) 季节性失业

由于某些行业生产条件或产品受气候条件、社会风俗或购买习惯的影响,使生产对劳动力的需求出现季节性变化而导致的失业。

专栏 11-4　专题阅读

国家统计局调整分年龄组失业率统计:更准确完整反映青年就业失业情况

国家统计局高度重视劳动力调查制度完善工作,认真梳理研究失业率的统计方法和统计口径,从充分考虑国情的角度出发,对分年龄组失业率统计进行了调整完善。

(1) 发布不包括在校学生的 16—24 岁劳动力失业率,更精准监测进入社会、真正需要工作的青年人的就业失业情况。2023 年各月平均,我国 16—24 岁城镇人口中,在校学生约 6 200 万人;非在校学生约 3 400 万人。从我国国情看,在校学生的主要任务是学习,而不是兼职工作,如果把在校学生包含在分年龄组内,会把在校寻找兼职和毕业后寻找工作的青年混在一起,不能准确反映进入社会真正需要工作的青年人的就业失业情况。测算不包含在校学生的分年龄组失业率,有利于更准确反映进入社会的青年的就业失业情况,给予他们更加精准的就业服务,制定更加有效、有针对性的就业政策。

(2) 增加发布不包括在校学生的 25—29 岁劳动力失业率,更完整反映青年从学校毕业到稳定工作过程中的就业失业全貌。

随着青年受教育年限不断提高,目前我国高等教育毛入学率近6成,多数青年24岁时刚毕业不久,尚处于择业期,一些人未就业或就业不稳定,至29岁时绝大多数已度过择业期,就业情况趋向稳定。社会各界非常关心青年刚走出校门时的就业情况,也非常关心他们毕业后一段时间内的就业情况。因此,国家统计局增加测算发布25—29岁劳动力失业率,更完整反映青年从学校毕业到稳定工作过程中的就业失业全貌。

关于发布方式,今后国家统计局将按月在国家统计局数据发布库中发布不包含在校学生的16—24岁、25—29岁、30—59岁劳动力失业率,可以在数据发布库中查询到数据。

(资料来源:国家统计局)

三、失业的影响及其治理

(一)失业的影响

失业的具体影响需要从失业者是否为自愿失业的角度分开来看。一般来说,如果一个人是由于不想工作而自愿失业的,那他在失业的同时得到的是闲暇和享受(如果他能得到的话),或者说他正是为了自己的闲暇和享受而不去工作。因此,失业对他个人来讲并没有什么不良的影响。相反地,由于他的离职还会为他人提供一个就业机会。但是非自愿的失业给人们、社会所带来的既有不利的影响也有有利的影响。以下所讨论的就是非自愿的失业所产生的影响。

1. 失业的不利影响

(1)对经济的影响。由于失业,人们的收入下降甚至是零。相应的消费购买力下降,使得个人和家庭的生活水平会因此而下降,直至陷入困境。即使在社会保障制度健全的情况下,失业者生活水平的大幅度下降也是难免的。社会需求下降又会导致国民收入的下降。当失业率很高时,直接的资源浪费就出现了。一个人如果一年不工作,那么他这一年的劳动力的使用价值就浪费了,而且是再也找不回来的。劳动者停止工作还会造成其劳动技能的衰退、创新能力的减弱;还有相应的资本物品的闲置。我们知道,像机器、厂房等资本,即使不使用它们,也照样要产生一些成本,如保养维修费等,另外由于存在着机器的无形磨损,机器本身的价值是递减的;如果失业继续发展下去,还会引起投资的下降,从而导致失业更加严重。当然,由于收入导致的需求下降,也会使得已经产出的商品积压过剩,并因此发生损耗甚至是被人为毁掉,导致社会资源的巨大浪费。

(2)对社会的影响。经济学家认为,失业(图11-3)对社会所产生的影响还要甚于对经济所产生的影响,是更为严峻的后果,因而更加值得关注。失业使得财政负担增加,失业率越高,财政负担就越重。失业不仅仅给人们带来经济上的困难,使得

图11-3 失业

收入和生活水平下降,它对人们在精神上的打击是更为严重的。失业者本人及其家庭还要承受巨大的心理压力。生存环境的恶化使得他们既为当前的生活焦虑,又为日后的生活担心,甚至对未来和前途失去信心。还有的担心被他人指为因个人能力的缘故而失业……所有这些最终有可能引发最令人头疼的问题——社会问题乃至政治问题。

(3) 对实际国民生产总值的影响。奥肯定律是美国经济学家奥肯通过对失业率与实际国民生产总值增长率之间的经验统计资料的分析所得出的一个论断。它表明:失业要以付出社会福利成本为代价,并且失业率每增加1%,社会福利成本就要占实际国民生产总值(充分就业的)2.5%左右。也就是说,失业率每增加1%,实际国民生产总值就要减少2.5%左右;反之,如果失业率降低1%,则会使国民生产总值上升2.5%左右。

奥肯定律所反映的失业率与实际国民生产总值增长率之间的关系只是一个经验数据上的规律,在不同的时期,具体的比例是有差异的。另外,奥肯定律主要是适用于没有实现充分就业的情况,这对经济实际上是比较有意义的。

2. 失业的有利影响

第一,失业可以使劳动力配置最优化。劳动力资源的最优配置是在劳动力的不断流动中形成的,劳动力的流动会引起失业。但在这个过程中,劳动力资源的配置不断调整,使之经常处于最优状态。

第二,失业可以促进劳动力不断提高自己的素质和劳动技能,提高工作效率。失业对于失业者和就业者来讲都存在一种外在的压力,促使他们进一步掌握新的知识和技术,以适应变化的经济结构对劳动力更高的要求,因此失业的存在有利于提高整个社会的工作效率。

此外,失业的存在作为劳动力的储备,可以随时满足社会的需要,从某种程度上来讲,一定的失业率也是社会正常发展的条件之一。

(二) 失业的治理

经济学为治理失业提出了一些政策手段和具体措施,并已在实践中加以应用,需要注意的是,还应判明失业的主要原因是什么,以便有的放矢。

1. 自动稳定器和社会保障体系

经济学认为,在失业增加时,经济制度中有内在的一些治愈机制或自动稳定器,这主要是指,当失业增加时,经济萧条,个人收入及公司利润都已减少,征税额自动减少,再加上政府的转移支付及时兑现、社会保险中失业救济金及其他社会福利的发放,有助于缓解社会需求的下降和失业率的上升。但这只能起到"稳定"的作用,不能从根本上解决问题。

2. 宏观需求管理政策

现代经济学认为,只靠市场经济和原有体制本身无法解决失业问题,应引入政府对经济的人为干预。采取宏观需求管理政策可以通过运用财政、货币两大政策手段刺激投资需求和消费需求,从而使得总需求升至新的更高的水平,由此消除失业。

财政政策是指政府部门运用税收、预算支出等财政手段,增加居民的货币收入与消费需求,增加企业的收入与投资需求。政府增加投资支出还可通过乘数作用,使就业水平轮番提高,取得以就业维持就业,以就业扩大就业的效果。

货币政策是指通过国家的金融管理机构——中央银行来调节货币供给量,影响利息率,由此增减经济中各部门的投资,增减总需求。货币政策的实施主要依赖中央银行的

"三大法宝"，即法定存款准备金率、再贴现率及公开市场业务。

3. 其他对策

在失业严重时，政府以硬性手段规定方式限制甚至冻结工资与物价的增长，并利用税收手段向违反规定提高工资的企业主课税或罚款，对于遵守工资规定的给予免税或其他奖励，或运用劝说方式约束增加工资的要求。由此消除劳动力市场的垄断性质，制止工资的刚性增长，从而使得企业主增加投资和增雇工人。另外，政府还可通过拨出专款，对素质差或技术结构不良的工人进行培训、提供劳动就业信息，开展求职指导或发展劳动密集型行业等措施来消除劳动力市场结构不平衡所带来的空位与失业并存的现象。

> **专栏 11-5 专题阅读**
>
> **就业形势总体稳定　重点群体就业持续改善**
>
> 就业是民生之本、财富之源。党中央明确提出把稳就业提高到战略高度通盘考虑，及时优化调整稳就业政策措施，落实落细就业优先政策，就业形势总体改善。《中华人民共和国 2023 年国民经济和社会发展统计公报》显示：2023 年末全国就业人员 74 041 万人，其中城镇就业人员 47 032 万人，占全国就业人员比重为 63.5%。全年城镇新增就业 1 244 万人，比上年多增 38 万人。全年全国城镇调查失业率平均值为 5.2%。年末全国城镇调查失业率为 5.1%。全国农民工总量 29 753 万人，比上年增长 0.6%。其中，外出农民工 17 658 万人，增长 2.7%；本地农民工 12 095 万人，下降 2.2%。

第三节　失业与通货膨胀的关系

一、失业与通货膨胀的交互关系

新西兰经济学家菲利普斯，根据英国 1861—1957 年的失业率与货币工资增长率统计资料，于 1958 年提出了一条描述失业率与货币工资增长率之间关系的曲线。这条曲线表明，当失业率较低时，货币工资增长率较高；反之，当失业率较高时，货币工资增长率较低，甚至是负数。失业率与货币工资增长率之间存在一种此消彼长的反方向变动关系。根据成本推动的通货膨胀理论，货币工资增长率可以表示通货膨胀率，因此，这条曲线就可以表示失业率与通货膨胀率之间的交替关系，这就是说，当失业率较低时，通货膨胀率较高；反之，当失业率较高时，通货膨胀率较低，我们把这条曲线称作菲利普斯曲线。如图 11-4 所示。横轴 U 代表的是失业率，纵轴 P 代

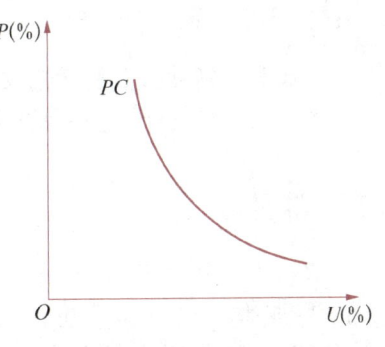

图 11-4　菲利普斯曲线

微课：菲利普斯曲线

表的是通货膨胀率,菲利普斯曲线表现为一条向右下方倾斜的曲线。

这就是说,可以通过失业率的变动来调整通货膨胀率,也可以通过通货膨胀率的变动来调整失业率。但另外也说明,要降低失业率,就必须以更高的通货膨胀率为代价,而要降低通货膨胀率,就必须以更高的失业率为代价。

以菲利普斯曲线为理论依据,西方资本主义国家曾在经济中运用相应的措施来治理通货膨胀或经济衰退,并在一定的时期和范围内取得成效。如果失业率与通货膨胀率均在可以接受的范围内(即失业率与通货膨胀率在"临界点"以下),是不必对经济进行干预的。如果失业率与通货膨胀率超出可以承受的程度时,政府则有必要对失业率或通货膨胀率进行调节,使之回到社会临界点以内。即像上面所说的那样,通过对较低那一方的调整(牺牲)来换取较高一方的下降。

二、短期菲利普斯曲线与长期菲利普斯曲线

前面介绍的向右下方倾斜的菲利普斯曲线是有一定的前提的,那就是在短期内,工人来不及调整通货膨胀预期,预期的通货膨胀可能低于以后的实际发生的通货膨胀率。这样,工人所得到的实际工资可能小于先前预期的实际工资,从而使实际利润增加,刺激了投资,就业增加,失业率下降。在此前提之下,通货膨胀率与失业率之间存在交替关系。因此,向右下方倾斜的菲利普斯曲线在短期内是可以成立的,我们把它称为短期菲利普斯曲线。

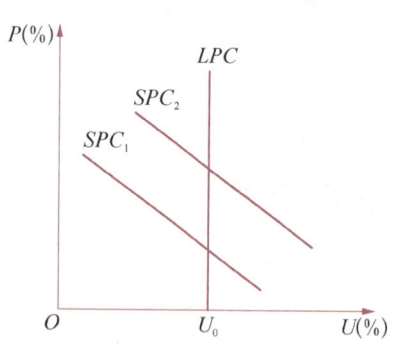

图 11 - 5 短期菲利普斯曲线与长期菲利普斯曲线

但在长期中,工人将根据实际发生的情况不断调整自己的预期。工人预期的通货膨胀率与实际发生的通货膨胀率迟早会一致。这时,工人会要求增加名义工资,使实际工资不变,从而通货膨胀就不会起到减少失业的作用。也就是无论通货膨胀率如何上升,失业率都不会下降,这时菲利普斯曲线是一条垂线,如图 11 - 5 所示。表明失业率与通货膨胀率之间不存在交替关系。而且,在长期中,经济能实现充分就业,失业率是自然失业率。因此,垂直的菲利普斯曲线表明了无论通货膨胀率如何变动,失业率总是固定在自然失业率的水平上,以引起通货膨胀为代价的宏观经济政策并不能减少失业,这就是宏观经济政策的无效性。

 思考一下

"菲利普斯曲线是指政府必须选择买多少通货膨胀和多少失业的菜单。"评估这个说法,在什么条件之下,这个说法是正确的? 在什么条件下,这个说法是错误的?

三、滞胀

20 世纪 70 年代以来,资本主义国家出现了物价上涨伴随着失业和生产停滞现象,即通货膨胀率上升,失业率也在上升,这就是所谓的滞胀现象。该现象使得菲利普斯曲线难以解释。而且高失业率与高通货膨胀率并存的现实使得由菲利普斯曲线引申出的治理方

法失效。理论上不会出现的经济现象出现了,现有的治理措施自相矛盾,这让菲利普斯曲线在新的经济问题面前陷入两难。对滞胀的原因和对策,经济学家看法不一,众说纷纭,但只要有以下情况之一,滞胀就不可避免。

第一,预期通货膨胀率偏高:预期的通货膨胀高于以后实际发生的通货膨胀率。

第二,供给劣化现象:比如20世纪70年代以来,石油输出国组织OPEC的石油限产导致石油短缺和油价上升,引发成本推进型通货膨胀,同时迫使与该产品有关的生产部门削减产品,裁减雇员而增加失业。

对于滞胀可从下列几方面加以治理:

首先,从滞胀的成因看,预期因素被认为是最重要的影响因素,因此,避免通货膨胀率被预期到是抑制出现通货膨胀或供给曲线上移的核心。一些经济学家认为,一是采取出其不意的需求扩张政策,或者循环使用需求扩张政策;二是缓慢使用需求扩张政策,并容忍自然失业率的存在。在这种情况下,尽管人们迟早会意识到需求的扩张,但这些需求扩张的结果存在着时间差,也可能因扩张而使经济自身消化掉预期的通货膨胀因素。

其次,对供给进行有效调控,即设法提高社会经济总效率,而不采取扩张需求政策来增加就业,其主要方法是削减社会福利以降低自然失业率,降低税率以刺激投资。其实,经济学围绕如何使供给曲线下移的研究远远不够,例如:对影响总体效率的产业结构、经济规划、要素流动方向的控制、科技进步、地区布局和国际分工等都没有纳入总量分析,应该说,这些都是有潜力的治理滞胀的措施。

对发展中国家来说,制度的变迁与创新,还有很多的供给优化的潜力,更应重视从总量和结构两个方面对供给进行调控,以使供给曲线下移,或在需求扩张时,促进供给优化,以抵消因需求增长所产生的人们对通胀的预期和惯性,维持供给曲线不动。

本 章 小 结

1. 通货膨胀是指物价水平的持续上涨。通货膨胀有三种衡量标准:居民消费价格指数、工业生产者价格指数和GDP(国内生产总值)折算指数。按照不同的标准,通货膨胀可有不同的分类形式和具体类型。

2. 通货膨胀产生的原因通常认为有三类:需求拉动通货膨胀、成本推动通货膨胀和结构性通货膨胀。

3. 通货膨胀对收入和财富再分配、经济和社会有不同程度的影响。

4. 失业是指在一定年龄范围内,具有劳动能力而没有工作,但愿意并且正在寻找工作的人。失业的产生有五种原因:自愿失业、摩擦性失业、结构性失业、周期性失业和季节性失业。

5. 失业的影响分为不利影响和有利影响。经济学为治理失业提出了一些政策手段和具体措施,有:自动稳定器和社会保障体系、宏观需求管理政策以及其他对策。

> 6. 通过菲利普斯曲线解释失业与通货膨胀之间的交互关系：在短期内，失业率与通货膨胀率之间存在此消彼长的反方向变动关系；在长期内，菲利普斯曲线是一条垂线，即无论通货膨胀率如何上升，失业率是自然失业率。
>
> 7. 滞胀现象是指通货膨胀率上升，失业率也上升。可以从避免通货膨胀率被预期到和对供给进行有效调控等方面进行滞胀现象的治理。

思 考 与 讨 论

一、案例分析

高质量发展的中国：为世界经济提供驱动力、带来稳定性

2023年，中国经济增量超过6万亿元，相当于一个中等国家一年的经济总量。从内需看，中国最终消费支出对经济增长的贡献率高达82.5%，以扩大内需带动经济增长的长效机制已然形成。从通胀看，全国居民消费价格指数同比上涨0.2%，物价涨势总体温和，与全球平均通胀率保持在6.9%高位、一些国家在抗通胀和稳增长之间艰难平衡的状况形成了鲜明对比。从贸易看，2023年中国货物贸易进出口总值达41.76万亿元，保持稳定增长。电动汽车、锂离子蓄电池和太阳能电池"新三样"出口同比增长29.9%，我国首次成为世界第一大汽车出口国。从制造业看，中国制造业总体规模连续14年保持全球第一，2023年制造业规模以上工业增加值同比增长5.0%，十大重点行业平均增速超5%。国际货币基金组织（IMF）预测2024年全球经济增长率为3.1%，依然存在复苏慢、不平衡的特点。中国经济体量大、韧性强、动力足的优势更加彰显，在动荡不定世界中的稳定器、动力源作用更为可贵。

要求：请结合通货膨胀的成因分析哪些指标可以用来观察通货膨胀。

二、简答题

1. 简述衡量通货膨胀的指标。
2. 简述失业的类型。
3. 常用的治理失业的对策有哪些？
4. 简述失业对社会经济的影响。
5. 简述通货膨胀的类型。
6. 试分析通货膨胀的成因。
7. 简述奥肯定律。
8. 试述通货膨胀的治理对策。

三、实训项目

分组讨论当前中国的通货膨胀对出口的影响。

第十二章　宏观经济政策

学习目标

1. 理解一国政府为什么要干预经济。
2. 熟悉政府干预经济要实现哪些目标。
3. 理解财政政策对实现宏观经济政策目标的作用。
4. 理解货币政策对实现宏观经济政策目标的作用。
5. 熟悉有关宏观经济的新闻报道。
6. 理解政府宏观经济政策的意图。

引导案例

财政政策提质增效　货币政策精准有力

2023年以来，我国经济总体回升向好，国家围绕扩大内需、优化结构、提振信心、防范化解风险，延续优化一批阶段性政策，及时推出一批新政策，打出有力有效的政策组合拳。财政政策加力提效，加强重点领域支出保障，全年新增税费优惠超过2.2万亿元，增发1万亿元国债支持灾后恢复重建、提升防灾减灾救灾能力。货币政策精准有力，两次降低存款准备金率、两次下调政策利率，科技创新、先进制造、普惠小微、绿色发展等贷款大幅增长。具体来说，有以下的特点：

财政政策呈现出5个特点：① 财政收入保持恢复性增长态势。受益于经济回升向好，加上2022年实施大规模增值税留抵退税拉低基数等因素影响，2023年财政收入呈现恢复性增长。全国一般公共预算收入突破21万亿元，增长6.4%。其中有31个省份财政收入实现正增长。② 财政支出持续加力。全国一般公共预算支出2023年达到27.46万亿元，增长5.4%。重点领域保障有力，社会保障和就业支出增长8.9%，教育支出增长4.5%，科技支出增长7.9%，农林水支出增长6.5%，城乡社区支出增长5.7%。③ 减税降费政策继续优化完善。全年全国新增减税降费及退税缓费的资金规模超过2.2万亿元。④ 专项债政策效能进一步发挥。2023年安排地方政府专项债券规模3.8万亿元，优先支持成熟度比较高的项目和在建项目，2023年专项债投资领域扩大到11个，专项债用作项目资本金范围也扩展至15个方面，同时加强专项债的发行和使用，有力推动了一批利当前惠长远的重大项目建设。⑤ 防范风险底线进一步筑牢。一方面，推动制定一揽子化债方案，抓实抓紧地方政府隐性债务的风险化解工作，化解存量、遏制增量。另一方面，加大对地方的转移支付力度，2023年转移支付的规模达10.29万亿元。完善县级基本财力保障机制奖补资金政策，引导省级下沉财力，共同筑牢兜实基层"三保"底线。

货币政策实践有着以下特点：① 统筹衔接持续发力。2022年下半年持续推出多项政策，年末注重做好信贷投放等政策衔接；2023年初及时打出量价"组合拳"，靠前发力稳好开局。② 关键时点力度加大。2023年2月降准0.5个百分点，较过去两年每次降准幅度翻倍，5年期以上LPR下行幅度也是2019年LPR改革以来最大，超预期的政策举措有力提振市场信心。③ 政策合力有效发挥。加强部门沟通配合，高效推动首套房贷认定标准、存量房贷利率调整等落地实施；为政府债券顺利发行提供流动性保障，支持积极财政政策有效实施。

财政政策和货币政策是如何制定的？二者结合又会有怎样的效果？本章内容会带来答案。

各国政府在促进经济增长的同时，不可避免地遇到不同程度（以及不期而遇）的经济波动。这些经济波动是由多种因素引起的，如：通货膨胀、经济过热、市场疲软等。要应对严重的经济波动，只靠市场机制的调节能力已经难以胜任，经济政策成为政府进行干预经济运行的重要手段，宏观调控也就成为现代市场经济的重要特征之一。本章从介绍市场失灵与政府干预入手，介绍各国宏观经济政策目标，引领读者分析政府实施宏观经济政策的意图，进而判断宏观经济政策对企业和个人经济决策的影响。

第一节　市场失灵与政府干预

近年来，中国的环境污染日益严重，从水污染到粮食重金属超标。透过此类事件，人们发现：看不见的手失灵了，不能正常发挥作用了。这时，政府使用一只看得见的手进行调控和管制就成为必然。

一、市场失灵

微课：市场失灵

市场失灵是指商品的市场价格既不等于商品的边际社会收益，又不等于商品的边际社会成本，它是市场中私人理性与社会理性不一致时的结果。在市场经济社会中，价格机制不仅是基本的资源配置机制，还是主要的分配机制。价格引导消费者挑选可以彼此替代的商品以及资源在不同行业之间的分配。在需求方面，均衡价格反映了消费者对多购买一单位商品所做的估价；在生产方面，它反映了生产者多生产一单位商品所产生的边际成本。当竞争市场能发挥调节作用时，均衡价格不但使需求量等于供给量，而且使一件商品的边际估价等于边际成本。在完全正常的情况下，可实现资源的最佳配置。因为这时所有市场的边际成本等于边际效益。如果某种商品再多生产一些，那么经济效益就会减少，因为这时商品的边际成本超过边际估价，在资源和技术既定的情况下，会使其他商品的产量下降。

虽然价格能促使市场调节商品的供给量和需求量，但也会出现价格不能反映消费者边际估价或生产者生产这一商品的边际成本的情况。这时就出现了市场失灵。

> **专栏 12-1　问题探析**
>
> **生态文明，描绘美丽画卷——"十三五"经济社会发展的启示**
>
> "十三五"时期既是全面建成小康社会的决胜阶段，也是生态文明建设的重要时期。中国以一系列有力举措，交出了一份令世人惊叹的绿色答卷：2019 年单位 GDP 能耗比 2015 年下降 13.2%，全国 337 个地级及以上城市空气质量优良天数比率达 82%，地表水质量达到或好于Ⅲ类水体比例达 74.9%……一个个数字记录下"十三五"时期生态领域的根本性变化和历史性成就。5 年来，防治污染、修复生态、节约资源，环境保护各项工作取得重要进展；山变绿了、江河清了、雾霾少了，人民群众获得感、幸福感和安全感持续增强；优化结构、转换动能、提高能效，高质量发展绿色根基不断夯实。
>
> 环境污染的源头毋庸置疑，但从经济学的角度看，污染形成的根本原因在于个人的理性选择不等于社会的集体理性，企业在追求利润最大化动机的驱动下，组织生产时必然力争成本最小化，而对于排污所形成的高昂社会成本责任则是尽量规避，从而导致了群体性的非理性行为。如果不能在事前做出有效的防范举措，并在经济运行过程中加强监管，出现这种结果也就是"自然而然"了。习近平总书记对生态文明建设亲自部署、亲自推动。"生态兴则文明兴"的历史纵深，"山水林田湖草是生命共同体"的系统思维，"共谋全球生态文明建设"的全球视野，"用最严格制度最严密法治保护生态环境"的法治手段，为美丽中国建设指明方向。

从上面问题的分析中可以看出，单纯依靠市场机制的自发调节作用，不仅会出现经济危机，同样还会导致环境恶化等一系列问题，因而此时必须由政府进行干预。

二、市场失灵的原因

（一）市场调节的缺陷

市场调节实现的经济均衡是一种事后调节并通过分散决策而完成的均衡。它往往具有相当程度的自发性和盲目性，由此产生周期性的经济波动和经济总量的失衡。市场经济中个人的理性选择在个别产业、个别市场中可以有效地调节供求关系，但个人理性选择的综合效果却可能导致集体性的非理性行为。

（二）公共物品的存在

公共物品是指那些能够同时由许多人共同享用的产品和劳务，并且供给它的成本与享用它的效果，并不随着使用它的人数规模的变化而变化，如公共设施、环境保护、国防等。一个人对公共产品的消费不会导致别人对该产品消费的减少，所以大家可以一起享有公共物品的消费。这样一方面公共产品的供给需要成本，这种费用理应由受益者分摊；但另一方面，公共产品的供给一经形成，就无法排斥不为其付费的消费者。既然如此，就形成人人都希望别人来提供公共物品、人人都不想支付或分摊费用的局面。这种市场机制无法解决的问题就需要政府以社会管理者的身份组织和实现公共产品的供给,并对其使用进行监管。

(三) 垄断

因为生产的边际成本决定市场价格,生产成本的水平使市场主体在市场的竞争中处于不同地位,进而导致某些处于有利形势的企业逐渐占据垄断地位。同时为了获得规模经济效益,一些市场主体往往通过联合、合并、兼并的手段,形成对市场的垄断,从而导致对市场竞争机制的扭曲,使其不能发挥自发而有效的调控功能。垄断阻碍了资源配置的效率。

(四) 外在效应

外在效应是由一种经济交易引起而落在不参与这种交易的人身上的成本或利益。外在效应意味着有些市场主体可以无偿地取得外部经济效应,而有些当事人蒙受外部不经济效应造成的损失却得不到补偿,如拥有私家车的车主使用汽车排放尾气污染空气。由于市场机制无法补偿和纠正经济的外在效应,这就需要借助市场机制之外的力量予以校正和弥补。

(五) 市场分配机制会造成收入分配不公和贫富两极分化

市场能促进经济效率的提高和生产力的发展,但不能自动带来社会分配结构的均衡和公正。竞争规律往往具有强者愈强、弱者愈弱,财富越来越集中的效应,导致收入在贫富之间、发达与落后地区之间的差距越来越大。

综上所述,市场经济有市场成功的一面,也有市场失灵的一面。不管是公共物品、垄断还是外在效应哪一方面原因引发的市场失灵,都意味着有些经济行为无法由市场机制有效地调节。一旦市场处于无效率的状态,政府就会进行干预。在"看不见的手"难以发挥有效作用的情况下,就需要发挥好"看得见的手"即政府干预经济的作用。

三、政府干预

政府对经济的干预可以通过各种措施和手段,包括经济手段和法律手段弥补市场失灵或市场机制的缺陷。

(一) 政府通过经济立法干预

政府的重要作用之一是维护市场经济的正常秩序。政府起到这种作用的主要方式是立法。政府依靠国家法权力量,通过经济立法和经济司法机构直接规范经济行为,约束厂商的经济活动。法律手段对经济的干预具有普遍的约束力,任何经济主体都必须在遵守经济法规的前提下进行经济活动,因此,市场经济一定是法治经济。

(二) 政府运用经济政策干预

政府干预经济活动的另一种重要方式是经济政策。经济政策是用经济手段来引导企业,本身并没有强制性。经济政策分为微观经济政策、宏观经济政策和国际经济政策。微观经济政策的目的是实现效率与公平,它所影响的只是某些人、某些行业或某些地区,并不影响总体经济运行。宏观经济政策的目的是实现经济稳定与增长,它影响整个经济的运行。国际经济政策是指对外贸易政策、外汇政策、资本流动政策等。

> **专栏 12-2　专题阅读**
>
> **加大宏观调控力度　推动经济持续回升向好**
>
> 　　2023年12月召开的中央经济工作会议提出了反映新时代经济工作规律的"五个必须",明确了做好2024年经济工作的总体要求、政策取向和重点任务。国家发展改革委政策研究室新闻发言人表示,国家发展改革委将结合职能,不折不扣贯彻落实中央经济工作会议作出的重大部署,推动中国经济持续回升向好。
>
> 　　一是坚持目标导向,努力实现全年经济社会发展主要预期目标。深入学习领会、深刻理解把握、全面贯彻落实习近平总书记重要讲话精神,把坚持高质量发展作为新时代的硬道理,坚持稳中求进、以进促稳、先立后破,围绕2024年经济社会发展主要预期目标,结合"十四五"规划中期评估,密切跟踪经济运行变化,加强形势分析和政策研究,加大宏观调控力度。同时,做好政策预研储备,为应对各类风险挑战备足政策工具。
>
> 　　二是突出问题导向,着力打通制约经济循环的卡点堵点。统筹扩大内需和深化供给侧结构性改革,把两者有机结合起来,以科技创新引领现代化产业体系建设,支持新动能成长壮大,推动传统产业转型升级,夯实数字经济发展基础;进一步提高投资效率和有效性,推动消费稳定增长,增强国内大循环内生动力和可靠性,提升国际循环质量和水平。统筹新型城镇化和乡村全面振兴,全面推进乡村振兴,把农业转移人口市民化摆到更加突出位置,推动城乡融合发展。统筹高质量发展和高水平安全,扭住高质量发展不动摇,加强重点领域安全能力建设,持续有效防范化解重点领域风险,坚决守住不发生系统性风险的底线。
>
> 　　三是强化综合统筹,确保党中央各项部署落地见效。加强财政、货币、就业、产业、区域、科技、环保等各领域政策统筹协调配合,强化宏观政策取向一致性。持续深化改革开放,不断完善落实"两个毫不动摇"的体制机制,深化国资国企改革,促进民营经济发展壮大;进一步吸引和利用外资,持续建设市场化、法治化、国际化一流营商环境,抓好支持高质量共建"一带一路"八项行动落实落地。统筹实施区域、双碳等重大战略,落实年度重点工作任务。强化清单化闭环式抓落实,明确问题清单、责任清单、任务清单等,明确年度目标和实施进度要求,及时开展"回头看",高质量完成各项任务。

第二节　宏观经济政策目标

思政课堂:中国经济具有强大韧性

　　世界各国在追求经济增长的过程中都不可避免地经历过经济的繁荣、危机或萧条,也出现过较为严重的通货膨胀和失业等经济问题。当靠市场自发调节代价过大时,政府会通过宏观经济手段进行干预,以达到预期的经济目标。

一、宏观经济政策目标

宏观经济政策指的是政府有意识、有计划地运用一定的政策工具,调节控制宏观经济的运行,以达到一定目标的政策(图12-1)。从西方国家战后实践来看,国家宏观调控的政策目标,一般包括经济增长、充分就业、物价稳定和国际收支平衡四项。

图12-1 宏观调控

(一)经济增长

经济增长是指在一个特定的时期内经济社会所生产的人均产量和人均收入的持续增长。对一国经济增长速度的度量,通常用经济增长率来表示。

经济增长可以增加一个国家的财富并且增加就业机会。经济正增长一般被认为是整体经济景气的表现。如果一个国家的国内生产总值增长为负数,即当年国内生产总值比往年减少就叫作经济衰退。通常情况下,只有当国内生产总值连续两个季度持续减少,才被称为经济衰退。

(二)充分就业

充分就业是指在某一工资水平之下,所有愿意接受工作的人,都获得了就业机会。

充分就业并不等于全部就业或者完全就业,而是仍然存在一定的失业。通常把失业率等于自然失业率时的就业水平称为充分就业。在不同国家和不同时期具有不同的自然失业率的具体数值,各国政府可以依据具体情况来确定本国特定时期是否实现了充分就业。2021年,我国城镇自然失业率为5%左右,即95%的劳动力人口就业率就是充分就业状态,我国国家统计局数据网中显示2015年—2020年间我国城镇登记失业率为3.6%~4%,已经达到了充分就业状态。现代市场经济运行中的实际失业率若大大高于自然失业率,则表明有效需求不足和市场疲软,经济运行质量有待改进和提升。

(三)物价稳定

物价稳定是指一般物价水平在短期内不发生显著的或急剧的波动,但并不排除某种商品价格相对于其他商品价格的变动。经济学家普遍认为通货膨胀率被控制在3%以下时即可视为物价稳定。物价稳定目标是世界上绝大多数国家政府的一个宏观经济调节目标,也是中央银行执行货币政策的首要目标。

(四)国际收支平衡

国际收支平衡是指一国国际收支净额即净出口与净资本流出的差额为零。在特定的时间段内衡量一国对所有其他国家的交易支付。如果其货币的流入大于流出,国际收支是正值。此类交易产生于经常项目、金融账户或者资本项目。国际收支平衡被视作一国相关价值的另一个经济指标,包括贸易余额、境外投资和外方投资。

当一国国际收支处于不平衡状态时,市场机制可以进行某种程度的调节,但这种调节的力度有限,特别是在固定汇率制度下。政府作为宏观经济的管理者,在很多情况下要实施不同的宏观经济政策以弥补市场对国际收支平衡调节力度的不足。

二、宏观经济政策目标的两难抉择

宏观经济政策的四个目标要同时实现是非常困难的。它们之间既有一致性又有矛盾性。从根本上说,宏观经济政策的四个政策目标是一致的。这种一致性,是因为它们都是稳定经济所必需的,离开其中任何一个目标,都不能实现宏观经济运行的稳定和实现经济增长。从这个意义上说,客观经济政策目标之间具有互补性。但是某些经济政策目标之间也存在某种矛盾。

(一)宏观经济政策目标的一致性

宏观经济政策目标的一致性表现在政府对某一目标的追求或某一目标的实现,同时也能够促进其他目标的实现。例如,保持经济持续均衡增长的目标与实现充分就业目标之间,就存在这种互补关系。这种互补关系表现在:从长期看,一国经济越是能够持续均衡地增长,就业率就越高,失业率就越低;反之亦然。从短期的经济波动来看,也是这样,当一国经济处在复苏和繁荣的景气上升时期,随着经济增长率的提高和经济总量的增加,就业机会随之增加;相反,当一国经济处在衰退和萧条时期,随着经济规模的收缩,就业机会就会减少,失业率就会上升。

(二)宏观经济政策目标的矛盾性

1. 物价稳定和充分就业之间的矛盾

稳定物价与充分就业两个目标之间经常发生冲突。若要降低失业率,增加就业人数,就必须增加货币工资。若货币工资增加过少,对充分就业目标就无明显促进作用;若货币工资增加过多,致使其上涨率超过劳动生产率的增长,这种成本推进型通货膨胀,必然造成物价与就业两项目标的冲突。因此,要维持实现充分就业目标,就要牺牲一定的物价稳定;而要维持物价稳定,又必须以提高若干程度的失业率为代价。

2. 物价稳定与经济增长之间的矛盾

物价稳定与经济增长两者在根本上是统一的,但如果促进经济增长的政策不得当,比如通过货币超量发行刺激经济,暂时可能会导致经济增长,但最终会使经济增长受到严重影响。

3. 经济增长与国际收支平衡之间的矛盾

如果经济增长主要是靠出口和投资,经济要增长,就要增加出口量和投资额。当出口额大大超出进口额时就会有巨额的贸易顺差。巨额的贸易顺差会引起贸易摩擦影响出口,进而影响经济增长。如果进口贸易增长过快,导致国际收支状况恶化,出现逆差,则消除逆差必须压缩国内需求,而紧缩的货币政策又同时会引起经济增长缓慢乃至衰退。

4. 物价稳定与国际收支平衡之间的矛盾

当一国长期大量出现对外贸易顺差时,大量外汇盈余通常会致使一国市场上本币投放量随之增长,因而很可能引起通货膨胀压力,不利于国民经济持续、健康发展。这几年,我国一直保持巨额国际收支双顺差,外汇储备大幅度增长,这就形成"流动性过剩",导致"内遇通胀、外遇人民币升值"的双重压力,经济增长也受到影响。

三、历史回顾

第二次世界大战结束后,鉴于 20 世纪 30 年代世界经济大危机和严重的失业,英国、美国先后以法律形式规定,谋求充分就业是政府的责任。例如 1946 年美国国会通过的"就业法案",责成政府"采用一切符合国家政策要求……的实际手段……对一切能够愿意并且正在寻找工作的人提供有效就业机会(包括自我解雇),以促进最大限度的就业、生产

微课:发达国家宏观调控政策目标的历史演变

和购买力"。而这一点，放在 1936 年以前是很难想象的事情。因为，在当时经济学家并没有提供正确的对付萧条的办法。例如，罗斯福根据经济学家沃伦的建议，企图通过改变复兴金融公司对美国新开采黄金的收购价格，以便提高商品的价格，事后看来这是违反经济学常识的。因为在市场经济下，商品价格下跌的最直接原因总是商品的供给大于人们对商品的需求。另外，维持预算平衡被认为是政府应有的责任。例如就在 20 世纪 30 年代初，正当经济危机遍及所有发达国家，物价下跌、生产滑坡、工人大量失业的时候，美、英、法、德等国政府，为了平衡预算，采取紧缩政策。例如 1930 年上台的德国总理布吕宁采取了压低工资、增加税收、裁员减薪、缩减政府开支的紧缩政策，导致失业剧增，以致得到"饥饿总理"的称号。美国经历了 1934—1936 年短暂的复苏后，1937 年又转入衰退，一部分原因是罗斯福力求压缩财政赤字而紧缩政府开支。1957—1958 年和 1961—1962 年美国两次衰退，主要原因是艾森豪威尔政府时代，力求预算平衡依然是财政政策的指导思想。

20 世纪 50 年代，一方面经济分析出现了把凯恩斯短期静态均衡分析长期化、动态化的经济增长理论，另一方面，冷战期间西方国家面对苏联社会主义国家高速增长的挑战，从 20 世纪 60 年代初肯尼迪政府开始，经济增长成为国家宏观调控的一项目标。事实上，经济增长理论表明，鉴于人口（劳动力）的自然增长和劳动生产率的提高，一个国家没有必要的经济增长不可能保持充分就业。就是说，经济增长与充分就业这两项目标是内在一致的。

20 世纪 60 年代末，特别是 1973—1975 年出现的"滞胀"使通货膨胀取代失业成为发达国家面临的头号经济问题。如何对付通货膨胀成为宏观调控最棘手的难题。

第二次世界大战后，随着国际贸易和国际资金流动的发展，一个国家的国际收支对国内经济有着十分重要的影响，因此，维持国际收支平衡，成为宏观调控的第四项目标。例如日本 20 世纪 50 年代至 70 年代出现"滞胀"以前的高速增长期间爆发过五次经济危机，其中有四次是由于国际收支出现逆差，日本政府被迫采取紧缩措施造成的。战后英国经济之所以"走走停停"，国际收支不断出现问题是一个重要的原因。

从以上发达国家宏观调控政策目标的演变过程来看，由于宏观调控目标之间既有一致性又有矛盾性，不同国家或一个国家在不同时期，在宏观调控目标上会有各自的侧重点，尤其是各项目标不可兼得甚至互相矛盾、顾此失彼的时候更是这样。

第三节　财政政策

一、财政政策

财政政策是指国家根据一定时期政治、经济、社会发展的任务而规定的财政工作的指导原则。它包括财政收入和财政支出两方面。

（一）财政收入

财政收入基本上来自各种税收，大体上可分为三类，即财产税、所得税和流转税。财产税是对不动产，即土地和土地上的建筑物等所征收的税。所得税是指对个人和公司的收入征收的税，如个人的工薪收入、股票债券存款等资产的收入以及公司的利润税。财产税和所得税是传统意义上的直接税，是由纳税人负担不能转嫁给别人的税。这两种税收现行的是比例税。

> **专栏12-3　知识链接**
>
> 遗　产　税
>
> 　　顾名思义,遗产税是对遗产所征收的税,就是以被继承人去世后所遗留的财产为征税对象,向遗产的继承人和受赠人征收的税。
>
> 　　通过征收遗产税,将一部分富人的财富进行转移、增加国库收入,可以用于扶持贫困人群和发展社会福利、缓解贫富差距,因而对于调节社会财富分配、促进社会公平和社会公益事业有一定的积极意义。同时也会产生一些积极的社会效应:激励人们通过劳动获取财富、增强社会公共意识、引导捐助社会公益事业等。
>
> 　　与遗产税类似的税种还有赠与税,迄今已有100多个国家和地区开征了遗产税或赠与税。但中国还没有遗产税的立法,因此尚未开征遗产税,但相关的立法准备已经列入税收改革议程。
>
> 　　遗产税属于所得税,大多数国家实行超额累进税率,即按照遗产或继承、受遗赠财产的数额划分若干等级,规定不同等级的税率。数额越大的等级,税率越高。

(二) 财政支出

按照国民收入核算体系原则分类,以美国为例,政府支出可大致分为政府购买和政府转移支付两大类。政府购买作为计入GNP的四大需求项目(消费、投资、政府购买和出口余额)之一,根据政府对商品和劳务的购买,包括购买军需品、警察装备用品、机关办公用品以及支付给政府雇员的工资薪金。

政府转移支付包括社会保障、社会福利支出,政府对农业的补贴以及公债利息。

二、财政政策工具及其运用

(一) 财政政策工具

财政政策工具也称财政政策手段,是指国家为实现一定财政政策目标而采取的各种财政手段和措施,它主要包括财政收入(主要是税收)、财政支出、国债和政府投资。

财政政策工具有收入政策工具和支出政策工具。收入政策工具主要是税收。支出政策工具分为购买性支出政策和转移性支出政策,其中,购买性支出政策又有公共工程支出政策和消费性支出政策之别。

(二) 财政政策工具的运用

财政政策工具的运用方式主要包括:调整政府购买水平;调整政府的转移支付;调整税率。

1. 调整政府购买水平

调整政府购买水平是政府执行相机抉择财政政策经常使用的手段。在经济萧条、总支出不足时,政府要扩大商品和劳务的购买,如修建高速公路,建立新的福利设施,增加军费开支等,以便创造更多的就业机会;相反,在经济繁荣、总支出过大时,政府则减少商品和劳务的购买数量,如压缩或缓建公共工程,以便压缩总需求,缓和通货膨胀的压力。

2. 调整政府的转移支付

政府运用的第二个财政政策手段是变动政府转移支付的数量。变动政府的转移支付也是逆经济风向的。当经济萧条时,政府可以提高对退伍军人、失业人员和退休人员的各类补助,或者增加对农产品的补贴,以便扩大财政支出,刺激私人消费水平的提高,从而扩大总需求;相反,在经济繁荣时,政府则压缩用于福利、补贴等方面的支出,或者延长补贴支付的时间,以便减少总需求,降低通货膨胀率。

3. 调整税率

调整税率是政府执行相机抉择财政政策的第三大手段。在经济萧条时期,政府应减少税种或降低税率,增加人们的可支配收入,以便刺激需求;反之,在经济过热时,则可以暂时提高税率或增加一些临时特别税种,减少人们的可支配收入,抑制需求。

上述三种手段不仅可以单独对经济运行产生影响,而且可以共同发生作用,实践中三种手段往往搭配使用。

 思考一下

我们常常能听到"工资政策"这个词,工资政策是否属于国家财政政策的范畴?不要小看这个问题,实际上挺复杂的。

三、财政政策的内在稳定器作用

微课:财政政策的内在稳定器作用

从以上论述可知,财政收支及其变动,对宏观经济的运行有着直接或间接的重大作用。第二次世界大战以后,发达国家的周期性经济危机仍然存在,但同战前比较,特别是同1929—1933年世界经济危机比较,波动幅度大为减小,衰退或萧条持续时间大为缩短。这主要是两种力量作用的结果:

其一是财政制度本身有着自动抵消经济波动,从而缓和经济波动,维持经济稳定发展的作用。就是说,即使在政府支出和税率保持不变的时候,财政制度本身会影响社会经济的活动,因而被称为自动稳定器(automatic stablizer)。

其二是政府有意识地实行所谓逆经济风向调整总支出的相机抉择(discretionary)财政政策。

自动稳定器主要有以下三种:

(一) 税收的自动变化

在经济扩张阶段,随着生产扩大,就业增加,收入增加,政府税收相应增加,特别是实行累进税率的情况下,税收的增长率超过国民收入的增长率。税收增加意味着居民可支配收入的减少,因而具有遏制总需求扩张和经济过热的作用。当经济处于萧条阶段时,国民生产总值下降,个人收入和公司利润普遍下降,税收相应减少。因此,由于在税率既定不变的条件下,税收随经济周期自动地同方向变化,因而税收在经济扩张阶段有遏制经济过热的作用,在萧条阶段则发挥缓解经济紧缩的作用。

(二) 政府的转移支付

同税收的作用一样,政府转移支付有助于稳定可支配收入,从而有助于稳定在总支出中占很大比重的消费需求。在萧条阶段,随着失业增加,社会保障、社会福利支出增加;反之,在经济扩张阶段转移支付减少。例如,我国的社会救助和社会保险制度,社会救助是通过对社会成员提供最低生活保障,扶危济贫,救助社会脆弱群体。救助对象是社会的低收入人群和困难人群;社会保险是指国家通过立法强制实行的,由劳动者、企业(雇主)或社区,以及国家三方共同筹资,建立保险基金,对劳动者因年老、工伤、生育、残废、失业、死亡等原因丧失劳动能力或暂时失去工作时,给予劳动者本人或供养直系亲属物质帮助的一种社会保障制度。

(三) 政府维持农产品价格的政策

实际上以政府财政补贴这一转移支付形式,保证农场主的可支配收入不低于一定水平,是减缓市场经济波动的稳定器之一。

专栏 12−4　问题探析

美国财政政策被批破坏金融稳定

2024 年 4 月 16 日,国际货币基金组织(IMF)在新一期《世界经济展望》报告中对美国的政策制定者提出批评,认为美国当前的财政政策不可持续,威胁全球金融稳定。报告指出,美国当前的财政政策立场不具有长期可持续性,令人担忧。美国政府的过度支出造成巨额预算赤字,这在短期内不利于降低通胀,长期则会导致全球融资成本上升,破坏全球财政和金融稳定。

近年来,受激进加息等因素影响,美国财政赤字不断走高。根据美国国会预算办公室的数据,2023 年年底,美国公共债务占美国国内生产总值的 97%,而这一比例到 2033 年预计将攀升至 114%,达到 45.7 万亿美元。

美国财政支出不断走高,债务规模不断攀升。美国的国债收益率是全球资产价格的风向标。现在美国政府无节制地扩张财政,会进一步导致全球融资成本上升,从而引发全球的通胀压力。从美国长期债务的可持续性角度来看,拜登政府上任后,美国联邦财政赤字规模越来越大,2023 年美国的债务上限危机就是明显的佐证。现在美国的政府信用也被下调,这给全球金融市场和财政、货币政策都带来很大的溢出效应。长期来看,美国联邦政府现在滚雪球式不断积累的政府债务,最大的风险来自债务利息,可能会成为未来美国财政最大的负担之一。美国整体债务的上升,再加上攀升的债务利息,将会是"不可承受之重",美国只能通过不断发债、借钱来弥补窟窿,这会形成恶性循环,从而给全球经济和金融带来风险和隐患。

第四节　货币政策

当前各国政府都会在不同的经济发展阶段使用不同的货币政策手段调节经济,以求达到预期的宏观经济目标。

一、货币政策

货币政策是指一个国家根据既定目标,通过中央银行运用其政策工具,调节货币供给量和利率,以影响宏观经济活动水平的经济政策(图 12-2)。同财政政策一样,货币政策分担着宏观调控涉及的各种目标,包括充分就业、经济增长、价格稳定,以及稳定汇率和保持国际收支平衡等。尽管货币政策与财政政策有着共同的一般的目标,但货币政策还有它自己的一些特殊的目标。例如,防止大规模的银行倒闭和金融恐慌,稳定利率以防止利率大幅度的波动,一直是货币政策的传统目标之一,一个原因是,当利率提高时,那些不得不折价出售债券的人就会受到利率波动的冲击,这种损失被认为是不公平的。此外,利率波动会引起汇率波动乃至造成对外贸易和投资的混乱。所以防止利率的大起大落也是货币政策的目标之一。

图 12-2 货币政策

有意识、有计划地运用财政措施,"熨平"经济周期性波动,保证没有通货膨胀的稳定的高速经济增长,是凯恩斯在《通论》中最先提出,第二次世界大战战后为所有西方国家普遍推行的。而货币政策则有着相当古老的历史传统。一般来说,在 20 世纪 30 年代世界经济大危机以前,货币政策的主要目标是维护金本位制,保证适度的货币信贷流通,以及限制危机,防止过度投机引起的金融恐慌和经济危机等。实现目标的政策工具是调节利率。早在 19 世纪上半期,通货学派与银行学派之争,实际上涉及怎样适应宏观经济活动水平的需要,保证适度的货币供给量,以满足流通过程所必要的或必需的货币流通量。在 20 世纪 20 年代,凯恩斯倡导金本位制下的明智的货币管理:在汇率稳定与物价稳定不可兼得的时候,宁肯牺牲前者保证物价稳定,在物价稳定无法实现时宁肯通货膨胀,反对通货紧缩。凯恩斯还反对 1925 年英国按第一次世界大战前金平价恢复金本位,认为英镑定值偏高将导致通货紧缩失业增加。但是直到 1931 年,凯恩斯根据他的《货币论》的理论框架,即在总产量给定前提下探讨物价变动问题,所以还没有摆脱传统理论的束缚,认为理论政策已足够对付当前的经济大萧条,直到大约 1933 年才搞清楚经济大萧条的真正原因在于有效需求不足,即投资需求不足加上消费需求不足,并根据当前现实情况,认为传统的货币政策不管用,主张国家运用财政政策扩大投资需求和消费需求。

二、常用的货币政策工具

微课:常用的货币政策工具

为了实现货币政策旨在达到的目标,各国央行运用的工具一般包括公开市场业务、调整中央银行对商业银行的贴现率和改变法定存款准备金率三种。

(一) 公开市场业务

公开市场业务是许多国家实施货币政策的主要工具,是指中央银行在证券市场买进或卖出政府债券,通过扩大或缩减商业银行存款准备金,导致货币供应量的增减和利率的变化,最终决定生产就业和物价水平。例如,为了放松银根,刺激经济,美国联邦储备系统(以下简称"联储")下设的联邦公开市场委员会将在证券市场买进财政部门发行的政府债券,这一行动首先增加银行系统的基础货币(包括银行的存款准备金和公众手持现金),通过银行系统的存款创造,导致货币供应量的多倍扩大;与此同时,债券价格因需求增加而上升,利率下跌,由此促进投资和消费的扩张,带动生产就业和物价的增长。反之,为了收缩银根,在公开市场业务中卖出政府债券,由此导致基础货币的减少,引致货币供应量的多倍减少和利率上升。

假如中央银行在公开市场业务中买进100万元的政策债券,由此引致的货币供应量的扩大,可能有如下各种不同情况:

(1)假设这些债券是从商业银行买进的。中央银行一方面增加100万元的政府债券资产,同时因付给商业银行100万元的支票,中央银行的资产和存款负债同时增加100万元,商业银行将100万元支票存入中央银行准备金,假定法定存款准备率为20%,该银行新增的100万元存款准备金,经由整个银行系统存款创造过程,最终导致货币供给量增加500万元。

(2)假设中央银行在公开市场上购买的政府债券是从某私人手中买进的,情况就要复杂一些。如某人把中央银行给付的100万元支票全数存进商业银行,商业银行上交20万元的法定存款准备金给中央银行,剩余的80万元则作为超额准备金也转存入中央银行。此时,假如商业银行决定持有这笔增加的80万元超额准备金,则货币供应量只增加100万元(即私人售出政府债券所得价款存入商业银行的100万元活期存款);假如商业银行利用新增超额准备金扩大贷款,由此引致的派生存款为400万元(法定准备率20%,超额准备80万元)。当然,从货币供给量来看,与上例完全相同。

(3)私人出售政府债券给中央银行。私人取得中央银行支票后,不是存入商业银行,而是领出现款,在这种情况下,中央银行增加100万元的政府债券资产,同时现金发行也增加100万元,由于不存在银行存款创造,货币供应量只增加100万元。

(4)假设为了弥补财政赤字,财政部在公开市场业务中售出政府债券时,这些债券是由中央银行买进的,这实际上是中央银行"贷款"给财政部。在这种情况下,银行和公众所持有的政府债券并未增加,而中央银行则向商业银行提供了超额准备金,这一过程称为国债的货币化,自然导致货币供给量的多倍扩大。当然,假如财政部发行的这些债券是由私人认购的,这实际上是公众贷款给财政部,是民间可以支配使用的资金转由财政部使用支配,因而财政部得以弥补其赤字支出,而货币供给量并不相应扩大,只是引起债券价格下跌,利率上涨。

(二)调整中央银行对商业银行的贴现率

调整中央银行对商业银行的贴现率是中央银行实施货币政策的第二个工具,其作用是调高或降低对商业银行发放贷款的利息率,以限制或鼓励银行借款,从而影响银行系统的存款准备金和利率,进而决定货币存量和利率,以达到宏观调控的目标。在20世纪30年代大危机以前,美国联邦储备制度在1913年成立之初,贴现率政策曾是中央银行实施货币政策的主要工具,通常是银行将其贴现的商业票据拿到中央银行再贴现,故有"再贴现"之称。20世纪30年代以后,商业银行主要不再用商业票据而是用政府债券作为担保向中央银行借款,所以,现在把中央银行这种贷款的利率称为贴现率。

中央银行贴现率政策的主要意义和作用是:

第一,联邦储备系统作为银行的银行或执行最后贷款人的职能,帮助解决银行的流动性。如果许多银行缺乏流动性,那就要通过大量的公开市场买卖来补充贴现率政策的作用。但是，尽管如此，贴现率对那些特别脆弱的会员银行的资金融通是十分有限的。

第二，与公开市场业务相配合，通过改变贴现率可以限制或鼓励银行的借款，从而达到调整银行存款和利率的目的。当然，对比公开市场业务，由贴现业务引起的银行存款准备金变动的数额通常是比较小的。

第三，除了对借款，从而对准备金货币存量和利率具有影响之外，贴现率的变动还会在某种程度上（尽管是有限的）影响人们的预期。因为不仅是金融界，社会公众也很关心报纸上的贴现率消息，社会公众通常把贴现率的变化视为联邦储备系统对经济的预测及其政策立场的一个指示器。例如当联邦储备系统提高贴现率时，社会公众可能把它视为联邦储备系统将抑制过度扩张的一个迹象，并且会感到没有理由再担心通货膨胀了。这样一来，可能使得公众减少一些膨胀性行为，诸如为防止物价上涨而产生的提前购买，或者为了抵消预期会有的通胀而要求提高工资等。相反，如果联邦储备系统降低贴现率，就可能被看作联邦储备系统采取行动缓和经济下降的迹象。然而，社会公众也许会作出正好相反的反应，例如把提高贴现率解释为联邦储备系统相信通货膨胀已日趋严重的迹象，从而加速加大提前购买，或者更加坚定地要求提高工资。

联邦储备系统实现贴现率政策时对商业银行和存款机构贷款收取的利率，通常低于市场利率，所以有必要对商业银行和存款机构的这种特权加以限制。这种借款不能用于再投资以赚取利润，而只能在确有需要时才能借款。联邦储备系统通常通过检查各借款银行的活动来监督实施这一规定，对享有借款特权的银行借款的数量和次数作了特别的限制。事实上，并不是所有银行都企图利用联邦资金利率与贴现率之间的差额。有些银行推迟使用借款特权，因为它们知道，如果现在借了款，那么当它们以后更需要借款或者联邦资金利率比现在高时，它们要向联邦储备系统借款就困难了。而另一些银行为了显示其稳健性管理，也不愿向联邦储备系统借款。

（三）改变法定存款准备金率

中央银行实施货币政策的第三个工具是改变法定存款准备金率。提高法定存款准备金率不仅使原先有着超额准备金的银行在中央银行的超额准备金消失或减缩，还由于它缩小货币乘数，从而缩小银行在原来超额准备金基础上的存款创造，因而能够在很短时期内导致以较大幅度减缩货币存量和提高利率。而降低法定存款准备率则会产生相反的结果。

由于改变法定存款准备金率这一工具的作用较为强烈，会引起宏观经济活动的震动，因此在实践中很少使用。

专栏 12－5　史海钩沉

罗斯福新政

1929 年 10 月 24 日，在美国历史上被称为"黑色的星期四"。在此之前的 1929 年夏天，美国还是一片歌舞升平。夏季的三个月中，美国通用汽车公司股票价格由 268 美元上升到 391 美元，美国钢铁公司的股票从 165 美元上升到 258 美元……但是，10 月 24 日这一天，美国金融界崩溃了，股票一夜之间由 5 000 多亿美元的顶峰跌入深渊，使 5 000 多亿美元的资产，一夜间，化为乌有。1929—1933 年，GNP 下降了三分之一,失业率从3%升至25%。1931—1940年的10年间,失业率平均为18.8%,其范围从1937年年底的14.3%到1933年高达24%。

在这种背景下,富兰克林·罗斯福当选为美国第32届总统。罗斯福上任后针对美国当时的经济状况实行了一系列的经济政策调整,其核心是:救济、改革和复兴,被称为"罗斯福"新政。

罗斯福新政的内容有以下几方面:

1. 整顿财政金融体系

通过银行休业整顿,恢复银行的信用,稳定金融资本市场。推行凯恩斯倡导的赤字财政政策和适度通货膨胀政策。赤字财政政策支持了庞大的工程开支,货币政策的推行导致美元贬值,提高了美国商品在国际市场的竞争力,从而刺激出口,带动国内经济的发展。

2. 加强对工业的计划指导

工业计划指导的中心措施是通过工业复兴法,其目的是防止盲目竞争引起生产过剩。此项措施虽然没有触及企业的所有制,但是其中有关工资标准和工作日时数的规定,起到了扩大消费、提高生活水平、缓解社会矛盾的作用。

3. 调整农业政策

政府通过奖励补偿等手段来压缩农业产量,调整农业生产结构。这样有利于稳定农产品价格,改善农业生产环境,利于环境保护。国家收购农产品等措施则起到了国家监督调节经济的作用。

4. 推行"以工代赈"

政府兴办公共工程的一系列措施,实际上通过扩大内需来刺激生产发展,起到了调节生产与消费矛盾的作用。

罗斯福新政的直接效果是使美国避免了经济大崩溃,有助于美国走出危机。

三、其他货币政策手段

(一)选择性控制

选择性控制着眼于对特殊市场的信贷供求进行控制,这里主要介绍美国在这方面的经验。

1. 证券市场放款

这是一种限制证券投机的管制办法。1927—1929年,美国证券市场投机因素激增,但联邦储备系统无法直接干预证券市场。因为通过贴现率和公开市场业务,联邦储备系统只能逐步消减可提供的贷款,从而限制用借款购买股票。但由于股票价格暴涨,它可能不得不大幅度地提高贴现率,以便有效地影响证券市场的借款。这样一来又将过分地影响正当经济活动的要求。正是根据股票市场过度投机的经验教训,美国国会根据1934年的《证券交易法》授权联邦储备系统按照情况规定证券经纪人、银行及其他贷款者对股票市场的信用限度,也就是规定在股票交易中购买者必须支付的现金比例。这称为必须支付的"垫头"。例如,若保证金比例即"垫头"为40%,购买股票的人必须支付的现金为40%,可以融通的资金为60%,为了遏止过度投机引起的股票暴涨,美联储可以把保证金比例提高到100%。

2. 消费信贷

第二次世界大战前,为了刺激需求,扩大销售,美国对消费者购买耐用消费品出现了分期付款方法。第二次世界大战期间和朝鲜战争期间,为了抑制消费需求,联邦储备系统对消费者购买耐用消费品规定了最低付现额(即第一次付款额)和最长偿还期。这一控制被证明很难有效实施。因为这种管制不仅适用于银行,也适用于消费信贷的其他供应人,而且其目的主要是遏制需求,所以1952年以后,联邦储备系统已不再对这种信贷进行控制。

3. 房地产信贷管制

从1950—1952年,作为反通货膨胀的措施,美国国会授权联邦储备系统对提供新住宅建设所需信贷实施有选择的管制,一方面优待低收入阶层住房建造和退役军人建房,同时对高级住宅和非退役军人的建房,规定较大付现额和较短的偿还期。

 思考一下

回想一下:2008年次贷危机升级,华尔街金融风暴引发全球金融危机后,中国政府采取了哪些应对措施?

(二) 道义上的劝告

道义上的劝告是指中央银行对商业银行发出口头或书面的谈话或声明来劝说商业银行自动地遵循中央银行所要求的信贷政策。这不同于强制性的行政手段。但在某些情况下颇为有效。例如,在通货膨胀扩张时期,联邦储备系统可以劝说放款人更为谨慎地实施其信贷政策,而放款人也很可能会把这一劝告看作经济情势的可靠的信息。此外,这种劝告也可看作对那些不顺从中央银行的商业银行一种潜在的威慑,所以尽管道义上的劝告没有法律地位,但它是联邦储备系统货币政策的一个强有力的武器。

专栏 12-6　知识链接

量化宽松的货币政策

量化宽松货币政策(quantitative easing monetary policy),主要是指中央银行在实行零利率或近似零利率政策后,通过回购国债等中长期债券、增加贷款、购买资产等手段,增加基础货币供给,向市场注入大量流动性资金的干预方式,以鼓励开支和借贷。一般来说,只有在利率等常规工具不再有效的情况下,货币当局才会采取这种极端做法。量化指的是扩大一定数量的货币发行,宽松就是减少银行储备必须注资的压力。

美联储已启动了两轮定量宽松计划,即 QE1、QE2,如果执行 QE3,则美国将继续向世界输出通胀。宽松的货币政策对美元走势形成打压,同时推高大宗商品价格。

第五节　财政政策与货币政策的综合应用

经济学家认为，宏观财政政策和宏观货币政策各有其作用，在不同的情况下，作用效果大小不一。有时宏观财政政策对国民收入的实际增长影响很大，有时影响很小。宏观货币政策的效果也是如此，有时作用很大，有时很小。当政府同时采取这两种政策时，其作用效果取决于两种政策作用之间的关系。

一、财政政策的实际效果

现在先分析当货币政策不变时，财政政策的实际效果。用图 12-3 加以说明。图中 i 表示利率，Y 表示实际国民收入。

图 12-3 中 E_0 为原 IS_0 曲线和 LM 曲线的交点。均衡的利率水平和实际国民收入水平分别为 i_0 和 Y_0。假如政府增加财政支出，使 IS_0 曲线右移至 IS_1 曲线，均衡点从 E_0 右移至 E_2，实际国民收入水平也从 Y_0 增加到 Y_2 水平。这时，对货币的需求会相应增加。在货币供应量不变的条件下，导致货币需求大于货币供给。如果要使货币需求减少，达到与货币供给

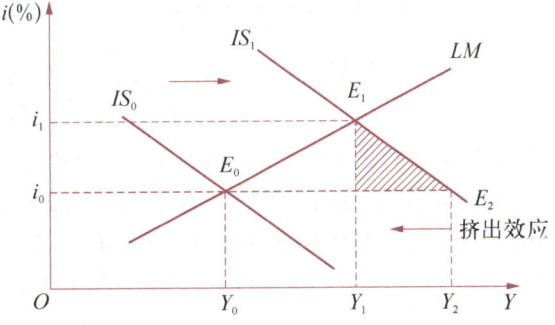

图 12-3　财政政策挤出效应

平衡的水平，利率则必然上升。但是，利率上升后又会减少企业计划的投资水平，从而减少实际国民收入。只有在 E_1 点时，商品市场和货币市场才同时均衡，均衡的利率上升到 i_1，均衡的实际国民收入水平增加到 Y_1。

在利率不变的情况下，财政政策的效果本应达到增加 Y_0Y_2 的实际国民收入水平，可是由于货币政策不变，迫使利率升高，又使实际支出水平下降，从而财政政策所达到的实际效果是增加了 Y_0Y_1 的实际国民收入水平。由于这种原因而损失掉的作用，被称为"挤出效应"。图 12-3 中的 E_2 点和 E_1 点的实际国民收入差额，即 Y_1Y_2 就是在利率升高的情况下出现的挤出效应。

还应注意，当政府增加支出，经过挤出效应，从原均衡点 E_0 移到新均衡点 E_1 时，私人的支出结构也因此发生变化。其中，由于利率上升，使投资支出减少；由于实际国民收入增加，引致消费增加，不过私人总支出水平，即投资支出与引致消费的总和也增加。其增加的数量加上政府增加的财政支出数量就是政府财政政策所创造的全部实际的国民收入，即 Y_0Y_1。

宏观财政政策对实际国民收入产生的效果可能很大，也可能很小，这取决于乘数的刺激大小、人们的货币需求对利率的反应程度以及自发性支出水平的大小等因素。乘数的变化，一般不大，特别在短期内，可视为不变，因此，当政府采取财政政策变动 IS 曲线时，其作用大小取决于货币需求对利率的反应程度，即流动性偏好这一心理因素。假如货币需求对利率的反应程度无穷大，LM 曲线呈水平状态，这时财政政策的效果最大，政府的

财政支出通过乘数作用可以最大地刺激国民收入水平的增加,如图 12-4 所示。假如货币需求对利率的反应程度为零,LM 曲线呈垂直状态,这时财政政策的效果最小,政府的财政支出对实际国民收入水平的增加,不起任何作用,如图 12-5 所示。

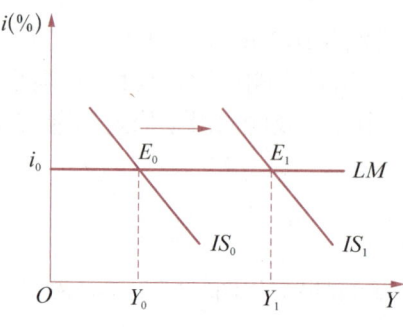

图 12-4 财政政策使收入增加

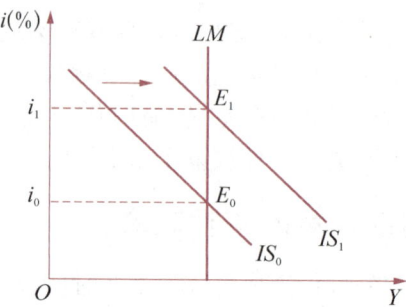

图 12-5 财政政策使利率上升

图 12-4 和图 12-5 中,i 代表利率,Y 代表国民收入。图 12-4 说明,当 LM 曲线为水平状态时,财政政策作用使 IS_0 曲线右移到 IS_1 曲线,均衡点由 E_0 移到 E_1 点,这时实际国民收入增加最大从 Y_0 增加到 Y_1,而利率不变。图 12-5 说明,当 LM 曲线为垂直状态时,财政政策作用同样使 IS_0 曲线右移到 IS_1 曲线,但是均衡点 E_0 垂直上升到 E_1,这时实际国民收入并没有发生变化,财政政策的唯一作用是促使利率水平上升,由 i_0 升到 i_1。这时的排挤效应最大,自发性支出因利率上升而减少所产生的效果完全抵消了财政支出所产生的效果。货币学派正是依据这一理论,说明财政政策并不重要。但是,有些西方经济学家通过实际统计资料,证明货币需求对利率的反映程度并非接近于零。

二、货币政策的实际效果

现在再分析当财政政策不变时,货币政策的实际效果。在一般情况下,当采取货币政策变动货币供给量,既影响利率,也影响实际国民收入水平。以图 12-6 加以说明。

在图 12-6 中,E_0 点是原均衡点,当货币增加时,LM_0 右移至 LM_1,新均衡点是 E_1,均衡的利率由 i_0 下降至 i_1,均衡的实际国民收入水平由 Y_0 增加到 Y_1。为什么货币供给量的增加会导致利率下降和实际国民收入水平增加?当货币供给量增加时,人们发现持有的货币比他们愿意持有的货币多,于是会把多余货币部分存入能生息的储蓄账户上,部分用于购买股票、债券以及商品,这样,股票和债券的价格将会上升,而利率将会下降,这种作用称为货币扩张的"流动性效应"。低利率又会刺激全社会企业投资的增加,从而使实际国民收入水平增加,这种作用称为货币扩张的"收入效应"。

货币扩张使利率下降的幅度越大,实际国民收入水平增加的幅度也越大。货币扩张对利率产生作用的幅度取决于货币需求对利率的反应程度。反应程度越大,则 LM 曲线越平坦,从而对利率下降产生的影响越小;反之,反应程度越小,则 LM 曲线越陡峭,从而对利率下降产生的影响越大。极端的状态是 LM 曲线呈垂直状,如图 12-7 所示:这时人们的货币需求与利率无关,货币扩张使利率下降的幅度最大,对实际国民收入产生的作用也最大。图 12-7 中货币扩张的幅度和图 12-6 中货币扩张的幅度相同,但对实际国民收入产生的作用却大不相同。

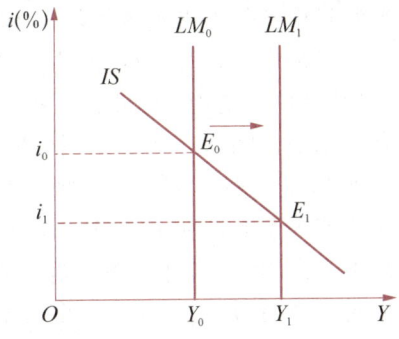

图 12-7 货币政策对国民收入的影响
(货币需求与利率无关)

图 12-6 及图 12-7 两种情况都是假定 IS 曲线不变,即为正常的负斜率状态。在这两种情况下,尽管货币政策对实际国民收入产生的效果大小不一,但实际国民收入毕竟都是增加的。现在再分析货币政策对实际国民收入不发生作用的两种情况。

第一种情况如图 12-8 所示。当计划的投资对利率的作用不起反应时,IS 曲线呈垂直状。这时实际国民收入水平仅取决于利率为零时的自发性支出水平和乘数的大小,不管货币供给量如何变动,均不会对实际国民收入水平起任何作用。图中由于货币扩张,使 LM_0 右移至 LM_1 曲线,均衡点由 E_0 下降到 E_1,均衡的利率水平由 i_0 下降到 i_1,但由于垂直状的 IS 曲线表示利率的变化对计划的投资不发生作用,因而计划的投资并不因利率的下降而增加,故实际国民收入水平不增加,仍为 Y_0。在这种情况下,财政政策的作用仍很大。

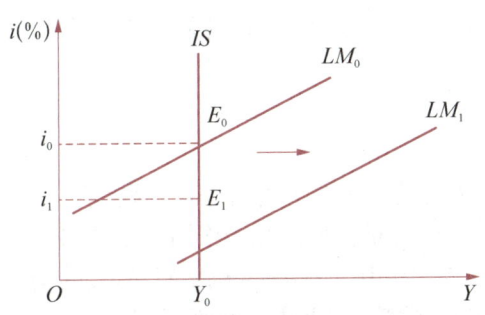

图 12-8 货币政策对国民收入的
影响(货币需求不变时)

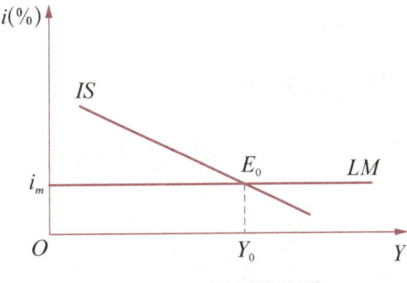

图 12-9 流动性陷阱

第二种情况如图 12-9 所示。虽然 IS 曲线处于正常的负斜率状态,由于利率水平已低到某一最低限度,货币政策也可能对实际国民收入不发生作用。货币当局并不能直接控制利率,它通过变动货币供给量间接地影响利率水平。假如货币供给量增加时,人们认为股票和债券的价格已过多地高于正常价格,不大可能继续上涨,他们则不会购买股票和债券。这样,不管货币当局增加多少货币供给,股票和债券的价格也不会上升,利率也不会下降,因而实际国民收入水平也不会增加。上述这种坚信股票和债券价格将会下降的人通常被称为"熊派"或"看跌派"。相反,对股票和债券行情持乐观态度的,叫作"牛派"或"看涨派"。凯恩斯指出,当所有的投资者都加入"熊派"行列时,这时的利率水平就是最低利率水平。

在最低利率水平状态,货币政策不会产生任何作用,凯恩斯称这种现象为"流动性陷阱"。图 12-9 表示了流动性陷阱状态。图中,LM 曲线在最低利率水平 i_m 上呈水平状,这时货币扩张不再刺激实际国民收入的增加。

必须注意,货币政策能否起作用,取决于"自然利率"与最低利率之间的关系。所谓"自然利率",是指 IS 曲线上表示"自然实际 GNP"(即自然失业率状态下的 GNP 水平)的利率水平。例如,图 12-9 中,假如 Y_1 是自然实际 GNP 水平,则自然利率就是零;同样,假如 Y_0 是自然 GNP 水平,则自然利率就是 i_m。在 IS 曲线为负斜率状态下,当自然利率高于或等于最低利率时,货币政策才能发挥作用。当自然利率小于最低利率时,货币政策则不起作用,除非直接将自然利率提到高于自然利率的水平。因此,图 12-9 关于流动性陷阱的说明,是假定自然利率低于最低利率时所发生的情况。

还要注意,即使在没有流动性陷阱的情况下,货币政策也可能不起作用。因为最低利率水平的最低限度是零,不可能是负值,但自然利率为负值时,即使最低利率是零,即没有流动性陷阱,货币扩张也不会刺激实际国民收入水平的增长。

西方经济学家认为,当自然利率为负值时,并不意味着政府无法挽救经济萧条或衰退,它只说明货币当局的货币政策不起作用。假如政府采用财政政策(增加支出或减少税收),使 IS 曲线充分右移,能够达到充分就业条件下的自然实际产出水平。

另外,一些西方经济学家还认为,当实际货币供给量由于价格下跌而增加时,会增加居民的实际货币余额。所谓实际货币余额,是指货币持有者拥有的具有购买力的货币数额。例如,甲和乙两人的收入相同,甲持有货币(现金和支票)是乙的 10 倍,则甲的消费支出可能比乙多。由于货币供给量增加,人们的货币余额相应增加,消费支出也会增加,总需求将扩大,从而使 IS 曲线右移,增加实际国民收入水平。这种现象被称为"实际货币余额效应",由于这种现象是英国经济学家庇古首先提出的,因此又被称为"庇古效应"(Pigou effect)。

三、财政政策和货币政策的综合效果

以上分别分析了单独使用财政政策或单独使用货币政策的各种情况,现在将这两种政策放在一起,分析他们的综合作用。见图 12-10。

微课:财政政策和货币政策的综合效果

图 12-10 财政政策与货币政策同时使用对国民收入的影响

图 12-10 中,E_0 是 IS_0 与 LM_0 曲线的均衡点,当采取财政政策,扩大支出水平时,IS_0 曲线右移至 IS_1 曲线,假如货币当局的目标并非维持固定的货币供给量,而是保持利率不变,则货币供给量相应增加,使 LM_0 曲线右移至 LM_1 曲线,均衡的利率水平依然是 i_0,均衡的实际国民收入水平则由 Y_0 增加到 Y_2。很显然,同时使用财政政策和货币政策,不会出现单独使用财政政策时所产生的挤出效应,其效果要比单独使用某一种政策大。

此外,图 12-10 还说明,假如 Y_1 为理想的实际国民收入水平,则单独使用财政政策或单独使用货币政策都能达到,但情况却不同。假如单独使用财政政策,IS_0 曲线右移至 IS_1 曲线,均衡点由 E_0 到 E_1,达到了 Y_1 这一理想的实际国民收入水平。支出增加而货币供给不变,为了保持商品市场和货币市场的同时均衡,利率水平必须上升到 i_1,这时为紧缩货币、放松财政的状态。反之,假如单独使用货币政策,LM_0 曲线右移至 LM_1 曲线,均衡点由 E_0 移到

E_3，也达到了 Y_1 这一理想的实际国民收入水平。货币供给增加而支出不变，为了保持商品市场和货币市场的同时均衡，利率水平下降到 i_2，这时为放松货币、紧缩财政的状态。利率上下波动的范围在 i_1 和 i_2 之间，取决于财政政策和货币政策的组合情况。

那么，一个经济究竟应当选择哪一种状态？西方经济学家认为，在 E_3 点，社会投资水平较高，因此，经济的自然实际 GNP 增长率也可能较高，这不仅有利于当代人，而且更能造福子孙后代。而在 E_1 点，政府支出水平较高，政府的购买可能用于当前政府所提供的各种服务(如国防、治安和消防、教育及健康保健等)，或者是用于政府投资(例如，校舍和医院建筑等)，对社会的当前利益较大。政府在两种情况中作何抉择？这是一个十分棘手的问题，其答案部分取决于社会对公共物品还是私人物品的偏好状况。

即使在使用财政政策方面，西方经济学家也存在着不同的观点，有的主张政府购买应多些，转移支付应少些；有的主张则相反，致使这一争论长久不息。不过，有些人认为，这一争论主要是政治性的，已超出了积极性研究的范围。

专栏 12-7 专题阅读

专家学者话两会：加强财政货币政策协调配合，提高宏观调控政策效能

2024 年《政府工作报告》中提出"加大宏观调控力度""强化宏观政策逆周期和跨周期调节，继续实施积极的财政政策和稳健的货币政策，加强政策工具创新和协调配合。"一方面，传递出政府调控经济的意愿或力度将加大的积极信号；另一方面，也明确了政策目标、政策工具和政策协同的实践要求。既具有路线图，也提出了方法论，为 2024 年宏观经济政策落地见效，提供了基本遵循和路径指向。财政货币政策协调配合，长期以来是我国宏观调控遵循的原则，但在继 2023 年 12 月 8 日中央政治局会议和 12 月 12 日中央经济工作会议之后，政府工作报告再次特别强调在要"增强宏观政策取向一致性"背景下，财政货币政策协调配合的重要性将不同于以往，其现实意义也更加凸显。

(1) 财政货币政策协调配合在系统性决策中的先导作用更加凸显。随着对我国经济发展经验积累和新时代做好经济工作规律性认识不断深化，系统性治理观念在政府工作安排中逐渐显现。2024 年《政府工作报告》中就鲜明提出"要强化系统观念，把握和处理好重大关系，从整体上深入谋划和推进各项工作"的要求。事实上，自 1998 年我国积极财政政策实施以来，政策调控目标先后由"扩大内需—深化供给侧结构性改革—扩大内需和深化供给侧结构性改革有机结合"以及由"重点关注短期增速、实施强刺激，到同时关注稳增长和增后劲，注重固本培元、精准施策，一体推进逆周期和跨周期调节"等的动态调整，就集中体现了政府决策观念从单维、多维到系统的形成和转变。当前，在系统谋划政策目标，深入推进系统决策和增强政策取向一致性要求背景下，作为宏观调控的重要政策工具，财政政策和货币政策决策均须站位于支持和服务系统性决策治理高度，进一步加强两者在支持实现经济社会发展目标中的协调性，发挥好推动政府决策更加系统化的先导作用。

(2) 财政货币政策协调配合在提高政策有效性中的关键作用更加凸显。2024 年宏观政策安排均呈现积极倾向。财政政策而言，赤字率为3%，赤字规模为4.06万亿元，加上地方政府专项债3.9万亿元和1万亿元超长期特别国债，总规模高达8.96万亿元；超过2023年财政赤字、专项债和防灾减灾特别国债的总和8.68万亿元，呈现扩张态势。货币政策而言，与2023年政府工作报告中"保持广义货币供应量和社会融资规模增速同名义经济增速基本匹配"不同，2024年政府工作报告提出"货币供应量同经济增长和价格水平预期目标相匹配"，若实际通胀水平持续低于3%预期通胀率，则货币政策也将呈现积极态势。当前，提高宏观调控政策有效性尤为迫切，在财政政策通过优化支出结构、控制一般性支出、加强绩效管理、严肃财经纪律；货币政策通过盘活存量资金、畅通政策传导机制，避免资金沉淀空转等财政、货币政策各自领域提质增效的基础上，要进一步提高政策效能，就需特别关注财政货币政策协调配合，不断增强政策取向一致性，防止顾此失彼、相互掣肘，扩大政策合力。换言之，财政货币政策协调配合在提高政策有效性中的关键作用愈加凸显。

（3）财政货币政策协调配合在推动实现高质量发展中的支撑作用更加凸显。提高政策精准性和针对性对于推动实现高质量发展具有重要现实意义。《政府工作报告》提出"政策制定要认真听取和吸纳各方面意见，涉企政策要注重与市场沟通、回应企业关切""以企业和群众满意度为重要标尺，及时进行调整和完善"。通过建立与微观主体沟通协调机制，且各类政策制定和实施均以微观主体满意为标尺，将极大提高政策精准性和政策取向一致性。加强财政货币政策协调配合，一方面将有利于改善企业和居民预期，激发企业投资和创新活力，促进产业转型、科技创新、先进制造、数字化转型等，增加有效供给；同时，也将增加居民对新能源汽车、智能家居、电子产品、文娱旅游等消费，扩大有效需求；进而加快促进国内大循环，稳步推进高质量发展。另一方面，财政货币政策协调配合也将有利于节省政策空间，降低实现同等目标下的政策成本，提高政策效率，为财政货币政策自身高质量发展奠定基础。

众多稳定经济增长、促进高质量发展的宏观政策中，财政政策和货币政策居核心地位。在增强宏观政策取向一致性、全面提高政策有效性目标下，加强财政货币政策取向一致性至关重要，而这恰离不开财政货币政策协调配合。由此，以加强财政货币政策协调配合为抓手，引领和规范就业、产业、区域、科技、环保等非经济政策制定方向，将起到"壹引其纲，万目皆张"的效果，从而为更好实现全年预期发展目标和厚植高质量发展优势提供坚实政策保障。

本 章 小 结

1. 市场失灵是指商品的市场价格既不等于商品的边际社会收益，又不等于商品的边际社会成本，它是一种市场中私人理性与社会理性不一致时的结果。由于市场调节的缺陷、公共物品的存在、垄断、外在效应以及市场分配机制会造成收入分配不公和贫富两极分化等原因造成了市场失灵。市场失灵现象说明了宏观经济调控的必要性。

2. 国家宏观调控的政策目标包括充分就业、经济增长、物价稳定和国际收支平衡四项。宏观经济政策主要有财政政策和货币政策。

3. 财政政策是指国家根据一定时期政治、经济、社会发展的任务而规定的财政工作的指导原则。财政政策通过政策工具实施，是一国政府宏观调控的重要手段。财政政策工具主要包括财政收入、财政支出、国债和政府投资。收入政策工具主要是税收。支出政策工具分为购买性支出政策和转移性支出政策，其中，购买性支出政策又有公共工程支出政策和消费性支出政策之别。财政政策工具的运用方式主要包括：调整政府购买水平；调整政府的转移支付；调整税率。财政政策本身有内在稳定器作用。

4. 货币政策是指一个国家根据既定目标，通过中央银行运用其政策工具，调节货币供给量和利率，以影响宏观经济活动水平的经济政策。货币政策工具一般包括公开市场业务、调整中央银行对商业银行的贴现率和改变法定存款准备率三种。

5. 各国政府在宏观调控中一般会综合运用财政政策与货币政策，财政政策与货币政策同时斟酌使用比单独使用某一政策效果显著。

思 考 与 讨 论

一、案例分析

1. 中国央行金融危机前后的货币政策

2007年，中国经济快速增长的同时出现了贸易顺差规模增长过快、流动性过剩问题突出、通货膨胀压力明显加大、房地产价格持续上涨等问题。与此同时居民消费价格指数出现了连续上扬态势。为了保持经济持续健康发展，避免过热状况延续，抑制物价持续上涨所造成的通胀压力，央行共连续加息6次，调整存款准备金率10次。2008年金融危机前，央行又6次调高存款准备金率，2008年6月25日达到17.5%的高位。

美国华尔街金融风暴引发全球金融大海啸之后，央行从2008年9月16日起，下调了一年期人民币贷款基准利率0.27个百分点，其他期限档次贷款基准利率按照短期多调、长期少调的原则作了相应调整；存款基准利率保持不变。从2008年9月25日起，央行再次宣布：除工商银行、农业银行、中国银行、建设银行、交通银行、邮政储蓄银行暂不下调外，其他存款类金融机构人民币存款准备金率下调1个百分点。2008年10月9日，又下调一年期人民币存贷款基准利率各0.27个百分点；10月15日下调人民币存款准备金率

0.5个百分点。

从央行金融危机前后货币政策的变化,我们不难看出货币政策在国家宏观调控中的重要作用。在经济高涨阶段,国家通过收紧银根控制经济过热引发的通货膨胀;金融危机爆发后,政策重点开始转向"保增长",货币政策在实际操作上告别从紧,转向松动。正是这种适时转变保证了2008年中国经济实现了9%的高增长。

要求:请分析对比中国央行金融危机前后的货币政策,其政策效果是什么。

2. 美国促进经济复苏的财政政策

2019年,全球经济增速在贸易保护主义、单边主义等多方面复杂因素的作用下持续放缓。美国通过补助性退税、税收优惠、发放贷款和发放补助等多种方式为个人和企业提供支持,财政支出规模之大异常罕见。2020年3月6日至26日,美国发布了两个法案和其他一些通知,政策内容主要包括:一是提供83亿美元的紧急资金支援公共医疗卫生体系和为遭受损失的小企业提供贷款;二是扩大高扣除额健康计划的报销范围;三是鼓励企业向受影响的人提供带薪休假,其支付的休假薪金可进行税收抵免和退税,四是延期缴纳联邦所得税3个月。3月27日,特朗普签署了规模为2.1430万亿美元的"2万亿美元刺激法案",向全美提供直接援助9 540亿美元、贷款8 490亿美元和补助3 400亿美元。直接援助主要有针对个人的补助性退税(每人1 200美元)、增强失业救助力度、暂停支付联邦学生贷款、豁免提前支取退休金的罚金等,以及针对企业的延迟缴纳工资税和社保税、允许2018—2020年的净营业亏损向前结转5个年度等。特朗普4月24日又签发了一项规模为4 840亿美元的新法案,进一步支援中小企业和医疗、检测机构,其中包括对小企业薪酬保护计划增拨超过3 100亿美元资金。

要求:请大家分析讨论美国的政策手段能否达到提振经济的效果。

二、简答题

1. 简述货币政策工具。
2. 简述宏观调控目标。
3. 简述财政政策工具的运用。
4. 简述同时使用财政政策和货币政策的综合效果。

三、实训项目

央 行 回 购

中国人民银行(央行)从1998年开始建立公开市场业务一级交易商制度,选择了一批能够承担大额债券交易的商业银行作为公开市场业务的交易对象,交易商运用国债、政策性金融债券等作为交易工具与央行开展公开市场业务。从交易品种看,央行的公开市场业务债券交易主要包括回购交易、现券交易和发行中央银行票据。其中回购交易分为正回购和逆回购两种,正回购为央行向一级交易商卖出有价证券,并约定在未来特定日期买回有价证券的交易行为(因此,正回购为央行从市场收回流动性的操作,正回购到期则为央行向市场投放流动性的操作);逆回购为央行向一级交易商购买有价证券,并约定在未来特定日期将有价证券卖给一级交易商的交易行为(逆回购的操作目的是什么?)。现券交易分为现券买断和现券卖断两种,前者为央行直接从二级市场买入债券,一次性地投放基础货币；后者为央行直接卖出持有债券（目的何在？）。中央银行票据即中国人民银行发行的短期债券，央行通过发行央行票据可以回笼基础货币，央行票据到期则体现为投放基础货币。

请大家分析讨论：

1. 央行回购业务是如何发挥调节经济作用的？
2. 为什么宏观调控目标在不同时期会有不同的侧重？

第十三章　开放条件下的宏观经济

 学习目标

1. 理解国际贸易的内涵。
2. 熟悉国际贸易与对外贸易的分析指标。
3. 掌握汇率变动对国民经济的影响。
4. 理解国际分工的相关理论。
5. 理解什么是跨国经营。
6. 熟悉跨国公司的特征。
7. 理解金融危机的表现和成因。

引导案例

稳慎扎实推进人民币国际化　助力金融强国建设

2023年中央金融工作会议提出"稳慎扎实推进人民币国际化"。国际货币是全球范围内被普遍用于商品计价、跨境结算、国际储备、境外流通和清偿债务的货币。人民币国际化，体现为人民币走出境外、成为国际货币的历史进程。货币走向全球通常伴随着国家经济实力和国际影响力的提升，17至18世纪的西班牙银元、第一次世界大战前的英镑和第二次世界大战后的美元，都以本国强大的经济基础为条件成为国际货币。随着我国经济实力和国际影响力的不断提升，稳慎扎实推进人民币国际化成为全面建设社会主义现代化国家的重要内容。

稳慎扎实推进人民币国际化，有利于促进国际货币平衡，维护国际关系稳定。当前，个别国家为了自身利益不断实施"小院高墙""脱钩断链"和所谓的"去风险"措施，不惜利用其主权货币的国际影响力及在支付结算生态体系中的优势，对别国发起贸易管制、金融制裁和长臂管辖，其长期形成的全球货币竞争优势，成为其遏制别国发展的工具。稳慎扎实推进人民币国际化，促进国际货币竞争格局变迁、支付体系多元化，不仅有助于扩大中国在国际事务中的话语权，而且有利于促进国际货币平衡、促进国际经济和政治关系的稳定，充分展示我国在国际事务中的软实力以及在维护国际公平正义中的突出作用。

稳慎扎实推进人民币国际化，有助于密切中国与其他国家的经贸关系，维护世界经济稳定发展。当前，世界经济面临越来越多的不稳定因素，一些发达经济体为维护自身霸权和经济优势，违背市场、科技创新和人类社会发展规律，以各种名义行贸易保护主义之实，为世界经济发展带来极大不确定性。他们总是从有利于本国经济增长的角度推行"以邻为壑"的货币政策，单方面贬值或升值，由此产生的溢出效应加剧了发展中国家的经济波动和债务危机。稳慎扎实推进人民币国际化，提升人民币在国际货

币中的地位,有利于通过货币计价、贸易结算等路径,更好发挥中国经济发展对维护世界经济稳定的作用。

稳慎扎实推进人民币国际化,有利于提升人民币的国际影响力,促进高水平对外开放。汇率波动风险是贸易和投资项目面临的重要风险,人民币国际化水平的提升,可以吸引更多境外个人和机构选择以人民币计价和结算,进一步丰富境外市场主体在贸易、融资和金融交易中的币种选择,这有助于其多样化资产配置和分散风险,减少在贸易和投融资领域面临的汇率波动风险,也能使其更好地分享中国经济发展和改革开放红利。提升人民币国际影响力,可以吸引更多境外资金来华投资,更多地持有人民币计价资产,这有助于推动我国资本与金融账户的有序开放,为实现高水平开放提供良好金融支持。

想一想,人民币国际化对我国金融强国建设具有重要意义。那人民币国际化对我国国际贸易发展、国际分工以及应对金融危机等方面有什么作用呢?

第一节 国际贸易、汇率与汇率政策

我们的经济生活正走向国际化发展,你发现你消费的很多商品来自国外。晨跑时,你穿着越南产的运动鞋;下班后,你又用美国产的手机约朋友去喝巴西产的咖啡。甚至还有很多商品我们尚未意识到它们的零部件来自世界各国。每天我们都享受着世界各地方向我们提供所享用的物品与劳务,而其中绝大多数地方可能我们根本不认识。这应该归功于国际分工和国际贸易。

一、国际贸易

国际贸易(international trade)是指不同国家(地区)之间的商品和劳务交换的活动,它是一种世界性的商品交换活动,所以又称为世界贸易(world trade)。

我们所接触的与国际贸易相近的概念是对外贸易。对外贸易(foreign trade)是指一国(地区)之间的商品和劳务交换的活动。有些海岛国家如英国、日本等也将对外贸易称为海外贸易(oversea trade)。国际贸易与对外贸易既相互联系又有所区别,国际贸易是站在全球的角度,而对外贸易是站在一个国家的角度来观察这种交换活动。

(一)国际贸易与国内贸易

国际贸易与国内贸易在本质上并无不同,但由于它是在不同国家或地区间进行的,因此与国内贸易相比具有以下特点:

(1)国际贸易要涉及不同国家或地区在政策措施、法律体系方面可能存在的差异和冲突,以及语言文化、社会习俗等方面带来的差异,所涉及的问题远比国内贸易复杂。

(2)国际贸易的交易数量和金额一般较大,运输距离较远,履行时间较长,因此,交易双方承担的风险远比国内贸易要大。

(3) 国际贸易容易受到交易双方所在国家的政治、经济变动、双边关系及国际局势变化等条件的影响。

(4) 国际贸易除了交易双方之外,还需涉及运输、保险、银行、商检、海关等部门的协作、配合,过程较国内贸易要复杂得多。

(二) 国际贸易与对外贸易的分析指标

1. 国际贸易规模

(1) 贸易额。贸易额又称贸易值,是以货币表示的贸易数值,是用货币表示的反映贸易规模的指标。各国贸易额一般都用本国货币表示,也可用国际上习惯使用的货币表示,为了便于国际比较,联合国发布的世界各国对外贸易额是以美元表示的。各国在统计有形商品时,出口额以 FOB 价格计算,进口额以 CIF 价格计算。贸易额通常分为对外贸易额和国际贸易额。

对外贸易额(value of foreign trade)是指一国在一定时期内的进口贸易额与出口贸易额的总和。

国际贸易额(value of international trade)是指全世界各国在一定时期内出口贸易额的总和。

由于从世界范围来看,一国的出口就是另一国的进口,为了避免重复计算,一般用各国出口额的总和来表示国际贸易的规模大小。

(2) 贸易量。贸易量是为了剔除价格变动影响,能准确反映国际贸易或一国对外贸易的实际数量而确立的一个指标。在计算时,是以固定年份为基期而确定的价格指数去除报告期的贸易额,得到的就是相当于按不变价格计算(剔除价格变动的影响)的贸易额,该数值就叫报告期的贸易量。

贸易量可分为对外贸易量和国际贸易量。

2. 贸易差额

微课:贸易差额

贸易差额(balance of trade)是指一个国家在一定时期内(通常为一年)出口总额与进口总额之间的差额。

(1) 贸易顺差(favorable balance of trade),我国也称它为出超(excess of export over import),表示一定时期的出口额大于进口额。

(2) 贸易逆差(unfavorable balance of trade),我国也称它为入超(excess of import over export),表示一定时期的出口额小于进口额。

(3) 贸易平衡,就是一定时期的出口额等于进口额。

3. 贸易结构

贸易结构是指贸易商品结构与市场结构。它是反映及评价一国对外贸易情况的主要宏观指标。

(1) 贸易商品结构。国际贸易商品结构是指一定时期内各大类商品或某种商品在整个国际贸易中的构成,即各大类商品或某种商品贸易额与整个世界出口贸易额相比,以比重表示。

对外贸易商品结构是指一定时期内一国进出口贸易中各种商品的构成,即某大类或某种商品进出口贸易与整个进出口贸易额之比,以份额表示。一个国家对外贸易商品结构,主要是由该国的经济发展水平、产业结构状况、自然资源状况和贸易政策决定的。发达国家对外贸易商品结构是以进口初级产品、出口工业制成品为主;发展中国家对外贸易商品结构的特征是以出口初级产品、进口工业制成品为主。要了解国际上一个国家的经济实力、科学技术水平,通常都要查看该国的对外贸易出口商品结构。

(2) 贸易市场结构。国际贸易市场结构是指国际贸易的地区分布和商品流向,也称为国际贸易地理方向(direction of international trade),反映的是各个地区、各个国家在国际贸易中所占的地位。通常用它们的出口额(或进口额)占世界出口贸易总额(或进口贸易总额)的比重来表示。

4. 贸易条件

国际贸易条件(terms of international trade)是出口商品价格与进口商品价格的对比关系,又称进口比价或交换比价。它表示出口一单位商品能够换回多少单位进口商品。很显然,换回的进口商品越多,越为有利。贸易条件在不同时期的变化通常是用贸易条件指数来表示,贸易条件指数是出口价格指数和进口价格指数的比值,计算公式是:出口价格指数除以进口价格指数,再乘以 100(假定基期的贸易条件指数为 100)。

报告期的贸易条件指数大于 100,说明贸易条件较基期改善。

报告期的贸易条件指数小于 100,说明贸易条件较基期恶化。

5. 对外贸易依存度

对外贸易依存度(foreign dependence degree)是衡量一个国家(或地区)国民经济外向程度大小的一个基本指标。它是指对外贸易额在该国国民收入或国民生产总值中所占的比重。

专栏 13-1 数据链接

中国进出口商品结构

外贸是拉动经济增长的传统"三驾马车"之一。我国进出口延续向好态势,规模创历史同期新高的同时,外贸质量的含金量也在不断提升。表 13-1 和表 13-2 分别显示了近 9 年间中国出口和进口商品结构的变化情况。

表 13-1 2014—2022 年中国出口商品结构 单位:百万美元

指 标	2022年	2021年	2020年	2019年	2018年	2017年	2016年	2015年	2014年
出口商品总额	3 560 539	3 316 020	2 589 950	2 499 480	2 486 700	2 263 340	2 097 630	2 273 470	2 342 290
初级产品出口额	169 118	140 072	115 629.2	133 969.6	134 992.8	117 733.2	105 186.8	103 927.1	112 692.1
食品及主要供食用的活动物出口额	73 498	69 846	63 531.77	65 000.16	65 471.9	62 626.14	61 097.65	58 154.36	58 913.62
饮料及烟类出口额	3 069	2 750	2 528.07	3 467.86	3 713.24	3 468.29	3 539.15	3 309.29	2 883.01
非食用原料出口额	24 829	22 297	15 916.99	17 224.1	18 021.01	15 439.77	13 101.67	13 917.14	15 826.37

续 表

指标	2022年	2021年	2020年	2019年	2018年	2017年	2016年	2015年	2014年
矿物燃料、润滑油及有关原料出口额	64 163	42 848	32 247.63	47 123.14	46 722.22	35 389.1	26 873.19	27 901.51	34 446.01
动、植物油脂及蜡出口额	3 559	2 331	1 404.73	1 154.31	1 065.18	809.89	575.14	644.82	623.12
工业制成品出口额	3 391 421	3 222 951	2 474 322	2 365 513	2 351 689	2 145 638	1 992 444	2 169 541	2 229 601
化学品及有关产品出口额	312 088	264 235	169 133.4	161 765.4	167 465.7	141 293.5	121 928.8	129 579.6	134 543.2
按原料分类的制成品出口额	591 566	543 268	434 069.8	406 732.6	404 659.2	368 564.1	351 244.7	391 017.7	400 224.2
机械及运输设备出口额	1 691 602	1 617 740	1 257 891	1 195 444	1 207 788	1 082 329	984 212.3	1 059 118	1 070 504
杂项制品出口额	742 888	757 276	584 678.7	583 502.2	565 605.8	547 691.7	529 488.4	587 444.7	622 061.6
未分类的其他商品出口额	53 277	40 432	28 549.73	18 068.77	6 170.56	5 759.69	5 570.29	2 380.94	2 267.16

表13-2 2014—2022年中国进口商品结构　　单位：百万美元

指标	2022年	2021年	2020年	2019年	2018年	2017年	2016年	2015年	2014年
进口商品总额	2 709 574	2 679 770	2 065 960	2 078 410	2 135 750	1 843 790	1 587 930	1 679 560	1 959 240
初级产品进口额	1 089 148	976 631	686 907.5	729 952.3	701 744.1	579 638.4	441 054.9	472 057.2	646 939.9
食品及主要供食用的活动物进口额	131 145	122 837	98 254.31	80 735.3	64 800.88	54 314.26	49 156.37	50 500.98	46 826.87
饮料及烟类进口额	7 026	7 626	6 203.77	7 660.56	7 664.96	7 028.2	6 095.99	5 774.42	5 222.19
非食用原料进口额	402 385	426 261	301 725.6	284 940.7	272 143.7	261 000.1	202 544.7	209 709.9	269 642
矿物燃料、润滑油及有关原料进口额	535 666	405 329	270 069	347 233.3	349 356.2	249 617.5	176 525.6	198 589	316 755.7
动、植物油脂及蜡进口额	12 925	14 578	10 654.81	9 382.51	7 778.44	7 678.43	6 732.23	7 482.85	8 493.04

续 表

指　标	2022年	2021年	2020年	2019年	2018年	2017年	2016年	2015年	2014年
工业制成品进口额	1 620 426	1 710 512	1 379 054	1 348 457	1 433 990	1 264 155	1 146 871	1 207 507	1 312 295
化学品及有关产品进口额	266 313	264 078	213 463.9	218 733	223 636.1	193 731.5	164 116.5	171 265.8	193 255.7
按原料分类的制成品进口额	197 764	210 828	168 757.4	140 042.2	151 350.7	135 147.3	121 920	133 011	172 369.1
机械及运输设备进口额	938 075	1 005 797	828 536.9	786 638.2	839 656.7	734 865	657 825.5	682 418.1	724 197.4
杂项制品进口额	133 839	169 397	145 972.6	144 212.4	143 739.7	134 331.9	126 141.2	134 692.5	139 708.4
未分类的其他商品进口额	84 436	60 413	22 323.12	58 830.86	75 606.86	66 078.86	76 868.1	86 119.92	82 764.16

二、外汇汇率及标价方法

外汇汇率(foreign exchange rate)是一个国家的货币折算成另一个国家货币的比率、比价或价格。也可以说，是以本国货币表示的外国货币的"价格"。

由于确定的标准不同，于是便产生了几种不同的外汇汇率标价方法。常用的标价方法包括直接标价法、间接标价法、美元标价法。

(一) 直接标价法

直接标价法又叫应付标价法，是以一定单位(1、100、1 000、10 000)的外国货币为标准来计算应付出多少单位本国货币。就相当于计算购买一定单位外币所应付多少本币，所以叫应付标价法。包括中国在内的世界上绝大多数国家目前都采用直接标价法。在国际外汇市场上，日元、瑞士法郎、加元等均为直接标价法，如日元 147.69 即 1 美元兑 147.69 日元。

在直接标价法下，若一定单位的外币折合的本币数额多于前期，则说明外币币值上升或本币币值下跌，叫作外汇汇率上升；反之，如果要用比原来较少的本币即能兑换到同一数额的外币，这说明外币币值下跌或本币币值上升，叫作外汇汇率下跌，即外币的价值与汇率的涨跌成正比。

(二) 间接标价法

间接标价法又称应收标价法。它是以一定单位(如 1 个单位)的本国货币为标准，来计算应收若干单位的外国货币。在国际外汇市场上，欧元、英镑、澳元等均为间接标价法。如欧元 1.09 即 1 欧元兑 1.09 美元。

在间接标价法中，本国货币的数额保持不变，外国货币的数额随着本国货币币值的对比变化而变动。如果一定数额的本币能兑换的外币数额比前期少,这表明外币币值上升,本币币值下降,即外汇汇率上升;反之,如果一定数额的本币能兑换的外币数额比前期多,则说明外币币值下降,本币币值上升,也就是外汇汇率下跌,即外币的价值和汇率的升跌成反比。

(三) 美元标价法

随着外汇交易全球化的发展,传统用于各国的直接标价法和间接标价法,已经很难适应国际外汇发展的需要,必须需要一种统一的汇率表现方式。于是,出现了一种国际上的主要货币或关键货币(key currency)为标准的标价方式。各国外汇市场上公布的外汇牌价均以美元为标准。美元以外的两种货币之间的汇率,必须通过各自货币与美元的比价进行套算得出。这种标价方式被称为"美元标价法"。

专栏 13-2　知识链接

国际标准化货币代码

货币代码是指一国货币为了方便交易而使用的代码。一般以三个大写的英文字母表示,其中前两个字母一般代表国名,后一个字母一般代表货币名。国际标准化组织(ISO)颁布的 ISO 4217 国际标准是"货币及基金代码之表示法"(表示货币和资金的代码)。每种货币有两种代码,就是常用的三位字母代码和较少用的三位数字代码。大部分的三位字母代码是 ISO 3166-1 的二位字母代码之后加一字母(通常是货币名称的第一字母)所构成。

如我们常见的货币代码,人民币:CNY,港元:HKD,欧元:EUR,美元:USD,英镑:GBP,日元:JPY,新加坡元:SGD,韩元:KRW,泰铢:THB。

三、汇率政策

汇率政策是指一个国家(或地区)政府为达到一定的目的,通过金融法令的颁布、政策的规定或措施的推行,把本国货币与外国货币比价确定或控制在适度的水平而采取的政策手段。汇率政策中最主要的是汇率制度的选择,汇率制度是指一个国家政府对本国货币汇率水平的确定、汇率的变动方式等问题所作的一系列安排和规定。包括:① 确定汇率的原则和依据,例如,以货币本身的价值为依据,还是以法定代表的价值为依据等;② 维持与调整汇率的办法,例如,是采用公开法定升值或贬值的办法,还是采取任其浮动或官方有限度干预的办法;③ 管理汇率的法令、体制和政策等,例如,各国外汇管制中有关汇率及其适用范围的规定;④ 制定、维持与管理汇率的机构,如外汇管理局、外汇平准基金委员会等。

汇率制度对各国汇率的决定有重大影响。按照汇率变动幅度的大小,汇率制度可分为固定汇率制和浮动汇率制。

固定汇率制(fixed exchange rate system)是指以本位货币本身或法定含金量为确定汇率的基准,汇率比较稳定的一种汇率制度。在不同的货币制度下具有不同的固定汇率制度。

浮动汇率制（floating exchange rate system）是指一国不规定本币与外币的黄金平价和汇率上下波动的界限，货币当局也不再承担维持汇率波动界限的义务，汇率随外汇市场供求关系变化而自由上下浮动的一种汇率制度。

第二节　国际产业转移与国际分工

一、国际产业转移与国际分工

（一）国际产业转移

国际产业转移（international industrial transfer），是指某些产业从一个国家和地区通过国际贸易和国际投资等多种方式转移到另一个国家和地区的过程。以前，国际产业转移主要发生在制造业领域，但其内涵在不断变化。从资源密集度来看，产业转移从早期的劳动密集型产业，逐步过渡到资本密集型产业，再到技术、知识密集型产业；从附加值来看，由低附加值产业（如纺织业）发展到高附加值产业（如集成电路制造业）。移出国制造业成本的不断上升和市场的国际性扩张需求是促使发达国家产业向外转移的内在动因，而移入国的成本优势和庞大市场则是产业转入的根本动力。这里的成本优势是多方面的，既包括劳动力成本，又包括土地等资源的成本，还包括税收等综合性的商务成本等。

思政课堂：坚持开放合作，共同建设开放型世界经济，促进世界共同发展

（二）国际分工

国际分工指世界上各国（地区）之间的劳动分工，是国际贸易和各国（地区）经济联系的基础。它是社会生产力发展到一定阶段的产物，是社会分工超越国界的结果，是生产社会化向国际化发展的趋势（图 13-1）。

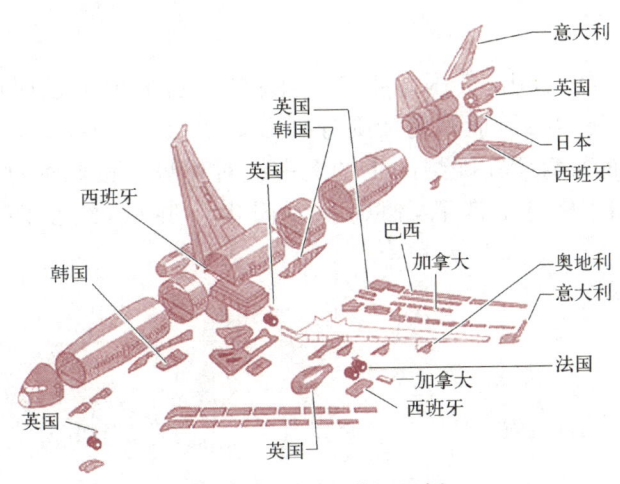

图 13-1　国际分工示例

二、国际分工的相关理论

（一）亚当·斯密的"绝对利益"说

亚当·斯密主张实行自由贸易，他认为：如果一件东西在购买时所花费的代价比

微课：国际分工的相关理论

263

在家里生产时所花费的少,就永远不会想要在家里生产,这是每一个精明的家长都知道的格言。裁缝不想制作他自己的鞋子,而向鞋匠购买。鞋匠不想制作他自己的衣服,而雇裁缝制作。农民不想缝衣,也不想制鞋,而宁愿雇用那些不同的工匠去做。他们都感到他们为了自身的利益,应当把全部精力集中使用到比邻人处于某种有利地位的方面,而以劳动生产物的一部分或同样的东西,即其一部分的价格,购买他们所需要的其他任何物品。

这里提到的"处于某种有利地位"即绝对利益(absolute advantage),用于形容在某一产品的生产上,一国所耗费的劳动成本绝对低于另一国,在生产效率上占有绝对优势。亚当·斯密认为,各国应该完全专业化生产自己拥有绝对优势的产品,然后彼此进行交换,这能使产品的产量增加,消费的数量也会增加,这样比各国各自生产自己所需要的一切产品更为有利。

为了说明国际分工提供了互利贸易机会,我们通过一个经济模型来介绍亚当·斯密的分析思路。

例如:为了简单起见,假定发生贸易关系的两国是英国和葡萄牙,每个国家生产两种商品:呢绒和酒。在两国发生贸易之前,各自都要生产这两种产品,贸易前英国与葡萄牙的生产成本如表13-3所示。

表13-3 贸易前英国与葡萄牙的生产成本

国 别	呢 绒		酒	
	劳动时间/天	产量/件	劳动时间/天	产量/桶
英 国	100	1	90	1
葡萄牙	80	1	100	1

由表13-3中可以看出,英国每生产一单位呢绒,需要劳动时间100天,生产一单位酒需要劳动时间90天,而葡萄牙则分别需要80天和100天,因而英国在酒的生产上占绝对优势,而葡萄牙在呢绒的生产上占绝对优势。按照绝对利益原则,两国将发生劳动分工,英国专门生产酒,葡萄牙专门生产呢绒,结果两国的劳动分配如表13-4所示。

表13-4 分工后两国生产两种产品的情况

国 别	呢 绒		酒	
	劳动时间/天	产量/件	劳动时间/天	产量/桶
英 国	0	0	190	190/90
葡萄牙	180	180/80	0	0

在国际分工的基础上,两国进行贸易,假设两国以1∶1的比率交换,双方都可获得利益,贸易利益如表13-5所示。

表 13-5 贸易利益

产品	英国		葡萄牙	
	分工前	分工后	分工前	分工后
呢绒	1	1	1	1.25
酒	1	1.1	1	1

英国增加了 0.1 单位酒的消费，葡萄牙增加了 0.25 单位呢绒的消费。因而，亚当·斯密认为国际分工和自由贸易不仅能使每个国家相比在封闭经济的情况下获得更多的廉价商品，而且能促进各个国家的生产要素得到最有效、最合理的运用。但是，如果一国在两种产品的生产上都处于绝对不利的地位，那么贸易将如何展开呢？各国应选择自给自足，还是有什么理由使他们继续进行贸易？

（二）大卫·李嘉图的"比较利益"学说

大卫·李嘉图是古典经济学最伟大的代表之一，他把古典经济学的理论发展为一个逻辑严整的体系，系统地发展了古典经济学。李嘉图在 1817 年出版了他的主要经济学著作《政治经济学及赋税原理》，书中进一步发展了亚当·斯密的绝对利益说，提出了著名的比较利益学说（the theory of comparative advantage），解决了亚当·斯密所不能回答的问题。

比较利益学说的观点是：一国在各种商品的生产上都占有绝对优势，另一国在各种商品的生产上均处于绝对劣势，则优势国应集中生产优势相对大的产品，劣势国集中生产劣势较小的产品，通过专业化分工和国际交换，双方仍能从中获益。即"两利相权取其重，两弊相权取其轻"。我们仍以两种商品的简单经济模型为例，进行分析。

例如：分工前英国和葡萄牙的生产成本如表 13-6 所示。表 13-6 中，葡萄牙在两种产品的生产上都比英国占优势。按照亚当·斯密的理论，在这样的情况下，英、葡两国之间不会发生贸易。因为英国生产两种产品的劳动成本都绝对高于葡萄牙，英国没有什么东西可以卖给对方。但根据比较利益理论，葡萄牙生产呢绒的优势是英国的 1.5 倍（120/80=1.5）；而生产酒的优势是英国的 1.1 倍（100/90=1.1），葡萄牙应集中生产优势相对大的呢绒，而英国应集中生产劣势相对小的酒。

表 13-6 分工前英国和葡萄牙的生产成本

国别	呢绒		酒	
	劳动时间/天	产量/件	劳动时间/天	产量/桶
英国	120	1	100	1
葡萄牙	80	1	90	1

分工后两国生产两种产品的情况如表 13-7 所示。

表 13-7 分工后两国生产两种产品的情况

国 别	呢 绒		酒	
	劳动时间/天	产量/件	劳动时间/天	产量/桶
英 国	0	0	220	220/100
葡萄牙	170	170/80	0	0

两国进行贸易,仍然假设英国和葡萄牙按 1∶1 的比率交换,贸易利益如表 13-8 所示。

表 13-8 贸 易 利 益

产 品	英 国		葡萄牙	
	分工前	分工后	分工前	分工后
呢绒	1	1	1	1.125
酒	1	1.2	1	1

英国酒的消费增加了 0.2 单位,葡萄牙增加了 0.125 单位呢绒的消费。由此可见,与没有贸易的情况相比,各国的工人专门生产自己具有比较优势的产品并将其与比较劣势的产品相交换时,他们工作同样的劳动时间就能够获得更多的消费品。

有必要说明的是,上述事例中包含的一些假设条件并不完全符合我们现实生活的情形。例如,我们没有考虑贸易活动所带来的运输费用和其他成本;实际上贸易涉及很多国家和产品,而我们假设只有两个国家和两种产品等。但比较优势的中心命题是:具有不同比较优势的国家,有可能通过专业化分工和交换同时获得利益。上述假设对于简化说明这一原理是必要的,即便考虑更为复杂的条件,这一基本原理仍然能够成立。

(三)要素禀赋理论

李嘉图提出,贸易的基础在于各国具有不同的比较优势,但他过于简单地把劳动生产率差别的根源仅归结为技术水平的差异。20 世纪初期,瑞典经济学家赫克歇尔和其弟子俄林用生产要素禀赋(factor endowment)的差别来解释生产成本和价格的不同,重新表达了比较优势原理。为了纪念他们,将他们提出的理论模型以两人的姓名首字母命名,称为"H-O"模型。

H-O 模型认为,由于国与国之间要素禀赋存在差异,使得要素价格也产生差异,进而导致生产成本和产品价格的差异,由此产生贸易。某种产品是否具有比较优势,取决于它们能否比较密集地利用该国相对丰裕的要素。越是能密集利用一国丰裕要素的产品,越具有比较优势;反之,越是需要密集投入一国相对稀缺要素的产品,则越缺乏比较优势。因此,一国应该出口那些在生产中需密集使用本国相对丰裕和廉价的生产要素的产品,进口那些在生产中需密集使用本国相对缺乏和昂贵的生产要素的产品。例如,若 A 国是劳动力丰富的国家,B 国是资本丰富的国家,而 X 产品是劳动密集型产品,Y 产品为资本密集型产品。那么,在自由贸易的条件下,A 国会出口 X 产品,进口 Y 产品,而 B 国则会出口 Y 产品,进口 X 产品。经过这样的分工,生产要素将得到最有效的使用,从而使劳动生产要素提高,产量增加,价格降低。

要素禀赋理论的贡献在于，它从要素层面进一步解释了比较优势的来源，从而使得比较优势原理更为完善和更有说服力，对于企业和国家选择适当的发展战略也具有现实的指导意义。同时，该理论也很大程度上解释了为什么一些发展中国家在技术含量较低的制成品加工（劳动密集产品和行业）上具有较多比较优势，而在资本和技术密集的行业则处于比较劣势。

三、国际分工的类型

按参加国际分工的国家的自然资源和原材料供应、生产技术水平和工业发展情况的差异来分类，可划分为以下三种不同类型的国际分工形式。

（一）垂直型国际分工

垂直型国际分工是经济技术发展水平相差悬殊的国家（如发达国家与发展中国家）之间的国际分工。垂直分工是水平分工的对称。它分为两种：一种是指部分国家供给初级原料，而另一部分国家供给制成品的分工形态，如发展中国家生产初级产品，发达国家生产工业制成品，这是不同国家在不同产业间的垂直分工。一种产品从原料到制成品，须经多次加工。经济越发达，分工越细密，产品越复杂，工业化程度越高，产品加工的次序就越多。加工又分为初步加工（粗加工）和深度加工（精加工）。只经过初加工的为初级产品，经过多次加工最后成为制成品。初级产品与制成品这两类产业的生产过程构成垂直联系，彼此互为市场。另一种是指同一产业内技术密集程度较高的产品与技术密集程度较低的产品之间的国际分工，或同一产品的生产过程中技术密集程度较高的工序与技术密集程度较低的工序之间的国际分工，这是相同产业内部因技术差距所引致的国际分工。

（二）水平型国际分工

水平型国际分工是经济发展水平相同或接近的国家（如发达国家以及一部分新兴工业化国家）之间在工业制成品生产上的国际分工。当代发达国家的相互贸易主要是建立在水平型国际分工的基础上的。水平分工可分为产业内与产业间水平分工。前者又称为"差异产品分工"，是指同一产业内不同厂商生产的产品虽有相同或相近的技术程度，但其外观设计、内在质量、规格、品种、商标、牌号或价格有所差异，从而产生的国际分工和相互交换，它反映了寡占企业的竞争和消费者偏好的多样化。随着科学技术和经济的发展，工业部门内部专业化生产程度越来越高。部门内部的分工、产品零部件的分工、各种加工工艺间的分工越来越细。这种部门内水平分工不仅存在于国内，而且广泛地存在于国与国之间。后者则是指不同产业所生产的制成品之间的国际分工和贸易。由于发达资本主义国家的工业发展有先有后，侧重的工业部门有所不同，各国技术水平和发展状况存在差别，因此，各类工业部门生产方面的国际分工日趋重要。各国以其重点工业部门的产品去换取非重点工业部门的产品，分工不断向纵深发展，由此形成水平型国际分工。

（三）混合型国际分工

混合型国际分工是把"垂直型"和"水平型"结合起来的国际分工方式。德国是"混合型"的典型代表。它对第三世界是"垂直型"的，向发展中国家进口原料，出口工业品，而对发达国家则是"水平型"的。在进口中，主要是机器设备和零配件。其对外投资主要集中在西欧发达的资本主义国家。

第三节　跨国经营与跨国公司

一、跨国经营

（一）跨国经营的含义

跨国经营是指国内企业通过对外直接投资，在国外建立子公司或分支结构，并以此为基础所展开的跨国界的以盈利为目的的生产经营活动。

（二）跨国经营的兴起和发展

跨国经营最早可以追溯到17世纪在印度及远东进行掠夺性贸易的殖民地公司，以英国的东印度公司为先导，他们主要是输出产品和掠夺资源。18世纪下半叶，工业革命迅猛推进，一些拥有技术垄断优势的企业在国内站稳脚跟后相继到国外设厂开始跨国经营。1865年拜尔公司通过间接投资购买了美国纽约州爱尔班尼苯胺工厂的股票，不久又把它吞并为自己的分厂。1866年诺贝尔公司在德国汉堡投资办起了一家炸药工厂，从此走上了跨国经营的道路，创建了庞大的世界炸药工业体系。这几家企业是开展跨国经营的先驱。

19世纪末20世纪初，欧美先后完成了产业革命。新技术革命使企业的生产规模进一步扩大的同时还推动了企业的资本输出，许多大企业纷纷抢占国际市场，加速海外扩张，如杜邦公司、通用电气公司、巴斯夫公司等都先后进入跨国经营的行列。到第一次世界大战以前，资本主义国家对外投资总额为440亿美元。那时资本输出只限于英、法、德等少数国家，跨国公司也主要集中在这些国家。

两次世界大战给世界经济和贸易带来极大的创伤，给跨国公司的经营带来了很大的困难。而美国借助于先进的新兴工业技术及"效率革命"加快了跨国经营的步伐。1914—1938年美国187家大公司新建了785家海外子公司，超过世界跨国公司总数的50%。到1945年世界各国对外直接投资累计为200亿美元。

第二次世界大战结束后，由于科学技术的显著进步，世界经济持续增长，欧美各国的跨国公司重整旗鼓，日本也开始大规模地开展海外经营，发展中国家如韩国、印度、墨西哥的跨国公司日益增多。企业再也没有必要在空间上集于一处，而是在成本最低的地点落脚，以高效的通信设施组成整体，以求得产品价值链各环节总体最大收益。

二、跨国公司

（一）跨国公司的含义

跨国公司（transnational corporation）是指由两个或两个以上国家的经济实体所组成，并从事生产、销售和其他经营活动的国际性大型企业。

（二）跨国公司的分类

按照不同的分析角度和划分标准，对跨国公司可以有不同的分类。

1. 按照跨国公司经营项目分类

按照跨国公司经营项目的性质，可以将跨国公司分为以下三种类型。

(1) 资源开发型跨国公司。资源开发型跨国公司以获得母国所短缺的各种资源和原材料为目的，对外直接投资主要涉及种植业、采矿业、石油业和铁路等领域。这类公司是跨国公司早期积累时经常采用的形式，资本原始积累时期英、法、荷等老牌殖民国家的特许公司在19世纪时向美国、加拿大、澳大利亚和新西兰等经济落后而资源丰富的国家进行的直接投资就主要集中在种植业、采矿业和铁路。目前，资源开发型跨国公司仍集中于采矿业和石油开采业，如著名埃克森-美孚公司(Exxon-Mobil)、英荷壳牌公司(Royal Dutch Shell)。

(2) 加工制造型跨国公司。加工制造型跨国公司主要从事机器设备制造和零配件中间产品的加工业务，以巩固和扩大市场份额为主要目的。这类公司以生产加工为主，进口大量投入品生产各种消费品供应东道国或附近市场，或者对原材料进行加工后再出口。这类公司主要生产和经营诸如金属制品、钢材、机械及运输设备等产品，随着当地工业化程度的提高，公司经营逐步进入资本货物部门和中间产品部门。加工制造型跨国公司是当代一种重要的公司形式，为大多数东道国所欢迎。美国通用汽车公司(General Motors)作为世界上最大的汽车制造公司，是制造业跨国公司的典型代表。

(3) 服务提供型跨国公司。服务提供型跨国公司主要是指向国际市场提供技术、管理、信息、咨询、法律服务以及营销技能等无形产品的公司。这类公司包括跨国银行、保险公司、咨询公司、律师事务所以及注册会计师事务所等。20世纪80年代以来，随着服务业的迅猛发展，服务业已逐渐成为当今最大的产业部门，服务提供型跨国公司也成为跨国公司的一种重要形式。

2. 按照跨国公司经营结构分类

按照跨国公司的产品种类和经营结构，可以将跨国公司分为以下三种类型。

(1) 横向型跨国公司。横向型跨国公司是指母公司和各分支机构从事同一种产品的生产和经营活动的公司。在公司内部，母公司和各分支机构之间在生产经营上专业化分工程度很低，生产制造工艺、过程和产品基本相同。这类跨国公司的特点是母子公司之间在公司内部相互转移生产技术、营销诀窍和商标专利等无形资产，有利于增强各自的竞争优势与公司的整体优势，减少交易成本，从而形成强大的规模经济。横向型跨国公司的特点是地理分布区域广泛，通过在不同的国家和地区设立子公司与分支机构就地生产与销售，以克服东道国的贸易壁垒，巩固和拓展市场。

(2) 垂直型跨国公司。此类跨国公司按其经营内容又可分为两种：一种是母公司和子公司生产和经营不同行业的，但却相互有关的产品。它们是跨行业的公司，主要涉及原材料、初级产品的生产和加工行业，如开采种植→提炼→加工制造→销售等行业。另一种是母公司和子公司生产和经营同一行业不同加工程度或工艺阶段的产品，主要涉及汽车、电子等专业化分工水平较高的行业。如美国的美孚石油公司就是前一种垂直型的跨国公司，它在全球范围内从事石油和天然气的勘探、开采，以管道、油槽和车船运输石油和天然气，经营大型炼油厂，从原油中精炼出最终产品，批发和零售几百种石油衍生产品。

(3) 混合型跨国公司。此类跨国公司经营多种产品，母公司和子公司生产不同的产品，经营不同的业务，而且它们之间互不衔接，没有必然联系。例如，日本的三菱重工原是一家造船公司，后改为混合多种经营，其经营范围包括：汽车、建筑机械、发电系统产品、造船和钢构件、化学工业、一般机械、飞机制造业等。

(三) 跨国公司的特征

1. 全球战略目标

在国际分工不断深化的条件下,跨国公司凭借其雄厚的资金、技术、组织与管理等方面的力量,通过对外直接投资在海外设立子公司与分支机构,形成研究、生产与销售一体化的国际网络,并在母公司控制下从事跨国经营活动。跨国公司总部根据自己的全球战略目标,在全球范围内进行合理的分工,组织生产和销售,而遍及全球的各个子公司与分支机构都围绕着全球战略目标从事生产和经营。跨国公司的重大经营决策都以实现全球战略目标为出发点,着眼于全球利益的最大化。

2. 全球一体化经营

为实现全球战略目标,跨国公司实行全球一体化经营,对全球范围内各子公司与分支机构的生产安排、投资活动、资金调遣以及人事管理等重大活动拥有绝对的控制权,按照全球利益最大化的原则进行统一安排。跨国公司强有力的管理体制和控制手段是实现全球一体化经营必需的组织保证,当代通信技术的巨大进步和现代化的交通运输则为跨国公司的全球一体化经营提供了必要的物质基础。跨国公司采取集中与分散相结合的管理方式和全球战略,在国际范围内从事生产经营活动。

3. 灵活多样的经营策略

在实行全球一体化经营的同时,跨国公司也会根据国际政治经济形势、东道国的具体情况及其对跨国公司的政策法规、自身的实力以及在竞争中的地位,采取灵活多样的经营策略安排,以更好地符合东道国当地的实际情况,获得良好的经营效益,也有利于与东道国政府建立融洽的关系。在组织机构上,跨国公司往往会相应地改变原来的集权管理,将原先集中在总部的权力适当下放给下属各子公司与分支机构,实行分权管理。

4. 强大的技术创新能力

在科学技术迅猛发展的今天,技术进步已成为垄断资本获取高额利润、争夺市场、增强自身在国内及国际市场竞争力的重要途径。大型跨国公司是当代技术创新与技术进步的主导力量,其实力主要体现在它们拥有雄厚的资金技术优势和强大的开发能力。跨国公司要在国际分工和国际竞争中保持领先,就必须不断地投入巨额资金,加强技术研究与开发,保持自己的技术优势。技术领先地位带来的丰厚市场回报,又激励着跨国公司不断进行技术创新,推动技术进步。

5. 具有较大的经营风险

跨国公司与国内企业最大的区别在于面临着更为错综复杂的国际经营环境。复杂的经营环境在给跨国公司创造出更多的发展机会和空间的同时,也使它具有较大的经营风险。除了正常的商业风险之外,跨国公司还面临着国际经营所特有的政治风险和财务风险等,前者指国际经济往来活动中由于政治因素而造成经济损失的风险,包括东道国对外国资产没收、征用和国有化的风险,以及东道国革命、政变等风险;后者指东道国汇率变化和通货膨胀而带来的经济损失等。

(四) 跨国公司投资和发展的新趋势和新动向

1. 全球外商直接投资(FDI)处于近十年来历史低位,全球价值链增长停滞不前

2020年6月,联合国贸发会议发布的《2020年世界投资报告》显示,2019年全球FDI温和增长,总额为1.54万亿美元,同比增长3%,尽管一改2017年和2018年大幅下降走

势,但仍低于过去10年的平均水平。从方向上看,2019年FDI增长主要是因为流向发达经济体和转型经济体的资金增加,流向发展中经济体的资金则略有减少。全球FDI长期增长放缓的关键原因被归结为FDI回报率不断下降、投资形式日益转向轻资产型和不利的投资政策环境。

首先,FDI回报率从2012年的8.1%下降到2019年的6.7%,而美国次贷危机爆发前几年这一数值的平均水平为9%,投资回报率的下降影响了跨国公司海外投资的意愿。其次,跨国公司价值链的数字化、智能化以及在线市场的广泛使用导致跨国企业将更多的资产集中于母国,海外投资呈现更强的轻资产特征。例如,数字化程度最高的互联网平台类跨国公司,其海外资产份额与海外销售份额的比率都低于40%,大多数低于20%,海外资产与海外销售的传统关系基本上被完全打破,行业轻资产特征非常明显。最后,不确定的政治因素及相伴而来的经济变化对FDI的流动有较大影响。如英国脱欧的推进导致英国的FDI下降了6%,中国香港由于大量撤资,导致2019年FDI下降48%。

全球FDI持续下滑的同时,全球价值链的增长也停滞不前。世界银行2019年11月发布的《2020年世界发展报告》显示,过去10年全球价值链(GVCs)的增长已基本停滞。其主要原因有三方面,一是全球经济增长总体放缓,特别是在投资方面;二是贸易改革步伐放缓,甚至出现倒退,特别是近期贸易保护主义的抬头对全球价值链的演变产生了负面影响;三是最具活力的地区和行业已经自我形成了完整的价值链。例如,蓬勃发展的页岩油行业使美国在2010年至2015年间的石油进口减少了四分之一,并降低了美国将制造业生产外包的动机,这种进口替代放缓了全球价值链的空间延伸速度。全球价值链增长趋缓给全球经济可持续增长、减少贫困、增加就业带来了一定的冲击。

2. 传统行业跨国巨头加快产业转型步伐,生物医药、人工智能等领域成为布局热点

中美经贸摩擦将对食品、家电、汽车等传统行业领域带来冲击,相关领域的不少大型跨国公司积极应对,加快转型步伐。摩根士坦利预计,贸易摩擦将导致全球食品零售行业在2023年之前萎缩1/3,在此背景下,各跨国零售巨头纷纷开始转型,加快互联网布局,积极进军新领域。例如,全球最大的零售商沃尔玛通过收购大举进军娱乐、文化领域;家乐福、乐购建立合作联盟,增强供应商购买能力以降低产品价格。传统家电行业公司则致力于转型,例如,夏普公司将家电等面向消费者的产品生产继续转向以鸿海为主的海外工厂,公司将专注于8K以及物联网等尖端领域,水平分工基础上,致力于成为开发型企业。

随着世界各地排放规定不断收紧,传统内燃机汽车需求呈现趋势性下降,各大跨国汽车巨头纷纷逐步收缩传统汽车产能,加快布局新能源汽车等领域。雷诺公司与法国电力、道达尔等在电动汽车、能源服务等开展合作;宝马公司提出,将发力电动汽车和自动驾驶,并在2019年9月份发布了最新的电动概念车iNEXT,计划2021年量产;大众公司计划基于新推出的模块化电动平台,生产1 000万辆电动汽车;奔驰公司和奥迪公司均发布了其新的电动概念车,加快与特斯拉争夺高端电动车市场的主导权。

受不确定性影响,大型跨国公司在布局新兴领域方面相对谨慎和集中,生物医药、人工智能等领域较为活跃,不少企业通过跨界融合、跨境并购等方式应对竞争、分摊风险。

随着越来越多重点药物专利即将到期,研发新药费时费力,大型跨国医药巨头纷纷锁定手握新产品的新兴研发型药企。例如,生物医药领域,全球巨头强强并购步伐加快,武田制药以460亿英镑收购爱尔兰制药巨头夏尔;赛诺菲以116亿美元收购美国公司

Bioverativ，以39亿欧元收购比利时生物技术公司Ablynx，均为强化在罕见病治疗领域的市场能力。

在人工智能领域，大型跨国企业通过收购等方式抢滩布局。英特尔以153亿美元收购以色列科技企业Mobileye，致力于研发与自动驾驶有关的软硬件系统；本田汽车向通用汽车投资27.5亿美元，联手将自动驾驶推向市场。此外，互联网巨头纷纷布局智能驾驶等领域。亚马逊与奥迪公司达成协议，亚马逊通过其家庭服务模块，在全美提供硬件替换与充电桩安装，奥迪推出全新电动SUV "e-tron"，共同布局美国高端电动汽车市场；谷歌与雷诺-日产-三菱联盟合作，将公司基于安卓系统的媒体显示设备安装在全球销售的数百万辆汽车上，提供应用服务。

思考一下

请讨论中国企业跨国经营的优势和劣势。

三、跨国公司对发展中国家的作用

（一）引进资金

发展中国家往往要保持高速的经济增长，这需要大量的资金投入。在"比较优势"理论下，国际援助、政府间贷款等方式或金融市场等是发展中国家获取外部发展资金的主要来源。开放型经济给予跨国公司发展的空间，其直接投资则成为发展中国家获取外资的主要来源之一。跨国公司的直接投资降低了东道国融资的风险，因为直接投资没有还本付息的规定，从而投资风险转移到了跨国公司手中。更多依赖外商直接投资对于发展中国家总的来说是好事，因为外国投资者往往作长期承诺，而且与债务持有人相比更能够容忍短期困难。

（二）引进技术

技术引进往往是发展中国家实施赶超战略的手段之一。跨国公司为发展中国家的技术引进提供了便利的通道。跨国公司到东道国直接投资需要的机器设备是跨国生产所需的。但是，即使没有引进先进的机器设备，跨国公司只是经营东道国的工厂和企业，效益也会提高，原因在于跨国公司带来的技术除了硬技术，还有软技术，例如，先进的管理制度能够提高生产效率。更重要的是，跨国公司的技术是附着在人身上的，因此从广义的角度讲，跨国公司的人才和技术引进使得发展中国家既可以从跨国公司获得技术来弥补技术落后的不足，也可以利用跨国公司弥补人才的不足。

（三）跨国公司直接投资的扩散效应和外部正效应

一方面，跨国公司的技术和人才引进通过运行网络向上游（即原材料供应商）和下游（如销售商）扩散。由于跨国公司的运作有严格的规格和标准，因此给予上游供应商和下游销售商严格按标准供货和销货的约束，无形中提高了其上游和下游网络的技术和人才水平。另一方面，跨国公司培训的人才对发展中国家有很强的正外部效应。跨国公司职工或管理人员"跳槽"和独立创业都使跨国公司的技术和管理不可避免地外泄，给社会带来正向的外部效应。

（四）跨国公司的"学习曲线"效应

跨国公司的生产经营者还为发展中国家的企业带来了示范效应，大大提高了其产业竞争力。很多发展中国家借助于跨国公司的国际市场网络大大提高了出口能力。

除了上述渠道,发展中国家还充分利用跨国公司的其他生产要素,以做到双赢合作。但是发展中国家利用跨国公司提升本国的经济也是有条件的。跨国公司到发展中国家投资,并非出于道义和政治考虑,而是出于其全球性战略的动机。跨国公司的全球性战略是其全国战略的延伸,其本质是在全球范围内有效配置资源以获取最大利润。因此,跨国公司的投资一般流向企业交易成本低或存在优惠政策的国家。而发展中国家为了达到充分利用跨国公司发展本国经济的目的,势必付出一定的代价,这就需要协调跨国公司和国家的利益关系,寻找一个平衡点,以达到双赢互利的目标。

四、跨国公司的发展对国际贸易的影响

(一) 跨国公司的发展,促进了国际贸易和世界经济的增长

目前,全球跨国公司数量已超 8 万家,尽管一度全球 FDI 流量急剧下降,但国际生产体系仍将继续在经济增长和发展中发挥重要作用。据联合国 2020 年《世界投资报告》估算,目前投资于可持续发展的资金约 1.3 万亿美元,具体包括可持续发展投资基金、绿色债券、社会及医疗卫生债券等。可以说,跨国公司成为当代国际经济、科学技术和国际贸易中最活跃、最有影响力的力量,而这种力量随着跨国公司投资总体呈上升趋势还会得到增强。

(二) 跨国公司对发达国家对外贸易的影响

跨国公司的发展对第二次世界大战战后发达国家的对外贸易起了极大的推动作用。这些作用表现在,使发达国家的产品能够通过对外直接投资的方式在东道国生产并销售,从而绕过了贸易壁垒,提高了其产品的竞争力;从原材料、能量的角度看,减少了发达国家对发展中国家的依赖;也使得发达国家的产品较顺利地进入和利用东道国的对外贸易渠道,并易于获得商业情报信息。

(三) 跨国公司对发展中国家对外贸易的影响

跨国公司对外直接投资和私人信贷,补充了发展中国家进口资金的短缺。跨国公司的资本流入,加速了发展中国家对外贸易商品结构的变化。第二次世界大战战后,发展中国家引进外国公司资本、技术和管理经验,大力发展出口加工工业,使某些工业部门实现了技术跳跃,促进了对外贸易商品结构的改变和国民经济的发展。

跨国公司的资本流入,促进了发展中国家工业化模式和与其相适应的贸易模式的形成和发展。战后,发展中国家利用外资,尤其是跨国公司的投资,实施工业化模式和与其相适应的贸易模式,大体上可分为:初级产品出口工业化、进口替代工业化和工业制成品出口替代工业化三个阶段。进口替代工业化是指一国采取关税、进口数量限制和外汇管制等严格的限制进口措施,限制某些重要的工业品进口,扶植和保护本国有关工业部门发展的政策。实行这项政策的目的在于用国内生产的工业品代替进口产品,以减少本国对国外市场的依赖,促进民族工业的发展。出口替代工业化是指一国采取各种措施促进面向出口工业的发展,用工业制成品和半制成品的出口代替传统的初级产品出口,促进出口产品的多样化和发展,以增加外汇收入,并带动工业体系的建立和经济的持续增长。

(四) 跨国公司控制了许多重要的制成品和原料贸易

目前,跨国公司控制了许多重要的制成品和原料的贸易。跨国公司 40% 以上的销售

总额和49％的国外销售集中在化学工业、机器制造、电子工业和运输设备四个部门。

> **专栏13-3 知识链接**
>
> ### 自由贸易区
>
> 自由贸易区(free trade zone)通常是指两个以上的国家或地区之间签订自由贸易协定,在WTO最惠国待遇基础上进一步相互开放市场,取消绝大部分货物的关税和非关税壁垒,并在服务领域改善市场准入条件、减少准入限制,实现贸易和投资的自由化,从而形成覆盖所有协定成员国关税领土的"跨国大区",如正在研究探讨的中日韩自贸区。此外,自由贸易区也指一国国内划出一块土地建立起的类似于出口加工、保税区的实行特殊经贸政策的园区,形成一个消除了关税和贸易配额、政府行政干预较小的国内小区。从词义上来理解,自由贸易区的核心就是贸易自由,在关税及非关税壁垒(资金、外汇管制等)方面获得一些政策性的特殊优惠。
>
> 自由贸易区内允许外国船舶自由进出,外国货物免税进口,取消对进口货物的配额管制,也是自由港的进一步延伸,是一个国家对外开放的一种特殊的功能区域。自由贸易区还可以吸引外资设厂,发展出口加工企业,允许和鼓励外资设立大的商业企业、金融机构等促进区内经济综合、全面的发展。自由贸易区的局限在于,它会导致商品流向的扭曲和避税。如果没有其他措施作为补充,第三国很可能将货物先运进低贸易壁垒成员国,再转运到高贸易壁垒成员国。为了避免出现这种商品流向的扭曲,自由贸易区组织均制定"原产地原则",规定只有自由贸易区成员国的"原产地产品"才享受成员国之间给予的自由贸易待遇。理论上,凡是制成品在成员国境内生产的价值额占到产品价值总额的50％以上时,该产品应视为原产地产品。一般而言,第三国进口品越是与自由贸易区成员国生产的产品相竞争,对成员国境内生产品的增加值含量越高。原产地原则的涵义表明了自由贸易区对非成员国的某种排他性。

 思考一下

我们知道目前中国有不少地方建有保税区,保税区与自由贸易区在功能上有什么不同?

第四节　国际金融危机

一、金融危机与国际金融危机

(一)金融危机

金融危机是货币危机、信用危机、银行危机、债务危机和股市危机等的总称,一般指一国金融领域中出现的异常剧烈动荡和混乱,并对经济运行产生破坏性影响的一种经济现象。它主要表现为金融领域大部分的或者所有的金融指标的急剧恶化,如信用遭到破坏,银行发生挤兑,金融机构大量破产倒闭,股市暴跌,资本外逃,银根奇缺,官方储备减少,货币大幅度贬值,出现偿债困难等。

(二)国际金融危机

国际金融危机是指一国所发生的金融危机通过各种渠道传递到其他国家从而引起国际范围内金融动荡。

二、国际金融危机的特征

国际金融危机的基本特征:金融领域所有的或大部分的金融指标急剧恶化,以至于影响相关国家或地区乃至全世界经济的稳定与发展。

国际金融危机的主要表现有:

(一)**股市暴跌**。国际金融危机爆发引起的金融动荡会加剧投资人对于世界经济面临衰退的担忧,因此会出现股市暴跌。

(二)**资本外逃**。资本外逃(capital flight)是资产流出中"非常的"那一部分,其中既包括规模未被政府准确掌握着的资产流出部分,如出口低报和走私等;也包括渠道未被政府准确掌握着的资产流出部分,如资产项下的资产混入经常项下流了出去等。资本外逃可以说是20世纪80年代拉美国家债务危机,1994年墨西哥金融危机以及1997年东南亚货币危机的主要诱因之一。相关统计表明,在后来成为重债国的15个发展中国家里,有9个曾出现过资本大量外流的现象。

(三)**银行出现信用危机**。国际金融危机爆发时,正常的银行信用关系遭到破坏。储户提现造成银行挤兑,银根奇缺,同时出现金融机构大量破产倒闭。

(四)**官方储备大量减少**,货币大幅度贬值和通货膨胀加剧。

(五)**出现偿债困难**。

三、国际金融危机的成因

微课:国际金融危机的成因

引起国际金融危机的因素有很多,主要包括以下几种:

(一)**经济过热**。经济过热是指总需求大于总供给而导致市场出现失衡状态。判断依据是通过潜在的 GDP 与实际 GDP 之间的差距来衡量总供给与总需求,潜在 GDP 是指所有的经济要素在正常生产条件下造成的产出,如果实际 GDP 高于这个水平,说明很多产品是在工人加班加点、设备开足马力,超负荷亢奋状态下生产出来的,而这部分多余的产出便没有对应的市场去消化。当经历了长时期的良好的经济增长及经济活动后,消费者增加的财富所带来的高通货膨胀水平和过度的无效投资造成生产能力过剩,最终阻碍经济的增长,并导致经济衰退。由于国际分工和国际贸易密切了国与国之间的关系,主要国家的经济衰退会传导到其他国家,引起国际金融市场动荡。

(二)**国际收支巨额逆差**。国际收支逆差也被称为国际收支赤字,是指某一国在国际收支上支出大于收入。国际收支逆差会导致本国外汇市场上外汇供给减少,需求增加,从而使得外汇的汇率上涨,本币的汇率下跌。如果该国政府采取措施干预,即抛售外币、买进本币,政府手中必须要有足够的外汇储备,而这又会进一步导致本币的贬值。政府的干预将直接引起本国货币供应量的减少,而货币供应量的减少又将引起国内利率水平的上升导致经济下滑,失业增加。国际收支巨额逆差有可能导致本国在将来出现外债偿付危机,当危机蔓延后将可能引起国际金融危机。

(三)外资的过度流入。 当外国投资者通过股票、债券和银行贷款把大量资金投入一个生产力低下而又管理不善的国家时,就会出现信贷过热。当这种资金流入的增长比经济增长快三倍时,危机的发生条件可能就成熟了。

(四)缺乏弹性的汇率制度和不当的汇率水平。

(五)过早的金融开放。

专栏 13-4　史海钩沉

历史上的金融风波

1. 1637 年郁金香的疯狂

对于 17 世纪的荷兰人来说,花的力量是一件恐怖的事情。1637 年的头几个月里,当郁金香尚未成熟时,在荷兰被视为地位象征的郁金香价格大幅上涨。在那个疯狂的时期,郁金香的最高价曾炒至 4 200 荷兰盾,20 倍于一位熟练技工的年收入。现在的经济学家一直在探讨当时的疯狂是如何蔓延开来的。在经济学家看来,这也是现代金融史上第一次投机泡沫。同时,在市场已经失控的情况下,政府如何在监管中发挥应有作用的话题,也引起了一场政治争论。

2. 1720 年的南海泡沫

1720 年英国南海公司倒闭,给伦敦金融业带来了巨大的冲击。1701—1714 年,英、法等欧洲国家为争夺西班牙及其殖民地和海上霸权而进行了西班牙王位继承战争。战争期间,南海公司同意承担战争造成的巨额国家债务,以年取在南美地区贸易中的垄断地位。但是,尽管英国取得了战争的胜利,西班牙仍然维持着其在南美殖民地的贸易特权,南海公司继续增加承担更多的债务。1701 年,为了刺激股票发行,南海公司接受投资者分期付款购买新股的方式。投资十分踊跃,股票供不应求导致了价格狂飙到 1 000 英镑以上。公司的真实业绩严重与人们预期背离。后来因为国会通过了《反金融诈骗和投机法》,内幕人士与政府官员大举抛售,南海公司股价一落千丈,南海泡沫破灭。

3. 1837 年的恐慌

1836 年,在马丁·范市伦未成为美国总统之前,美国第七任总统安德鲁·杰克逊关闭了美国的联邦银行,以使美国经济摆脱其严格的信贷监管,杰克逊将资金转移到了州银行。到了 1837 年,美国银行系统出现混乱,马丁·范市伦并没有成功稳定市场,其也在 1840 年的总统竞选中失败。

4. 1907 年银行家的恐慌

1907 年,美国第三大信托公司尼克伯克信托公司(Knickerbocker Trust)大肆举债,在股市上收购联合铜业公司(United Copper)股票,但此举失利,引发了华尔街的大恐慌和关于尼克伯克即将破产的传言。银行纷纷收回贷款,股市暴跌,民众挤兑,几家大银行濒临倒闭。在这样的情况下,曾经攻击过尼克伯克信托公司的银行家摩根组建了一支救援团队稳定了市场,该团队的成员还包括美国政府的官员以及部分银行的总裁。

5. 1929的大萧条

1929年,华尔街股市形势急转直下。到了1932年股价已经缩水近90%。

6. 1987年的"黑色星期一"

1987年,由于经济发展前景的不断恶化以及中东局势的不断紧张,华尔街出现崩溃,这就是所谓的"黑色星期一"。1987年10月19日标准普尔指数狂泻20%,全世界的市场出现暴跌。

7. 1990年储蓄和贷款危机

20世纪80年代末以及90年代初,银行业自大萧条以来出现了最严重的崩塌,超过1 000家的互助储蓄银行倒闭,其资产更是超过了5 000亿美元。最终,为挽救此次危机所付出的代价超过了1 500亿美元,其中1 240亿美元由美国政府以及纳税人承担,只有290亿美元是由互助银行行业本身承担。

8. 1996年的日本楼市泡沫

20世纪90年代初日本的房地产泡沫破裂,房价下跌50%,使日本遭遇了长达十多年的经济低迷。房产价格跌幅超过75%。日本政府为了拯救倒闭的房贷公司,动用了公共资金,10 000示威者因此在东京集结进行抗议。

9. 互联网的泡沫以及安然的破产

2001年年底,原世界能源巨头安然因造假账而倒闭,超过两万人因此失业。

10. 2001—2002年的阿根廷银行业危机

2001年12月,阿根廷银行系统出现崩溃。几乎一夜之间,阿根廷就由一个颇为成功的经济中心跌入了贫穷的深渊。

11. 2007—2009年环球金融危机

2007—2009年环球金融危机,又称世界金融危机、次贷危机、信用危机,更于2008年起名为金融海啸及华尔街海啸等,是一场在2007年8月9日开始浮现的金融危机。自次级房屋信贷危机爆发后,投资者开始对按揭证券的价值失去信心,引发流动性危机。即使多国中央银行多次向金融市场注入巨额资金,也无法阻止这场金融危机的暴发。直到2008年9月9日,这场金融危机开始失控,并导致多间相当大型的金融机构倒闭或被政府接管。

12. 2020年病毒感染危机

2020年,病毒感染危机的爆发,重创全球经济金融发展。全球经济深度衰退,国际贸易大幅萎缩,金融市场剧烈震荡。发达国家货币政策同步宽松,政府债务水平再创新高。单边主义、保护主义抬头,地缘政治风险再起,全球治理体系失序。从2月12日到3月23日,短短一个多月的时间,MSCI全球股市指数从581的高点大幅下挫至384点,跌幅超30%。为应对疫情冲击,各国迅速出台大规模救助政策,财政、货币政策空前扩张,全球债务占GDP比重创历史峰值。

本章小结

1. 国际贸易是指不同国家（地区）之间的商品和劳务交换的活动，它是一种世界性的商品交换活动，所以又称为世界贸易。国际贸易与对外贸易的分析指标有：国际贸易规模、贸易差额、贸易结构、贸易条件和对外贸易依存度。

2. 汇率制度对各国汇率的决定有重大影响。按照汇率变动幅度的大小，汇率制度可分为固定汇率制和浮动汇率制。

3. 国际分工有亚当·斯密的"绝对利益"说、大卫·李嘉图的"比较利益"说、要素禀赋理论等相关理论。按参加国际分工的国家的自然资源和原材料供应、生产技术水平和工业发展情况的差异来分类，可将国际分工划分为垂直型国际分工、水平型国际分工和混合型国际分工三种不同形式。

4. 跨国公司是指由两个或两个以上国家的经济实体所组成，并从事生产、销售和其他经营活动的国际性大型企业。按照不同的划分标准，跨国公司有不同的分类。

5. 国际金融危机主要表现在股市暴跌、资本外逃、银行出现信用危机、官方储备大量减少，货币大幅度贬值和通货膨胀加剧，以及出现偿债困难。引起国际金融危机的主要因素有：经济过热、国际收支巨额逆差、外资的过度引入、缺乏弹性的汇率制度和不当的汇率水平、过早的金融开放。

思考与讨论

一、案例分析

上汽国际化发展再提速

上汽集团是上海汽车集团股份有限公司的简称，是国内 A 股市场上市的汽车公司。作为中国首家有系统、有规划、成建制"走出去"的汽车企业，截至 2023 年 12 月，上汽集团已在海外构建了包括创新研发中心、生产基地、营销中心、供应链中心及金融公司在内的汽车产业全价值链，产品和服务进入全球 100 多个国家和地区，包括 3 个研发创新中心、4 座整车制造基地、100 余个零部件生产研发基地和 2 800 多个营销服务网点，并在印尼建立首家海外金融服务公司。

2024 年 4 月 7 日，上汽集团宣布其在全球化战略布局中迈出重要一步。继与印度钢铁巨头 JSW 集团签署战略合作协议后，上汽集团成功引入 JSW 等印度本土投资者，为 MG 印度公司的可持续发展注入新动力。上汽集团计划在 2024—2025 年，在海外市场投放 10 余款智能电动"全球车",全面覆盖主流细分市场,推动中国智造走向全球。上汽集团的这一举措,不仅展现了其深化全球化战略的决心,也为全球汽车行业的可持续发展贡献了中国力量。随着 MG 品牌在全球的影响力和市场份额的不断扩大,上汽集团将继续引领中国汽车企业在全球市场的新征程。

要求:
1. 按经营结构分类,上汽集团属于哪类跨国公司?
2. 中国企业走向国际化应采取哪些方式?

二、简答题

1. 主要的国际分工理论有哪些?
2. 简述跨国公司的特点。
3. 简述国际金融危机的表现。

三、实训项目

1. 请调查中国当前的对外贸易依存度。
2. 请关注近期人民币兑美元的汇率变化,并讨论其对出口企业的影响。

主要参考文献

[1] 高鸿业.西方经济学[M].8版.北京：中国人民大学出版社,2021.
[2] 林毅夫.论中国经济：挑战、底气与后劲[M].北京：中信出版社,2021.
[3] 耿强.经济学原理与中国案例解读[M].南京：南京大学出版社,2022.
[4] 克鲁格曼,韦尔斯.微观经济学[M].4版.北京：中国人民大学出版社,2020.
[5] 曼昆.经济学基础[M].8版.北京：北京大学出版社,2022.
[6] [日]神取道宏.微观经济学的力量[M].杭州：浙江大学出版社,2024.
[7] 罗默.高级宏观经济学[M].上海：上海财经大学出版社,2021.
[8] 叶德磊.经济学通识[M].北京：高等教育出版社,2023.
[9] 陈云贤.市场竞争双重主体论[M].北京：北京大学出版社,2020.
[10] 李建平.经济增长新引擎[M].广州：中山大学出版社,2022.
[11] 寇凤梅.基于课程思政下的《宏观经济学》教学改革[J].兰州：甘肃高师学报,2022(1).
[12] [法]西斯蒙第.政治经济学新原理[M].何钦,译.北京：商务印书馆,2020.
[13] 方福前.西方经济学与中国经济学的创建[J].北京：教学与研究,2020.
[14] 洪远鹏.经济理论比较研究[M].上海：复旦大学出版社,2010.
[15] 罗尔.经济思想史[M].北京：商务印书馆,2021.
[16] 福克讷.美国经济史（上卷）[M].北京：商务印书馆,2021.
[17] 马克.后凯恩斯主义经济学：新基础[M].北京：中国人民大学出版社,2021.
[18] 刘瑛,吴光华.微观经济学基础[M].武汉：华中科技大学出版社,2021.
[19] 林毅夫.中国经济的前景[M].北京：中信出版社,2022.
[20] 帕丁格.极简经济学：有趣又有用的经济学常识[M].北京：中国科学技术出版社,2022.

郑重声明

高等教育出版社依法对本书享有专有出版权。任何未经许可的复制、销售行为均违反《中华人民共和国著作权法》，其行为人将承担相应的民事责任和行政责任；构成犯罪的，将被依法追究刑事责任。为了维护市场秩序，保护读者的合法权益，避免读者误用盗版书造成不良后果，我社将配合行政执法部门和司法机关对违法犯罪的单位和个人进行严厉打击。社会各界人士如发现上述侵权行为，希望及时举报，我社将奖励举报有功人员。

反盗版举报电话　（010）58581999　58582371
反盗版举报邮箱　dd@hep.com.cn
通信地址　北京市西城区德外大街4号　高等教育出版社知识产权与法律事务部
邮政编码　100120

教学资源服务指南

感谢您使用本书。为方便教学,我社为教师提供资源下载、样书申请等服务,如贵校已选用本书,您只要关注微信公众号"高职财经教学研究",或加入下列教师交流QQ群即可免费获得相关服务。

"高职财经教学研究"公众号

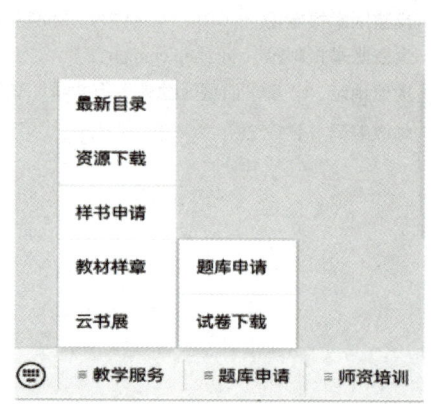

资源下载: 点击"**教学服务**"—"**资源下载**",或直接在浏览器中输入网址(http://101.35.126.6/),注册登录后可搜索相应的资源并下载。(建议用电脑浏览器操作)
样书申请: 点击"**教学服务**"—"**样书申请**",填写相关信息即可申请样书。
试卷下载: 点击"**题库申请**"—"**试卷下载**",填写相关信息即可下载试卷。
样章下载: 点击"**教学服务**"—"**教材样章**",即可下载在供教材的前言、目录和样章。
师资培训: 点击"**师资培训**",获取最新会议信息、直播回放和往期师资培训视频。

联系方式

财经基础课QQ群:374014299
联系电话:(021)56961310   电子邮箱:3076198581@qq.com